에듀윌과 함께 시작하면,
당신도 합격할 수 있습니다!

오랜 직장 생활을 마감하며 찾아온 앞날에 대한 막연한 두려움
에듀윌만 믿고 공부해 합격의 길에 올라선 50대 은퇴자

출산한지 얼마 안돼 독박 육아를 하며 시작한 도전!
새벽 2~3시까지 공부해 8개월 만에 동차 합격한 아기엄마

만년 가구기사 보조로 5년 넘게 일하다, 달리는 차 안에서도
포기하지 않고 공부해 이제는 새로운 일을 찾게 된 합격생

누구나 합격할 수 있습니다.
시작하겠다는 '다짐' 하나면 충분합니다.

마지막 페이지를 덮으면,

에듀윌과 함께
공인중개사 합격이 시작됩니다.

공인중개사 1위

13년간 베스트셀러 1위
에듀윌 공인중개사 교재

기초부터 확실하게 기초/기본 이론

기초입문서(2종)

기본서(6종)

출제경향 파악 기출문제집

단원별 기출문제집(3종)

다양한 출제 유형 대비 문제집

기출응용 예상문제집(6종)

<이론/기출문제>를 단기에 단권으로 단단

단단(6종)

합격을 위한 비법 대공개 합격서

이영방 합격서
부동산학개론

심정욱 합격서
민법 및 민사특별법

임선정 합격서
공인중개사법령 및 중개실무

김민석 합격서
부동산공시법

한영규 합격서
부동산세법

오시훈 합격서
부동산공법

신대운 합격서
쉬운 민법체계도

* 2023 대한민국 브랜드만족도 공인중개사 교육 1위 (한경비즈니스)
* YES24 수험서 자격증 공인중개사 베스트셀러 1위 (2011년 12월, 2012년 1월, 12월, 2013년 1월~5월, 8월~12월, 2014년 1월~5월, 7월~8월, 12월, 2015년 2월~4월, 2016년 2월, 4월, 6월, 12월, 2017년 1월~12월, 2018년 1월~12월, 2019년 1월~12월, 2020년 1월~12월, 2021년 1월~12월, 2022년 1월~12월, 2023년 1월~11월 월별 베스트, 매월 1위 교재는 다름)
* YES24 국내도서 해당분야 월별, 주별 베스트 기준

에듀윌 공인중개사

부족한 부분을 빠르게 보강하는 요약서/실전대비 교재

1차 핵심요약집+기출팩(1종)

임선정 그림 암기법(공인중개사법령 및 중개실무)(1종)

오시훈 키워드 암기장(부동산공법)(1종)

심정욱 합격패스 암기노트(민법 및 민사특별법)(1종)

7일끝장 회차별 기출문제집(2종)

실전모의고사 완성판(2종)

합격을 결정하는 파이널 교재

이영방 필살키

심정욱 필살키

임선정 필살키

오시훈 필살키

김민석 필살키

한영규 필살키

더 많은 공인중개사 교재

* 해당 교재의 이미지는 변경될 수 있습니다.

공인중개사 1위

공인중개사, 에듀윌을 선택해야 하는 이유

8년간 아무도 깨지 못한 기록
합격자 수 1위

합격을 위한 최강 라인업
1타 교수진

공인중개사

합격만 해도 연 최대 300만원 지급
에듀윌 앰배서더

업계 최대 규모의 전국구 네트워크
동문회

* 2023 대한민국 브랜드만족도 공인중개사 교육 1위 (한경비즈니스)
* KRI 한국기록원 2016, 2017, 2019년 공인중개사 최다 합격자 배출 공식 인증 (2024년 현재까지 업계 최고 기록) * 에듀윌 공인중개사 과목별 온라인 주간반 강사별 수강점유율 기준 (2022년 11월)
* 앰배서더 가입은 에듀윌 공인중개사 수강 후 공인중개사 최종 합격자이면서, 에듀윌 공인중개사 동문회 정회원만 가능합니다. (상세 내용 홈페이지 유의사항 확인 필수)
* 에듀윌 공인중개사 동문회 정회원 가입 시, 가입 비용이 발생할 수 있습니다.   * 앰배서더 서비스는 당사 사정 또는 금융당국의 지도 및 권고에 의해 사전 고지 없이 조기종료될 수 있습니다.

합격자 수 1위 에듀윌
6만 건이 넘는 후기

고○희 합격생

부알못, 육아맘도 딱 1년 만에 합격했어요.

저는 부동산에 관심이 전혀 없는 '부알못'이었는데, 부동산에 관심이 많은 남편의 권유로 공부를 시작했습니다. 남편 지인들이 에듀윌을 통해 많이 합격했고, '합격자 수 1위'라는 광고가 좋아 에듀윌을 선택하게 되었습니다. 교수님들이 커리큘럼대로만 하면 된다고 해서 믿고 따라갔는데 정말 반복 학습이 되더라고요. 아이 둘을 키우다 보니 낮에는 시간을 낼 수 없어서 밤에만 공부하는 게 쉽지 않아 포기하고 싶을 때도 있었지만 '에듀윌 지식인'을 통해 합격하신 선배님들과 함께 공부하는 동기들의 위로가 큰 힘이 되었습니다.

이○용 합격생

군복무 중에 에듀윌 커리큘럼만 믿고 공부해 합격

에듀윌이 합격자가 많기도 하고, 교수님이 많아 제가 원하는 강의를 고를 수 있는 점이 좋았습니다. 또, 커리큘럼이 잘 짜여 있어서 잘 따라만 가면 공부를 잘 할 수 있을 것 같아 에듀윌을 선택했습니다. 에듀윌의 커리큘럼대로 꾸준히 따라갔던 게 저만의 합격 비결인 것 같습니다.

안○원 합격생

5개월 만에 동차 합격, 낸 돈 그대로 돌려받았죠!

저는 야쿠르트 프레시매니저를 하다 60세에 도전하여 합격했습니다. 심화 과정부터 시작하다 보니 기본이 부족했는데, 교수님들이 하라는 대로 기본 과정과 책을 더 보면서 정리하며 따라갔던 게 주효했던 것 같습니다. 합격 후 100만 원 가까이 되는 큰 돈을 환급받아 남편이 주택관리사 공부를 한다고 해서 뒷받침해 줄 생각입니다. 저는 소공(소속 공인중개사)으로 활동을 하고 싶은 포부가 있어 최대 규모의 에듀윌 동문회 활동도 기대가 됩니다.

다음 합격의 주인공은 당신입니다!

더 많은 합격 비법

* 에듀윌 홈페이지 게시 건수 기준 (2023년 11월 기준)
* 2023 대한민국 브랜드만족도 공인중개사 교육 1위 (한경비즈니스)

에듀윌이
너를
지지할게
ENERGY

세상을 움직이려면
먼저 나 자신을 움직여야 한다.

– 소크라테스(Socrates)

➕ 합격할 때까지 책임지는 개정법령 원스톱 서비스!

법령 개정이 잦은 공인중개사 시험. 일일이 찾아보지 마세요!
에듀윌에서는 필요한 개정법령만을 빠르게! 한번에! 제공해 드립니다.

| 에듀윌 도서몰 접속 (book.eduwill.net) | ▶ | 우측 정오표 아이콘 클릭 | ▶ | 카테고리 공인중개사 설정 후 교재 검색 |

개정법령 확인하기

2024
에듀윌 공인중개사
단단 2차
부동산공법

공인중개사 시험을 준비해야 하는 이유
BEST 5

정년이 없어요
평생 일할 수 있어요!
갱신이 없는 자격증이에요.

전망이 좋아요
국가전문자격시험 중 접수인원 무려 1위!*
일자리전망, 발전가능성, 고용평등성 높은 직업!**

* 한국산업인력공단, 2021
** 커리어넷, 2021

누구나 도전할 수 있어요
나이, 성별, 경력, 학력 등 아무것도 필요 없어요!
응시 자격이 없는 열린 시험이에요.

학습부담이 적어요
평균 60점 이상이면 합격하는 절대평가 시험!
경쟁자 걱정 없는 시험이에요.

자격증 자체가 스펙이에요
부동산 관련 기업에 취업할 수 있고 창업도 할 수 있어요. 각종 공기업 취업 시에 가산점도 있어요.
정년퇴직 후 전문직으로 제2의 인생 시작도 가능하죠.
경매, 공매 행위까지 대행가능한 넓어진 업무영역은 보너스!

이렇게 좋은 공인중개사!
에듀윌과 함께라면 단기간에 합격할 수 있어요.

미리 알고 준비해야죠!
공인중개사 시험정보

✅ 시험일정

시험	2024년 제35회 제1·2차 시험(동시접수·시행)
접수기간	**정기** 매년 8월 2번째 월요일부터 금요일까지
	빈자리 매년 10월 2번째 목요일부터 금요일까지
시험일정	매년 10월 마지막 주 토요일

※ 정확한 시험일정은 큐넷 홈페이지(www.Q-Net.or.kr)에서 확인 가능합니다.

✅ 시험과목 및 방법

제1차 및 제2차 시험을 모두 객관식 5지 선택형으로 출제(매 과목당 40문항)하고, 같은 날[제1차 시험 100분, 제2차 시험 150분(100분, 50분 분리시행)]에 구분하여 시행합니다.

구분	시험과목	문항 수	시험시간
제1차 시험 1교시 (2과목)	1. 부동산학개론(부동산감정평가론 포함) 2. 민법 및 민사특별법 중 부동산 중개에 관련되는 규정	과목당 40문항	100분 (09:30~11:10)
제2차 시험 1교시 (2과목)	1. 공인중개사의 업무 및 부동산 거래신고 등에 관한 법령 및 중개실무 2. 부동산공법 중 부동산 중개에 관련되는 규정	과목당 40문항	100분 (13:00~14:40)
제2차 시험 2교시 (1과목)	부동산공시에 관한 법령(부동산등기법, 공간정보의 구축 및 관리 등에 관한 법률) 및 부동산 관련 세법	40문항	50분 (15:30~16:20)

※ 답안은 시험시행일에 시행되고 있는 법령을 기준으로 작성하여야 합니다.

✅ 합격 기준

구분	합격결정 기준
제1차 시험	매 과목 100점을 만점으로 하여 매 과목 40점 이상, 전 과목 평균 60점 이상 득점한 자
제2차 시험	매 과목 100점을 만점으로 하여 매 과목 40점 이상, 전 과목 평균 60점 이상 득점한 자

※ 1차·2차 시험은 동시 응시가 가능하나, 1차 시험에 불합격하고 2차만 합격한 경우 2차 성적은 무효로 합니다.

부동산공법 완전정복!

시험분석 및 합격전략

☑ 2023년 제34회 시험분석

• PART별 출제비중 및 출제경향

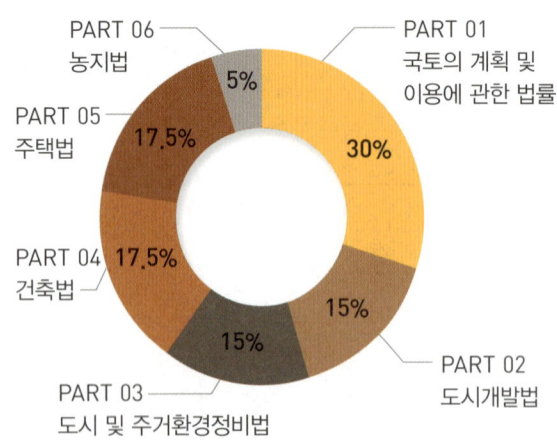

- PART 01 국토의 계획 및 이용에 관한 법률: 30%
- PART 02 도시개발법: 15%
- PART 03 도시 및 주거환경정비법: 15%
- PART 04 건축법: 17.5%
- PART 05 주택법: 17.5%
- PART 06 농지법: 5%

제34회 부동산공법 시험은 난이도로 분류해보면 상(上)은 12문제, 중(中)은 16문제, 하(下)는 12문제가 출제되었습니다. 상(上) 난이도로 분류되는 문제는 풀 수 없었더라도 50~60점 정도는 맞힐 수 있었던 시험이었다고 생각됩니다. 문제 유형으로 보면, 옳은 것을 고르는 문제는 10문제, 틀린 것을 고르는 문제는 15문제, 박스형 및 빈칸넣기 문제는 13문제 출제되었으며 계산문제가 매년 1문제 출제되는데 올해는 2문제 출제되었습니다.

• PART별 출제 키워드

PART	출제 키워드 및 연계 THEME	
PART 01	• 도시계획위원회의 업무(04) • 도시·군관리계획결정의 실효(10) • 용도지구의 분류(06) • 타인의 토지에의 출입(09) • 지구단위계획구역의 지정(10) • 개발행위 규모의 제한(11)	• 도시·군관리계획의 입안(04) • 복합용도지구(06) • 입지규제최소구역의 지정대상(07) • 도시·군계획시설사업의 시행(09) • 개발행위의 허가(11) • 개발밀도관리구역(12)
PART 02	• 개발계획에 포함시킬 수 있는 사항(13) • 대행가능한 도시개발사업의 범위(15) • 원형지의 공급과 개발(17)	• 도시개발조합(15) • 환지계획(17) • 청산금(17)
PART 03	• 정비기반시설(19) • 조합의 정관 변경(22) • 분양신청의 통지 및 분양공고(24)	• 공동구의 설치 및 관리비용(08, 19) • 조합의 임원(22) • 토지임대부 분양주택(24)
PART 04	• 용도변경(27) • 공개공지 또는 공개공간(28) • 건축물의 용적률(30) • 건축물 바깥쪽으로의 출구 설치(-)	• 건축선과 대지(28) • 구조안전 확인 서류의 제출이 필요한 건축물(29) • 건축협정구역(31)
PART 05	• 세대구분형 공동주택(32) • 조합원(34) • 리모델링(38)	• 용어정의 종합(32) • 주택건설사업자(33) • 주택의 사용검사(35) • 조정대상지역(37)
PART 06	• 농지의 위탁경영(39)	• 농지의 임대 및 무상사용(40)

*괄호 안 숫자는 해당 키워드의 연계 THEME입니다.

✅ 2024년 제35회 합격전략

• 부동산공법 과목의 특징

1. 2차 과목 중 시험 범위가 가장 넓고 분량이 많아 고득점이 어려운 과목입니다.
2. 기출분석을 통해 주로 출제되는 부분 위주로 학습이 필요합니다.
3. '국토의 계획 및 이용에 관한 법률'은 출제 비중이 약 30%로 비교적 높고, 각각의 출제비율이 약 15%인 '도시개발법', '도시 및 주거환경정비법'과의 관련성도 매우 높으므로 우선적으로 학습하여야 합니다.

• 우리는 이렇게 대비하도록 해요!

전략적인 학습으로 기본을 반복하는 연습 필요!

부동산공법은 고득점이 아닌 최소 50점 이상을 받는다는 생각으로 접근하셔야 합니다. 아무리 많은 양을 학습하여도 고득점을 받기에는 어려운 과목이기 때문에 기본적인 것을 반복적으로 학습하여 난이도 하(下)와 난이도 중(中)인 문제를 실수하지 않고 맞힐 수 있는 연습이 필요합니다.

개념 이해를 바탕으로 암기와 문제풀이까지 완성!

최근 출제경향은 모든 지문의 내용을 정확히 알고 있어야 풀 수 있는 문제가 많이 출제되고 있습니다. 단단을 활용하여 전체적인 개념을 먼저 이해하고, 이해한 내용을 정확히 숙지하고 암기하는 공부가 필요합니다. 여기에 공부한 내용을 기출문제를 통하여 점검하여 나만의 것으로 만드는 과정까지 이어지는 것이 중요합니다.

합격까지 단단하게! 에듀윌 초압축 커리큘럼의 도움받기!

부동산공법 합격 점수까지, 하루 2시간이면 충분합니다!
에듀윌 공인중개사에서 제공하는 **하루 2시간 스피드 패스**는 31년간 에듀윌의 합격 노하우를 바탕으로, 시험에 필요한 내용만 집중적으로 학습할 수 있도록 도와주는 고효율·초압축 커리큘럼입니다.
하루 2시간 스피드 패스로 누구보다 빠르고, 쉽게 합격을 준비하세요!

자세한 내용은 QR 스캔 ▼

✅ 하루 2시간 스피드 패스 과정

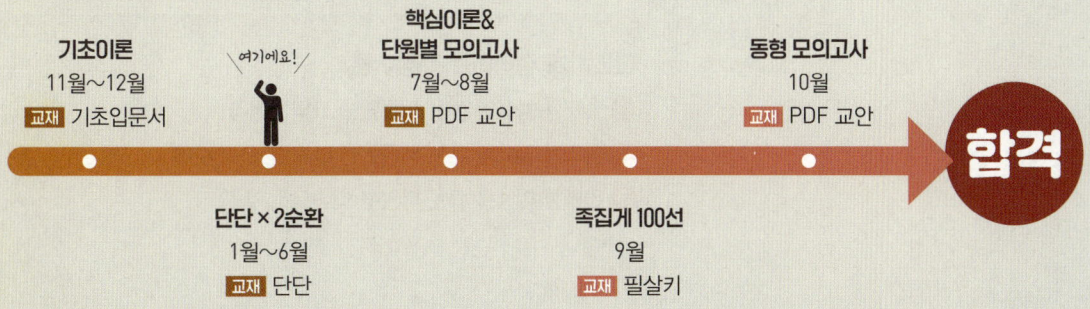

단기에 단권으로!
단단의 구성과 특징

대표기출로 유형 익히기

기본으로 알아야 하는 대표기출

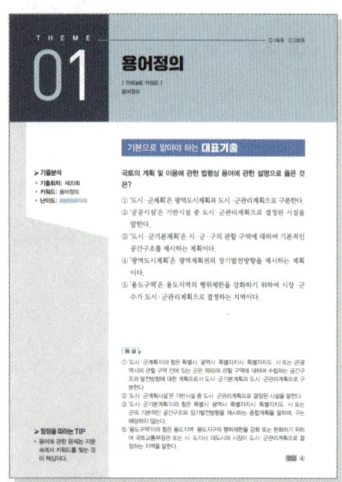

- 테마를 대표하는 엄선된 기출문제 수록
- 깊이 있는 학습을 위한 상세한 해설, 키워드, 함정을 피하는 TIP 수록

핵심이론 단단하게 정리하기

단단하게 정리하는 핵심이론

1 기반시설의 설치 제24회, 제25회, 제26회, 제33회

원칙	지상·수상·공중·수중 또는 지하에 기반시설을 설치하려면 그 시설의 종류·명칭·위치·규모 등을 미리 도시·군관리계획으로 결정하여야 한다.
예외	용도지역·기반시설의 특성 등을 고려하여 다음의 경우에는 도시·군관리계획으로 결정하지 않고 설치할 수 있다. ① 주차장, 차량 검사 및 면허시설, 공공공지, 열공급설비, 방송·통신시설, 시장, 공공청사, 문화시설, 공공필요성이 인정되는 체육시설·연구시설·사회복지시설·공공직업훈련시설·청소년수련시설, 저수지, 방화설비, 방풍설비, 방수설비, 사방설비, 방조설비, 장사시설, 종합의료시설, 빗물저장 및 이용시설, 폐차장 ② 「도시공원 및 녹지 등에 관한 법률」의 규정에 의하여 점용허가 대상이 되는 공원 안의 기반시설 ③ 여객자동차터미널 중 전세버스운송사업용 여객자동차터미널, 광장 중 건축물부설광장, 전기공급설비(발전시설·옥외에 설치하는 변전시설 제외), 대지면적이 500m² 미만인 도축장, 폐기물처리 및 재활용시설 중 재활용시설 등 국토교통부령이 정하는 시설

2 공동구

(1) 정의

'공동구'란 전기·가스·수도 등의 공급설비, 통신시설, 하수도시설 등 지하매설물을 공동 수용함으로써 미관의 개선, 도로구조의 보전 및 교통의 원활한 소통을 위하여 지하에 설치하는 시설물을 말한다.

핵심단단 공동구에 수용하는 시설 제16회, 제26회, 제28회

공동구가 설치된 경우에는 1.의 시설은 공동구에 수용하여야 하며, 2.의 시설은 공동구협의회의 심의를 거쳐 수용할 수 있다.
1. 의무적 수용: 전선로, 통신선로, 수도관, 열수송관, 중수도관, 쓰레기수송관
2. 임의적 수용: 가스관, 하수도관, 그 밖의 시설

보충

도시·군계획사업
'도시·군계획사업'이란 도시·군관리계획을 시행하기 위한 다음의 사업을 말한다.
1. 도시·군계획시설사업
2. 「도시개발법」에 따른 도시개발사업
3. 「도시 및 주거환경정비법」에 따른 정비사업

단단하게 정리하는 핵심이론
① 출제 가능성이 높은 이론만을 요약·정리
② 암기가 필요한 주요 내용은 '핵심단단'으로 수록
③ 완벽한 이해를 돕는 다양한 학습요소 제공

기본기출&완성기출로 단단하게 문제풀기

최신 출제경향 확인하기

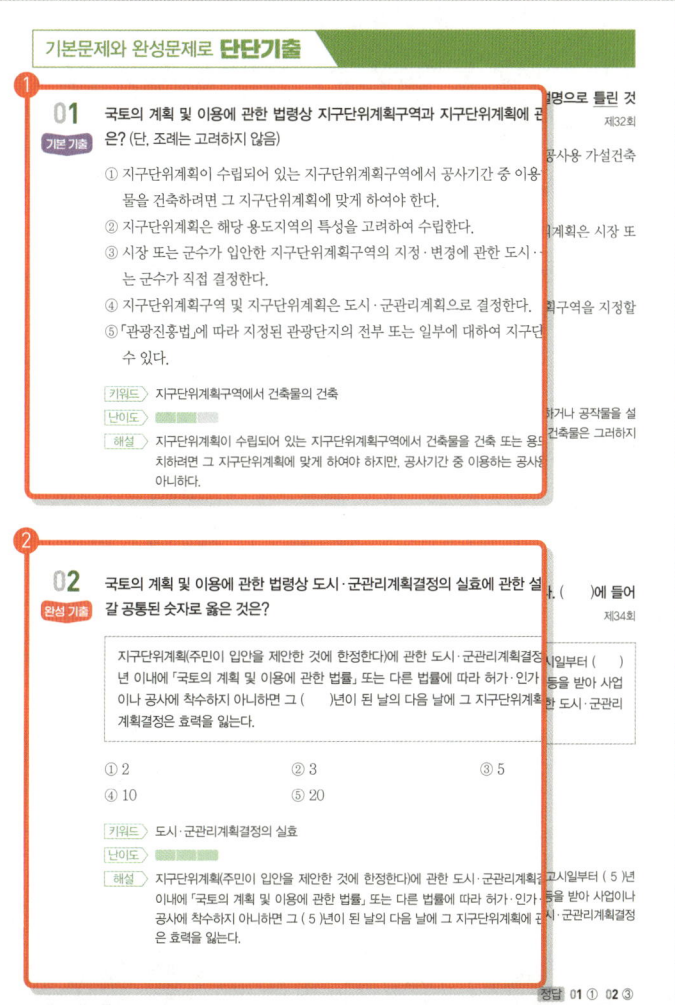

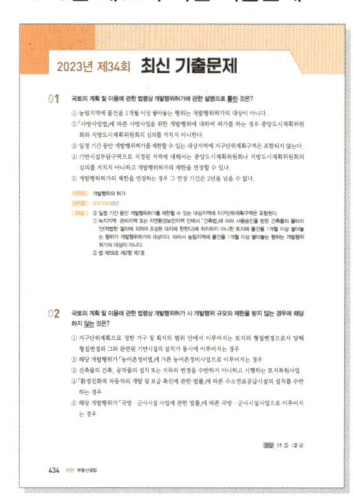

2023년 제34회 최신 기출문제

제34회 최신 기출문제를 상세한 해설, 키워드, 난이도와 함께 제공

기본문제와 완성문제로 단단기출

❶ 기본기 점검을 위한 기본기출 수록

❷ 문제해결능력 향상을 위한 완성기출 수록

➕ 상세한 해설, 키워드, 난이도 등 제공

머리말

부동산공법은 방대한 학습량과 휘발성이 강한 특징으로 수험생 입장에서는 공부하기에 매우 힘든 과목입니다. 그렇지만 정확한 개념과 원리를 먼저 파악한 후, 체계적인 흐름을 잡고, 중요한 기출문제를 반복학습하면서 시험에 자주 출제되는 부분 위주로 학습의 범위를 줄여간다면 충분히 쉽게 접근할 수 있는 과목이기도 합니다.

부동산공법을 좀더 효율적으로 학습할 수 있도록, 〈2024 에듀윌 공인중개사 단단 2차 부동산공법〉은 적은 분량으로 학습의 효과를 최대한 높일 수 있도록 구성하였습니다.

첫째, 15개년 기출문제를 완벽히 분석하여 시험에서 가장 많이 출제된 내용만을 총 40개의 테마로 구성하였습니다. 이를 통해 시험에 꼭 필요한 이론과 문제만을 집중적으로 학습할 수 있습니다.

둘째, 핵심이론을 학습한 후 그와 연계된 기출문제를 바로 풀어볼 수 있도록 구성하였습니다. 이를 통해 학습한 내용을 문제를 통해 바로 점검해볼 수 있으며, 여러 교재를 보지 않고 단단 한권만 반복적으로 학습하여도 충분한 학습이 가능합니다.

셋째, 개념정리 및 문제풀이와 더불어, 각 법의 큰 흐름까지 학습할 수 있도록 6개의 체계도를 수록하였습니다. 이를 통해 본인의 학습상황에 알맞은 다양한 방법으로 체계도를 활용하여 학습할 수 있습니다.

적은 분량이지만 이론+문제+체계의 반복학습이 용이하도록 구성하였으므로, 단단 교재 한 권으로도 충분히 합격점수에 도달할 수 있을 것입니다.

시험을 준비하시는 모든 수험생분들을 응원합니다.

저자 오시훈

약력
- 現 에듀윌 부동산공법 전임 교수
- 現 경기도 농어촌시설 평가위원
- 現 대한전문건설협회 시험출제위원
- 前 한국산업인력공단 시험검토위원
- 前 서울시 노후공동주택 안전진단위원

저서
에듀윌 공인중개사 부동산공법 기초입문서,
기본서, 단단, 합격서, 단원별/회차별 기출문제집,
기출응용 예상문제집, 실전모의고사, 필살키, 암기장 등 집필

차례

PART 01 국토의 계획 및 이용에 관한 법률

THEME 01	용어정의	14
THEME 02	광역도시계획	21
THEME 03	도시·군기본계획	28
THEME 04	도시·군관리계획	35
THEME 05	용도지역	46
THEME 06	용도지구	56
THEME 07	용도구역	65
THEME 08	도시·군계획시설	75
THEME 09	도시·군계획시설사업	86
THEME 10	지구단위계획	96
THEME 11	개발행위허가	106
THEME 12	개발행위에 따른 기반시설 설치	119

PART 02 도시개발법

THEME 13	도시개발계획의 수립	130
THEME 14	도시개발구역의 지정	136
THEME 15	도시개발사업의 시행자	145
THEME 16	도시개발사업의 실시계획	155
THEME 17	도시개발사업의 시행	160
THEME 18	도시개발채권	180

PART 03 도시 및 주거환경정비법

THEME 19	용어정의	188
THEME 20	기본계획 수립 및 정비구역 지정	194
THEME 21	정비사업의 시행방법 및 시행자	206
THEME 22	조합설립추진위원회 및 조합	213
THEME 23	사업시행계획 및 정비사업시행을 위한 조치	227
THEME 24	정비사업시행 절차	234

PART 04 건축법

THEME 25	용어정의	254
THEME 26	건축허가 및 신고	266
THEME 27	사용승인 및 용도변경	279
THEME 28	건축물의 대지와 도로	288
THEME 29	건축물의 구조 및 재료	298
THEME 30	지역 및 지구 안의 건축물	303
THEME 31	특별건축구역·건축협정 및 이행강제금	315

PART 05 주택법

THEME 32	용어정의	328
THEME 33	주택건설사업자	341
THEME 34	주택조합	346
THEME 35	주택건설사업의 시행	357
THEME 36	주택의 공급	369
THEME 37	투기과열지구 및 전매제한	378
THEME 38	리모델링 허가	389

PART 06 농지법

| THEME 39 | 용어정의 및 농지의 소유 | 398 |
| THEME 40 | 농지의 이용 및 보전 | 409 |

한눈에 보는 부동산공법 체계도
426

2023년 제34회 최신 기출문제
434

PART 01

국토의 계획 및 이용에 관한 법률

최근 5개년 출제비중 및 학습전략

PART 01 30%

「국토의 계획 및 이용에 관한 법률」은 부동산공법에서 12문제가 출제되는 비중이 매우 높은 PART이기 때문에 반드시 10개 이상은 맞힌다는 생각으로 학습하여야 합니다. 특히 출제 빈도가 높은 용도지역·용도지구·용도구역, 도시·군계획시설사업의 시행, 개발행위의 허가 등은 기출내용을 바탕으로 광범위하게 학습하고, 그 외에는 중요 내용 위주로만 학습하면 됩니다.

부동산공법

THEME 01	용어정의
THEME 02	광역도시계획
THEME 03	도시·군기본계획
THEME 04	도시·군관리계획
THEME 05	용도지역
THEME 06	용도지구
THEME 07	용도구역
THEME 08	도시·군계획시설
THEME 09	도시·군계획시설사업
THEME 10	지구단위계획
THEME 11	개발행위허가
THEME 12	개발행위에 따른 기반시설 설치

THEME 01 용어정의

| THEME 키워드 |
용어정의

☐ 1회독 ☐ 2회독

기출분석
- 기출회차: 제20회
- 키워드: 용어정의
- 난이도: ■■□

기본으로 알아야 하는 대표기출

국토의 계획 및 이용에 관한 법령상 용어에 관한 설명으로 옳은 것은?

① '도시·군계획'은 광역도시계획과 도시·군관리계획으로 구분한다.
② '공공시설'은 기반시설 중 도시·군관리계획으로 결정된 시설을 말한다.
③ '도시·군기본계획'은 시·군·구의 관할 구역에 대하여 기본적인 공간구조를 제시하는 계획이다.
④ '광역도시계획'은 광역계획권의 장기발전방향을 제시하는 계획이다.
⑤ '용도구역'은 용도지역의 행위제한을 강화하기 위하여 시장·군수가 도시·군관리계획으로 결정하는 지역이다.

> 해설
① '도시·군계획'이라 함은 특별시·광역시·특별자치시·특별자치도·시 또는 군(광역시의 관할 구역 안에 있는 군은 제외)의 관할 구역에 대하여 수립하는 공간구조와 발전방향에 대한 계획으로서 도시·군기본계획과 도시·군관리계획으로 구분한다.
② '도시·군계획시설'은 기반시설 중 도시·군관리계획으로 결정된 시설을 말한다.
③ '도시·군기본계획'이라 함은 특별시·광역시·특별자치시·특별자치도·시 또는 군의 기본적인 공간구조와 장기발전방향을 제시하는 종합계획을 말하며, 구는 해당하지 않는다.
⑤ '용도구역'이라 함은 용도지역·용도지구의 행위제한을 강화 또는 완화하기 위하여 국토교통부장관 또는 시·도지사, 대도시의 시장이 도시·군관리계획으로 결정하는 지역을 말한다.

정답 ④

함정을 피하는 TIP
- 용어에 관한 문제는 지문 속에서 키워드를 찾는 것이 핵심이다.

단단하게 정리하는 **핵심이론**

1 행정조직구성 체계도

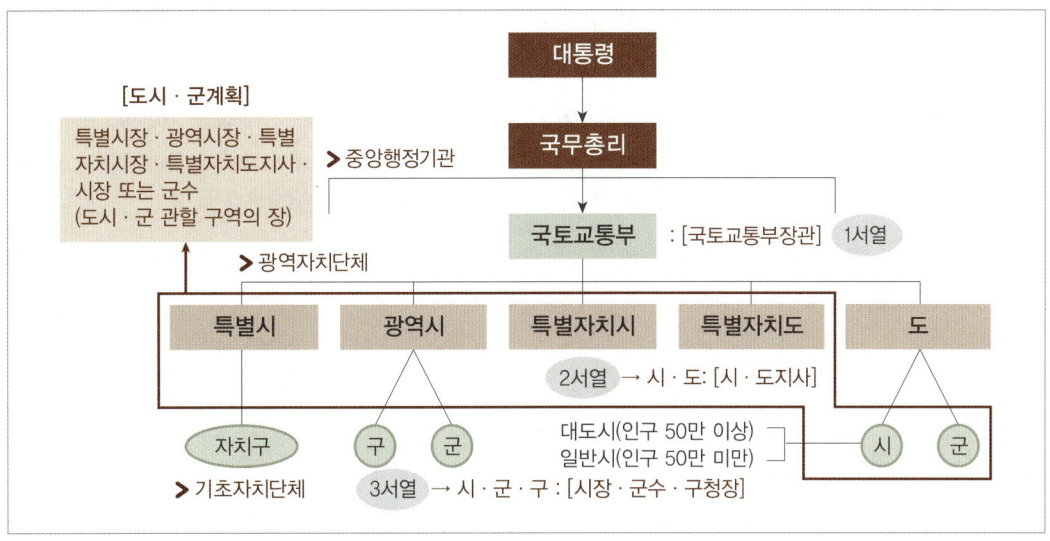

2 용어의 정의 제15회, 제16회, 제19회, 제20회, 제21회, 제24회, 제25회, 제26회, 제28회, 제29회, 제30회, 제32회

(1) 국토의 계획에 관한 용어

국가계획	중앙행정기관이 법률에 따라 수립하거나 국가의 정책적인 목적을 이루기 위하여 수립하는 계획 중 도시·군기본계획의 내용이나 도시·군관리계획으로 결정하여야 할 사항이 포함된 계획을 말한다.
광역도시계획	광역계획권의 장기발전방향을 제시하는 계획을 말한다.
도시·군계획	특별시·광역시·특별자치시·특별자치도·시 또는 군(광역시의 관할 구역에 있는 군은 제외)의 관할 구역에 대하여 수립하는 공간구조와 발전방향에 대한 계획으로서 도시·군기본계획과 도시·군관리계획으로 구분한다.
도시·군기본계획	특별시·광역시·특별자치시·특별자치도·시 또는 군의 관할 구역에 대하여 기본적인 공간구조와 장기발전방향을 제시하는 종합계획으로서 도시·군관리계획 수립의 지침이 되는 계획을 말한다.
도시·군관리계획	특별시·광역시·특별자치시·특별자치도·시 또는 군의 개발·정비 및 보전을 위하여 수립하는 토지 이용, 교통, 환경, 경관, 안전, 산업, 정보통신, 보건, 복지, 안보, 문화 등에 관한 다음의 계획을 말한다. ① 용도지역·용도지구의 지정 또는 변경에 관한 계획

	② 개발제한구역, 도시자연공원구역, 시가화조정구역, 수산자원보호구역의 지정 또는 변경에 관한 계획 ③ 기반시설의 설치·정비 또는 개량에 관한 계획 ④ 도시개발사업이나 정비사업에 관한 계획 ⑤ 지구단위계획구역의 지정 또는 변경에 관한 계획과 지구단위계획 ⑥ 입지규제최소구역의 지정 또는 변경에 관한 계획과 입지규제최소구역계획
용도지역	토지의 이용 및 건축물의 용도·건폐율·용적률·높이 등을 제한함으로써 토지를 경제적·효율적으로 이용하고 공공복리의 증진을 도모하기 위하여 서로 중복되지 아니하게 도시·군관리계획으로 결정하는 지역을 말한다.
용도지구	토지의 이용 및 건축물의 용도·건폐율·용적률·높이 등에 대한 용도지역의 제한을 강화하거나 완화하여 적용함으로써 용도지역의 기능을 증진시키고 경관·안전 등을 도모하기 위하여 도시·군관리계획으로 결정하는 지역을 말한다.
용도구역	토지의 이용 및 건축물의 용도·건폐율·용적률·높이 등에 대한 용도지역 및 용도지구의 제한을 강화하거나 완화하여 따로 정함으로써 시가지의 무질서한 확산 방지, 계획적이고 단계적인 토지 이용의 도모, 토지 이용의 종합적 조정·관리 등을 위하여 도시·군관리계획으로 결정하는 지역을 말한다.
지구단위계획	도시·군계획 수립 대상지역의 일부에 대하여 토지 이용을 합리화하고 그 기능을 증진시키며 미관을 개선하고 양호한 환경을 확보하며, 그 지역을 체계적·계획적으로 관리하기 위하여 수립하는 도시·군관리계획을 말한다.
입지규제최소구역	입지규제최소구역에서의 토지의 이용 및 건축물의 용도·건폐율·용적률·높이 등의 제한에 관한 사항 등 입지규제최소구역의 관리에 필요한 사항을 정하기 위하여 수립하는 도시·군관리계획을 말한다.
성장관리계획	성장관리계획구역에서의 난개발을 방지하고 계획적인 개발을 유도하기 위하여 수립하는 계획을 말한다.

(2) 국토의 이용에 관한 용어

기반시설	교통시설	도로, 철도, 항만, 공항, 주차장, 자동차정류장(여객자동차터미널, 물류터미널, 공영차고지, 공동차고지, 화물자동차 휴게소, 복합환승센터, 환승센터), 궤도, 차량 검사 및 면허시설
	공간시설	광장, 공원, 녹지, 유원지, 공공공지
	유통·공급시설	유통업무설비, 수도·전기·가스·열공급설비, 방송·통신시설, 공동구·시장, 유류저장 및 송유설비
	공공·문화체육 시설	학교·공공청사·문화시설, 공공필요성이 인정되는 체육시설·연구시설·사회복지시설·공공직업훈련시설·청소년수련시설

	방재시설	하천, 유수지, 저수지, 방화설비, 방풍설비, 방수설비, 사방설비, 방조설비
	보건위생시설	장사시설, 도축장, 종합의료시설
	환경기초시설	하수도, 폐기물처리 및 재활용시설, 빗물저장 및 이용시설, 수질오염방지시설, 폐차장
도시·군계획시설		기반시설 중 도시·군관리계획으로 결정된 시설을 말한다.
도시·군계획시설사업		도시·군계획시설을 설치·정비 또는 개량하는 사업을 말한다.
도시·군계획사업		도시·군관리계획을 시행하기 위한 다음의 사업을 말한다. ① 도시·군계획시설사업 ②「도시개발법」에 따른 도시개발사업 ③「도시 및 주거환경정비법」에 따른 정비사업
개발밀도관리구역		개발로 인하여 기반시설이 부족할 것으로 예상되나 기반시설을 설치하기 곤란한 지역을 대상으로 건폐율이나 용적률을 강화하여 적용하기 위하여 지정하는 구역을 말한다.
기반시설부담구역		개발밀도관리구역 외의 지역으로서 개발로 인하여 도로, 공원, 녹지 등 대통령령으로 정하는 기반시설의 설치가 필요한 지역을 대상으로 기반시설을 설치하거나 그에 필요한 용지를 확보하게 하기 위하여 지정·고시하는 구역을 말한다.

3 도시·군계획의 법적 지위

(1) 광역도시계획 및 도시·군계획과 국가계획의 관계

광역도시계획 및 도시·군계획은 국가계획에 부합되어야 하며, 광역도시계획 또는 도시·군계획의 내용이 국가계획의 내용과 다를 때에는 국가계획의 내용이 우선한다. 이 경우 국가계획을 수립하려는 중앙행정기관의 장은 미리 지방자치단체의 장의 의견을 듣고 충분히 협의하여야 한다.

(2) 광역도시계획과 도시·군기본계획의 관계

광역도시계획이 수립되어 있는 지역에 대하여 수립하는 도시·군기본계획은 그 광역도시계획에 부합되어야 하며, 도시·군기본계획의 내용이 광역도시계획의 내용과 다를 때에는 광역도시계획의 내용이 우선한다.

(3) 도시·군기본계획의 내용과의 부합

특별시장·광역시장·특별자치시장·특별자치도지사·시장 또는 군수(광역시의 관할 구역에 있는 군의 군수는 제외)가 관할 구역에 대하여 다른 법률에 따른 환경·교통·수도·하수도·주택 등에 관한 부문별 계획을 수립할 때에는 도시·군기본계획의 내용에 부합되게 하여야 한다.

기본문제와 완성문제로 **단단기출**

01 「국토의 계획 및 이용에 관한 법률」상 용어의 정의에 관한 조문의 일부이다. ( )에 들어갈 내용을 바르게 나열한 것은?
_{기본 기출}　　　　　　　　　　　　　　　　　　　　　　　　　　　　　　　제30회

> '(㉠)'(이)란 토지의 이용 및 건축물의 용도·건폐율·용적률·높이 등에 대한 (㉡)의 제한을 강화하거나 완화하여 적용함으로써 (㉡)의 기능을 증진시키고 경관·안전 등을 도모하기 위하여 도시·군관리계획으로 결정하는 지역을 말한다.

	㉠	㉡		㉠	㉡
①	용도지구	용도지역	②	용도지구	용도구역
③	용도지역	용도지구	④	용도지구	용도지역 및 용도구역
⑤	용도지역	용도구역 및 용도지구			

> 키워드 》 용어정의
> 난이도 》
> 해설 》 '(㉠ 용도지구)'란 토지의 이용 및 건축물의 용도·건폐율·용적률·높이 등에 대한 (㉡ 용도지역)의 제한을 강화하거나 완화하여 적용함으로써 (㉡ 용도지역)의 기능을 증진시키고 경관·안전 등을 도모하기 위하여 도시·군관리계획으로 결정하는 지역을 말한다.

02 국토의 계획 및 이용에 관한 법령상 도시·군관리계획을 시행하기 위한 사업으로 도시·군계획사업에 해당하는 것을 모두 고른 것은?
_{기본 기출}　　　　　　　　　　　　　　　　　　　　　　　　　　　　　　　제29회

> ㉠ 도시·군계획시설사업
> ㉡ 「도시개발법」에 따른 도시개발사업
> ㉢ 「도시 및 주거환경정비법」에 따른 정비사업

① ㉠　　　　　　② ㉠, ㉡　　　　　　③ ㉠, ㉢
④ ㉡, ㉢　　　　⑤ ㉠, ㉡, ㉢

> 키워드 》 용어정의
> 난이도 》
> 해설 》 '도시·군계획사업'이란 도시·군관리계획을 시행하기 위한 도시·군계획시설사업, 「도시개발법」에 따른 도시개발사업 및 「도시 및 주거환경정비법」에 따른 정비사업을 말한다.

정답 01 ① 02 ⑤

03 기본기출

국토의 계획 및 이용에 관한 법령상 아래 내용을 뜻하는 용어는?   제30회

> 도시·군계획 수립 대상지역의 일부에 대하여 토지 이용을 합리화하고 그 기능을 증진시키며 미관을 개선하고 양호한 환경을 확보하며, 그 지역을 체계적·계획적으로 관리하기 위하여 수립하는 도시·군관리계획

① 일부관리계획
② 지구단위계획
③ 도시·군기본계획
④ 시가화조정구역계획
⑤ 입지규제최소구역계획

키워드 > 용어정의

난이도 >

해설 > 지구단위계획은 도시·군계획 수립 대상지역의 일부에 대하여 토지 이용을 합리화하고 그 기능을 증진시키며 미관을 개선하고 양호한 환경을 확보하며, 그 지역을 체계적·계획적으로 관리하기 위하여 수립하는 도시·군관리계획을 말한다.

04 기본기출

국토의 계획 및 이용에 관한 법령상 도시·군관리계획으로 결정하여야 하는 사항만을 모두 고른 것은?   제26회

> ㉠ 도시자연공원구역의 지정
> ㉡ 개발밀도관리구역의 지정
> ㉢ 도시개발사업에 관한 계획
> ㉣ 기반시설의 정비에 관한 계획

① ㉡
② ㉢, ㉣
③ ㉠, ㉡, ㉢
④ ㉠, ㉡, ㉣
⑤ ㉠, ㉢, ㉣

키워드 > 용어정의

난이도 >

해설 > ㉡ 개발밀도관리구역의 지정은 도시·군관리계획의 결정사항에 해당하지 않는다.

정답 03 ② 04 ⑤

05
기본 기출

국토의 계획 및 이용에 관한 법령상 기반시설의 종류와 그 해당 시설의 연결로 <u>틀린</u> 것은? 제26회

① 교통시설 – 폐차장
② 공간시설 – 유원지
③ 방재시설 – 저수지
④ 환경기초시설 – 하수도
⑤ 공공·문화체육시설 – 청소년수련시설

키워드 > 용어정의
난이도 >
해설 > 교통시설에는 도로·철도·항만·공항·주차장·자동차정류장·궤도·차량 검사 및 면허시설이 있으며, 폐차장은 환경기초시설에 해당한다.

06
기본 기출

국토의 계획 및 이용에 관한 법령상 기반시설 중 방재시설에 해당하지 <u>않는</u> 것은? 제25회

① 하천
② 유수지
③ 하수도
④ 사방설비
⑤ 저수지

키워드 > 용어정의
난이도 >
해설 > 방재시설은 하천·유수지·저수지·방화설비·방풍설비·방수설비·사방설비·방조설비 등으로 구분되며, 하수도는 환경기초시설에 해당한다.

07
완성 기출

국토의 계획 및 이용에 관한 법령상의 용어에 관한 설명으로 <u>틀린</u> 것은? 제21회

① 도시·군계획은 도시·군기본계획과 도시·군관리계획으로 구분한다.
② 용도지역·용도지구의 지정 또는 변경에 관한 계획은 도시·군관리계획으로 결정한다.
③ 지구단위계획은 도시·군관리계획으로 결정한다.
④ 도시·군관리계획을 시행하기 위한 「도시개발법」에 따른 도시개발사업은 도시·군계획사업에 포함된다.
⑤ 기반시설은 도시·군계획시설 중 도시·군관리계획으로 결정된 시설을 말한다.

키워드 > 용어정의
난이도 >
해설 > 도시·군계획시설은 기반시설 중 도시·군관리계획으로 결정된 시설을 말한다.

정답 05 ① 06 ③ 07 ⑤

THEME 02 광역도시계획

| THEME 키워드 |
광역계획권의 지정, 광역도시계획의 수립, 광역도시계획의 절차

기출분석
- **기출회차:** 제27회
- **키워드:** 광역도시계획의 수립
- **난이도:** ■■■□□

기본으로 알아야 하는 대표기출

국토의 계획 및 이용에 관한 법령상 광역도시계획에 관한 설명으로 옳은 것은?

① 국토교통부장관이 광역계획권을 지정하려면 관계 지방도시계획위원회의 심의를 거쳐야 한다.
② 도지사가 시장 또는 군수의 요청으로 관할 시장 또는 군수와 공동으로 광역도시계획을 수립하는 경우에는 국토교통부장관의 승인을 받지 않고 광역도시계획을 수립할 수 있다.
③ 중앙행정기관의 장은 국토교통부장관에게 광역계획권의 변경을 요청할 수 없다.
④ 시장 또는 군수가 광역도시계획을 수립하거나 변경하려면 국토교통부장관의 승인을 받아야 한다.
⑤ 광역계획권은 인접한 둘 이상의 특별시·광역시·특별자치시·특별자치도·시 또는 군의 관할 구역을 단위로 지정하여야 하며, 그 관할 구역의 일부만을 광역계획권에 포함시킬 수는 없다.

해설
① 국토교통부장관이 광역계획권을 지정하려면 중앙도시계획위원회의 심의를 거쳐야 한다.
③ 중앙행정기관의 장, 시·도지사, 시장 또는 군수는 국토교통부장관이나 도지사에게 광역계획권의 지정 또는 변경을 요청할 수 있다.
④ 시장 또는 군수는 광역도시계획을 수립하거나 변경하려면 도지사의 승인을 받아야 한다.
⑤ 광역계획권은 인접한 둘 이상의 특별시·광역시·특별자치시·특별자치도·시 또는 군의 관할 구역의 전부 또는 일부를 대통령령이 정하는 바에 따라 지정할 수 있다.

정답 ②

함정을 피하는 TIP
- 광역계획권의 지정권자와 광역도시계획의 수립권자를 명확하게 알고 있어야 정답을 찾을 수 있다.

단단하게 정리하는 핵심이론

1 광역계획권의 지정

(1) 지정 목적 및 지정권자 제16회, 제26회, 제27회, 제28회, 제29회, 제32회, 제33회

① 지정 목적: 둘 이상의 특별시·광역시·특별자치시·특별자치도·시 또는 군의 공간구조 및 기능을 상호 연계시키고 환경을 보전하며 광역시설을 체계적으로 정비하기 위하여 필요한 경우에는 광역계획권으로 지정할 수 있다.

② 지정권자: 국토교통부장관 또는 도지사는 인접한 둘 이상의 특별시·광역시·특별자치시·특별자치도·시 또는 군의 관할 구역 전부 또는 일부를 대통령령으로 정하는 바에 따라 광역계획권으로 지정할 수 있다.

지정권자	내용
국토교통부장관	광역계획권이 둘 이상의 특별시·광역시·특별자치시·도 또는 특별자치도(이하 '시·도')의 관할 구역에 걸쳐 있는 경우
도지사	광역계획권이 같은 도의 관할 구역에 걸쳐 있는 경우

③ 광역계획권의 지정 또는 변경 요청: 중앙행정기관의 장, 시·도지사, 시장 또는 군수는 국토교통부장관이나 도지사에게 광역계획권의 지정 또는 변경을 요청할 수 있다.

(2) 지정절차 제27회, 제28회, 제33회

① 의견청취 및 심의
  ㉠ 국토교통부장관이 지정·변경하는 경우: 국토교통부장관은 광역계획권을 지정하거나 변경하려면 관계 시·도지사, 시장 또는 군수의 의견을 들은 후 중앙도시계획위원회의 심의를 거쳐야 한다.
  ㉡ 도지사가 지정·변경하는 경우: 도지사가 광역계획권을 지정하거나 변경하려면 관계 중앙행정기관의 장, 관계 시·도지사, 시장 또는 군수의 의견을 들은 후 지방도시계획위원회의 심의를 거쳐야 한다.

② 통보: 국토교통부장관 또는 도지사는 광역계획권을 지정하거나 변경하면 지체 없이 관계 시·도지사, 시장 또는 군수에게 그 사실을 통보하여야 한다.

2 광역도시계획

(1) 광역도시계획의 정의 제19회

① 광역도시계획은 지정된 광역계획권의 장기발전방향을 제시하는 계획을 말한다.
② 광역도시계획은 별도의 수립단위 규정이 없다.

(2) 광역도시계획의 수립 제15회, 제16회, 제19회, 제26회, 제28회, 제29회, 제31회, 제32회

① 수립권자

㉠ 원칙적 수립권자: 국토교통부장관, 시·도지사, 시장 또는 군수

수립권자	내용
관할 시장 또는 군수의 공동수립	광역계획권이 같은 도의 관할 구역에 속하여 있는 경우
관할 시·도지사의 공동수립	광역계획권이 둘 이상의 시·도의 관할 구역에 걸쳐 있는 경우
관할 도지사	광역계획권을 지정한 날부터 3년이 지날 때까지 관할 시장 또는 군수로부터 광역도시계획의 승인 신청이 없는 경우
국토교통부장관	ⓐ 국가계획과 관련된 광역도시계획의 수립이 필요한 경우 ⓑ 광역계획권을 지정한 날부터 3년이 지날 때까지 관할 시·도지사로부터 광역도시계획에 대하여 승인 신청이 없는 경우

㉡ 예외적 수립권자

ⓐ 국토교통부장관은 시·도지사가 요청하는 경우와 그 밖에 필요하다고 인정되는 경우에는 관할 시·도지사와 공동으로 광역도시계획을 수립할 수 있다.

ⓑ 도지사는 시장 또는 군수가 요청하는 경우와 그 밖에 필요하다고 인정하는 경우에는 관할 시장 또는 군수와 공동으로 광역도시계획을 수립할 수 있으며, 시장 또는 군수가 협의를 거쳐 요청하는 경우에는 단독으로 광역도시계획을 수립할 수 있다.

㉢ 광역도시계획의 조정

조정 신청	ⓐ 광역도시계획을 공동으로 수립하는 시·도지사는 그 내용에 관하여 서로 협의가 되지 아니하면 공동이나 단독으로 국토교통부장관에게 조정을 신청할 수 있다. ⓑ 광역도시계획을 공동으로 수립하는 시장 또는 군수는 그 내용에 관하여 서로 협의가 되지 아니하면 공동이나 단독으로 도지사에게 조정을 신청할 수 있다.
협의권고	국토교통부장관 또는 도지사는 단독으로 조정 신청을 받은 경우에는 기한을 정하여 당사자 간에 다시 협의를 하도록 권고할 수 있으며, 기한까지 협의가 이루어지지 아니하는 경우에는 직접 조정할 수 있다.
심의	국토교통부장관 또는 도지사는 조정의 신청을 받거나 직접 조정하려는 경우에는 중앙도시계획위원회 또는 도의 지방도시계획위원회의 심의를 거쳐 광역도시계획의 내용을 조정하여야 한다.

② 수립기준: 광역도시계획의 수립기준 등은 대통령령으로 정하는 바에 따라 국토교통부장관이 정한다.

③ 수립절차

기초조사	㉠ 국토교통부장관, 시·도지사, 시장 또는 군수는 광역도시계획을 수립하거나 변경하려면 미리 인구, 경제, 사회, 문화, 토지 이용, 환경, 교통, 주택 그 밖에 대통령령으로 정하는 사항 중 그 광역도시계획의 수립 또는 변경에 필요한 사항을 대통령령으로 정하는 바에 따라 조사하거나 측량(이하 '기초조사')하여야 한다.

	ⓒ 국토교통부장관, 시·도지사, 시장 또는 군수가 기초조사정보체계를 구축한 경우에는 등록된 정보의 현황을 **5년마다** 확인하고 변동사항을 반영하여야 한다.
공청회의 개최	㉠ 국토교통부장관, 시·도지사, 시장 또는 군수는 광역도시계획을 수립하거나 변경하려면 미리 공청회를 열어 주민과 관계 전문가 등으로부터 의견을 들어야 하며, 공청회에서 제시된 의견이 타당하다고 인정하면 광역도시계획에 반영하여야 한다. ⓒ 공청회는 광역계획권 단위로 개최하되, 필요한 경우에는 광역계획권을 여러 개의 지역으로 구분하여 개최할 수 있다.
지방자치단체의 의견청취	시·도지사, 시장 또는 군수는 광역도시계획을 수립하거나 변경하려면 미리 관계 시·도, 시 또는 군의 의회와 관계 시장 또는 군수의 의견을 들어야 한다.

(3) 광역도시계획의 승인 제16회, 제19회, 제27회, 제28회, 제31회

① 승인권자

승인권자	내용
국토교통부장관	시·도지사는 광역도시계획을 수립하거나 변경하려면 국토교통부장관의 승인을 받아야 한다. 다만, 도지사가 수립하는 광역도시계획은 그러하지 아니하다.
도지사	시장 또는 군수는 광역도시계획을 수립하거나 변경하려면 도지사의 승인을 받아야 한다.

② 승인 및 공람절차

국토교통부장관의 경우	㉠ **국토교통부장관**은 직접 광역도시계획을 수립 또는 변경하거나 승인하였을 때에는 관계 중앙행정기관의 장과 시·도지사에게 관계 서류를 송부하여야 하며, 관계 서류를 받은 시·도지사는 대통령령(**해당 시·도의 공보와 인터넷홈페이지에 게재하는 방법으로 하며, 관계서류의 열람기간은 30일 이상**)으로 정하는 바에 따라 그 내용을 공고하고 일반이 열람할 수 있도록 하여야 한다. ⓒ 국토교통부장관은 광역도시계획을 승인하거나 직접 광역도시계획을 수립 또는 변경(시·도지사와 공동으로 수립하거나 변경하는 경우를 포함)하려면 관계 중앙행정기관과 협의한 후 중앙도시계획위원회의 심의를 거쳐야 한다.
도지사의 경우	㉠ **도지사**는 직접 광역도시계획을 수립 또는 변경하거나 승인하였을 때에는 관계 행정기관의 장(국토교통부장관을 포함)과 시장 또는 군수에게 관계 서류를 송부하여야 하며, 관계 서류를 받은 시장 또는 군수는 대통령령으로 정하는 바에 따라 그 내용을 공고하고 일반이 열람할 수 있도록 하여야 한다. ⓒ 도지사는 광역도시계획을 승인하거나 직접 광역도시계획을 수립 또는 변경(시장·군수와 공동으로 수립하거나 변경하는 경우를 포함)하려면 관계 행정기관과 협의한 후 지방도시계획위원회의 심의를 거쳐야 한다.

기본문제와 완성문제로 단단기출

01 국토의 계획 및 이용에 관한 법령상 광역계획권에 관한 설명으로 옳은 것은? 제33회

기본 기출

① 광역계획권이 둘 이상의 도의 관할 구역에 걸쳐 있는 경우, 해당 도지사들은 공동으로 광역계획권을 지정하여야 한다.
② 광역계획권이 하나의 도의 관할 구역에 속하여 있는 경우, 도지사는 국토교통부장관과 공동으로 광역계획권을 지정 또는 변경하여야 한다.
③ 도지사가 광역계획권을 지정하려면 관계 중앙행정기관의 장의 의견을 들은 후 중앙도시계획위원회의 심의를 거쳐야 한다.
④ 국토교통부장관이 광역계획권을 변경하려면 관계 시·도지사, 시장 또는 군수의 의견을 들은 후 지방도시계획위원회의 심의를 거쳐야 한다.
⑤ 중앙행정기관의 장, 시·도지사, 시장 또는 군수는 국토교통부장관이나 도지사에게 광역계획권의 지정 또는 변경을 요청할 수 있다.

키워드 › 광역계획권의 지정

난이도 ›

해설 › ① 국토교통부장관 또는 도지사는 둘 이상의 특별시·광역시·특별자치시·특별자치도·시 또는 군의 공간구조 및 기능을 상호 연계시키고 환경을 보전하며 광역시설을 체계적으로 정비하기 위하여 필요한 경우에는 다음의 구분에 따라 인접한 둘 이상의 특별시·광역시·특별자치시·특별자치도·시 또는 군의 관할 구역 전부 또는 일부를 광역계획권으로 지정할 수 있다. 해당 도지사들이 공동으로 지정하는 것이 아니라 국토교통부장관이 지정하여야 한다.

> 1. 광역계획권이 둘 이상의 특별시·광역시·특별자치시·도 또는 특별자치도('시·도')의 관할 구역에 걸쳐 있는 경우: 국토교통부장관이 지정
> 2. 광역계획권이 도의 관할 구역에 속하여 있는 경우: 도지사가 지정

② 국토교통부장관과 공동으로 지정하는 것이 아니라 도지사가 지정하여야 한다.
③ 국토교통부장관은 광역계획권을 지정하거나 변경하려면 관계 시·도지사, 시장 또는 군수의 의견을 들은 후 중앙도시계획위원회의 심의를 거쳐야 한다.
④ 도지사가 광역계획권을 지정하거나 변경하려면 관계 중앙행정기관의 장, 관계 시·도지사, 시장 또는 군수의 의견을 들은 후 지방도시계획위원회의 심의를 거쳐야 한다.

정답 01 ⑤

02 국토의 계획 및 이용에 관한 법령상 광역도시계획에 관한 설명으로 틀린 것은? 제29회

① 중앙행정기관의 장, 시·도지사, 시장 또는 군수는 국토교통부장관이나 도지사에게 광역계획권의 변경을 요청할 수 있다.
② 둘 이상의 특별시·광역시·특별자치시·특별자치도·시 또는 군의 공간구조 및 기능을 상호 연계시키고 환경을 보전하며 광역시설을 체계적으로 정비하기 위하여 필요한 경우에는 광역계획권을 지정할 수 있다.
③ 국가계획과 관련된 광역도시계획의 수립이 필요한 경우 광역도시계획의 수립권자는 국토교통부장관이다.
④ 광역계획권이 둘 이상의 시·도의 관할 구역에 걸쳐 있는 경우에는 관할 시·도지사가 공동으로 광역계획권을 지정하여야 한다.
⑤ 국토교통부장관, 시·도지사, 시장 또는 군수는 광역도시계획을 수립하려면 미리 공청회를 열어 주민과 관계 전문가 등으로부터 의견을 들어야 한다.

키워드 〉 광역계획권의 지정
난이도 〉
해설 〉 광역계획권이 둘 이상의 시·도(특별시·광역시·특별자치시·도 또는 특별자치도)의 관할 구역에 걸쳐 있는 경우에는 국토교통부장관이 광역계획권을 지정할 수 있다.

03 국토의 계획 및 이용에 관한 법령상 광역도시계획에 관한 설명으로 틀린 것은? 제31회

① 도지사는 시장 또는 군수가 협의를 거쳐 요청하는 경우에는 단독으로 광역도시계획을 수립할 수 있다.
② 광역도시계획의 수립기준은 국토교통부장관이 정한다.
③ 광역도시계획의 수립을 위한 공청회는 광역계획권 단위로 개최하되, 필요한 경우에는 광역계획권을 여러 개의 지역으로 구분하여 개최할 수 있다.
④ 국토교통부장관은 광역도시계획을 수립하였을 때에는 직접 그 내용을 공고하고 일반이 열람할 수 있도록 하여야 한다.
⑤ 광역도시계획을 공동으로 수립하는 시·도지사는 그 내용에 관하여 서로 협의가 되지 아니하면 공동이나 단독으로 국토교통부장관에게 조정을 신청할 수 있다.

키워드 〉 광역도시계획의 절차
난이도 〉
해설 〉 국토교통부장관이 광역도시계획을 수립 또는 변경하거나 승인하였을 때에는 관계 중앙행정기관의 장과 시·도지사에게 관계 서류를 송부하여야 하며 관계 서류를 받은 시·도지사가 대통령령으로 정하는 바에 따라 그 내용을 공고하고 일반이 열람할 수 있도록 하여야 한다.

정답 02 ④ 03 ④

04 국토의 계획 및 이용에 관한 법령상 광역도시계획 등에 관한 설명으로 **틀린** 것은? (단, 조례는 고려하지 않음) 제28회

① 국토교통부장관은 광역계획권을 지정하려면 관계 시·도지사, 시장 또는 군수의 의견을 들은 후 중앙도시계획위원회의 심의를 거쳐야 한다.
② 시·도지사, 시장 또는 군수는 광역도시계획을 변경하려면 미리 관계 시·도, 시 또는 군의 의회와 관계 시장 또는 군수의 의견을 들어야 한다.
③ 국토교통부장관은 시·도지사가 요청하는 경우에도 시·도지사와 공동으로 광역도시계획을 수립할 수 없다.
④ 시장 또는 군수는 광역도시계획을 수립하려면 도지사의 승인을 받아야 한다.
⑤ 시장 또는 군수는 광역도시계획을 변경하려면 미리 공청회를 열어야 한다.

키워드 > 광역도시계획의 수립
난이도 >
해설 > 국토교통부장관은 시·도지사가 요청하는 경우에는 시·도지사와 공동으로 광역도시계획을 수립할 수 있다.

---

05 국토의 계획 및 이용에 관한 법령상 광역도시계획에 관한 설명으로 **틀린** 것은? 제32회

① 광역도시계획의 수립기준은 국토교통부장관이 정한다.
② 광역계획권이 같은 도의 관할 구역에 속하여 있는 경우 관할 도지사가 광역도시계획을 수립하여야 한다.
③ 시·도지사, 시장 또는 군수는 광역도시계획을 수립하거나 변경하려면 미리 관계 시·도, 시 또는 군의 의회와 관계 시장 또는 군수의 의견을 들어야 한다.
④ 시장 또는 군수가 기초조사정보체계를 구축한 경우에는 등록된 정보의 현황을 5년마다 확인하고 변동사항을 반영하여야 한다.
⑤ 광역계획권을 지정한 날부터 3년이 지날 때까지 관할 시장 또는 군수로부터 광역도시계획의 승인 신청이 없는 경우 관할 도지사가 광역도시계획을 수립하여야 한다.

키워드 > 광역도시계획의 수립
난이도 >
해설 > 광역계획권이 같은 도의 관할 구역에 속하여 있는 경우 관할 시장 또는 군수가 공동으로 광역도시계획을 수립하여야 한다.

정답 04 ③ 05 ②

THEME 03 도시·군기본계획

| THEME 키워드 |
도시·군기본계획의 기초조사, 도시·군기본계획의 수립, 도시·군기본계획의 수립권자, 도시·군기본계획의 절차

기출분석
- 기출회차: 제32회
- 키워드: 도시·군기본계획의 수립
- 난이도: ■■□□

기본으로 알아야 하는 대표기출

국토의 계획 및 이용에 관한 법령상 도시·군기본계획에 관한 설명으로 **틀린** 것은?

① 「수도권정비계획법」에 의한 수도권에 속하고 광역시와 경계를 같이하지 아니한 시로서 인구 20만명 이하인 시는 도시·군기본계획을 수립하지 아니할 수 있다.
② 도시·군기본계획에는 기후변화 대응 및 에너지 절약에 관한 사항에 대한 정책 방향이 포함되어야 한다.
③ 광역도시계획이 수립되어 있는 지역에 대하여 수립하는 도시·군기본계획은 그 광역도시계획에 부합되어야 한다.
④ 시장 또는 군수는 5년마다 관할 구역의 도시·군기본계획에 대하여 타당성을 전반적으로 재검토하여 정비하여야 한다.
⑤ 특별시장·광역시장·특별자치시장 또는 특별자치도지사는 도시·군기본계획을 변경하려면 관계 행정기관의 장(국토교통부장관을 포함)과 협의한 후 지방도시계획위원회의 심의를 거쳐야 한다.

함정을 피하는 TIP
- 도시·군기본계획 수립대상에 대해서 정확하게 알고 있어야 정답을 찾을 수 있다.

| 해설 |
「수도권정비계획법」에 의한 수도권에 속하지 아니하고 광역시와 경계를 같이하지 아니한 시로서 인구 10만명 이하인 시는 도시·군기본계획을 수립하지 아니할 수 있다.

정답 ①

단단하게 정리하는 핵심이론

1 도시·군기본계획의 내용 제32회

도시·군기본계획에는 다음의 사항에 대한 정책 방향이 포함되어야 한다.

① 지역적 특성 및 계획의 방향·목표에 관한 사항
② 공간구조, 생활권의 설정 및 인구의 배분에 관한 사항
③ 토지의 이용 및 개발에 관한 사항
④ 토지의 용도별 수요 및 공급에 관한 사항
⑤ 환경의 보전 및 관리에 관한 사항
⑥ 기반시설에 관한 사항
⑦ 공원·녹지에 관한 사항
⑧ 경관에 관한 사항
⑨ 기후변화 대응 및 에너지절약에 관한 사항
⑩ 방재·방범 등 안전에 관한 사항

2 도시·군기본계획의 수립

(1) 수립권자와 대상지역 제17회, 제20회, 제24회, 제31회, 제32회

원칙	특별시장·광역시장·특별자치시장·특별자치도지사·시장 또는 군수는 관할 구역에 대하여 도시·군기본계획을 수립하여야 한다.
예외	시 또는 군의 위치, 인구의 규모, 인구감소율 등을 고려하여 다음의 시 또는 군은 도시·군기본계획을 수립하지 아니할 수 있다. ①「수도권정비계획법」의 규정에 의한 수도권에 속하지 아니하고 광역시와 경계를 같이하지 아니한 시 또는 군으로서 인구 10만명 이하인 시 또는 군 ② 관할 구역 전부에 대하여 광역도시계획이 수립되어 있는 시 또는 군으로서 당해 광역도시계획에 도시·군기본계획의 내용이 모두 포함되어 있는 시 또는 군

> **보충**
>
> **인접한 관할 구역의 연계수립**
> 1. 특별시장·광역시장·특별자치시장·특별자치도지사·시장 또는 군수는 지역여건상 필요하다고 인정되면 인접한 특별시·광역시·특별자치시·특별자치도·시 또는 군의 관할 구역 전부 또는 일부를 포함하여 도시·군기본계획을 수립할 수 있다.
> 2. 특별시장·광역시장·특별자치시장·특별자치도지사·시장 또는 군수는 인접한 특별시·광역시·특별자치시·특별자치도·시 또는 군의 관할 구역을 포함하여 도시·군기본계획을 수립하려면 미리 그 특별시장·광역시장·특별자치시장·특별자치도지사·시장 또는 군수와 협의하여야 한다.

(2) 수립기준 제19회

도시·군기본계획의 수립기준 등은 대통령령으로 정하는 바에 따라 국토교통부장관이 정한다.

(3) 수립절차 제15회, 제19회, 제20회, 제22회, 제24회, 제27회, 제31회

기초조사 및 공청회	① 도시·군기본계획을 수립하거나 변경하는 경우에는 광역도시계획의 기초조사와 공청회에 관한 규정을 준용한다. ② 시·도지사, 시장 또는 군수는 기초조사의 내용에 국토교통부장관이 정하는 바에 따라 실시하는 토지의 토양, 입지, 활용가능성 등 토지적성평가와 재해취약성분석을 포함하여야 한다. ③ 도시·군기본계획 입안일부터 5년 이내에 토지적성평가를 실시한 경우 등 대통령령으로 정하는 경우에는 ②에 따른 토지적성평가 또는 재해취약성분석을 하지 아니할 수 있다.
지방의회의 의견청취	특별시장·광역시장·특별자치시장·특별자치도지사·시장 또는 군수는 도시·군기본계획을 수립하거나 변경하려면 미리 그 특별시·광역시·특별자치시·특별자치도·시 또는 군 의회의 의견을 들어야 한다.

3 도시·군기본계획의 확정·승인

(1) 확정·승인권자 제15회, 제19회, 제22회, 제24회, 제31회

확정권자	특별시장·광역시장·특별자치시장 또는 특별자치도지사는 관할 구역의 도시·군기본계획을 수립하거나 변경 시 직접 확정한다.
승인권자	시장 또는 군수는 도시·군기본계획을 수립하거나 변경하려면 대통령령으로 정하는 바에 따라 도지사의 승인을 받아야 한다.

(2) 협의 및 심의 제31회, 제32회

① 특별시장·광역시장·특별자치시장 또는 특별자치도지사는 도시·군기본계획을 수립하거나 변경하려면 관계 행정기관의 장(국토교통부장관을 포함)과 협의한 후 지방도시계획위원회의 심의를 거쳐야 한다.

② 도지사는 도시·군기본계획을 승인하려면 관계 행정기관의 장과 협의한 후 지방도시계획위원회의 심의를 거쳐야 한다.

4 도시·군기본계획의 정비 제19회, 제22회, 제27회, 제31회, 제32회

특별시장·광역시장·특별자치시장·특별자치도지사·시장 또는 군수는 5년마다 관할 구역의 도시·군기본계획에 대하여 타당성을 전반적으로 재검토하여 정비하여야 한다.

기본문제와 완성문제로 단단기출

01 「국토의 계획 및 이용에 관한 법률」상 도시·군기본계획의 수립 및 정비에 관한 조문의 일부이다. ( )에 들어갈 숫자를 옳게 연결한 것은? 제27회

기본 기출

> • 도시·군기본계획 입안일부터 (㉠)년 이내에 토지적성평가를 실시한 경우 등 대통령령으로 정하는 경우에는 토지적성평가 또는 재해취약성분석을 하지 아니할 수 있다.
> • 시장 또는 군수는 (㉡)년마다 관할 구역의 도시·군기본계획에 대하여 타당성을 전반적으로 재검토하여 정비하여야 한다.

	㉠	㉡
①	2	5
②	3	2
③	3	5
④	5	5
⑤	5	10

키워드 도시·군기본계획의 기초조사

난이도

해설
• 도시·군기본계획 입안일부터 (㉠ 5)년 이내에 토지적성평가를 실시한 경우 등 대통령령으로 정하는 경우에는 토지적성평가 또는 재해취약성분석을 하지 아니할 수 있다.
• 특별시장·광역시장·특별자치시장·특별자치도지사·시장 또는 군수는 (㉡ 5)년마다 관할 구역의 도시·군기본계획에 대하여 타당성을 전반적으로 재검토하여 정비하여야 한다.

정답 01 ④

02 국토의 계획 및 이용에 관한 법령상 도시·군기본계획에 관한 설명으로 틀린 것은? 제31회

기본 기출

① 시장 또는 군수는 인접한 시 또는 군의 관할 구역을 포함하여 도시·군기본계획을 수립하려면 미리 그 시장 또는 군수와 협의하여야 한다.
② 도시·군기본계획 입안일부터 5년 이내에 토지적성평가를 실시한 경우에는 토지적성평가를 하지 아니할 수 있다.
③ 시장 또는 군수는 도시·군기본계획을 수립하려면 미리 그 시 또는 군 의회의 의견을 들어야 한다.
④ 시장 또는 군수는 도시·군기본계획을 변경하려면 도지사와 협의한 후 지방도시계획위원회의 심의를 거쳐야 한다.
⑤ 시장 또는 군수는 5년마다 관할 구역의 도시·군기본계획에 대하여 타당성을 전반적으로 재검토하여 정비하여야 한다.

키워드 〉 도시·군기본계획의 절차
난이도 〉
해설 〉 시장 또는 군수는 도시·군기본계획을 수립하거나 변경하려면 대통령령으로 정하는 바에 따라 도지사의 승인을 받아야 한다. 또한 도지사는 도시·군기본계획을 승인하려면 관계 행정기관의 장과 협의한 후 지방도시계획위원회의 심의를 거쳐야 한다.

03 국토의 계획 및 이용에 관한 법령상 도시·군기본계획에 관한 설명으로 옳은 것은? 제22회

기본 기출

① 특별시장·광역시장이 수립한 도시·군기본계획의 승인은 국토교통부장관이 하고, 시장·군수가 수립한 도시·군기본계획의 승인은 도지사가 한다.
② 광역도시계획이 수립되어 있는 지역에 대하여 수립하는 도시·군기본계획의 내용이 광역도시계획의 내용과 다를 때에는 광역도시계획의 내용이 우선한다.
③ 이해관계자를 포함한 주민은 지구단위계획구역의 지정 및 변경에 관한 사항에 대하여 도시·군기본계획의 입안을 제안할 수 있다.
④ 특별시장·광역시장·특별자치시장·특별자치도지사·시장 또는 군수는 도시·군기본계획을 수립할 때 주민의 의견청취를 위한 공청회는 생략할 수 있다.
⑤ 특별시장·광역시장·특별자치시장·특별자치도지사·시장 또는 군수는 10년마다 관할 구역의 도시·군기본계획에 대하여 타당성을 전반적으로 재검토하여 정비하여야 한다.

정답 02 ④ 03 ②

| 키워드 | 도시·군기본계획의 절차
| 난이도 |
| 해설 | ① 특별시장·광역시장이 수립한 도시·군기본계획은 승인을 받지 않고 특별시장·광역시장이 직접 확정하며, 시장·군수가 수립한 도시·군기본계획의 승인은 도지사가 한다.
③ 이해관계자를 포함한 주민은 지구단위계획구역의 지정 및 변경에 관한 사항에 대하여 도시·군관리계획의 입안을 제안할 수 있다.
④ 특별시장·광역시장·특별자치시장·특별자치도지사·시장 또는 군수는 도시·군기본계획을 수립할 때 주민의 의견청취를 위한 공청회를 개최하여야 한다.
⑤ 특별시장·광역시장·특별자치시장·특별자치도지사·시장 또는 군수는 5년마다 관할 구역의 도시·군기본계획에 대하여 타당성을 전반적으로 재검토하여 정비하여야 한다.

04 국토의 계획 및 이용에 관한 법령상 도시·군기본계획에 관한 설명으로 옳은 것은? 제24회

완성 기출

① 시장·군수는 관할 구역에 대해서만 도시·군기본계획을 수립할 수 있으며, 인접한 시 또는 군의 관할 구역을 포함하여 계획을 수립할 수 없다.
② 도시·군기본계획의 내용이 광역도시계획의 내용과 다를 때에는 국토교통부장관이 결정하는 바에 따른다.
③ 「수도권정비계획법」에 의한 수도권에 속하지 아니하고 광역시와 경계를 같이하지 아니한 인구 7만명의 군은 도시·군기본계획을 수립하지 아니할 수 있다.
④ 도시·군기본계획을 변경하는 경우에는 공청회를 개최하지 아니할 수 있다.
⑤ 광역시장이 도시·군기본계획을 수립하려면 국토교통부장관의 승인을 받아야 한다.

| 키워드 | 도시·군기본계획의 수립권자
| 난이도 |
| 해설 | ① 특별시장·광역시장·특별자치시장·특별자치도지사·시장 또는 군수는 지역여건상 필요하다고 인정되면 인접한 특별시·광역시·특별자치시·특별자치도·시 또는 군의 관할 구역 전부 또는 일부를 포함하여 도시·군기본계획을 수립할 수 있다.
② 도시·군기본계획의 내용이 광역도시계획의 내용과 다를 때에는 광역도시계획의 내용이 우선한다.
④ 도시·군기본계획을 수립하거나 변경하는 경우에도 공청회를 개최하여야 한다.
⑤ 광역시장이 도시·군기본계획을 수립하려면 국토교통부장관의 승인을 받지 않고, 광역시장이 직접 확정한다.

정답 04 ③

05 국토의 계획 및 이용에 관한 법령상 도시·군기본계획에 관한 설명으로 옳은 것은? 제20회

① 도시·군기본계획의 수립 시 주민의 의견을 들어야 되나 관계 전문가로부터 의견을 들을 필요는 없다.
② 시장·군수는 인접한 시·군의 시장·군수와 협의를 거쳐 그 인접 시·군의 관할 구역 전부를 포함하는 도시·군기본계획을 수립할 수 있다.
③ 「수도권정비계획법」에 의한 수도권의 시로서 인구 10만명 이하인 시는 도시·군기본계획을 수립하지 아니할 수 있다.
④ 도시·군기본계획의 내용과 국가계획의 내용이 다를 때에는 도시·군기본계획의 내용이 우선한다.
⑤ 광역도시계획의 내용과 도시·군기본계획의 내용이 다를 때에는 도시·군기본계획의 내용이 우선한다.

| 키워드 | 도시·군기본계획의 수립권자 |

| 난이도 | |

| 해설 | ① 도시·군기본계획의 수립 시 미리 공청회를 열어 주민과 관계 전문가 등으로부터 의견을 들어야 한다.
③ 「수도권정비계획법」에 의한 수도권에 속하지 아니하고 광역시와 경계를 같이하지 아니한 시 또는 군으로서 인구 10만명 이하인 시 또는 군은 도시·군기본계획을 수립하지 아니할 수 있다.
④ 도시·군기본계획의 내용과 국가계획의 내용이 다를 때에는 국가계획의 내용이 우선한다.
⑤ 광역도시계획의 내용과 도시·군기본계획의 내용이 다를 때에는 광역도시계획의 내용이 우선한다.

정답 05 ②

THEME 04 도시·군관리계획

| THEME 키워드 |
도시·군관리계획의 입안, 도시·군관리계획의 결정

기본으로 알아야 하는 대표기출

> **기출분석**
> - 기출회차: 제26회
> - 키워드: 도시·군관리계획의 결정
> - 난이도: ■■■□□

국토의 계획 및 이용에 관한 법령상 도시·군관리계획에 관한 설명으로 틀린 것은?

① 도시·군관리계획 결정의 효력은 지형도면을 고시한 날의 다음 날부터 발생한다.
② 용도지구의 지정은 도시·군관리계획으로 결정한다.
③ 주민은 기반시설의 설치·정비 또는 개량에 관한 사항에 대하여 입안권자에게 도시·군관리계획의 입안을 제안할 수 있다.
④ 도시·군관리계획은 광역도시계획과 도시·군기본계획에 부합되어야 한다.
⑤ 도시·군관리계획을 조속히 입안하여야 할 필요가 있다고 인정되면 도시·군기본계획을 수립할 때에 도시·군관리계획을 함께 입안할 수 있다.

> **함정을 피하는 TIP**
> - 도시·군관리계획에 대한 전반적인 사항을 이해하고 있어야 한다.

해 설
도시·군관리계획 결정의 효력은 지형도면을 고시한 날부터 발생한다.

정답 ①

> 단단하게 정리하는 **핵심이론**

1 도시·군관리계획의 정의 및 결정사항

(1) 도시·군관리계획의 정의
　① 특별시·광역시·특별자치시·특별자치도·시 또는 군의 개발·정비 및 보전을 위하여 수립하는 토지이용, 교통, 환경, 경관, 안전, 산업, 정보통신, 보건, 복지, 안보, 문화 등에 관한 계획을 말한다.
　② 도시·군관리계획은 별도의 수립단위 규정이 없다.

(2) 도시·군관리계획 결정사항 제21회, 제24회, 제26회, 제32회

도시·군관리계획으로 결정하여야 하는 사항은 다음과 같다.

> ① 용도지역·용도지구의 지정 또는 변경에 관한 계획
> ② 개발제한구역, 도시자연공원구역, 시가화조정구역, 수산자원보호구역의 지정 또는 변경에 관한 계획
> ③ 기반시설의 설치·정비 또는 개량에 관한 계획
> ④ 도시개발사업이나 정비사업에 관한 계획
> ⑤ 지구단위계획구역의 지정 또는 변경에 관한 계획과 지구단위계획
> ⑥ 입지규제최소구역의 지정 또는 변경에 관한 계획과 입지규제최소구역계획

2 도시·군관리계획의 입안

(1) 도시·군관리계획의 입안권자 제17회, 제19회, 제22회, 제26회, 제29회, 제32회

　① 원칙: **특별시장·광역시장·특별자치시장·특별자치도지사·시장 또는 군수**

관할 구역 입안	특별시장·광역시장·특별자치시장·특별자치도지사·시장 또는 군수는 관할 구역에 대하여 도시·군관리계획을 입안하여야 한다.
인접 관할 구역을 포함한 입안	특별시장·광역시장·특별자치시장·특별자치도지사·시장 또는 군수는 다음의 어느 하나에 해당하면 인접한 특별시·광역시·특별자치시·특별자치도·시 또는 군의 관할 구역 전부 또는 일부를 포함하여 도시·군관리계획을 입안할 수 있다. ㉠ 지역여건상 필요하다고 인정하여 미리 인접한 특별시장·광역시장·특별자치시장·특별자치도지사·시장 또는 군수와 협의한 경우 ㉡ 인접한 특별시·광역시·특별자치시·특별자치도·시 또는 군의 관할 구역을 포함하여 도시·군기본계획을 수립한 경우

	협의한 경우	인접한 특별시·광역시·특별자치시·특별자치도·시 또는 군의 관할 구역에 대한 도시·군관리계획은 관계 특별시장·광역시장·특별자치시장·특별자치도지사·시장 또는 군수가 협의하여 공동으로 입안하거나 입안할 자를 정한다.
	협의가 성립되지 아니하는 경우	도시·군관리계획을 입안하려는 구역이 같은 도의 관할 구역에 속할 때에는 관할 도지사가, 둘 이상의 시·도의 관할 구역에 걸쳐 있을 때에는 국토교통부장관(수산자원보호구역의 경우 해양수산부장관)이 입안할 자를 지정하고 그 사실을 고시하여야 한다.

② 예외: 국토교통부장관, 도지사

국토교통부 장관	㉠ 국토교통부장관이 입안할 수 있는 경우: 국토교통부장관은 다음의 어느 하나에 해당하는 경우에는 직접 또는 관계 중앙행정기관의 장의 요청에 의하여 도시·군관리계획을 입안할 수 있다. ⓐ 국가계획과 관련된 경우 ⓑ 둘 이상의 시·도에 걸쳐 지정되는 용도지역·용도지구 또는 용도구역과 둘 이상의 시·도에 걸쳐 이루어지는 사업의 계획 중 도시·군관리계획으로 결정하여야 할 사항이 있는 경우 ⓒ 특별시장·광역시장·특별자치시장·특별자치도지사·시장 또는 군수가 규정에 따른 기한까지 국토교통부장관의 도시·군관리계획 조정 요구에 따라 도시·군관리계획을 정비하지 아니하는 경우 ㉡ 의견청취: 국토교통부장관은 입안 시 관할 시·도지사 및 시장·군수의 의견을 들어야 한다.
도지사	㉠ 도지사가 입안할 수 있는 경우: 도지사는 다음의 어느 하나의 경우에는 직접 또는 시장이나 군수의 요청에 의하여 도시·군관리계획을 입안할 수 있다. ⓐ 둘 이상의 시·군에 걸쳐 지정되는 용도지역·용도지구 또는 용도구역과 둘 이상의 시·군에 걸쳐 이루어지는 사업의 계획 중 도시·군관리계획으로 결정하여야 할 사항이 포함되어 있는 경우 ⓑ 도지사가 직접 수립하는 사업의 계획으로서 도시·군관리계획으로 결정하여야 할 사항이 포함되어 있는 경우 ㉡ 의견청취: 도지사는 입안 시 관계 시장 또는 군수의 의견을 들어야 한다.

③ 수립기준

㉠ 도시·군관리계획의 수립기준, 도시·군관리계획도서 및 계획설명서의 작성기준·작성방법 등은 대통령령으로 정하는 바에 따라 국토교통부장관이 정한다.

㉡ 도시·군관리계획은 광역도시계획과 도시·군기본계획에 부합되어야 한다.

(2) 도시·군관리계획의 입안제안 제22회, 제23회, 제28회, 제30회, 제34회

① 제안 대상: 주민(이해관계자를 포함)은 다음의 사항에 대하여 도시·군관리계획을 입안할 수 있는 자에게 도시·군관리계획의 입안을 제안할 수 있으며, 입안을 제안하려는 자는 다음의 구분에 따라 토지 소유자의 동의를 받아야 한다. 이 경우 동의 대상 토지면적에서 국·공유지는 제외한다.

제안사항	제안 시 토지 소유자의 동의
기반시설의 설치·정비 또는 개량에 관한 사항	대상 토지면적의 5분의 4 이상
지구단위계획구역의 지정 및 변경과 지구단위계획의 수립 및 변경에 관한 사항	대상 토지면적의 3분의 2 이상
개발진흥지구 중 공업기능 또는 유통물류기능 등을 집중적으로 개발·정비하기 위한 산업·유통개발진흥지구의 지정 및 변경에 관한 사항	
용도지구 중 해당 용도지구에 따른 건축물이나 그 밖의 시설의 용도·종류 및 규모 등의 제한을 지구단위계획으로 대체하기 위한 용도지구의 지정 및 변경에 관한 사항	
입지규제최소구역의 지정 및 변경과 입지규제최소구역계획의 수립 및 변경에 관한 사항	

② 제안결과의 통보

결과통보기간	도시·군관리계획 입안의 제안을 받은 국토교통부장관, 시·도지사, 시장 또는 군수는 제안일부터 45일 이내에 도시·군관리계획 입안에의 반영 여부를 제안자에게 통보하여야 한다. 다만, 부득이한 사정이 있는 경우에는 1회에 한하여 30일을 연장할 수 있다.
비용부담	도시·군관리계획의 입안을 제안받은 자는 제안자와 협의하여 제안된 도시·군관리계획의 입안 및 결정에 필요한 비용의 전부 또는 일부를 제안자에게 부담시킬 수 있다.

(3) 도시·군관리계획의 입안절차 제18회, 제19회, 제22회, 제23회, 제24회, 제26회, 제28회

① 기초조사

의무	도시·군관리계획을 입안하는 경우에는 광역도시계획의 수립을 위한 기초조사에 관한 규정을 준용한다(기초조사를 하여야 함). 다만, 대통령령으로 정하는 경미한 사항(도시지역의 축소에 따른 용도지역·용도지구·용도구역 또는 지구단위계획구역의 변경)을 입안하는 경우에는 생략할 수 있다.
생략	도시·군관리계획으로 입안하려는 지역이 도심지에 위치하거나 개발이 끝나 나대지가 없는 등 대통령령으로 정하는 요건에 해당하면 기초조사, 환경성검토, 토지적성평가 또는 재해취약성분석을 하지 아니할 수 있다.

핵심단단 기초조사 등을 생략할 수 있는 요건 제15회, 제17회, 제22회, 제26회, 제27회, 제32회

1. **기초조사를 실시하지 아니할 수 있는 요건**(환경성검토·토지적성평가·재해취약성분석 포함)
   ① 해당 지구단위계획구역이 도심지(상업지역과 상업지역에 연접한 지역)에 위치하는 경우
   ② 해당 지구단위계획구역 안의 나대지면적이 구역면적의 2%에 미달하는 경우
   ③ 해당 지구단위계획구역 또는 도시·군계획시설부지가 다른 법률에 따라 지역·지구 등으로 지정되거나 개발계획이 수립된 경우
   ④ 해당 지구단위계획구역의 지정 목적이 해당 구역을 정비 또는 관리하고자 하는 경우로서 지구단위계획의 내용에 너비 12m 이상 도로의 설치계획이 없는 경우
   ⑤ 기존의 용도지구를 폐지하고 지구단위계획을 수립 또는 변경하여 그 용도지구에 따른 건축물이나 그 밖의 시설의 용도·종류 및 규모 등의 제한을 그대로 대체하려는 경우
   ⑥ 해당 도시·군계획시설의 결정을 해제하려는 경우
   ⑦ 그 밖에 국토교통부령으로 정하는 요건에 해당하는 경우

2. **환경성검토를 실시하지 아니할 수 있는 요건**
   ① 위 1.의 ① ~ ⑦의 어느 하나에 해당하는 경우
   ②「환경영향평가법」에 따른 전략환경영향평가 대상인 도시·군관리계획을 입안하는 경우

3. **토지적성평가를 실시하지 아니할 수 있는 요건**
   ① 위 1.의 ① ~ ⑦의 어느 하나에 해당하는 경우
   ② 도시·군관리계획 입안일부터 5년 이내에 토지적성평가를 실시한 경우
   ③ 주거지역·상업지역 또는 공업지역에 도시·군관리계획을 입안하는 경우
   ④ 법 또는 다른 법령에 따라 조성된 지역에 도시·군관리계획을 입안하는 경우
   ⑤「개발제한구역의 지정 및 관리에 관한 특별조치법 시행령」상 개발제한구역에서 조정 또는 해제된 지역에 대하여 도시·군관리계획을 입안하는 경우
   ⑥「도시개발법」에 따른 도시개발사업의 경우
   ⑦ 지구단위계획구역 또는 도시·군계획시설부지에서 도시·군관리계획을 입안하는 경우

4. **재해취약성분석을 실시하지 아니할 수 있는 요건**
   ① 위 1.의 ① ~ ⑦의 어느 하나에 해당하는 경우
   ② 도시·군관리계획 입안일부터 5년 이내에 재해취약성분석을 실시한 경우
   ③ 용도지역·용도지구·용도구역의 지정 또는 변경에 해당하는 경우(방재지구의 지정·변경은 제외)

② **주민의 의견청취**

의무	국토교통부장관(수산자원보호구역의 경우 해양수산부장관), 시·도지사, 시장 또는 군수는 도시·군관리계획을 입안할 때에는 주민의 의견을 들어야 하며, 그 의견이 타당하다고 인정되면 도시·군관리계획안에 반영하여야 한다.
생략	국방상 또는 국가안전보장상 기밀을 지켜야 할 필요가 있는 사항(관계 중앙행정기관의 장이 요청하는 것만 해당)이거나 대통령령으로 정하는 경미한 사항(도시지역의 축소에 따른 용도지역·용도지구·용도구역 또는 지구단위계획구역의 변경)인 경우에는 생략할 수 있다.

③ **지방의회의 의견청취**: 국토교통부장관, 시·도지사, 시장 또는 군수는 도시·군관리계획을 입안하려면 대통령령으로 정하는 사항(용도지역·용도지구 또는 용도구역의 지정 또는 변경지정)에 대하여 해당 지방의회의 의견을 들어야 한다.

④ **입안의 특례**: 국토교통부장관, 시·도지사, 시장 또는 군수는 도시·군관리계획을 조속히 입안하여야 할 필요가 있다고 인정되면 광역도시계획이나 도시·군기본계획을 수립할 때에 도시·군관리계획을 함께 입안할 수 있다.

3 도시·군관리계획의 결정

(1) 도시·군관리계획의 결정권자 제24회, 제25회, 제28회, 제29회, 제31회

원칙	시·도지사, 대도시 시장, 시장 또는 군수 ① 도시·군관리계획은 시·도지사가 직접 또는 시장·군수의 신청에 따라 결정한다. ② 「지방자치법」에 따른 서울특별시와 광역시 및 특별자치시를 제외한 인구 50만 이상의 대도시의 경우에는 대도시 시장이 직접 결정하고, 다음의 도시·군관리계획은 시장 또는 군수가 직접 결정한다. 　㉠ 시장 또는 군수가 입안한 지구단위계획구역의 지정·변경과 지구단위계획의 수립·변경에 관한 도시·군관리계획 　㉡ 지구단위계획으로 대체하는 용도지구 폐지에 관한 도시·군관리계획[해당 시장(대도시 시장은 제외) 또는 군수가 도지사와 미리 협의한 경우에 한정]
예외	국토교통부장관(단, ④의 경우 해양수산부장관) ① 국토교통부장관이 입안한 도시·군관리계획 ② 개발제한구역의 지정 및 변경에 관한 도시·군관리계획 ③ 국가계획과 연계하여 시가화조정구역의 지정 또는 변경이 필요한 경우에 따른 시가화조정구역의 지정 및 변경에 관한 도시·군관리계획 ④ 수산자원보호구역의 지정 및 변경에 관한 도시·군관리계획

(2) 도시·군관리계획의 결정 및 공람절차 제18회, 제19회, 제31회

① 협의

관계 행정기관의 장과 협의	시·도지사는 도시·군관리계획을 결정하려면 관계 행정기관의 장과 미리 협의하여야 하며, 국토교통부장관(수산자원보호구역의 경우 해양수산부장관)이 도시·군관리계획을 결정하려면 관계 중앙행정기관의 장과 미리 협의하여야 한다. 이 경우 협의 요청을 받은 기관의 장은 특별한 사유가 없으면 그 요청을 받은 날부터 30일 이내에 의견을 제시하여야 한다.
국토교통부장관과 협의	시·도지사는 국토교통부장관이 입안하여 결정한 도시·군관리계획을 변경하거나 그 밖에 대통령령으로 정하는 중요한 사항에 관한 도시·군관리계획을 결정하려면 미리 국토교통부장관과 협의하여야 한다.

② 심의

도시계획위원회의 심의	국토교통부장관은 도시·군관리계획을 결정하려면 중앙도시계획위원회의 심의를 거쳐야 하며, 시·도지사가 도시·군관리계획을 결정하려면 시·도도시계획위원회의 심의를 거쳐야 한다.
공동심의	시·도지사가 지구단위계획이나 지구단위계획으로 대체하는 용도지구 폐지에 관한 사항을 결정하려면 「건축법」에 따라 시·도에 두는 건축위원회와 도시계획위원회가 공동으로 하는 심의를 거쳐야 한다.

> **보충**
>
> **협의와 심의절차의 생략** 제31회
> 국토교통부장관이나 시·도지사는 국방상 또는 국가안전보장상 기밀을 지켜야 할 필요가 있다고 인정되면(관계 중앙행정기관의 장이 요청할 때만 해당) 그 도시·군관리계획의 전부 또는 일부에 대하여 협의와 심의절차를 생략할 수 있다.

(3) 도시·군관리계획 결정의 효력 제18회, 제19회, 제23회, 제24회, 제26회, 제28회, 제31회, 제32회

① 효력발생시기: 도시·군관리계획 결정의 효력은 지형도면을 고시한 날부터 발생한다.

② 기득권 보호

원칙	도시·군관리계획 결정 당시 이미 사업이나 공사에 착수한 자(이 법 또는 다른 법률에 따라 허가·인가·승인 등을 받아야 하는 경우에는 그 허가·인가·승인 등을 받아 사업이나 공사에 착수한 자)는 그 도시·군관리계획 결정과 관계없이 그 사업이나 공사를 계속할 수 있다.
예외	시가화조정구역이나 수산자원보호구역의 지정에 관한 도시·군관리계획 결정이 있는 경우에는 대통령령으로 정하는 바에 따라 특별시장·광역시장·특별자치시장·특별자치도지사·시장 또는 군수에게 3월 이내 신고하고 그 사업이나 공사를 계속할 수 있다.

4 도시·군관리계획의 정비 제18회, 제23회

특별시장·광역시장·특별자치시장·특별자치도지사·시장 또는 군수는 5년마다 관할 구역의 도시·군관리계획에 대하여 대통령령으로 정하는 바에 따라 그 타당성을 전반적으로 재검토하여 정비하여야 한다.

기본문제와 완성문제로 단단기출

01 기본 기출

국토의 계획 및 이용에 관한 법령상 주민이 도시·군관리계획의 입안권자에게 그 입안을 제안할 수 있는 사항이 아닌 것은?
제34회

① 입지규제최소구역의 지정 및 변경과 입지규제최소구역계획의 수립 및 변경에 관한 사항
② 지구단위계획구역의 지정 및 변경과 지구단위계획의 수립 및 변경에 관한 사항
③ 기반시설의 설치·정비 또는 개량에 관한 사항
④ 산업·유통개발진흥지구의 변경에 관한 사항
⑤ 시가화조정구역의 지정 및 변경에 관한 사항

키워드 〉 도시·군관리계획의 입안
난이도 〉
해설 〉 시가화조정구역(용도구역)의 지정 및 변경에 관한 사항은 주민이 도시·군관리계획의 입안권자에게 그 입안을 제안할 수 있는 사항에 해당하지 않는다.

02 기본 기출

국토의 계획 및 이용에 관한 법령상 주민이 도시·군관리계획의 입안을 제안하려는 경우 요구되는 제안 사항별 토지 소유자의 동의 요건으로 틀린 것은? (단, 동의 대상 토지면적에서 국·공유지는 제외함)
제29회

① 기반시설의 설치에 관한 사항: 대상 토지면적의 5분의 4 이상
② 기반시설의 정비에 관한 사항: 대상 토지면적의 3분의 2 이상
③ 지구단위계획구역의 지정과 지구단위계획의 수립에 관한 사항: 대상 토지면적의 3분의 2 이상
④ 산업·유통개발진흥지구의 지정에 관한 사항: 대상 토지면적의 3분의 2 이상
⑤ 용도지구 중 해당 용도지구에 따른 건축물이나 그 밖의 시설의 용도·종류 및 규모 등의 제한을 지구단위계획으로 대체하기 위한 용도지구의 지정에 관한 사항: 대상 토지면적의 3분의 2 이상

키워드 〉 도시·군관리계획의 입안
난이도 〉
해설 〉 기반시설의 설치·정비 또는 개량에 관한 사항에 대하여 도시·군관리계획의 입안을 제안하는 경우 토지면적의 5분의 4 이상 토지 소유자의 동의를 받아야 한다.

정답 01 ⑤ 02 ②

03 국토의 계획 및 이용에 관한 법령상 주민이 도시·군관리계획의 입안을 제안하는 경우에 관한 설명으로 틀린 것은? 제30회

① 도시·군관리계획의 입안을 제안받은 자는 제안자와 협의하여 제안된 도시·군관리계획의 입안 및 결정에 필요한 비용의 전부 또는 일부를 제안자에게 부담시킬 수 있다.
② 제안서에는 도시·군관리계획도서뿐만 아니라 계획설명서도 첨부하여야 한다.
③ 도시·군관리계획의 입안을 제안받은 자는 그 처리 결과를 제안자에게 알려야 한다.
④ 산업·유통개발진흥지구의 지정 및 변경에 관한 사항은 입안제안의 대상에 해당하지 않는다.
⑤ 도시·군관리계획의 입안을 제안하려는 자가 토지 소유자의 동의를 받아야 하는 경우 국·공유지는 동의 대상 토지면적에서 제외된다.

> 키워드 〉 도시·군관리계획의 입안
> 난이도 〉
> 해설 〉 산업·유통개발진흥지구의 지정 및 변경에 관한 사항은 입안제안의 대상에 해당한다.

04 국토의 계획 및 이용에 관한 법령상 지구단위계획구역으로 지정하는 등의 도시·군관리계획을 입안하는 경우 환경성검토를 하여야 하는 경우는? (단, 법령에서 정한 경미한 사항을 입안하는 경우가 아님) 제22회

① 개발제한구역 안에 기반시설을 설치하는 경우
② 해당 지구단위계획구역 안의 나대지 면적이 구역면적의 2%에 미달하는 경우
③ 해당 지구단위계획구역의 지정 목적이 해당 구역을 정비하고자 하는 경우로서 지구단위계획의 내용에 너비 12m 이상 도로의 설치계획이 없는 경우
④ 기존의 용도지구를 폐지하고 지구단위계획을 수립 또는 변경하여 그 용도지구에 따른 건축물이나 그 밖의 시설의 용도·종류 및 규모 등의 제한을 그대로 대체하려는 경우
⑤ 해당 지구단위계획구역이 도심지(상업지역과 상업지역에 연접한 지역)에 위치하는 경우

> 키워드 〉 도시·군관리계획의 입안
> 난이도 〉
> 해설 〉 개발제한구역 안에 기반시설을 설치하는 경우는 토지적성평가만 실시하지 아니할 수 있는 요건으로 환경성검토는 실시하여야 한다.

정답 03 ④ 04 ①

05 국토의 계획 및 이용에 관한 법률상 도시·군관리계획의 결정에 관한 설명으로 틀린 것은? 제31회

① 시장 또는 군수가 입안한 지구단위계획구역의 지정·변경에 관한 도시·군관리계획은 시장 또는 군수가 직접 결정한다.
② 개발제한구역의 지정에 관한 도시·군관리계획은 국토교통부장관이 결정한다.
③ 시·도지사가 지구단위계획을 결정하려면 「건축법」에 따라 시·도에 두는 건축위원회와 도시계획위원회가 공동으로 하는 심의를 거쳐야 한다.
④ 국토교통부장관은 관계 중앙행정기관의 장의 요청이 없어도 국가안전보장상 기밀을 지켜야 할 필요가 있다고 인정되면 중앙도시계획위원회의 심의를 거치지 않고 도시·군관리계획을 결정할 수 있다.
⑤ 도시·군관리계획 결정의 효력은 지형도면을 고시한 날부터 발생한다.

> 키워드 > 도시·군관리계획의 결정
> 난이도 >
> 해설 > 국토교통부장관이나 시·도지사는 국방상 또는 국가안전보장상 기밀을 지켜야 할 필요가 있다고 인정되면(관계 중앙행정기관의 장이 요청할 때만 해당) 그 도시·군관리계획의 전부 또는 일부에 대하여 협의 및 심의 절차를 생략할 수 있다.

06 국토의 계획 및 이용에 관한 법령상 도시·군관리계획의 결정권자가 다른 것은? 제29회

① 개발제한구역의 지정에 관한 도시·군관리계획
② 국가계획과 관련되어 국토교통부장관이 입안한 도시·군관리계획
③ 시장 또는 군수가 입안한 지구단위계획구역의 지정·변경과 지구단위계획의 수립·변경에 관한 도시·군관리계획
④ 국가계획과 연계하여 시가화조정구역의 지정이 필요한 경우 시가화조정구역의 지정에 관한 도시·군관리계획
⑤ 둘 이상의 시·도에 걸쳐 이루어지는 사업의 계획 중 도시·군관리계획으로 결정하여야 할 사항이 있는 경우 국토교통부장관이 입안한 도시·군관리계획

정답 05 ④ 06 ③

| 키워드 | 도시·군관리계획의 결정 |

| 난이도 | |

| 해설 | ③ 시장 또는 군수가 입안한 지구단위계획구역의 지정·변경과 지구단위계획의 수립·변경에 관한 도시·군관리계획: 시장 또는 군수
① 개발제한구역의 지정에 관한 도시·군관리계획: 국토교통부장관
② 국가계획과 관련되어 국토교통부장관이 입안한 도시·군관리계획: 국토교통부장관
④ 국가계획과 연계하여 시가화조정구역의 지정이 필요한 경우 시가화조정구역의 지정에 관한 도시·군관리계획: 국토교통부장관
⑤ 둘 이상의 시·도에 걸쳐 이루어지는 사업의 계획 중 도시·군관리계획으로 결정하여야 할 사항이 있는 경우 국토교통부장관이 입안한 도시·군관리계획: 국토교통부장관 |

07 국토의 계획 및 이용에 관한 법령상 도시·군관리계획 등에 관한 설명으로 옳은 것은? 제28회

① 시가화조정구역의 지정에 관한 도시·군관리계획 결정 당시 승인받은 사업이나 공사에 이미 착수한 자는 신고 없이 그 사업이나 공사를 계속할 수 있다.
② 국가계획과 연계하여 시가화조정구역의 지정이 필요한 경우 국토교통부장관이 직접 그 지정을 도시·군관리계획으로 결정할 수 있다.
③ 도시·군관리계획의 입안을 제안받은 자는 도시·군관리계획의 입안 및 결정에 필요한 비용을 제안자에게 부담시킬 수 없다.
④ 수산자원보호구역의 지정에 관한 도시·군관리계획은 국토교통부장관이 결정한다.
⑤ 도시·군관리계획 결정은 지형도면을 고시한 날의 다음 날부터 효력이 발생한다.

| 키워드 | 도시·군관리계획의 결정 |

| 난이도 | |

| 해설 | ① 시가화조정구역 또는 수산자원보호구역의 지정에 관한 도시·군관리계획 결정이 있는 경우에는 도시·군관리계획 결정의 고시일부터 3월 이내에 그 사업 또는 공사의 내용을 관할 특별시장·광역시장·특별자치시장·특별자치도지사·시장 또는 군수에게 신고하고 그 사업 또는 공사를 계속할 수 있다.
③ 도시·군관리계획의 입안을 제안받은 자는 제안자와 협의하여 제안된 도시·군관리계획의 입안 및 결정에 필요한 비용의 전부 또는 일부를 제안자에게 부담시킬 수 있다.
④ 수산자원보호구역의 지정에 관한 도시·군관리계획은 해양수산부장관이 결정한다.
⑤ 도시·군관리계획 결정의 효력은 지형도면을 고시한 날부터 발생한다. |

정답 07 ②

THEME 05 용도지역

| THEME 키워드 |
용도지역의 분류, 용도지역의 지정, 용도지역에서의 행위제한

기본으로 알아야 하는 대표기출

> **기출분석**
> - **기출회차:** 제26회
> - **키워드:** 용도지역의 지정
> - **난이도:** ■■■□□

국토의 계획 및 이용에 관한 법령상 용도지역에 관한 설명으로 **틀린** 것은?

① 도시지역의 축소에 따른 용도지역의 변경을 도시·군관리계획으로 입안하는 경우에는 주민 및 지방의회의 의견청취 절차를 생략할 수 있다.
②「택지개발촉진법」에 따른 택지개발지구로 지정·고시되었다가 택지개발사업의 완료로 지구 지정이 해제되면 그 지역은 지구 지정 이전의 용도지역으로 환원된 것으로 본다.
③ 관리지역에서「농지법」에 따른 농업진흥지역으로 지정·고시된 지역은「국토의 계획 및 이용에 관한 법률」에 따른 농림지역으로 결정·고시된 것으로 본다.
④ 용도지역을 다시 세부 용도지역으로 나누어 지정하려면 도시·군관리계획으로 결정하여야 한다.
⑤ 도시지역이 세부 용도지역으로 지정되지 아니한 경우에는 용도지역의 용적률 규정을 적용할 때에 보전녹지지역에 관한 규정을 적용한다.

> **함정을 피하는 TIP**
> - 용도지역의 지정에 대한 구체적인 내용을 파악하여야 정답을 찾을 수 있다.

해설
택지개발사업의 완료로 그 지구 지정이 해제되는 경우에는 과거의 용도지역으로 환원되지 아니한다.

정답 ②

단단하게 정리하는 **핵심이론**

1 용도지역의 정의 제15회, 제17회, 제21회, 제28회

① 용도지역은 국토교통부장관, 시·도지사 또는 대도시 시장이 토지의 이용 및 건축물의 용도, 건폐율, 용적률, 높이 등을 제한함으로써 토지를 경제적·효율적으로 이용하기 위하여 도시·군관리계획으로 결정하는 지역을 말한다.

② 용도지역은 공공복리의 증진을 도모하기 위하여 서로 중복되지 아니하게 도시·군관리계획으로 결정하는 지역을 말한다.

2 용도지역의 분류 제15회, 제24회, 제26회, 제28회

(1) 용도지역의 분류

국토교통부장관, 시·도지사 또는 대도시 시장은 다음의 어느 하나에 해당하는 용도지역의 지정 또는 변경을 도시·군관리계획으로 결정한다.

① **도시지역**: 인구와 산업이 밀집되어 있거나 밀집이 예상되어 그 지역에 대하여 체계적인 개발·정비·관리·보전 등이 필요한 지역

주거지역	거주의 안녕과 건전한 생활환경의 보호를 위하여 필요한 지역
상업지역	상업이나 그 밖의 업무의 편익을 증진하기 위하여 필요한 지역
공업지역	공업의 편익을 증진하기 위하여 필요한 지역
녹지지역	자연환경·농지 및 산림의 보호, 보건위생, 보안과 도시의 무질서한 확산을 방지하기 위하여 녹지의 보전이 필요한 지역

② **관리지역**: 도시지역의 인구와 산업을 수용하기 위하여 도시지역에 준하여 체계적으로 관리하거나 농림업의 진흥, 자연환경 또는 산림의 보전을 위하여 농림지역 또는 자연환경보전지역에 준하여 관리할 필요가 있는 지역

보전관리지역	자연환경 보호, 산림 보호, 수질오염 방지, 녹지공간 확보 및 생태계 보전 등을 위하여 보전이 필요하나, 주변 용도지역과의 관계 등을 고려할 때 자연환경보전지역으로 지정하여 관리하기가 곤란한 지역
생산관리지역	농업·임업·어업 생산 등을 위하여 관리가 필요하나, 주변 용도지역과의 관계 등을 고려할 때 농림지역으로 지정하여 관리하기가 곤란한 지역
계획관리지역	도시지역으로의 편입이 예상되는 지역이나 자연환경을 고려하여 제한적인 이용·개발을 하려는 지역으로서 계획적·체계적인 관리가 필요한 지역

③ **농림지역**: 도시지역에 속하지 아니하는 「농지법」에 따른 농업진흥지역 또는 「산지관리법」에 따른 보전산지 등으로서 농림업을 진흥시키고 산림을 보전하기 위하여 필요한 지역
④ **자연환경보전지역**: 자연환경·수자원·해안·생태계·상수원 및 「국가유산기본법」 제3조에 따른 국가유산의 보전과 수산자원의 보호·육성 등을 위하여 필요한 지역

(2) 용도지역의 세분

국토교통부장관, 시·도지사 또는 대도시 시장은 도시·군관리계획결정으로 주거지역·상업지역·공업지역 및 녹지지역을 다음과 같이 다시 세분하여 지정하거나 변경할 수 있다.

주거지역 (6개)	전용주거지역 (양호한)	제1종 전용주거지역	단독주택 중심의 양호한 주거환경을 보호하기 위하여 필요한 지역
		제2종 전용주거지역	공동주택 중심의 양호한 주거환경을 보호하기 위하여 필요한 지역
	일반주거지역 (편리한)	제1종 일반주거지역	저층주택을 중심으로 편리한 주거환경을 조성하기 위하여 필요한 지역
		제2종 일반주거지역	중층주택을 중심으로 편리한 주거환경을 조성하기 위하여 필요한 지역
		제3종 일반주거지역	중고층주택을 중심으로 편리한 주거환경을 조성하기 위하여 필요한 지역
	준주거지역		주거기능을 위주로 이를 지원하는 일부 상업기능 및 업무기능을 보완하기 위하여 필요한 지역
상업지역 (4개)	중심상업지역		도심·부도심의 상업기능 및 업무기능의 확충을 위하여 필요한 지역
	일반상업지역		일반적인 상업기능 및 업무기능을 담당하게 하기 위하여 필요한 지역
	근린상업지역		근린지역에서의 일용품 및 서비스의 공급을 위하여 필요한 지역
	유통상업지역		도시 내 및 지역 간 유통기능의 증진을 위하여 필요한 지역
공업지역 (3개)	전용공업지역		주로 중화학공업, 공해성 공업 등을 수용하기 위하여 필요한 지역
	일반공업지역		환경을 저해하지 아니하는 공업의 배치를 위하여 필요한 지역
	준공업지역		경공업 그 밖의 공업을 수용하되, 주거기능·상업기능 및 업무기능의 보완이 필요한 지역
녹지지역 (3개)	보전녹지지역		도시의 자연환경·경관·산림 및 녹지공간을 보전할 필요가 있는 지역
	생산녹지지역		주로 농업적 생산을 위하여 개발을 유보할 필요가 있는 지역
	자연녹지지역		도시의 녹지공간의 확보, 도시확산의 방지, 장래 도시용지의 공급 등을 위하여 보전할 필요가 있는 지역으로서 불가피한 경우에 한하여 제한적인 개발이 허용되는 지역

3 용도지역의 지정

(1) 원칙적 지정

국토교통부장관, 시·도지사 또는 대도시 시장은 용도지역의 지정 또는 변경을 도시·군관리계획으로 결정한다.

(2) 지정특례 제15회, 제17회, 제19회, 제20회, 제24회, 제26회, 제33회

① 공유수면매립지에 관한 용도지역의 지정 의제

매립 목적이 같은 경우	㉠ 공유수면(바다만 해당)의 매립 목적이 그 매립구역과 이웃하고 있는 용도지역의 내용과 같으면 도시·군관리계획의 입안 및 결정 절차 없이 그 매립준공구역은 그 매립의 준공인가일부터 이와 이웃하고 있는 용도지역으로 지정된 것으로 본다. ㉡ 이 경우 관계 특별시장·광역시장·특별자치시장·특별자치도지사·시장 또는 군수는 그 사실을 지체 없이 고시하여야 한다.
매립 목적이 다르거나 매립구역이 걸치는 경우	㉠ 공유수면의 매립 목적이 그 매립구역과 이웃하고 있는 용도지역의 내용과 다른 경우 그 매립구역이 속할 용도지역은 도시·군관리계획결정으로 지정하여야 한다. ㉡ 공유수면의 매립구역이 둘 이상의 용도지역에 걸쳐 있거나 이웃하고 있는 경우 그 매립구역이 속할 용도지역은 도시·군관리계획결정으로 지정하여야 한다.
통보	관계 행정기관의 장은 「공유수면 관리 및 매립에 관한 법률」에 따른 공유수면매립의 준공검사를 하면 국토교통부령으로 정하는 바에 따라 지체 없이 관계 특별시장·광역시장·특별자치시장·특별자치도지사·시장 또는 군수에게 통보하여야 한다.

② 다른 법률에 따라 지정된 지역의 용도지역 지정 의제

도시지역의 결정	다음의 어느 하나의 구역 등으로 지정·고시된 지역은 이 법에 따른 도시지역으로 결정·고시된 것으로 본다. ㉠ 「항만법」에 따른 항만구역으로서 도시지역에 연접한 공유수면 ㉡ 「어촌·어항법」에 따른 어항구역으로서 도시지역에 연접한 공유수면 ㉢ 「산업입지 및 개발에 관한 법률」에 따른 국가산업단지, 일반산업단지 및 도시첨단산업단지(농공단지는 제외) ㉣ 「택지개발촉진법」에 따른 택지개발지구 ㉤ 「전원개발촉진법」에 따른 전원개발사업구역 및 예정구역(수력발전소 또는 송·변전설비만을 설치하기 위한 전원개발사업구역 및 예정구역은 제외)
농림지역의 결정	관리지역에서 「농지법」에 따른 농업진흥지역으로 지정·고시된 지역은 이 법에 따른 농림지역으로 결정·고시된 것으로 본다.

농림지역 또는 자연환경보전지역의 결정	관리지역의 산림 중 「산지관리법」에 따라 보전산지로 지정·고시된 지역은 그 고시에서 구분하는 바에 따라 이 법에 따른 농림지역 또는 자연환경보전지역으로 결정·고시된 것으로 본다.
용도지역의 환원	도시지역으로 간주하는 구역·단지·지구 등(이하 '구역등')이 해제되는 경우(개발사업의 완료로 해제되는 경우는 제외) 이 법 또는 다른 법률에서 그 구역등이 어떤 용도지역에 해당되는지를 따로 정하고 있지 아니한 경우에는 이를 지정하기 이전의 용도지역으로 환원된 것으로 본다.

4 용도지역에서의 행위제한

(1) 용도지역에서의 건축제한 제19회, 제22회, 제23회, 제24회, 제27회, 제29회, 제30회

용도별 건축제한		용도지역
설치 금지	단독주택	유통상업지역, 전용공업지역
	아파트	유통상업지역, 전용공업지역, 일반공업지역, 녹지지역, 관리지역, 농림지역, 자연환경보전지역, 제1종 전용주거지역, 제1종 일반주거지역
	종교집회장	전용공업지역(단, 500m² 미만인 종교집회장은 허용), 생산녹지지역, 생산관리지역
	일반음식점	제1종 전용주거지역, 제2종 전용주거지역
설치 허용	제1종 근린생활시설	보전녹지지역·보전관리지역·자연환경보전지역을 제외한 용도지역에서 가능 ⚠ 조례에서는 모두 가능
	숙박시설	상업지역(단, 단서조항에서는 일부 허용), 계획관리지역, 자연녹지(관광지·관광단지가 지정된 지역)지역, 준공업지역에서 가능

(2) 용도지역에서의 건폐율 및 용적률 제한 제16회, 제22회, 제24회, 제25회, 제27회, 제28회, 제29회, 제30회, 제32회, 제33회

① 건폐율의 정의: '건폐율'이란 대지면적에 대한 건축면적(대지에 건축물이 2 이상이 있는 경우에는 이들 건축면적의 합계로 함)의 비율을 말한다.

$$건폐율 = \frac{건축면적}{대지면적} \times 100$$

② 용적률의 정의: '용적률'이란 대지면적에 대한 연면적(대지에 건축물이 2 이상이 있는 경우에는 이들 연면적의 합계로 함)의 비율을 말한다.

$$용적률 = \frac{연면적}{대지면적} \times 100$$

③ **용도지역별 건폐율 및 용적률**: 용도지역에서 건폐율 및 용적률의 최대한도는 관할 구역의 면적과 인구 규모, 용도지역의 특성 등을 고려하여 다음의 범위에서 대통령령으로 정하는 기준에 따라 특별시·광역시·특별자치시·특별자치도·시 또는 군의 조례로 정한다.

용도지역	구분	세분		건폐율(% 이하)		용적률(% 이하)	
				법률	시행령	법률	시행령
도시지역	주거지역	전용주거지역	제1종	70 이하	50 이하	500 이하	100 이하
			제2종		50 이하		150 이하
		일반주거지역	제1종		60 이하		200 이하
			제2종		60 이하		250 이하
			제3종		50 이하		300 이하
		준주거지역			70 이하		500 이하
	상업지역	중심상업지역		90 이하	90 이하	1,500 이하	1,500 이하
		일반상업지역			80 이하		1,300 이하
		근린상업지역			70 이하		900 이하
		유통상업지역			80 이하		1,100 이하
	공업지역	전용공업지역		70 이하	70 이하	400 이하	300 이하
		일반공업지역					350 이하
		준공업지역					400 이하
	녹지지역	보전녹지지역		20 이하	20 이하	100 이하	80 이하
		생산녹지지역					100 이하
		자연녹지지역					100 이하
관리지역		보전관리지역		20 이하	20 이하	80 이하	80 이하
		생산관리지역		20 이하	20 이하	80 이하	80 이하
		계획관리지역		40 이하	40 이하	100 이하	100 이하
농림지역				20 이하	20 이하	80 이하	80 이하
자연환경보전지역				20 이하	20 이하	80 이하	80 이하

④ 도시·군계획조례에 따른 건폐율 및 용적률: 다음의 어느 하나에 해당하는 지역에서의 건폐율 및 용적률에 관한 기준은 다음의 범위에서 대통령령으로 정하는 기준에 따라 특별시·광역시·특별자치시·특별자치도·시 또는 군의 조례로 따로 정한다.

지역		건폐율(% 이하)	용적률(% 이하)
자연녹지지역에 지정된	개발진흥지구	30 이하	–
도시지역 외의 지역에 지정된		40 이하	100 이하
수산자원보호구역		40 이하	80 이하
「자연공원법」에 따른 자연공원		60 이하	100 이하
취락지구		60 이하	–
「산업입지 및 개발에 관한 법률」에 따른 농공단지		70 이하	150 이하
공업지역에 있는 「산업입지 및 개발에 관한 법률」에 따른 국가산업단지·일반산업단지·도시첨단산업단지 및 준산업단지		80 이하	–

(3) 용도지역 미지정·미세분 제15회, 제17회, 제19회, 제21회, 제22회, 제24회, 제26회

용도지역 미지정	도시지역, 관리지역, 농림지역 또는 자연환경보전지역으로 용도가 지정되지 아니한 지역에 대하여는 용도지역별 건축제한, 건폐율, 용적률의 규정을 적용할 때에 자연환경보전지역에 관한 규정을 적용한다.
도시지역 미세분	도시지역이 세부 용도지역으로 지정되지 아니한 경우에는 용도지역의 건축물이 건축제한, 건폐율, 용적률의 규정을 적용할 때에 녹지지역 중 보전녹지지역에 관한 규정을 적용한다.
관리지역 미세분	관리지역이 세부 용도지역으로 지정되지 아니한 경우에는 용도지역의 건축물이 건축제한, 건폐율, 용적률의 규정을 적용할 때에 보전관리지역에 관한 규정을 적용한다.

기본문제와 완성문제로 **단단기출**

01 국토의 계획 및 이용에 관한 법령상 용도지역 중 도시지역에 해당하지 <u>않는</u> 것은? 제28회

기본 기출
① 계획관리지역
② 자연녹지지역
③ 근린상업지역
④ 전용공업지역
⑤ 생산녹지지역

> 키워드 》 용도지역의 분류
> 난이도 〉
> 해설 》 계획관리지역은 도시지역에 해당하지 않고, 관리지역에 해당한다.

02 국토의 계획 및 이용에 관한 법령상 용도지역 및 공유수면(바다로 한정함)매립지의 용도지역 지정에 관한 설명으로 틀린 것은? 제20회

기본 기출
① '용도지역'이란 도시지역, 관리지역, 농림지역, 자연환경보전지역을 말한다.
② 매립 목적이 그 매립구역과 이웃하고 있는 용도지역의 내용과 같은 경우 그 매립준공구역은 이웃 용도지역으로 도시·군관리계획을 입안·결정하여야 한다.
③ 매립 목적이 그 매립구역과 이웃하고 있는 용도지역의 내용과 다른 경우 그 매립구역이 속할 용도지역은 도시·군관리계획 결정으로 지정하여야 한다.
④ 매립구역이 둘 이상의 용도지역에 걸쳐 있는 경우 그 매립구역이 속할 용도지역은 도시·군관리계획 결정으로 지정하여야 한다.
⑤ 매립구역이 둘 이상의 용도지역과 이웃하고 있는 경우 그 매립구역이 속할 용도지역은 도시·군관리계획 결정으로 지정하여야 한다.

> 키워드 》 용도지역의 지정
> 난이도 〉
> 해설 》 공유수면(바다만 해당)의 매립 목적이 그 매립구역과 이웃하고 있는 용도지역의 내용과 같으면 도시·군관리계획의 입안 및 결정 절차 없이 그 매립준공구역은 그 매립의 준공인가일부터 이와 이웃하고 있는 용도지역으로 지정된 것으로 본다.

정답 01 ① 02 ②

03 기본 기출

국토의 계획 및 이용에 관한 법령상 도시지역으로 결정·고시된 것으로 볼 수 있는 경우는? 제20회

① 「산업입지 및 개발에 관한 법률」에 따라 농공단지로 지정·고시된 지역
② 「어촌·어항법」에 따른 어항구역으로서 농림지역에 연접한 공유수면으로 지정·고시된 지역
③ 취락지구로서 「도시개발법」에 따라 도시개발구역으로 지정·고시된 지역
④ 「항만법」에 따른 항만구역으로서 계획관리지역에 연접한 공유수면으로 지정·고시된 지역
⑤ 「택지개발촉진법」에 따라 택지개발지구로 지정·고시된 지역

키워드 용도지역의 지정

난이도

해설 ① 「산업입지 및 개발에 관한 법률」에 따른 국가산업단지, 일반산업단지 및 도시첨단산업단지(농공단지는 제외)로 지정·고시된 지역은 도시지역으로 결정·고시된 것으로 본다.
② 「어촌·어항법」에 따른 어항구역으로서 도시지역에 연접한 공유수면으로 지정·고시된 지역은 도시지역으로 결정·고시된 것으로 본다.
③ 취락지구로서 「도시개발법」에 따라 도시개발구역으로 지정·고시된 지역은 해당 사항이 없는 내용이다.
④ 「항만법」에 따른 항만구역으로서 도시지역에 연접한 공유수면으로 지정·고시된 지역은 도시지역으로 결정·고시된 것으로 본다.

04 기본 기출

국토의 계획 및 이용에 관한 법령상 용적률의 최대한도가 낮은 지역부터 높은 지역까지 순서대로 나열한 것은? (단, 조례 등 기타 강화·완화조건은 고려하지 않음) 제28회

| ㉠ 준주거지역 | ㉡ 준공업지역 |
| ㉢ 일반공업지역 | ㉣ 제3종 일반주거지역 |

① ㉠ - ㉡ - ㉢ - ㉣
② ㉠ - ㉣ - ㉢ - ㉡
③ ㉡ - ㉢ - ㉣ - ㉠
④ ㉢ - ㉣ - ㉠ - ㉡
⑤ ㉣ - ㉢ - ㉡ - ㉠

키워드 용도지역에서의 행위제한

난이도

해설 ㉣ 제3종 일반주거지역: 300%
㉢ 일반공업지역: 350%
㉡ 준공업지역: 400%
㉠ 준주거지역: 500%

정답 03 ⑤ 04 ⑤

05 기본 기출

국토의 계획 및 이용에 관한 법령상 건폐율의 최대한도가 큰 용도지역부터 나열한 것은? (단, 조례는 고려하는 않음)

제25회

> ㉠ 제2종 전용주거지역 ㉡ 제1종 일반주거지역
> ㉢ 준공업지역 ㉣ 계획관리지역

① ㉠ - ㉡ - ㉣ - ㉢
② ㉡ - ㉠ - ㉢ - ㉣
③ ㉡ - ㉢ - ㉣ - ㉠
④ ㉢ - ㉠ - ㉣ - ㉡
⑤ ㉢ - ㉡ - ㉠ - ㉣

키워드 용도지역에서의 행위제한

난이도

해설 ㉢ 준공업지역: 70%
㉡ 제1종 일반주거지역: 60%
㉠ 제2종 전용주거지역: 50%
㉣ 계획관리지역: 40%

06 완성 기출

국토의 계획 및 이용에 관한 법령상 도시·군계획조례로 정할 수 있는 건폐율의 최대한도가 다음 중 가장 큰 지역은?

제29회

① 자연환경보전지역에 있는 「자연공원법」에 따른 자연공원
② 계획관리지역에 있는 「산업입지 및 개발에 관한 법률」에 따른 농공단지
③ 수산자원보호구역
④ 도시지역 외의 지역에 지정된 개발진흥지구
⑤ 자연녹지지역에 지정된 개발진흥지구

키워드 용도지역에서의 행위제한

난이도

해설 ② 계획관리지역에 있는 「산업입지 및 개발에 관한 법률」에 따른 농공단지: 70% 이하
① 자연환경보전지역에 있는 「자연공원법」에 따른 자연공원: 60% 이하
③ 수산자원보호구역: 40% 이하
④ 도시지역 외의 지역에 지정된 개발진흥지구: 40% 이하
⑤ 자연녹지지역에 지정된 개발진흥지구: 30% 이하

정답 05 ⑤ 06 ②

THEME 06 용도지구

| THEME 키워드 |
용도지구의 분류, 복합용도지구, 용도지구에서의 건축제한

기본으로 알아야 하는 대표기출

기출분석
- **기출회차:** 제25회
- **키워드:** 용도지구의 분류
- **난이도:** ■■□

국토의 계획 및 이용에 관한 법령상 세분된 용도지구의 정의로 틀린 것은?

① 특정용도제한지구: 주거 및 교육환경 보호나 청소년 보호 등의 목적으로 오염물질 배출시설, 청소년 유해시설 등 특정시설의 입지를 제한할 필요가 있는 지구
② 관광·휴양개발진흥지구: 관광·휴양기능을 중심으로 개발·정비할 필요가 있는 지구
③ 집단취락지구: 녹지지역·관리지역·농림지역 또는 자연환경보전지역 안의 취락을 정비하기 위하여 필요한 지구
④ 중요시설물보호지구: 중요시설물(항만, 공항, 공용시설, 교정시설·군사시설을 말한다)의 보호와 기능의 유지 및 증진 등을 위하여 필요한 지구
⑤ 시가지경관지구: 지역 내 주거지, 중심지 등 시가지의 경관을 보호 또는 유지하거나 형성하기 위하여 필요한 지구

함정을 피하는 TIP
- 세분된 용도지구의 정의에 관한 키워드를 숙지하고 있다면 정답을 찾을 수 있다.

| 해설 |
집단취락지구는 개발제한구역 안의 취락을 정비하기 위하여 필요한 지구를 말하며, 자연취락지구는 녹지지역·관리지역·농림지역 또는 자연환경보전지역 안의 취락을 정비하기 위하여 필요한 지구를 말한다. ③은 자연취락지구에 대한 설명이다.

정답 ③

단단하게 정리하는 **핵심이론**

1 용도지구의 정의 및 지정권자

(1) 용도지구의 정의

토지의 이용 및 건축물의 용도·건폐율·용적률·높이 등에 대한 용도지역의 제한을 강화하거나 완화하여 적용함으로써 용도지역의 기능을 증진시키고 경관·안전 등을 도모하기 위하여 도시·군관리계획으로 결정하는 지역을 말한다.

(2) 용도지구의 지정권자

국토교통부장관, 시·도지사 또는 대도시 시장은 용도지구의 지정 또는 변경을 도시·군관리계획으로 결정하며, 필요하다고 인정되는 때에는 대통령령이 정하는 바에 따라 용도지구를 도시·군관리계획결정으로 다시 세분하여 지정하거나 이를 변경할 수 있다.

2 **용도지구의 분류** 제16회, 제22회, 제25회, 제28회, 제31회, 제33회, 제34회

(1) 용도지구의 분류

경관지구	경관의 보전·관리 및 형성을 위하여 필요한 지구
고도지구	쾌적한 환경 조성 및 토지의 효율적 이용을 위하여 건축물 높이의 최고한도를 규제할 필요가 있는 지구
방화지구	화재의 위험을 예방하기 위하여 필요한 지구
방재지구	풍수해, 산사태, 지반의 붕괴 그 밖의 재해를 예방하기 위하여 필요한 지구
보호지구	「국가유산기본법」 제3조에 따른 국가유산, 중요 시설물(항만, 공항 등 대통령령으로 정하는 시설물을 말함) 및 문화적·생태적으로 보존가치가 큰 지역의 보호와 보존을 위하여 필요한 지구
취락지구	녹지지역·관리지역·농림지역·자연환경보전지역·개발제한구역 또는 도시자연공원구역의 취락을 정비하기 위한 지구
개발진흥지구	주거기능·상업기능·공업기능·유통물류기능·관광기능·휴양기능 등을 집중적으로 개발·정비할 필요가 있는 지구
특정용도제한지구	주거 및 교육환경 보호나 청소년 보호 등의 목적으로 오염물질 배출시설, 청소년 유해시설 등 특정시설의 입지를 제한할 필요가 있는 지구
복합용도지구	준주거지역, 일반공업지역, 계획관리지역에서 지역의 토지 이용 상황, 개발 수요 및 주변 여건 등을 고려하여 효율적이고 복합적인 토지 이용을 도모하기 위하여 특정시설의 입지를 완화할 필요가 있는 지구

(2) 용도지구의 세분

경관지구	자연경관지구	산지·구릉지 등 자연경관을 보호하거나 유지하기 위하여 필요한 지구
	시가지경관지구	지역 내 주거지, 중심지 등 시가지의 경관을 보호 또는 유지하거나 형성하기 위하여 필요한 지구
	특화경관지구	지역 내 주요 수계의 수변 또는 문화적 보존가치가 큰 건축물 주변의 경관 등 특별한 경관을 보호 또는 유지하거나 형성하기 위하여 필요한 지구
방재지구	시가지방재지구	건축물·인구가 밀집되어 있는 지역으로서 시설 개선 등을 통하여 재해 예방이 필요한 지구
	자연방재지구	토지의 이용도가 낮은 해안변, 하천변, 급경사지 주변 등의 지역으로서 건축제한 등을 통하여 재해 예방이 필요한 지구
보호지구	역사문화환경보호지구	문화재·전통사찰 등 역사·문화적으로 보존가치가 큰 시설 및 지역의 보호와 보존을 위하여 필요한 지구
	중요시설물보호지구	중요시설물의 보호와 기능의 유지 및 증진 등을 위하여 필요한 지구
	생태계보호지구	야생 동·식물서식처 등 생태적으로 보존가치가 큰 지역의 보호와 보존을 위하여 필요한 지구
취락지구	집단취락지구	개발제한구역 안의 취락을 정비하기 위하여 필요한 지구
	자연취락지구	녹지지역·관리지역·농림지역 또는 자연환경보전지역 안의 취락을 정비하기 위하여 필요한 지구
개발진흥지구	주거개발진흥지구	주거기능을 중심으로 개발·정비할 필요가 있는 지구
	산업·유통개발진흥지구	공업기능 및 유통·물류기능을 중심으로 개발·정비할 필요가 있는 지구
	관광·휴양개발진흥지구	관광·휴양기능을 중심으로 개발·정비할 필요가 있는 지구
	복합개발진흥지구	주거기능, 공업기능, 유통·물류기능 및 관광·휴양기능 중 2 이상의 기능을 중심으로 개발·정비할 필요가 있는 지구
	특정개발진흥지구	주거기능, 공업기능, 유통·물류기능 및 관광·휴양기능 외의 기능을 중심으로 특정한 목적을 위하여 개발·정비할 필요가 있는 지구

(3) 새로운 용도지구의 지정

조례로 정하는 용도지구	시·도지사 또는 대도시 시장은 지역여건상 필요하면 대통령령으로 정하는 기준에 따라 그 시·도 또는 대도시의 조례로 용도지구의 명칭 및 지정 목적, 건축이나 그 밖의 행위의 금지 및 제한에 관한 사항 등을 정하여 용도지구 외의 새로운 용도지구의 지정 또는 변경을 도시·군관리계획으로 결정할 수 있다.
방재지구의 의무적 지정	시·도지사 또는 대도시 시장은 연안침식이 진행 중이거나 우려되는 지역 등 대통령령으로 정하는 지역에 대해서는 방재지구의 지정 또는 변경을 도시·군관리계획으로 결정하여야 한다. 이 경우 도시·군관리계획의 내용에는 해당 방재지구의 재해저감대책을 포함하여야 한다.

3 용도지구에서의 건축제한

(1) 건축제한의 원칙 제17회, 제18회, 제23회, 제25회, 제29회, 제31회, 제33회

① 경관지구 안에서의 건축제한

  ㉠ 경관지구 안에서는 그 지구의 경관의 보전·관리·형성에 장애가 된다고 인정하여 도시·군계획조례가 정하는 건축물을 건축할 수 없다.

  ㉡ 경관지구 안에서의 건축물의 건폐율·용적률·높이·최대너비·색채 및 대지 안의 조경 등에 관하여는 그 지구의 경관의 보전·관리·형성에 필요한 범위 안에서 도시·군계획조례로 정한다.

② 개발진흥지구 안에서의 건축제한

  ㉠ 지구단위계획 또는 관계 법률에 따른 개발계획을 수립하는 개발진흥지구에서는 지구단위계획 또는 관계 법률에 따른 개발계획에 위반하여 건축물을 건축할 수 없으며, 지구단위계획 또는 개발계획이 수립되기 전에는 개발진흥지구의 계획적 개발에 위배되지 아니하는 범위에서 도시·군계획조례로 정하는 건축물을 건축할 수 있다.

  ㉡ 지구단위계획 또는 관계 법률에 따른 개발계획을 수립하지 아니하는 개발진흥지구에서는 해당 용도지역에서 허용되는 건축물을 건축할 수 있다.

③ 고도지구 안에서의 건축제한: 고도지구 안에서는 도시·군관리계획으로 정하는 높이를 초과하는 건축물을 건축할 수 없다.

④ 복합용도지구 안에서의 건축제한: 복합용도지구에서는 해당 용도지역에서 허용되는 건축물 외에 다음에 따른 건축물 중 도시·군계획조례가 정하는 건축물을 건축할 수 있다.

해당 용도지역	건축 허용	건축 제외
일반주거지역	준주거지역에서 허용되는 건축물	동물 및 식물 관련 시설, 제2종 근린생활시설 중 안마시술소, 공장, 문화 및 집회시설 중 관람장, 장례시설, 위험물 저장 및 처리 시설

⑤ 취락지구 안에서의 건축제한

자연취락지구	자연취락지구 안에서 건축할 수 있는 건축물은 4층 이하의 건축물로서 단독주택, 제1종 근린생활시설(한의원, 마을회관 등), 제2종 근린생활시설(노래연습장 등), 창고(농업·임업·축산업·수산업용만 해당), 동물 및 식물 관련 시설(도축장 등), 방송통신시설(방송국 등)이다.
집단취락지구	집단취락지구 안에서의 건축제한에 관하여는 개발제한구역의 지정 및 관리에 관한 특별조치법령이 정하는 바에 의한다.

(2) 건축제한의 예외 제24회, 제26회

① 용도지역·용도지구 안에서의 도시·군계획시설에 대하여는 용도지역·용도지구에서의 건축제한 규정을 적용하지 아니한다.
② 방재지구 안에서는 용도지역 안에서의 건축제한 중 층수 제한에 있어서는 1층 전부를 필로티 구조로 하는 경우 필로티 부분을 층수에서 제외한다.

기본문제와 완성문제로 **단단기출**

01 국토의 계획 및 이용에 관한 법령상 용도지구와 그 세분(細分)이 바르게 연결된 것만을 모두 고른 것은? (단, 조례는 고려하지 않음) 제30회

> ㉠ 보호지구 – 역사문화환경보호지구, 중요시설물보호지구, 생태계보호지구
> ㉡ 방재지구 – 자연방재지구, 시가지방재지구, 특정개발방재지구
> ㉢ 경관지구 – 자연경관지구, 주거경관지구, 시가지경관지구
> ㉣ 취락지구 – 자연취락지구, 농어촌취락지구, 집단취락지구

① ㉠
② ㉣
③ ㉠, ㉢
④ ㉡, ㉣
⑤ ㉢, ㉣

키워드 용도지구의 분류

난이도

해설 ㉡ 방재지구 – 자연방재지구, 시가지방재지구
㉢ 경관지구 – 자연경관지구, 시가지경관지구, 특화경관지구
㉣ 취락지구 – 자연취락지구, 집단취락지구

02 국토의 계획 및 이용에 관한 법령상 공업기능 및 유통·물류기능을 중심으로 개발·정비할 필요가 있는 용도지구는? 제31회

① 복합용도지구
② 주거개발진흥지구
③ 산업·유통개발진흥지구
④ 관광·휴양개발진흥지구
⑤ 특정개발진흥지구

키워드 용도지구의 분류

난이도

해설 ① 복합용도지구: 지역의 토지 이용 상황, 개발수요 및 주변여건을 고려하여 효율적이고 복합적인 토지 이용을 도모하기 위하여 특정시설의 입지를 완화할 필요가 있는 지구
② 주거개발진흥지구: 주거기능을 중심으로 개발·정비할 필요가 있는 지구
④ 관광·휴양개발진흥지구: 관광·휴양기능을 중심으로 개발·정비할 필요가 있는 지구
⑤ 특정개발진흥지구: 주거기능, 공업기능, 유통·물류기능 및 관광·휴양기능 외의 기능을 중심으로 특정한 목적을 위하여 개발·정비할 필요가 있는 지구

정답 01 ① 02 ③

03 기본 기출

국토의 계획 및 이용에 관한 법령상 용도지구에 관한 설명이다. (   )에 들어갈 내용으로 옳은 것은?   제34회

> • 집단취락지구: (㉠) 안의 취락을 정비하기 위하여 필요한 지구
> • 복합개발진흥지구: 주거기능, (㉡)기능, 유통·물류기능 및 관광·휴양기능 중 2 이상의 기능을 중심으로 개발·정비할 필요가 있는 지구

	㉠	㉡
①	개발제한구역	공업
②	자연취락지구	상업
③	개발제한구역	상업
④	관리지역	공업
⑤	관리지역	교통

키워드 > 용도지구의 분류

난이도 >

해설 > • 집단취락지구: (㉠ 개발제한구역) 안의 취락을 정비하기 위하여 필요한 지구
• 복합개발진흥지구: 주거기능, (㉡ 공업)기능, 유통·물류기능 및 관광·휴양기능 중 2 이상의 기능을 중심으로 개발·정비할 필요가 있는 지구

04 기본 기출

국토의 계획 및 이용에 관한 법령상 용도지구의 지정 목적에 관한 설명 중 틀린 것은?   제16회

① 자연경관지구: 산지·구릉지 등 자연경관을 보호하거나 유지하기 위하여 필요한 지구
② 특화경관지구: 지역 내 주요 수계의 수변 또는 문화적 보존가치가 큰 건축물 주변의 경관 등 특별한 경관을 보호 또는 유지하거나 형성하기 위하여 필요한 지구
③ 고도지구: 쾌적한 환경 조성 및 토지의 효율적 이용을 위하여 건축물 높이의 최고한도를 규제할 필요가 있는 지구
④ 자연방재지구: 건축물·인구가 밀집되어 있는 지역으로서 시설 개선 등을 통하여 재해 예방이 필요한 지구
⑤ 역사문화환경보호지구: 문화재·전통사찰 등 역사·문화적으로 보존가치가 큰 시설 및 지역의 보호와 보존을 위하여 필요한 지구

키워드 > 용도지구의 분류

난이도 >

해설 > 자연방재지구는 토지의 이용도가 낮은 해안변, 하천변, 급경사지 주변 등의 지역으로서 건축제한 등을 통하여 재해 예방이 필요한 지구를 말하며, 시가지방재지구는 건축물·인구가 밀집되어 있는 지역으로서 시설 개선 등을 통하여 재해 예방이 필요한 지구를 말한다.

정답 03 ① 04 ④

05 국토의 계획 및 이용에 관한 법령상 시·도지사가 복합용도지구를 지정할 수 있는 용도지역에 해당하는 것을 모두 고른 것은? 제34회

기본 기출

㉠ 준주거지역	㉡ 근린상업지역
㉢ 일반공업지역	㉣ 계획관리지역
㉤ 일반상업지역	

① ㉠, ㉡
② ㉢, ㉣
③ ㉠, ㉡, ㉢
④ ㉢, ㉣, ㉤
⑤ ㉠, ㉡, ㉣, ㉤

키워드 복합용도지구

난이도

해설 시·도지사 또는 대도시 시장은 일반주거지역·일반공업지역(㉢)·계획관리지역(㉣)에 복합용도지구를 지정할 수 있다(법 제37조 제5항, 영 제31조 제6항).

---

06 국토의 계획 및 이용에 관한 법령상 용도지구 안에서의 건축제한 등에 관한 설명으로 <u>틀린</u> 것은?

완성 기출

(단, 건축물은 도시·군계획시설이 아니며, 조례는 고려하지 않음) 제29회

① 지구단위계획 또는 관계 법률에 따른 개발계획을 수립하지 아니하는 개발진흥지구에서는 개발진흥지구의 지정 목적범위에서 해당 용도지역에서 허용되는 건축물을 건축할 수 있다.
② 고도지구 안에서는 도시·군관리계획으로 정하는 높이를 초과하는 건축물을 건축할 수 없다.
③ 일반주거지역에 지정된 복합용도지구 안에서는 장례시설을 건축할 수 있다.
④ 방재지구 안에서는 용도지역 안에서의 층수 제한에 있어 1층 전부를 필로티 구조를 하는 경우 필로티 부분을 층수에서 제외한다.
⑤ 자연취락지구 안에서는 4층 이하의 방송통신시설을 건축할 수 있다.

키워드 용도지구에서의 건축제한

난이도

해설 일반주거지역에 지정된 복합용도지구 안에서는 제2종 근린생활시설 중 안마시술소, 문화 및 집회시설 중 관람장, 공장, 위험물 저장 및 처리시설, 동물 및 식물 관련 시설, 장례시설을 건축할 수 없다.

정답 05 ② 06 ③

07 완성 기출

국토의 계획 및 이용에 관한 법령상 용도지구별 건축제한에 관한 설명으로 옳은 것을 모두 고른 것은? (단, 건축물은 도시·군계획시설이 아님) 제18회

> ㉠ 경관지구 안에서는 그 지구의 경관의 보전·관리·형성에 장애가 된다고 인정하여 도시계획위원회가 정하는 건축물을 건축할 수 없다.
> ㉡ 집단취락지구 안에서의 건축제한에 관하여는 개발제한구역의 지정 및 관리에 관한 특별조치법령이 정하는 바에 의한다.
> ㉢ 고도지구 안에서는 도시·군관리계획으로 정하는 높이를 초과하는 건축물을 건축할 수 없다.
> ㉣ 자연취락지구 안에서는 5층 이하의 범위에서 동물 및 식물 관련 시설을 건축할 수 있다.

① ㉠, ㉡
② ㉠, ㉢
③ ㉠, ㉣
④ ㉡, ㉢
⑤ ㉢, ㉣

키워드 용도지구에서의 건축제한

난이도

해설 ㉠ 경관지구 안에서는 그 지구의 경관의 보전·관리·형성에 장애가 된다고 인정하여 도시·군계획조례가 정하는 건축물을 건축할 수 없다.
㉣ 자연취락지구 안에서는 4층 이하의 범위에서 동물 및 식물 관련 시설을 건축할 수 있다.

정답 07 ④

THEME 07 용도구역

| THEME 키워드 |
용도구역, 용도구역의 종류, 시가화조정구역, 입지규제최소구역, 둘 이상에 걸치는 대지에 대한 적용기준

기출분석
- **기출회차:** 제24회
- **키워드:** 용도구역의 종류
- **난이도:** ■■□□□

함정을 피하는 TIP
- 용도구역의 종류별 지정 권자를 알고 있어야 정답을 찾을 수 있다.

기본으로 알아야 하는 대표기출

국토의 계획 및 이용에 관한 법령상 용도구역의 지정에 관한 설명으로 옳은 것은?

① 국토교통부장관은 개발제한구역의 지정을 도시·군기본계획으로 결정할 수 있다.
② 시·도지사는 도시자연공원구역의 지정을 광역도시계획으로 결정할 수 있다.
③ 시·도지사는 도시자연공원구역에서 해제되는 구역 중 계획적인 개발이 필요한 지역의 전부 또는 일부에 대하여 지구단위계획구역을 도시·군관리계획으로 지정할 수 있다.
④ 시·도지사는 수산자원보호구역의 변경을 도시·군기본계획으로 결정할 수 있다.
⑤ 국토교통부장관은 시가화조정구역의 변경을 광역도시계획으로 결정할 수 있다.

해설
① 국토교통부장관은 개발제한구역의 지정을 도시·군관리계획으로 결정할 수 있다.
② 시·도지사는 도시자연공원구역의 지정을 도시·군관리계획으로 결정할 수 있다.
④ 해양수산부장관은 수산자원보호구역의 변경을 도시·군관리계획으로 결정할 수 있다.
⑤ 시·도지사는 시가화조정구역의 변경을 도시·군관리계획으로 결정할 수 있다.

정답 ③

단단하게 정리하는 **핵심이론**

1 용도구역의 정의

토지의 이용 및 건축물의 용도·건폐율·용적률·높이 등에 대한 용도지역 및 용도지구의 제한을 강화하거나 완화하여 따로 정함으로써 시가지의 무질서한 확산 방지, 계획적이고 단계적인 토지이용의 도모, 토지이용의 종합적 조정·관리 등을 위하여 도시·군관리계획으로 결정하는 지역을 말한다.

2 용도구역의 종류

(1) 개발제한구역 제20회, 제24회

지정권자	국토교통부장관
지정 목적	도시의 무질서한 확산을 방지하고 도시주변의 자연환경을 보전하여 도시민의 건전한 생활환경을 확보하기 위하여 도시의 개발을 제한할 필요가 있거나 국방부장관의 요청이 있어 보안상 도시의 개발을 제한할 필요가 있다고 인정되면 개발제한구역의 지정 또는 변경을 도시·군관리계획으로 결정할 수 있다.
행위제한 등	① 개발제한구역에서의 행위제한이나 그 밖에 개발제한구역의 관리에 필요한 사항은 따로 법률로 정한다. ② 개발제한구역 안에서의 건축제한은 「개발제한구역의 지정 및 관리에 관한 특별조치법」에서 정한 바에 따른다.

(2) 도시자연공원구역 제21회, 제24회, 제28회

지정권자	시·도지사, 대도시 시장
지정 목적	도시의 자연환경 및 경관을 보호하고 도시민에게 건전한 여가·휴식공간을 제공하기 위하여 도시지역 안에서 식생(植生)이 양호한 산지(山地)의 개발을 제한할 필요가 있다고 인정하면 도시자연공원구역의 지정 또는 변경을 도시·군관리계획으로 결정할 수 있다.
행위제한 등	① 도시자연공원구역에서의 행위제한 등 도시자연공원구역의 관리에 필요한 사항은 따로 법률로 정한다. ② 도시자연공원구역 안에서의 건축제한은 「도시공원 및 녹지 등에 관한 법률」에서 정한 바에 따른다.

(3) 수산자원보호구역 제21회, 제24회

지정권자	해양수산부장관
지정 목적	해양수산부장관은 직접 또는 관계 행정기관의 장의 요청을 받아 수산자원을 보호·육성하기 위하여 필요한 공유수면이나 그에 인접한 토지에 대한 수산자원보호구역의 지정 또는 변경을 도시·군관리계획으로 결정할 수 있다.
행위제한 등	자연환경보전지역 중 수산자원보호구역인 경우의 건축물이나 그 밖의 시설의 용도·종류 및 규모 등의 제한에 관하여는 「수산자원관리법」에서 정하는 바에 따른다.

(4) 시가화조정구역 제17회, 제18회, 제20회, 제22회, 제24회, 제32회, 제33회

① 지정권자

시·도지사	시·도지사는 직접 또는 관계 행정기관의 장의 요청을 받아 도시지역과 그 주변지역의 무질서한 시가화를 방지하고 계획적·단계적인 개발을 도모하기 위하여 대통령령으로 정하는 기간 동안 시가화를 유보할 필요가 있다고 인정되면 시가화조정구역의 지정 또는 변경을 도시·군관리계획으로 결정할 수 있다.
국토교통부장관	국가계획과 연계하여 시가화조정구역의 지정 또는 변경이 필요한 경우에는 국토교통부장관이 직접 시가화조정구역의 지정 또는 변경을 도시·군관리계획으로 결정할 수 있다.

② 시가화유보기간

㉠ 시가화유보기간은 5년 이상 20년 이내의 범위 안에서 도시·군관리계획에 의해 정해진다.

㉡ 시가화조정구역을 지정 또는 변경하고자 하는 때에는 당해 도시지역과 그 주변지역의 인구의 동태, 토지의 이용상황, 산업발전상황 등을 고려하여 도시·군관리계획으로 시가화유보기간을 정하여야 한다.

㉢ 시가화조정구역의 지정에 관한 도시·군관리계획의 결정은 시가화유보기간이 끝난 날의 다음 날부터 그 효력을 잃는다. 이 경우 국토교통부장관 또는 시·도지사는 대통령령으로 정하는 바에 따라 그 사실을 고시하여야 한다.

③ 행위제한(국토의 계획 및 이용에 관한 법령)

도시·군계획 사업	지정된 시가화조정구역에서의 도시·군계획사업은 국방상 또는 공익상 시가화조정구역 안에서의 사업시행이 불가피한 것으로서 관계 중앙행정기관의 장의 요청에 의하여 국토교통부장관이 시가화조정구역의 지정 목적 달성에 지장이 없다고 인정하는 도시·군계획사업만 시행할 수 있다.

도시·군계획 사업 외	시가화조정구역에서는 도시·군계획사업의 경우 외에는 다음의 어느 하나에 해당하는 행위에 한정하여 특별시장·광역시장·특별자치시장·특별자치도지사·시장 또는 군수의 허가를 받아 그 행위를 할 수 있다. ㉠ 농업·임업 또는 어업용의 건축물 중 대통령령으로 정하는 종류와 규모의 건축물이나 그 밖의 시설을 건축하는 행위 ㉡ 마을공동시설, 공익시설·공공시설, 광공업 등 주민의 생활을 영위하는 데 필요한 행위로서 대통령령으로 정하는 행위 ㉢ 입목의 벌채, 조림, 육림, 토석의 채취 그 밖에 대통령령으로 정하는 경미한 행위

(5) 입지규제최소구역 제29회, 제31회, 제34회

지정권자	도시·군관리계획 결정권자(국토교통부장관, 시·도지사, 대도시 시장)
지정대상	도시지역에서 복합적인 토지 이용을 증진시켜 도시 정비를 촉진하고 지역 거점을 육성할 필요가 있다고 인정되면 다음의 어느 하나에 해당하는 지역과 그 주변지역의 전부 또는 일부를 입지규제최소구역으로 지정할 수 있다. ① 도시·군기본계획에 따른 도심·부도심 또는 생활권의 중심지역 ② 철도역사, 터미널, 항만, 공공청사, 문화시설 등의 기반시설 중 지역의 거점 역할을 수행하는 시설을 중심으로 주변지역을 집중적으로 정비할 필요가 있는 지역 ③ 세 개 이상의 노선이 교차하는 대중교통 결절지로부터 1km 이내에 위치한 지역 ④ 「도시 및 주거환경정비법」에 따른 노후·불량건축물이 밀집한 주거지역 또는 공업지역으로 정비가 시급한 지역 ⑤ 「도시재생 활성화 및 지원에 관한 특별법」에 따른 도시재생 활성화지역 중 도시경제기반형 활성화계획 또는 근린재생형 활성화계획을 수립하는 지역 ⑥ 그 밖에 창의적인 지역개발이 필요한 지역으로 대통령령으로 정하는 지역 　㉠ 「산업입지 및 개발에 관한 법률」에 따른 도시첨단산업단지 　㉡ 「빈집 및 소규모주택 정비에 관한 특례법」에 따른 소규모주택정비사업의 시행구역
지정제한	① 다른 법률에서 도시·군관리계획의 결정을 의제하고 있는 경우에도 「국토의 계획 및 이용에 관한 법률」에 따르지 아니하고 입지규제최소구역의 지정과 입지규제최소구역계획을 결정할 수 없다. ② 입지규제최소구역에 대하여는 「주차장법」에 따른 부설주차장의 설치에 관한 규정을 적용하지 아니할 수 있다.

3 둘 이상에 걸치는 대지에 대한 적용기준

(1) 대지의 경우 제15회, 제16회, 제17회, 제19회, 제20회, 제21회, 제24회

① **원칙**: 하나의 대지가 둘 이상의 용도지역·용도지구 또는 용도구역(이하 '용도지역등')에 걸치는 경우로서 각 용도지역등에 걸치는 부분 중 가장 작은 부분의 규모가 330m²(도로변에 띠 모양으로 지정된 상업지역에 걸쳐 있는 토지의 경우에는 660m²) 이하인 경우

건폐율과 용적률	전체 대지의 건폐율 및 용적률은 각 부분이 전체 대지 면적에서 차지하는 비율을 고려하여 각 용도지역등별 건폐율 및 용적률을 가중평균한 값을 적용한다.
그 밖의 건축제한	건축제한 등에 관한 사항은 그 대지 중 가장 넓은 면적이 속하는 용도지역등에 관한 규정을 적용한다.

> **보충**
>
> **가중평균한 건폐율과 용적률 산정식**
>
> $$\frac{(\text{한쪽 용도지역 면적} \times \text{그 지역 건폐율 또는 용적률}) + (\text{다른 쪽 용도지역 면적} \times \text{그 지역 건폐율 또는 용적률})}{\text{전체 대지면적}}$$

② **특례**: 대지가 녹지지역에 걸치는 경우
  ㉠ 하나의 대지가 녹지지역과 그 밖의 용도지역·용도지구 또는 용도구역에 걸쳐 있는 경우(규모가 가장 작은 부분이 녹지지역으로서 해당 녹지지역이 ①에 따라 330m² 이하인 경우는 제외)에는 각각의 용도지역·용도지구 또는 용도구역의 건축물 및 토지에 관한 규정을 적용한다.
  ㉡ 녹지지역의 건축물이 고도지구 또는 방화지구에 걸쳐 있는 경우에는 (2)의 '고도지구에 건축물이 걸치는 경우'나 '방화지구에 건축물이 걸치는 경우'에 따른다.

(2) 건축물의 경우

고도지구에 건축물이 걸치는 경우	건축물이 고도지구에 걸쳐 있는 경우에는 그 건축물 및 대지의 전부에 대하여 고도지구의 건축물 및 대지에 관한 규정을 적용한다.
방화지구에 건축물이 걸치는 경우	① 하나의 건축물이 방화지구와 그 밖의 용도지역·용도지구 또는 용도구역에 걸쳐 있는 경우에는 그 건축물의 전부에 대하여 방화지구의 건축물에 관한 규정을 적용한다. ② 걸쳐 있는 건축물이 있는 방화지구와 그 밖의 용도지역·용도지구 또는 용도구역의 경계가 「건축법」에 따른 방화벽으로 구획되는 경우에는 그 밖의 용도지역·용도지구 또는 용도구역에 있는 부분에 대하여는 방화지구의 건축물에 관한 규정을 적용하지 않는다.

기본문제와 완성문제로 단단기출

01 국토의 계획 및 이용에 관한 법령상 시가화조정구역에 관한 설명으로 틀린 것은? 제20회

기본 기출

① 시가화조정구역의 변경은 도시·군관리계획에 의해 이루어진다.
② 시가화유보기간은 5년 이상 20년 이내의 기간으로 한다.
③ 시가화유보기간은 도시·군관리계획에 의해 정해진다.
④ 시가화조정구역의 지정에 관한 도시·군관리계획 결정은 시가화유보기간이 끝난 날의 다음 날부터 그 효력을 잃는다.
⑤ 국방과 관련하여 보안상의 도시개발을 제한할 필요가 있을 경우 도시·군관리계획에 의해 시가화조정구역을 지정할 수 있다.

키워드 › 시가화조정구역

난이도 ›

해설 › 국방과 관련하여 보안상의 도시개발을 제한할 필요가 있을 경우 도시·군관리계획에 의해 개발제한구역을 지정할 수 있다. 시가화조정구역은 도시지역과 그 주변지역의 무질서한 시가화를 방지하고 계획적·단계적인 개발을 도모하기 위하여 시가화를 유보할 필요가 있다고 인정되면 시가화조정구역의 지정 또는 변경을 도시·군관리계획으로 결정할 수 있다.

02 국토의 계획 및 이용에 관한 법령상 도시지역에서 입지규제최소구역으로 지정할 수 있는 지역에 해당하지 않는 것은? 제29회

기본 기출

① 도시·군기본계획에 따른 도심·부도심 또는 생활권의 중심지역
② 철도역사, 터미널 등의 기반시설 중 지역의 거점 역할을 수행하는 시설을 중심으로 주변지역을 집중적으로 정비할 필요가 있는 지역
③ 세 개 이상의 노선이 교차하는 대중교통 결절지로부터 5km 이내에 위치한 지역
④ 「도시 및 주거환경정비법」에 따른 노후·불량건축물이 밀집한 주거지역 또는 공업지역으로 정비가 시급한 지역
⑤ 「도시재생 활성화 및 지원에 관한 특별법」에 따른 도시재생 활성화지역 중 근린재생형 활성화 계획을 수립하는 지역

키워드 › 입지규제최소구역

난이도 ›

해설 › 세 개 이상의 노선이 교차하는 대중교통 결절지로부터 1km 이내에 위치한 지역을 입지규제최소구역으로 지정할 수 있다.

정답 01 ⑤ 02 ③

03 기본 기출

국토의 계획 및 이용에 관한 법령상 용도지역 및 용도구역에서의 행위제한에 관한 설명으로 옳은 것은?

제22회

① 도시지역, 관리지역, 농림지역 또는 자연환경보전지역으로 용도가 지정되지 아니한 지역에 대하여는 도시지역에 관한 규정을 적용한다.
② 도시지역이 세부 용도지역으로 지정되지 아니한 경우에는 생산녹지지역에 관한 규정을 적용한다.
③ 관리지역이 세부 용도지역으로 지정되지 아니한 경우에는 보전관리지역에 관한 규정을 적용한다.
④ 시가화조정구역에서의 도시·군계획사업은 「도시개발법」에 의한 민간제안 도시개발사업만 시행할 수 있다.
⑤ 시가화조정구역에서는 도시·군계획사업에 의한 행위가 아닌 경우 모든 개발행위를 허가할 수 없다.

> **키워드** 용도지역, 용도구역
>
> **난이도**
>
> **해설** ① 도시지역, 관리지역, 농림지역 또는 자연환경보전지역으로 용도가 지정되지 아니한 지역에 대하여는 자연환경보전지역에 관한 규정을 적용한다.
> ② 도시지역이 세부 용도지역으로 지정되지 아니한 경우에는 보전녹지지역에 관한 규정을 적용한다.
> ④ 시가화조정구역에서의 도시·군계획사업은 국방상 또는 공익상 시가화조정구역 안에서의 사업시행이 불가피한 것으로서 관계 중앙행정기관의 장의 요청에 의하여 국토교통부장관이 시가화조정구역의 지정 목적 달성에 지장이 없다고 인정하는 도시·군계획사업만 시행할 수 있다.
> ⑤ 시가화조정구역에서 도시·군계획사업의 경우 외에는 법 제81조 제2항에 규정된 행위에 한정하여 허가를 받아 그 행위를 할 수 있다.

정답 03 ③

04 국토의 계획 및 이용에 관한 법령상 시가화조정구역에 관한 설명으로 옳은 것은? 제32회

① 시가화조정구역은 도시지역과 그 주변지역의 무질서한 시가화를 방지하고 계획적·단계적인 개발을 도모하기 위하여 시·도지사가 도시·군기본계획으로 결정하여 지정하는 용도구역이다.
② 시가화유보기간은 5년 이상 20년 이내의 기간이다.
③ 시가화유보기간이 끝나면 국토교통부장관 또는 시·도지사는 이를 고시하여야 하고, 시가화조정구역 지정결정은 그 고시일 다음 날부터 그 효력을 잃는다.
④ 공익상 그 구역 안에서의 사업시행이 불가피한 것으로서 주민의 요청에 의하여 시·도지사가 시가화조정구역의 지정 목적 달성에 지장이 없다고 인정한 도시·군계획사업은 시가화조정구역에서 시행할 수 있다.
⑤ 시가화조정구역에서 입목의 벌채, 조림, 육림 행위는 허가 없이 할 수 있다.

키워드 시가화조정구역

해설 ① 시가화조정구역은 도시지역과 그 주변지역의 무질서한 시가화를 방지하고 계획적·단계적인 개발을 도모하기 위하여 시·도지사가 도시·군관리계획으로 결정하여 지정하는 용도구역이다.
③ 시가화유보기간이 끝나면 국토교통부장관 또는 시·도지사는 이를 고시하여야 하고, 시가화조정구역 지정결정은 시가화유보기간이 끝난 날의 다음 날부터 그 효력을 잃는다.
④ 공익상 그 구역 안에서의 사업시행이 불가피한 것으로서 관계 중앙행정기관의 장의 요청에 의하여 국토교통부장관이 시가화조정구역의 지정 목적 달성에 지장이 없다고 인정한 도시·군계획사업은 시가화조정구역에서 시행할 수 있다.
⑤ 시가화조정구역에서 입목의 벌채, 조림, 육림 행위는 허가를 받아 할 수 있다.

05 국토의 계획 및 이용에 관한 법령상 용도지역·용도지구·용도구역에 관한 설명으로 틀린 것은? 제28회

① 국토교통부장관이 용도지역을 지정하는 경우 도시·군관리계획으로 결정한다.
② 시·도지사는 도시자연공원구역의 변경을 도시·군관리계획으로 결정할 수 있다.
③ 시·도지사는 법령에서 정하고 있는 용도지구 외에 새로운 용도지구를 신설할 수 없다.
④ '집단취락지구'란 개발제한구역 안의 취락을 정비하기 위하여 필요한 지구를 말한다.
⑤ 방재지구의 지정을 도시·군관리계획으로 결정하는 경우 도시·군관리계획의 내용에는 해당 방재지구의 재해저감대책을 포함하여야 한다.

키워드 용도지역, 용도지구, 용도구역

해설 시·도지사 또는 대도시 시장은 지역여건상 필요하면 대통령령으로 정하는 기준에 따라 그 시·도 또는 대도시의 조례로 용도지구의 명칭 및 지정 목적, 건축이나 그 밖의 행위의 금지 및 제한에 관한 사항 등을 정하여 법률에서 정한 용도지구 외의 새로운 용도지구의 지정 또는 변경을 도시·군관리계획으로 결정할 수 있다.

정답 04 ② 05 ③

06 국토의 계획 및 이용에 관한 법령상 용도지역·용도지구·용도구역에 관한 설명으로 옳은 것은? (단, 조례는 고려하지 않음)

제33회

① 대도시 시장은 유통상업지역에 복합용도지구를 지정할 수 있다.
② 대도시 시장은 재해의 반복 발생이 우려되는 지역에 대해서는 특정용도제한지구를 지정하여야 한다.
③ 용도지역 안에서의 건축물의 용도·종류 및 규모의 제한에 대한 규정은 도시·군계획시설에 대해서도 적용된다.
④ 공유수면의 매립 목적이 그 매립구역과 이웃하고 있는 용도지역의 내용과 다른 경우 그 매립준공구역은 이와 이웃하고 있는 용도지역으로 지정된 것으로 본다.
⑤ 「택지개발촉진법」에 따른 택지개발지구로 지정·고시된 지역은 「국토의 계획 및 이용에 관한 법률」에 따른 도시지역으로 결정·고시된 것으로 본다.

키워드 용도지역, 용도지구, 용도구역

난이도

해설 ① 시·도지사 또는 대도시 시장은 일반주거지역·일반공업지역·계획관리지역에 복합용도지구를 지정할 수 있다. 반면, 유통상업지역은 지정대상에 해당하지 않는다.
② 시·도지사 또는 대도시 시장은 연안침식이 진행 중이거나 우려되는 지역 등 대통령령으로 정하는 지역(풍수해, 산사태 등의 동일한 재해가 최근 10년 이내 2회 이상 발생하여 인명 피해를 입은 지역으로서 향후 동일한 재해 발생 시 상당한 피해가 우려되는 지역)에 대해서는 방재지구의 지정 또는 변경을 도시·군관리계획으로 결정하여야 한다. 반면, 특정용도제한지구는 주거 및 교육환경 보호나 청소년 보호 등의 목적으로 오염물질 배출시설, 청소년 유해시설 등 특정시설의 입지를 제한할 필요가 있는 지구를 말한다.
③ 용도지역·용도지구의 건축제한에 대한 규정은 용도지역·용도지구 안에서의 도시·군계획시설에 대하여는 적용하지 아니한다.
④ 공유수면의 매립 목적이 그 매립구역과 이웃하고 있는 용도지역의 내용과 다른 경우 및 그 매립구역이 둘 이상의 용도지역에 걸쳐 있거나 이웃하고 있는 경우, 그 매립구역이 속할 용도지역은 도시·군관리계획결정으로 지정하여야 한다. 반면, 이와 이웃하고 있는 용도지역으로 지정된 것으로 보는 경우는 공유수면의 매립 목적이 그 매립구역과 이웃하고 있는 용도지역의 내용과 같을 때이다.

정답 06 ⑤

07 A도시에서 甲이 소유하고 있는 1,000m²의 대지는 제1종 일반주거지역에 800m², 제2종 일반주거지역에 200m²씩 걸쳐 있다. 甲이 대지 위에 건축할 수 있는 최대 연면적은? (다만, 조례상 제1종 일반주거지역의 용적률은 120%이며, 제2종 일반주거지역의 용적률은 200%이며, 기타 건축제한은 고려하지 않음)

제21회

① 1,200m²
② 1,360m²
③ 1,460m²
④ 1,300m²
⑤ 1,400m²

키워드 둘 이상에 걸치는 대지에 대한 적용기준

난이도

해설 甲이 소유하고 있는 1,000m²의 대지 중 제1종 일반주거지역이 800m², 제2종 일반주거지역이 200m²로 제2종 일반주거지역이 330m² 이하이기 때문에 전체 대지의 용적률은 가중평균한 값을 적용한다. 즉, (800×120%)+(200×200%)/1,000 = 136%이다. 그러므로 1,000m² 대지에 적용받을 용적률은 136%이므로 최대 연면적은 1,360m²가 된다.

정답 07 ②

THEME 08 도시·군계획시설

| THEME 키워드 |
도시·군계획으로 결정하는 기반시설, 공동구의 설치, 광역시설의 설치, 장기미집행 도시·군계획시설사업, 도시·군계획시설부지의 매수청구권

기출분석
- **기출회차**: 제30회
- **키워드**: 장기미집행 도시·군계획시설사업
- **난이도**: ■■□□□

기본으로 알아야 하는 대표기출

국토의 계획 및 이용에 관한 법령상 도시·군계획시설에 관한 설명이다. ( ) 안에 들어갈 내용을 바르게 나열한 것은?

> 도시·군계획시설결정이 고시된 도시·군계획시설에 대하여 그 고시일부터 (㉠)년이 지날 때까지 그 시설의 설치에 관한 도시·군계획시설사업이 시행되지 아니한 경우 그 도시·군계획시설결정은 그 고시일부터 (㉠)년이 (㉡)에 그 효력을 잃는다.

	㉠	㉡
①	10	되는 날
②	20	되는 날
③	10	되는 날의 다음 날
④	15	되는 날의 다음 날
⑤	20	되는 날의 다음 날

해설
도시·군계획시설결정이 고시된 도시·군계획시설에 대하여 그 고시일부터 (㉠ 20)년이 지날 때까지 그 시설의 설치에 관한 도시·군계획시설사업이 시행되지 아니하는 경우 그 도시·군계획시설결정은 그 고시일부터 (㉠ 20)년이 (㉡ 되는 날의 다음 날)에 그 효력을 잃는다.

정답 ⑤

함정을 피하는 TIP
- 도시·군계획시설결정의 실효사유에 대해 학습하여야 정답을 찾을 수 있다.

단단하게 정리하는 **핵심이론**

1 기반시설의 설치 제16회, 제24회, 제25회, 제26회, 제33회

원칙	지상·수상·공중·수중 또는 지하에 기반시설을 설치하려면 그 시설의 종류·명칭·위치·규모 등을 미리 도시·군관리계획으로 결정하여야 한다.
예외	용도지역·기반시설의 특성 등을 고려하여 다음의 경우에는 도시·군관리계획으로 결정하지 않고 설치할 수 있다. ① 주차장, 차량 검사 및 면허시설, 공공공지, 열공급설비, 방송·통신시설, 시장, 공공청사, 문화시설, 공공필요성이 인정되는 체육시설·연구시설·사회복지시설·공공직업훈련시설·청소년수련시설, 저수지, 방화설비, 방풍설비, 방수설비, 사방설비, 방조설비, 장사시설, 종합의료시설, 빗물저장 및 이용시설, 폐차장 ②「도시공원 및 녹지 등에 관한 법률」의 규정에 의하여 점용허가 대상이 되는 공원 안의 기반시설 ③ 여객자동차터미널 중 전세버스운송사업용 여객자동차터미널, 광장 중 건축물부설광장, 전기공급설비(발전시설·옥외에 설치하는 변전시설 제외), 대지면적이 500m^2 미만인 도축장, 폐기물처리 및 재활용시설 중 재활용시설 등 국토교통부령이 정하는 시설

2 공동구

(1) 정의

'공동구'란 전기·가스·수도 등의 공급설비, 통신시설, 하수도시설 등 지하매설물을 공동 수용함으로써 미관의 개선, 도로구조의 보전 및 교통의 원활한 소통을 위하여 지하에 설치하는 시설물을 말한다.

> **핵심단단** 공동구에 수용하는 시설 제16회, 제26회, 제28회
>
> 공동구가 설치된 경우에는 1.의 시설은 공동구에 수용하여야 하며, 2.의 시설은 공동구협의회의 심의를 거쳐 수용할 수 있다.
> 1. **의무적 수용**: 전선로, 통신선로, 수도관, 열수송관, 중수도관, 쓰레기수송관
> 2. **임의적 수용**: 가스관, 하수도관, 그 밖의 시설

(2) 공동구의 의무적 설치대상

다음에 해당하는 지역·지구·구역 등(이하 '지역등')이 사업규모가 200만m^2를 초과하는 경우에는 해당 지역등에서 개발사업을 시행하는 사업시행자는 공동구를 설치하여야 한다.

① 「도시개발법」에 따른 도시개발구역
② 「택지개발촉진법」에 따른 택지개발지구
③ 「경제자유구역의 지정 및 운영에 관한 특별법」에 따른 경제자유구역
④ 「도시 및 주거환경정비법」에 따른 정비구역
⑤ 「공공주택 특별법」에 따른 공공주택지구
⑥ 「도청이전을 위한 도시건설 및 지원에 관한 특별법」에 따른 도청이전신도시

(3) 공동구의 설치비용 제25회

설치비용의 부담	공동구의 설치(개량하는 경우를 포함)에 필요한 비용은 이 법 또는 다른 법률에 특별한 규정이 있는 경우를 제외하고는 공동구 점용예정자와 사업시행자가 부담한다.
설치비용의 납부	① 사업시행자는 공동구의 설치가 포함되는 개발사업의 실시계획인가등이 있은 후 지체 없이 공동구 점용예정자에게 부담금의 납부를 통지하여야 한다. ② 부담금의 납부통지를 받은 공동구 점용예정자는 공동구설치공사가 착수되기 전에 부담액의 3분의 1 이상을 납부하여야 하며, 그 나머지 금액은 점용공사기간 만료일(만료일 전에 공사가 완료된 경우에는 그 공사의 완료일을 말함) 전까지 납부하여야 한다.

(4) 공동구의 관리 제25회, 제28회, 제29회

공동구관리자		공동구는 특별시장·광역시장·특별자치시장·특별자치도지사·시장 또는 군수가 관리한다.
안전 및 유지 관리계획	수립	공동구관리자는 5년마다 해당 공동구의 안전 및 유지관리계획을 대통령령으로 정하는 바에 따라 수립·시행하여야 한다.
	협의·심의	공동구관리자가 공동구의 안전 및 유지관리계획을 수립하거나 변경하려면 미리 관계 행정기관의 장과 협의한 후 공동구협의회의 심의를 거쳐야 한다.
안전점검		공동구관리자는 대통령령으로 정하는 바에 따라 1년에 1회 이상 공동구의 안전점검을 실시하여야 한다.
공동구협의회		① 공동구관리자는 공동구의 설치·관리에 관한 주요 사항의 심의 또는 자문을 하게 하기 위하여 공동구협의회를 둘 수 있다. ② 공동구협의회의 구성·운영 등에 필요한 사항은 대통령령으로 정한다.
공동구의 관리비용		공동구의 관리에 소요되는 비용은 그 공동구를 점용하는 자가 함께 부담하되, 부담비율은 점용면적을 고려하여 공동구관리자가 정한다.
후발사업자		① 공동구 설치비용을 부담하지 아니한 자(부담액을 완납하지 아니한 자를 포함)가 공동구를 점용하거나 사용하려면 그 공동구를 관리하는 공동구관리자의 허가를 받아야 한다. ② 공동구를 점용하거나 사용하는 자는 그 공동구를 관리하는 특별시·광역시·특별자치시·특별자치도·시 또는 군의 조례로 정하는 바에 따라 점용료 또는 사용료를 납부하여야 한다.

3 광역시설

(1) 광역시설의 의의 제28회

'광역시설'이란 기반시설 중 광역적인 정비체계가 필요한 다음의 시설로서 대통령령으로 정하는 시설을 말한다.

2 이상의 특별시·광역시·특별자치시·특별자치도·시 또는 군의 관할 구역에 걸치는 시설	도로·철도·광장·녹지, 수도·전기·가스·열공급설비, 방송·통신시설, 공동구, 유류저장 및 송유설비, 하천·하수도(하수종말처리시설을 제외)
2 이상의 특별시·광역시·특별자치시·특별자치도·시 또는 군이 공동으로 이용하는 시설	항만·공항·자동차정류장·공원·유원지·유통업무설비·문화시설·공공필요성이 인정되는 체육시설·사회복지시설·공공직업훈련시설·청소년수련시설, 유수지, 장사시설, 도축장, 하수도(하수종말처리시설에 한함), 폐기물처리 및 재활용시설, 수질오염방지시설, 폐차장

(2) 광역시설의 설치 및 관리 제16회, 제28회, 제32회

원칙	광역시설의 설치 및 관리는 도시·군계획시설의 설치·관리에 따른다.
예외	① 관계 특별시장·광역시장·특별자치시장·특별자치도지사·시장 또는 군수는 협약을 체결하거나 협의회 등을 구성하여 광역시설을 설치·관리할 수 있다. ② 국가계획으로 설치하는 광역시설은 그 광역시설의 설치·관리를 사업목적 또는 사업종목으로 하여 다른 법률에 따라 설립된 법인이 설치·관리할 수 있다.

4 장기미집행 도시·군계획시설

(1) **장기미집행 도시·군계획시설부지의 매수청구** 제22회, 제24회, 제25회, 제26회, 제27회, 제28회, 제29회, 제32회

① 매수청구권자

㉠ 도시·군계획시설에 대한 도시·군관리계획결정의 고시일부터 10년 이내에 그 도시·군계획시설의 설치에 관한 도시·군계획시설사업이 시행되지 아니하는 경우 그 도시·군계획시설의 부지로 되어 있는 토지 중 지목(地目)이 대(垈)인 토지(그 토지에 있는 건축물 및 정착물을 포함)의 소유자는 대통령령으로 정하는 바에 따라 그 토지의 매수를 청구할 수 있다.

㉡ 도시·군계획시설결정의 고시일부터 10년 이내에 도시·군계획시설사업이 시행되지 않아도 그 사업의 실시계획인가나 그에 상당하는 절차가 진행된 경우에는 그 토지의 매수를 청구할 수 없다.

② 매수의무자

원칙	특별시장·광역시장·특별자치시장·특별자치도지사·시장 또는 군수
예외	㉠ 해당 도시·군계획시설사업의 시행자가 정하여진 경우에는 그 시행자 ㉡ 도시·군계획시설을 설치하거나 관리하여야 할 의무가 있는 자가 있으면 그 의무가 있는 자(단, 도시·군계획시설을 설치하거나 관리하여야 할 의무가 있는 자가 서로 다른 경우에는 설치하여야 할 의무가 있는 자에게 매수청구)

③ 매수절차

매수 여부의 결정	㉠ 통보: 매수의무자는 매수청구를 받은 날부터 6개월 이내에 매수 여부를 결정하여 토지 소유자와 특별시장·광역시장·특별자치시장·특별자치도지사·시장 또는 군수(매수의무자가 특별시장·광역시장·특별자치시장·특별자치도지사·시장 또는 군수인 경우는 제외)에게 알려야 한다. ㉡ 매수기한: 매수하기로 결정한 토지는 매수결정을 알린 날부터 2년 이내에 매수하여야 한다.
매수가격 및 절차	매수청구된 토지의 매수가격·매수절차 등에 관하여 이 법에 특별한 규정이 있는 경우 외에는 「공익사업을 위한 토지 등의 취득 및 보상에 관한 법률」을 준용한다.

④ 대금의 지급

원칙	매수의무자는 매수청구를 받은 토지를 매수할 때에는 현금으로 그 대금을 지급한다.
예외	다음의 어느 하나에 해당하는 경우로서 매수의무자가 지방자치단체인 경우에는 도시·군계획시설채권을 발행하여 지급할 수 있다. ㉠ 토지 소유자가 원하는 경우 ㉡ 대통령령으로 정하는 부재부동산 소유자의 토지 또는 비업무용 토지로서 매수대금이 3천만원을 초과하여 그 초과하는 금액을 지급하는 경우
상환기간 및 이율	㉠ 도시·군계획시설채권의 상환기간: 10년 이내 ㉡ 이율: 이율은 채권 발행 당시 「은행법」에 따른 인가를 받은 은행 중 전국을 영업으로 하는 은행이 적용하는 1년 만기 정기예금금리의 평균 이상이어야 하며, 구체적인 상환기간과 이율은 특별시·광역시·특별자치시·특별자치도·시 또는 군의 조례로 정한다.

⑤ 매수거부 또는 매수지연 시 조치
  ㉠ 매수청구를 한 토지의 소유자는 매수하지 아니하기로 결정한 경우 또는 매수결정을 알린 날부터 2년이 지날 때까지 해당 토지를 매수하지 아니하는 경우 개발행위허가를 받아 다음의 건축물 또는 공작물을 설치할 수 있다.

> ⓐ 단독주택으로서 3층 이하인 것
> ⓑ 제1종 근린생활시설로서 3층 이하인 것
> ⓒ 제2종 근린생활시설(다중생활시설, 단란주점, 안마시술소 및 노래연습장은 제외)로서 3층 이하인 것
> ⓓ 공작물

  ㉡ 건축물 또는 공작물을 설치할 경우 제54조(지구단위계획구역에서의 건축 등), 제58조(개발행위허가의 기준)와 제64조(도시·군계획시설부지에서의 개발행위)의 규정은 적용하지 아니한다.

(2) 도시·군계획시설결정의 실효 등 제16회, 제23회, 제27회, 제28회, 제29회, 제30회

① 실효

실효사유	도시·군계획시설결정이 고시된 도시·군계획시설에 대하여 그 고시일부터 20년이 지날 때까지 그 시설의 설치에 관한 도시·군계획시설사업이 시행되지 아니하는 경우 그 도시·군계획시설결정은 그 고시일부터 20년이 되는 날의 다음 날에 그 효력을 잃는다.
실효고시	시·도지사 또는 대도시 시장은 도시·군계획시설결정이 효력을 잃으면 대통령령으로 정하는 바(실효일자, 실효사유, 실효된 도시·군계획의 내용)에 따라 지체 없이 그 사실을 고시하여야 한다.

② 지방의회의 해제권고

지방의회 보고	㉠ 특별시장·광역시장·특별자치시장·특별자치도지사·시장 또는 군수(지방자치단체의 장)는 도시·군계획시설결정이 고시된 도시·군계획시설(국토교통부장관이 결정·고시한 도시·군계획시설 중 관계 중앙행정기관의 장이 직접 설치하기로 한 시설은 제외)을 설치할 필요성이 없어진 경우 또는 그 고시일부터 10년이 지날 때까지 해당 시설의 설치에 관한 도시·군계획시설사업이 시행되지 아니하는 경우에는 대통령령으로 정하는 바에 따라 그 현황과 단계별 집행계획을 해당 지방의회에 보고하여야 한다. ㉡ 지방자치단체의 장은 지방의회에 보고한 장기미집행 도시·군계획시설등 중 도시·군계획시설결정이 해제되지 아니한 장기미집행 도시·군계획시설등에 대하여 최초로 지방의회에 보고한 때부터 2년마다 지방의회에 보고하여야 한다.

해제를 위한 도시·군관리계획의 결정	㉠ 장기미집행 도시·군계획시설결정의 해제를 권고받은 특별시장·광역시장·특별자치시장·특별자치도지사·시장 또는 군수는 상위계획과의 연관성, 단계별 집행계획, 교통, 환경 및 주민 의사 등을 고려하여 해제할 수 없다고 인정하는 특별한 사유가 있는 경우를 제외하고는 해제권고를 받은 날부터 1년 이내에 해제를 위한 도시·군관리계획을 결정하여야 한다. ㉡ 장기미집행 도시·군계획시설결정의 해제를 권고받은 시장 또는 군수는 도지사가 결정한 도시·군관리계획의 해제가 필요한 경우에는 도지사에게 그 결정을 신청하여야 한다. 이 경우 신청을 받은 도지사는 신청을 받은 날부터 1년 이내에 해당 도시·군계획시설결정의 해제를 위한 도시·군관리계획을 결정하여야 한다.

③ 도시·군계획시설 결정의 해제신청

입안권자에게 해제신청	도시·군계획시설결정의 고시일부터 10년 이내에 그 도시·군계획시설의 설치에 관한 도시·군계획시설사업이 시행되지 아니한 경우로서 단계별 집행계획상 해당 도시·군계획시설의 실효 시까지 집행계획이 없는 경우에는 그 도시·군계획시설 부지로 되어 있는 토지의 소유자는 대통령령으로 정하는 바에 따라 해당 도시·군계획시설에 대한 도시·군관리계획 입안권자에게 그 토지의 도시·군계획시설결정 해제를 위한 도시·군관리계획 입안을 신청할 수 있다.
결정권자에게 해제신청	㉠ 입안권자에게 해제신청한 사항이 도시·군관리계획이 입안되지 아니하는 등에 해당하는 경우에는 해당 도시·군계획시설에 대한 도시·군관리계획 결정권자에게 해제신청을 할 수 있다. ㉡ 해제신청을 한 토지소유자는 해당 도시·군계획시설 결정이 해제되지 아니하는 등에 해당하는 경우에는 국토교통부장관에게 그 도시·군계획시설결정의 해제 심사를 신청할 수 있다. ㉢ 신청을 받은 국토교통부장관은 중앙도시계획위원회의 심의를 거쳐서 해당 도시·군계획시설에 대한 도시·군관리계획 결정권자에게 도시·군계획시설 결정의 해제를 권고할 수 있다.

기본문제와 완성문제로 단단기출

01 국토의 계획 및 이용에 관한 법령상 광역계획권과 광역시설에 관한 설명으로 <u>틀린</u> 것은? 제28회

기본 기출

① 국토교통부장관은 인접한 둘 이상의 특별시·광역시·특별자치시의 관할 구역 전부 또는 일부를 광역계획권으로 지정할 수 있다.
② 광역시설의 설치 및 관리는 공동구의 설치에 관한 규정에 따른다.
③ 장사시설, 도축장은 광역시설이 될 수 있다.
④ 관계 특별시장·광역시장·특별자치시장·특별자치도지사는 협약을 체결하거나 협의회 등을 구성하여 광역시설을 설치·관리할 수 있다.
⑤ 국가계획으로 설치하는 광역시설은 그 광역시설의 설치·관리를 사업목적 또는 사업종목으로 하여 다른 법률에 따라 설립된 법인이 설치·관리할 수 있다.

> 키워드 광역시설의 설치
> 난이도
> 해설 광역시설의 설치 및 관리는 도시·군계획시설의 설치·관리에 따른다.

02 국토의 계획 및 이용에 관한 법령상 매수의무자인 지방자치단체가 매수청구를 받은 장기미집행 도시·군계획시설 부지 중 지목이 대(垈)인 토지를 매수할 때에 관한 설명으로 <u>틀린</u> 것은? 제25회

기본 기출

① 토지 소유자가 원하면 도시·군계획시설채권을 발행하여 매수대금을 지급할 수 있다.
② 도시·군계획시설채권의 상환기간은 10년 이내에서 정해진다.
③ 매수청구된 토지의 매수가격·매수절차 등에 관하여 「국토의 계획 및 이용에 관한 법률」에 특별한 규정이 있는 경우 외에는 「공익사업을 위한 토지 등의 취득 및 보상에 관한 법률」을 준용한다.
④ 비업무용 토지로서 매수대금이 2천만원을 초과하는 경우 매수의무자는 그 초과하는 금액에 대해서 도시·군계획시설채권을 발행하여 지급할 수 있다.
⑤ 매수의무자가 매수하기로 결정한 토지는 매수결정을 알린 날부터 2년 이내에 매수하여야 한다.

> 키워드 장기미집행 도시·군계획시설사업
> 난이도
> 해설 비업무용 토지로서 매수대금이 3천만원을 초과하는 경우 매수의무자는 그 초과하는 금액에 대해서 도시·군계획시설채권을 발행하여 지급할 수 있다.

정답 01 ② 02 ④

03 국토의 계획 및 이용에 관한 법령상 공동구에 관한 설명으로 틀린 것은? 제25회

① 사업시행자는 공동구의 설치공사를 완료한 때에는 지체 없이 공동구에 수용할 수 있는 시설의 종류와 공동구 설치위치를 일간신문에 공시하여야 한다.
② 공동구 점용예정자는 공동구에 수용될 시설을 공동구에 수용함으로써 용도가 폐지된 종래의 시설은 사업시행자가 지정하는 기간 내에 철거하여야 하고, 도로는 원상으로 회복하여야 한다.
③ 사업시행자는 공동구의 설치가 포함되는 개발사업의 실시계획인가 등이 있은 후 지체 없이 공동구 점용예정자에게 부담금의 납부를 통지하여야 한다.
④ 공동구관리자가 공동구의 안전 및 유지관리계획을 변경하려면 미리 관계 행정기관의 장과 협의한 후 공동구협의회의 심의를 거쳐야 한다.
⑤ 공동구관리자는 1년에 1회 이상 공동구의 안전점검을 실시하여야 하며, 안전점검결과 이상이 있다고 인정되는 때에는 지체 없이 정밀안전진단 등 필요한 조치를 하여야 한다.

키워드 공동구의 설치
난이도
해설 사업시행자는 공동구의 설치공사를 완료한 때에는 지체 없이 공동구에 수용할 수 있는 시설의 종류와 공동구 설치위치를 공동구 점용예정자에게 개별적으로 통지하여야 한다.

04 국토의 계획 및 이용에 관한 법령상 도시지역에서 기반시설을 설치하는 경우 도시·군관리계획으로 결정하여야 하는 것은? 제25회

① 전세버스운송사업용 여객자동차터미널
② 광장 중 건축물부설광장
③ 변전시설
④ 대지면적이 400m^{2}인 도축장
⑤ 폐기물처리 및 재활용시설 중 재활용시설

키워드 도시·군계획으로 결정하는 기반시설
난이도
해설 전기공급설비 중 발전시설·변전시설 및 지상에 설치하는 전압 15만 4천볼트 이상의 송전선로는 도시·군관리계획으로 결정하여야 하는 시설에 해당한다.

정답 03 ① 04 ③

05 국토의 계획 및 이용에 관한 법령상 도시·군계획시설결정의 실효 등에 관한 설명으로 옳은 것은?

제23회

① 도시·군계획시설결정이 고시된 도시·군계획시설에 대하여 고시일부터 10년이 지날 때까지 그 시설의 설치에 관한 사업이 시행되지 아니하는 경우 그 결정은 효력을 잃는다.
② 지방의회는 도시·군계획시설결정 고시일부터 10년이 지날 때까지 해당 시설의 설치에 관한 사업이 시행되지 아니하는 경우에는 그 현황과 단계별 집행계획을 수립하여야 한다.
③ 장기미집행 도시·군계획시설결정의 해제를 권고받은 시장 또는 군수는 그 시설의 해제를 위한 도시·군관리계획의 결정을 국토교통부장관에게 신청하여야 한다.
④ 장기미집행 도시·군계획시설결정의 해제를 신청받은 도지사는 특별한 사유가 없으면 신청을 받은 날부터 1년 이내에 해당 도시·군계획시설의 해제를 위한 도시·군관리계획결정을 하여야 한다.
⑤ 시장 또는 군수는 도시·군계획시설결정이 효력을 잃으면 지체 없이 그 사실을 고시하여야 한다.

키워드 장기미집행 도시·군계획시설사업

난이도

해설 ① 도시·군계획시설결정이 고시된 도시·군계획시설에 대하여 고시일부터 20년이 지날 때까지 그 시설의 설치에 관한 사업이 시행되지 아니하는 경우 그 결정은 효력을 잃는다.
② 특별시장·광역시장·특별자치시장·특별자치도지사·시장 또는 군수는 도시·군계획시설결정 고시일부터 10년이 지날 때까지 해당 시설의 설치에 관한 사업이 시행되지 아니하는 경우에는 그 현황과 단계별 집행계획을 해당 지방의회에 보고하여야 한다.
③ 장기미집행 도시·군계획시설결정의 해제를 권고받은 시장 또는 군수는 도지사가 결정한 도시·군계획시설의 해제가 필요한 경우에는 도지사에게 그 결정을 신청하여야 한다.
⑤ 국토교통부장관, 시·도지사 또는 대도시 시장은 도시·군계획시설결정이 효력을 잃으면 지체 없이 그 사실을 고시하여야 한다.

정답 05 ④

06 甲 소유의 토지는 A광역시 B구에 소재한 지목이 대(垈)인 토지로서 한국토지주택공사를 사업시행자로 하는 도시·군계획시설 부지이다. 甲의 토지에 대해 국토의 계획 및 이용에 관한 법령상 도시·군계획시설 부지의 매수청구권이 인정되는 경우, 이에 관한 설명으로 옳은 것은? (단, 도시·군계획시설의 설치의무자는 사업시행자이며, 조례는 고려하지 않음) 제27회

① 甲의 토지의 매수의무자는 B구청장이다.
② 甲이 매수청구를 할 수 있는 대상은 토지이며, 그 토지에 있는 건축물은 포함되지 않는다.
③ 甲이 원하는 경우 매수의무자는 도시·군계획시설채권을 발행하여 그 대금을 지급할 수 있다.
④ 매수의무자는 매수청구를 받은 날부터 6개월 이내에 매수 여부를 결정하여 甲과 A광역시장에게 알려야 한다.
⑤ 매수청구에 대해 매수의무자가 매수하지 아니하기로 결정한 경우 甲은 자신의 토지에 2층의 다세대주택을 건축할 수 있다.

키워드 ▶ 도시·군계획시설부지의 매수청구권

난이도 ▶

해설 ▶ ① 甲의 토지의 매수의무자는 한국토지주택공사이다.
② 甲이 매수청구를 할 수 있는 대상은 토지이며, 그 토지에 있는 건축물도 포함된다.
③ 甲이 원하는 경우일지라도 매수의무자가 지방자치단체인 경우에만 도시·군계획시설채권을 발행할 수 있으며, 문제와 같이 매수의무자가 한국토지주택공사인 경우에는 도시·군계획시설채권을 발행할 수 없다.
⑤ 매수청구에 대해 매수의무자가 매수하지 아니하기로 결정한 경우 甲은 자신의 토지에 3층 이하의 단독주택과 제1종 근린생활시설 및 제2종 근린생활시설만 건축할 수 있으며, 다세대주택은 건축할 수 없다.

정답 06 ④

THEME 09 도시·군계획시설사업

| THEME 키워드 |
도시·군계획시설사업의 시행

기본으로 알아야 하는 대표기출

▶ 기출분석
- 기출회차: 제32회
- 키워드: 도시·군계획시설사업의 시행
- 난이도: ■■□

국토의 계획 및 이용에 관한 법령상 도시·군계획시설사업에 관한 설명으로 틀린 것은?

① 도시·군계획시설은 기반시설 중 도시·군관리계획으로 결정된 시설이다.
② 도시·군계획시설사업이 같은 도의 관할 구역에 속하는 둘 이상의 시 또는 군에 걸쳐 시행되는 경우에는 국토교통부장관이 시행자를 정한다.
③ 한국토지주택공사는 도시·군계획시설사업 대상 토지 소유자 동의 요건을 갖추지 않아도 도시·군계획시설사업의 시행자로 지정을 받을 수 있다.
④ 도시·군계획시설사업 실시계획에는 사업의 착수예정일 및 준공예정일도 포함되어야 한다.
⑤ 도시·군계획시설사업 실시계획인가 내용과 다르게 도시·군계획시설사업을 하여 토지의 원상회복 명령을 받은 자가 원상회복을 하지 아니하면 「행정대집행법」에 따른 행정대집행에 따라 원상회복을 할 수 있다.

> 해설
도시·군계획시설사업이 같은 도의 관할 구역에 속하는 둘 이상의 시 또는 군에 걸쳐 시행되는 경우에는 원칙적으로 협의하여 시행자를 정하고, 협의가 성립되지 않는 경우 관할 도지사가 시행자를 정한다.

정답 ②

▶ 함정을 피하는 TIP
- 도시·군계획시설사업의 전반적인 체계를 알아야 정답을 찾을 수 있다.

단단하게 정리하는 **핵심이론**

1 도시·군계획시설사업의 정의 제18회, 제27회

'도시·군계획시설사업'이란 도시·군계획시설을 설치·정비 또는 개량하는 사업을 말한다.

> **보충**
>
> **도시·군계획사업**
> '도시·군계획사업'이란 도시·군관리계획을 시행하기 위한 다음의 사업을 말한다.
> 1. 도시·군계획시설사업
> 2. 「도시개발법」에 따른 도시개발사업
> 3. 「도시 및 주거환경정비법」에 따른 정비사업

2 도시·군계획시설사업의 시행

(1) 단계별 집행계획의 수립 제28회, 제34회

① 수립권자

원칙	⊙ 특별시장·광역시장·특별자치시장·특별자치도지사·시장 또는 군수는 도시·군계획시설에 대하여 도시·군계획시설결정의 고시일부터 3개월 이내에 대통령령으로 정하는 바에 따라 재원조달계획, 보상계획 등을 포함하는 단계별 집행계획을 수립하여야 한다. ⓒ 대통령령으로 정하는 법률(도시 및 주거환경정비법 등)에 따라 도시·군관리계획의 결정이 의제되는 경우에는 해당 도시·군계획시설결정의 고시일부터 2년 이내에 단계별 집행계획을 수립할 수 있다.
예외	국토교통부장관이나 도지사가 직접 입안한 도시·군관리계획인 경우 국토교통부장관이나 도지사는 단계별 집행계획을 수립하여 해당 특별시장·광역시장·특별자치시장·특별자치도지사·시장 또는 군수에게 송부할 수 있다.

② 단계별 집행계획의 구분

제1단계 집행계획	3년 이내에 시행하는 도시·군계획시설사업
제2단계 집행계획	3년 후에 시행하는 도시·군계획시설사업(단, 특별시장·광역시장·특별자치시장·특별자치도지사·시장 또는 군수는 매년 제2단계 집행계획을 검토하여 3년 이내에 도시·군계획시설사업을 시행할 도시·군계획시설은 이를 제1단계 집행계획에 포함시킬 수 있음)

THEME 09 도시·군계획시설사업

(2) 사업시행자 제21회, 제22회, 제23회, 제24회, 제26회, 제27회, 제28회, 제32회, 제34회

① 행정청인 시행자

㉠ 원칙: 특별시장·광역시장·특별자치시장·특별자치도지사·시장 또는 군수

관할 구역만 시행	특별시장·광역시장·특별자치시장·특별자치도지사·시장 또는 군수는 이 법 또는 다른 법률에 특별한 규정이 있는 경우 외에는 관할 구역의 도시·군계획시설사업을 시행한다.
관할 구역에 걸쳐 시행	ⓐ 원칙: 도시·군계획시설사업이 둘 이상의 특별시·광역시·특별자치시·특별자치도·시 또는 군의 관할 구역에 걸쳐 시행되게 되는 경우에는 관계 특별시장·광역시장·특별자치시장·특별자치도지사·시장 또는 군수가 서로 협의하여 시행자를 정한다. ⓑ 예외: 협의가 성립되지 아니하는 경우 도시·군계획시설사업을 시행하려는 구역이 같은 도의 관할 구역에 속하는 경우에는 관할 도지사가 시행자를 지정하고, 둘 이상의 시·도의 관할 구역에 걸치는 경우에는 국토교통부장관이 시행자를 지정한다.

㉡ 예외: 국토교통부장관 또는 도지사

국토교통부 장관	국가계획과 관련되거나 그 밖에 특히 필요하다고 인정되는 경우에는 관계 특별시장·광역시장·특별자치시장·특별자치도지사·시장 또는 군수의 의견을 들어 직접 도시·군계획시설사업을 시행할 수 있다.
도지사	둘 이상의 시 또는 군의 관할 구역에 걸쳐 시행되는 도시·군계획시설사업이 광역도시계획과 관련되거나 특히 필요하다고 인정되는 경우에는 관계 시장 또는 군수의 의견을 들어 직접 도시·군계획시설사업을 시행할 수 있다.

② 비행정청인 시행자(지정시행자)

대상자	국토교통부장관, 시·도지사, 시장 또는 군수 외의 자는 국토교통부장관, 시·도지사, 시장 또는 군수로부터 시행자로 지정을 받아 도시·군계획시설사업을 시행할 수 있다.
지정요건	다음에 해당하지 아니하는 자(민간시행자)가 도시·군계획시설사업의 시행자로 지정을 받으려면 도시·군계획시설사업의 대상인 토지(국공유지는 제외)의 면적의 3분의 2 이상에 해당하는 토지를 소유하고, 토지 소유자 총수의 2분의 1에 해당하는 자의 동의를 얻어야 한다. ㉠ 국가 또는 지방자치단체 ㉡ 대통령령으로 정하는 공공기관(한국농수산식품유통공사, 대한석탄공사, 한국토지주택공사, 한국관광공사, 한국농어촌공사, 한국도로공사, 한국석유공사, 한국수자원공사, 한국전력공사, 한국철도공사) ㉢ 지방공사 및 지방공단

③ 행정심판
　㉠ 도시·군계획시설사업의 시행자가 행정청인 경우: 시행자의 처분에 대하여는 「행정심판법」에 따라 행정심판을 제기할 수 있다.
　㉡ 도시·군계획시설사업의 시행자가 행정청이 아닌 경우: 시행자의 처분에 대하여는 그 시행자를 지정한 자에게 행정심판을 제기하여야 한다.

(3) 실시계획 제18회, 제21회, 제22회, 제28회, 제32회

① 실시계획의 작성: 도시·군계획시설사업의 시행자는 다음의 사항이 포함된 도시·군계획시설사업에 관한 실시계획을 작성하여야 한다.

> ㉠ 사업의 종류 및 명칭
> ㉡ 사업의 면적 또는 규모
> ㉢ 사업시행자의 성명 및 주소(법인인 경우에는 법인의 명칭 및 소재지와 대표자의 성명 및 주소)
> ㉣ 사업의 착수예정일 및 준공예정일

② 실시계획의 인가
　㉠ 인가권자: 국토교통부장관, 시·도지사 또는 대도시 시장

원칙	도시·군계획시설사업의 시행자가 실시계획의 인가를 받고자 하는 경우 국토교통부장관이 지정한 시행자는 국토교통부장관의 인가를 받아야 하며, 그 밖의 시행자는 시·도지사 또는 대도시 시장의 인가를 받아야 한다.
예외	준공검사를 받은 후에 해당 도시·군계획시설사업에 대하여 국토교통부령으로 정하는 경미한 사항(구역경계의 변경이 없는 범위 안에서 행하는 건축물의 연면적 10% 미만의 변경과 「학교시설사업 촉진법」에 의한 학교시설의 변경인 경우 등)을 변경하기 위하여 실시계획을 작성하는 경우에는 국토교통부장관, 시·도지사 또는 대도시 시장의 인가를 받지 아니한다.

　㉡ 조건부 인가

인가기준	국토교통부장관, 시·도지사 또는 대도시 시장은 도시·군계획시설사업의 시행자가 작성한 실시계획이 도시·군계획시설의 결정·구조 및 설치의 기준 등에 맞다고 인정하는 경우에는 실시계획을 인가하여야 한다.
조건사항	국토교통부장관, 시·도지사 또는 대도시 시장은 기반시설의 설치나 그에 필요한 용지의 확보, 위해 방지, 환경오염 방지, 경관 조성, 조경 등의 조치를 할 것을 조건으로 실시계획을 인가할 수 있다.

이행보증금 예치	이행보증금을 예치할 수 있는 경우	특별시장·광역시장·특별자치시장·특별자치도지사·시장 또는 군수는 기반시설의 설치나 그에 필요한 용지의 확보, 위해 방지, 환경오염 방지, 경관 조성, 조경 등을 위하여 필요하다고 인정되는 경우로서 대통령령으로 정하는 경우에는 그 이행을 담보하기 위하여 도시·군계획시설사업의 시행자에게 이행보증금을 예치하게 할 수 있다.
	이행보증금을 예치할 수 없는 경우	국가 또는 지방자치단체, 대통령령으로 정하는 공공기관, 지방공사 및 지방공단에 대하여는 이행보증금을 예치하게 할 수 없다.
원상회복		특별시장·광역시장·특별자치시장·특별자치도지사·시장 또는 군수는 실시계획의 인가 또는 변경인가를 받지 아니하고 도시·군계획시설사업을 하거나 그 인가 내용과 다르게 도시·군계획시설사업을 하는 자에게 그 토지의 원상회복을 명할 수 있다.
행정대집행		특별시장·광역시장·특별자치시장·특별자치도지사·시장 또는 군수는 원상회복의 명령을 받은 자가 원상회복을 하지 아니하는 경우에는 「행정대집행법」에 따른 행정대집행에 따라 원상회복을 할 수 있다.

ⓒ 공고·열람: 국토교통부장관, 시·도지사 또는 대도시 시장은 실시계획을 인가하려면 미리 대통령령으로 정하는 바에 따라 그 사실을 공고하고, 관계 서류의 사본을 14일 이상 일반이 열람할 수 있도록 하여야 한다. 단, 경미한 사항(사업의 착수예정일 및 준공예정일의 변경 등)의 변경인 경우에는 공고 및 열람을 하지 아니할 수 있다.

(4) 사업시행을 위한 조치 제18회, 제21회, 제22회, 제23회, 제27회, 제28회, 제34회

① **사업의 분할시행**
  ㉠ 도시·군계획시설사업의 시행자는 도시·군계획시설사업을 효율적으로 추진하기 위하여 필요하다고 인정되면 사업시행 대상지역 또는 대상시설을 둘 이상으로 분할하여 도시·군계획시설사업을 시행할 수 있다.
  ㉡ 도시·군계획시설사업을 분할시행하는 때에는 분할된 지역별로 실시계획을 작성할 수 있다.

② **공시송달**: 도시·군계획시설사업의 시행자는 이해관계인에게 서류를 송달할 필요가 있으나 이해관계인의 주소 또는 거소(居所)가 불분명하거나 그 밖의 사유로 서류를 송달할 수 없는 경우에는 그 서류의 송달을 갈음하여 그 내용을 공시할 수 있다.

③ **토지 등의 수용 및 사용**

수용·사용	도시·군계획시설사업의 시행자는 도시·군계획시설사업에 필요한 다음의 물건 또는 권리를 수용하거나 사용할 수 있다. ㉠ 토지·건축물 또는 그 토지에 정착된 물건 ㉡ 토지·건축물 또는 그 토지에 정착된 물건에 관한 소유권 외의 권리

일시 사용	도시·군계획시설사업의 시행자는 사업시행을 위하여 특히 필요하다고 인정되면 도시·군계획시설에 인접한 다음의 물건 또는 권리를 일시 사용할 수 있다. ㉠ 토지·건축물 또는 그 토지에 정착된 물건 ㉡ 토지·건축물 또는 그 토지에 정착된 물건에 관한 소유권 외의 권리
「공익사업을 위한 토지 등의 취득 및 보상에 관한 법률」의 준용	㉠ 준용규정: 수용 및 사용에 관하여는 이 법에 특별한 규정이 있는 경우 외에는 「공익사업을 위한 토지 등의 취득 및 보상에 관한 법률」을 준용한다. ㉡ 특례규정 ⓐ 「공익사업을 위한 토지 등의 취득 및 보상에 관한 법률」을 준용할 때에 실시계획을 고시한 경우에는 사업인정 및 그 고시가 있었던 것으로 본다. ⓑ 재결 신청은 「공익사업을 위한 토지 등의 취득 및 보상에 관한 법률」의 규정에도 불구하고 실시계획에서 정한 도시·군계획시설사업의 시행기간에 하여야 한다.

④ **국공유지의 처분제한**: 도시·군관리계획결정을 고시한 경우에는 국공유지로서 도시·군계획시설사업에 필요한 토지는 그 도시·군관리계획으로 정하여진 목적 외의 목적으로 매각하거나 양도할 수 없으며, 이것을 위반한 행위는 무효로 한다.

3 비용부담 제21회, 제24회, 제30회, 제31회

(1) 원칙

① 시행자가 비용을 부담한다.
② 광역도시계획 및 도시·군계획의 수립과 도시·군계획시설사업에 관한 비용은 이 법 또는 다른 법률에 특별한 규정이 있는 경우 외에는 국가가 하는 경우에는 국가예산에서, 지방자치단체가 하는 경우에는 해당 지방자치단체가, 행정청이 아닌 자가 하는 경우에는 그 자가 부담함을 원칙으로 한다.

(2) 예외

① 지방자치단체에 비용을 부담시킬 수 있다.
② 시장이나 군수는 그가 시행한 도시·군계획시설사업으로 현저히 이익을 받는 다른 지방자치단체가 있으면 대통령령으로 정하는 바에 따라 그 도시·군계획시설사업에 든 비용의 일부를 그 이익을 받는 다른 지방자치단체와 협의하여 그 지방자치단체에 부담시킬 수 있다.
③ ②에 따른 협의가 성립되지 아니하는 경우 다른 지방자치단체가 같은 도에 속할 때에는 관할 도지사가 결정하는 바에 따르며, 다른 시·도에 속할 때에는 행정안전부장관이 결정하는 바에 따른다.

(3) 도시·군계획시설사업에 드는 비용

시행자가 행정청인 경우	행정청이 시행하는 도시·군계획시설사업에 드는 비용은 50% 이하의 범위에서 그 비용의 전부 또는 일부를 국가예산에서 보조하거나 융자할 수 있다.
시행자가 비행정청인 경우	행정청이 아닌 자가 시행하는 도시·군계획시설사업에 드는 비용의 일부는 3분의 1 이하의 범위에서 국가 또는 지방자치단체가 보조하거나 융자할 수 있다.

4 청문 제20회, 제28회, 제31회

국토교통부장관, 시·도지사, 시장·군수 또는 구청장은 다음의 어느 하나에 해당하는 처분을 하려면 청문을 하여야 한다.
① 개발행위허가의 취소
② 실시계획인가의 취소
③ 도시·군계획시설사업의 시행자 지정의 취소

기본문제와 완성문제로 단단기출

01 국토의 계획 및 이용에 관한 법령상 도시·군계획시설사업(이하 '사업')에 관한 설명으로 틀린 것은?

기본 기출 제23회

① 같은 도의 관할 구역에 속하는 둘 이상의 시·군에 걸쳐 시행되는 사업의 시행자를 정함에 있어 관계 시장·군수 간 협의가 성립되지 않는 경우에는 관할 도지사가 시행자를 지정한다.
② 도지사는 광역도시계획과 관련되는 경우 관계 시장 또는 군수의 의견을 들어 직접 사업을 시행할 수 있다.
③ 시행자는 사업을 효율적으로 추진하기 위하여 필요하다고 인정되면 사업시행 대상지역을 분할하여 사업을 시행할 수 있다.
④ 도시·군관리계획결정을 고시한 경우 사업에 필요한 국·공유지는 그 도시·군관리계획으로 정해진 목적 외의 목적으로 양도할 수 없다.
⑤ 한국토지주택공사가 사업의 시행자로 지정을 받으려면 사업 대상인 사유토지의 소유자 총수의 2분의 1 이상의 동의를 받아야 한다.

키워드	도시·군계획시설사업의 시행
난이도	
해설	공공시행자가 아닌 민간시행자가 도시·군계획시설사업의 시행자로 지정을 받으려면 토지(국·공유지는 제외)면적의 3분의 2 이상에 해당하는 토지를 소유하고, 토지 소유자 총수의 2분의 1 이상에 해당하는 자의 동의를 얻어야 한다.

정답 01 ⑤

02 기본 기출

국토의 계획 및 이용에 관한 법령상 도시·군계획시설사업의 시행에 관한 설명으로 옳은 것은?

제34회

① 「도시 및 주거환경정비법」에 따라 도시·군관리계획의 결정이 의제되는 경우에는 해당 도시·군계획시설결정의 고시일부터 3개월 이내에 도시·군계획시설에 대하여 단계별 집행계획을 수립하여야 한다.
② 5년 이내에 시행하는 도시·군계획시설사업은 단계별 집행계획 중 제1단계 집행계획에 포함되어야 한다.
③ 한국토지주택공사가 도시·군계획시설사업의 시행자로 지정을 받으려면 토지 소유자 총수의 3분의 2 이상에 해당하는 자의 동의를 얻어야 한다.
④ 국토교통부장관은 국가계획과 관련되거나 그 밖에 특히 필요하다고 인정되는 경우에는 관계 특별시장·광역시장·특별자치시장·특별자치도지사·시장 또는 군수의 의견을 들어 직접 도시·군계획시설사업을 시행할 수 있다.
⑤ 사업시행자는 도시·군계획시설사업 대상시설을 둘 이상으로 분할하여 도시·군계획시설사업을 시행하여서는 아니 된다.

키워드 도시·군계획시설사업의 시행
난이도

해설 ① 「도시 및 주거환경정비법」에 따라 도시·군관리계획의 결정이 의제되는 경우에는 해당 도시·군계획시설결정의 고시일부터 2년 이내에 도시·군계획시설에 대하여 단계별 집행계획을 수립할 수 있다(예외). 도시·군계획시설결정의 고시일부터 3개월 이내에 대통령령으로 정하는 바에 따라 재원조달계획, 보상계획 등을 포함하는 단계별 집행계획을 수립하여야 한다(원칙).
② 3년 이내에 시행하는 도시·군계획시설사업은 단계별 집행계획 중 제1단계 집행계획에 포함되어야 한다. 3년 후에 시행하는 도시·군계획시설사업은 제2단계 집행계획에 포함되도록 하여야 한다.
③ 한국토지주택공사가 도시·군계획시설사업의 시행자로 지정을 받으려는 경우 토지 소유자 총수의 3분의 2 이상에 해당하는 자의 동의를 받지 않아도 된다.
⑤ 사업시행자는 도시·군계획시설사업 대상시설을 둘 이상으로 분할하여 도시·군계획시설사업을 시행할 수 있다.

정답 02 ④

03 국토의 계획 및 이용에 관한 법령상 도시·군계획시설사업의 시행에 관한 설명으로 **틀린** 것은?

제21회

① 「국토의 계획 및 이용에 관한 법률」 또는 다른 법률에 특별한 규정이 있는 경우 외에는 특별시장·광역시장·특별자치시장·특별자치도지사·시장 또는 군수가 관할 구역의 도시·군계획시설사업을 시행한다.
② 시행자는 사업시행을 위하여 특히 필요하다고 인정되는 도시·군계획시설에 인접한 건축물을 일시 사용할 수 있다.
③ 국토교통부장관이 지정한 시행자는 도시·군계획시설사업 실시계획에 대해 국토교통부장관의 인가를 받아야 한다.
④ 사업의 준공예정일을 변경하는 실시계획 변경인가를 하는 경우에는 공고 및 열람을 하지 아니할 수 있다.
⑤ 사업구역경계의 변경이 있더라도 건축물의 연면적 10% 미만을 변경하는 경우에는 실시계획 변경인가를 받을 필요가 없다.

> 키워드 도시·군계획시설사업의 시행
> 난이도
> 해설 사업구역경계의 변경이 없는 범위 안에서 행하는 건축물의 연면적 10% 미만을 변경하는 경우에는 실시계획 변경인가를 받을 필요가 없다.

정답 03 ⑤

THEME 10 지구단위계획

| THEME 키워드 |
지구단위계획의 수립, 지구단위계획구역의 지정, 지구단위계획의 포함사항, 지구단위계획구역에서 법률규정의 완화 적용, 지구단위계획구역에서 건축물의 건축, 도시·군관리계획결정의 실효

기본으로 알아야 하는 대표기출

> **기출분석**
> - **기출회차:** 제25회
> - **키워드:** 지구단위계획의 수립
> - **난이도:** ■■□

국토의 계획 및 이용에 관한 법령상 지구단위계획 및 지구단위계획구역에 관한 설명으로 틀린 것은?

① 주민은 도시·군관리계획의 입안권자에게 지구단위계획의 변경에 관한 도시·군관리계획의 입안을 제안할 수 있다.

② 개발제한구역에서 해제되는 구역 중 계획적인 개발 또는 관리가 필요한 지역은 지구단위계획구역으로 지정될 수 있다.

③ 시장 또는 군수가 입안한 지구단위계획의 수립·변경에 관한 도시·군관리계획은 해당 시장 또는 군수가 직접 결정한다.

④ 지구단위계획의 수립기준은 시·도지사가 국토교통부장관과 합의하여 정한다.

⑤ 도시지역 외의 지역으로서 용도지구를 폐지하고 그 용도지구에서의 행위제한 등을 지구단위계획으로 대체하려는 지역은 지구단위계획구역으로 지정될 수 있다.

> **함정을 피하는 TIP**
> - 지구단위계획의 개념을 제대로 학습하고, 지구단위계획구역 지정 시 필수적 지정 대상인지 여부를 구별할 수 있어야 한다.

해설
지구단위계획의 수립기준은 국토교통부장관이 정한다.

정답 ④

단단하게 정리하는 **핵심이론**

01 지구단위계획

1 지구단위계획의 정의 및 결정권자

(1) 정의 제18회

'지구단위계획'이란 도시·군계획 수립 대상지역의 일부에 대하여 토지 이용을 합리화하고 그 기능을 증진시키며 미관을 개선하고 양호한 환경을 확보하며, 그 지역을 체계적·계획적으로 관리하기 위하여 수립하는 도시·군관리계획을 말한다.

(2) 결정권자 제15회, 제18회, 제24회, 제27회, 제32회, 제34회

① 지구단위계획구역 및 지구단위계획은 국토교통부장관, 시·도지사, 시장 또는 군수가 도시·군관리계획으로 결정한다.
② 지구단위계획에 관한 도시·군관리계획결정의 고시일부터 5년 이내에 이 법 또는 다른 법률에 따라 허가·인가·승인 등을 받아 사업이나 공사에 착수하지 아니하면 그 5년이 된 날의 다음 날에 그 지구단위계획에 관한 도시·군관리계획결정은 효력을 잃는다.

2 지구단위계획의 수립

(1) 수립기준 제25회, 제27회

지구단위계획의 수립기준 등은 대통령령으로 정하는 바에 따라 국토교통부장관이 정한다.

(2) 수립 시 고려사항 제32회

> ① 도시의 정비·관리·보전·개발 등 지구단위계획구역의 지정 목적
> ② 주거·산업·유통·관광휴양·복합 등 지구단위계획구역의 중심기능
> ③ 해당 용도지역의 특성
> ④ 지역 공동체의 활성화
> ⑤ 안전하고 지속가능한 생활권의 조성
> ⑥ 해당 지역 및 인근 지역의 토지 이용을 고려한 토지이용계획과 건축계획의 조화

THEME 10 지구단위계획

02 지구단위계획구역

1 지구단위계획구역의 지정

(1) 도시지역 내의 지역 제15회, 제17회, 제18회, 제20회, 제24회, 제25회, 제27회, 제28회, 제32회, 제34회

① **임의적 지정 대상지역**: 국토교통부장관, 시·도지사, 시장 또는 군수는 다음의 어느 하나에 해당하는 지역의 전부 또는 일부에 대하여 지구단위계획구역을 **지정할 수 있다**.

> ㉠ 용도지구
> ㉡ 「도시개발법」에 따라 지정된 도시개발구역
> ㉢ 「도시 및 주거환경정비법」에 따라 지정된 정비구역
> ㉣ 「택지개발촉진법」에 따라 지정된 택지개발지구
> ㉤ 「주택법」에 따른 대지조성사업지구
> ㉥ 「산업입지 및 개발에 관한 법률」의 산업단지와 준산업단지
> ㉦ 「관광진흥법」에 따라 지정된 관광단지와 관광특구
> ㉧ 개발제한구역·도시자연공원구역·시가화조정구역 또는 공원에서 해제되는 구역, 녹지지역에서 주거·상업·공업지역으로 변경되는 구역과 새로 도시지역으로 편입되는 구역 중 계획적인 개발 또는 관리가 필요한 지역
> ㉨ 도시지역 내 주거·상업·업무 등의 기능을 결합하는 등 복합적인 토지 이용을 증진시킬 필요가 있는 지역으로서 대통령령으로 정하는 요건에 해당하는 지역(일반주거지역, 준주거지역, 준공업지역 및 상업지역에서 낙후된 도심 기능을 회복하거나 도시균형발전을 위한 중심지 육성이 필요한 경우로서 다음의 어느 하나에 해당하는 지역)
> ⓐ 주요 역세권, 고속버스 및 시외버스 터미널, 간선도로의 교차지 등 양호한 기반시설을 갖추고 있어 대중교통 이용이 용이한 지역
> ⓑ 역세권의 체계적·계획적 개발이 필요한 지역
> ⓒ 세 개 이상의 노선이 교차하는 대중교통 결절지(結節地)로부터 1km 이내에 위치한 지역
> ⓓ 「역세권의 개발 및 이용에 관한 법률」에 따른 역세권개발구역, 「도시재정비 촉진을 위한 특별법」에 따른 고밀복합형 재정비촉진지구로 지정된 지역

② **필수적 지정 대상지역**: 국토교통부장관, 시·도지사, 시장 또는 군수는 다음에 해당하는 지역은 지구단위계획구역으로 **지정하여야 한다**. 다만, 관계 법률에 따라 그 지역에 토지 이용과 건축에 관한 계획이 수립되어 있는 경우에는 그러하지 아니하다.

> ㉠ 정비구역 및 택지개발지구에서 시행되는 사업이 끝난 후 10년이 지난 지역
> ㉡ 다음에 해당하는 지역으로서 체계적·계획적인 개발 또는 관리가 필요한 지역으로서 그 면적이 30만㎡ 이상인 지역
> ⓐ 녹지지역에서 주거지역·상업지역 또는 공업지역으로 변경되는 지역
> ⓑ 시가화조정구역 또는 공원에서 해제되는 지역(단, 녹지지역으로 지정 또는 존치되거나 법 또는 다른 법령에 의하여 도시·군계획사업 등 개발계획이 수립되지 아니하는 경우를 제외)
> ⓒ 그 밖에 특별시·광역시·특별자치시·특별자치도·시 또는 군의 도시·군계획조례로 정하는 지역

(2) 도시지역 외의 지역 제15회, 제18회, 제23회, 제24회, 제28회, 제34회

① 지구단위계획구역의 지정 가능 여부: 도시지역 외의 지역도 지구단위계획구역으로 지정될 수 있다.
② 지구단위계획구역 지정 가능지역: 도시지역 외의 지역을 지구단위계획구역으로 지정하려는 경우 다음의 어느 하나에 해당하여야 한다.
　㉠ 지정하려는 구역 면적의 <mark>100분의 50</mark> 이상이 계획관리지역으로서 대통령령으로 정하는 요건에 해당하는 지역
　㉡ 개발진흥지구로서 당해 개발진흥지구가 다음의 지역에 위치하는 요건에 해당하는 지역

주거개발진흥지구, 복합개발진흥지구(주거기능이 포함된 경우에 한함) 및 특정개발진흥지구	계획관리지역
산업·유통개발진흥지구 및 복합개발진흥지구(주거기능이 포함되지 아니한 경우에 한함)	계획관리지역, 생산관리지역 또는 농림지역
관광·휴양개발진흥지구	도시지역 외의 지역

　㉢ 용도지구를 폐지하고 그 용도지구에서의 행위제한 등을 지구단위계획으로 대체하려는 지역

2 지구단위계획의 포함사항 제15회, 제17회, 제20회, 제21회, 제28회

지구단위계획구역의 지정 목적을 이루기 위하여 지구단위계획에는 다음의 사항 중 <mark>③과 ⑤의 사항을 포함한 둘 이상의 사항이 포함되어야 한다</mark>. 다만, ②를 내용으로 하는 지구단위계획의 경우에는 그러하지 아니하다.

① 용도지역이나 용도지구를 다음에서 정하는 범위에서 세분하거나 변경하는 사항
　㉠ 용도지역의 세분 또는 변경은 주거지역, 상업지역, 공업지역 및 녹지지역을 그 각 범위 안에서 세분 또는 변경하는 것으로 한다.
　㉡ 도시지역 내 주거·상업·업무 등의 기능을 결합하는 등 복합적인 토지 이용을 증진시킬 필요가 있는 지역으로서 대통령령으로 정하는 요건에 해당하는 지역에 지정된 지구단위계획구역에서는 주거지역, 상업지역, 공업지역, 녹지지역 간의 변경을 포함한다.
　㉢ 용도지구의 세분 또는 변경은 경관지구, 보호지구, 방재지구, 취락지구 및 개발진흥지구를 각 범위 안에서 세분 또는 변경하는 것으로 한다.
② 기존의 용도지구를 폐지하고 그 용도지구에서의 건축물이나 그 밖의 시설의 용도·종류 및 규모 등의 제한을 대체하는 사항
③ 기반시설의 배치와 규모
④ 도로로 둘러싸인 일단의 지역 또는 계획적인 개발·정비를 위하여 구획된 일단의 토지의 규모와 조성계획
⑤ 건축물의 용도제한, 건축물의 건폐율 또는 용적률, 건축물 높이의 최고한도 또는 최저한도
⑥ 건축물의 배치·형태·색채 또는 건축선에 관한 계획
⑦ 환경관리계획 또는 경관계획
⑧ 보행안전 등을 고려한 교통처리계획

3 지구단위계획구역에서 법률규정의 완화 적용

(1) 도시지역 내 법률규정의 완화 적용 제24회, 제26회, 제27회, 제28회, 제29회

① **공공시설부지 제공에 따른 완화**: 지구단위계획구역에서 건축물을 건축하려는 자가 그 대지의 일부를 공공시설등의 부지로 제공하거나 공공시설등을 설치하여 제공하는 경우에는 그 건축물에 대하여 지구단위계획으로 다음의 구분에 따라 건폐율·용적률 및 높이제한을 완화하여 적용할 수 있다.

완화할 수 있는 건폐율	해당 용도지역에 적용되는 건폐율×(1 + 공공시설등의 부지로 제공하는 면적÷원래의 대지면적) 이내
완화할 수 있는 용적률	해당 용도지역에 적용되는 용적률 + [1.5×(공공시설등의 부지로 제공하는 면적×공공시설등 제공 부지의 용적률)÷공공시설등의 부지 제공 후의 대지면적] 이내
완화할 수 있는 높이	「건축법」에 따라 제한된 높이×(1 + 공공시설등의 부지로 제공하는 면적÷원래의 대지면적) 이내

② 건폐율·용적률·높이제한의 완화

완화 규정	완화 범위
건폐율	지구단위계획구역에서는 도시·군계획조례의 규정에 불구하고 지구단위계획으로 건폐율을 완화하여 적용할 수 있으며, 완화하여 적용되는 건폐율은 당해 용도지역 또는 용도지구에 적용되는 건폐율의 150%를 초과할 수 없다.
용적률	지구단위계획구역에서 건축물을 건축하고자 하는 자가 「건축법」 제43조 제1항에 따른 공개공지 또는 공개공간을 같은 항에 따른 의무면적을 초과하여 설치한 경우에는 당해 건축물에 대하여 지구단위계획으로 용적률을 완화하여 적용할 수 있으며, 완화하여 적용되는 용적률은 당해 용도지역 또는 용도지구에 적용되는 용적률의 200%를 초과할 수 없다.
높이제한	도시지역에 개발진흥지구를 지정하고 당해 지구를 지구단위계획구역으로 지정한 경우에는 지구단위계획으로 「건축법」 제60조(가로구역에서의 높이제한)에 따라 제한된 건축물 높이의 120% 이내에서 높이제한을 완화하여 적용할 수 있다.

③ **주차장 설치기준의 완화**: 지구단위계획구역의 지정 목적이 다음에 해당하는 경우에는 지구단위계획으로 「주차장법」에 의한 주차장 설치기준을 100%까지 완화하여 적용할 수 있다.

> ㉠ 한옥마을을 보존하고자 하는 경우
> ㉡ 차 없는 거리를 조성하고자 하는 경우(지구단위계획으로 보행자전용도로를 지정하거나 차량의 출입을 금지한 경우를 포함)
> ㉢ 원활한 교통소통 또는 보행환경 조성을 위하여 도로에서 대지로의 차량통행이 제한되는 차량진입금지구간을 지정한 경우

(2) 도시지역 외 법률규정의 완화 적용 제15회, 제29회

완화 규정	완화 범위
건폐율·용적률	도시지역 외에 지정하는 지구단위계획구역에서는 지구단위계획으로 당해 용도지역 또는 개발진흥지구에 적용되는 건폐율의 150% 및 용적률의 200% 이내에서 건폐율 및 용적률을 완화하여 적용할 수 있다.
건축제한	지구단위계획구역에서는 지구단위계획으로 건축물의 용도·종류 및 규모 등을 완화하여 적용할 수 있다. 다만, 개발진흥지구(계획관리지역에 지정된 개발진흥지구를 제외)에 지정된 지구단위계획구역에 대하여는 공동주택 중 아파트 및 연립주택은 허용되지 아니한다.

4 지구단위계획구역에서 건축물의 건축 제32회

지구단위계획구역에서 건축물(일정 기간 내 철거가 예상되는 경우 등 대통령령으로 정하는 가설건축물은 제외)을 건축 또는 용도변경하거나 공작물을 설치하려면 그 지구단위계획에 맞게 하여야 한다. 다만, 지구단위계획이 수립되어 있지 아니한 경우에는 그러하지 아니하다.

> **보충**
>
> **지구단위계획이 적용되지 않는 가설건축물**
> 1. 존치기간(연장된 존치기간을 포함한 총 존치기간을 말함)이 3년의 범위에서 해당 특별시·광역시·특별자치시·특별자치도·시 또는 군의 도시·군계획조례로 정한 존치기간 이내인 가설건축물
> 2. 재해복구기간 중 이용하는 재해복구용 가설건축물
> 3. 공사기간 중 이용하는 공사용 가설건축물

기본문제와 완성문제로 단단기출

01 국토의 계획 및 이용에 관한 법령상 지구단위계획의 내용에 반드시 포함되어야 하는 사항이 <u>아닌</u> 것은?
제21회

① 건축선에 관한 계획
② 건축물의 건폐율 또는 용적률
③ 건축물 높이의 최고한도 또는 최저한도
④ 건축물의 용도제한
⑤ 대통령령으로 정하는 기반시설의 배치와 규모

키워드 지구단위계획의 포함사항

난이도 ■■□

해설 지구단위계획구역의 지정 목적을 이루기 위하여 지구단위계획에는 대통령령으로 정하는 기반시설의 배치와 규모, 건축물의 용도제한, 건축물의 건폐율 또는 용적률, 건축물 높이의 최고한도 또는 최저한도 내용이 반드시 포함되어야 하며, 건축선에 관한 계획은 반드시 포함되어야 하는 내용에는 해당되지 않는다.

02 국토의 계획 및 이용에 관한 법령상 (　) 안에 알맞은 것은?
제26회

> 도시지역 내 지구단위계획구역의 지정이 한옥마을의 보존을 목적으로 하는 경우 지구단위계획으로 「주차장법」 제19조 제3항에 의한 주차장 설치기준을 (　)%까지 완화하여 적용할 수 있다.

① 20　　　　　　　　　　② 30
③ 50　　　　　　　　　　④ 80
⑤ 100

키워드 지구단위계획구역에서 법률규정의 완화 적용

난이도 ■■□

해설 지구단위계획구역의 지정 목적이 한옥마을을 보존하고자 하는 경우, 차 없는 거리를 조성하고자 하는 경우(지구단위계획으로 보행자전용도로를 지정하거나 차량의 출입을 금지한 경우를 포함), 그 밖에 국토교통부령이 정하는 경우에는 법 제52조 제3항의 규정에 의하여 지구단위계획으로 「주차장법」 제19조 제3항의 규정에 의한 주차장 설치기준을 (100)%까지 완화하여 적용할 수 있다.

정답 01 ①　02 ⑤

03 기본 기출

국토의 계획 및 이용에 관한 법령상 지구단위계획구역과 지구단위계획에 관한 설명으로 틀린 것은? (단, 조례는 고려하지 않음)   제32회

① 지구단위계획이 수립되어 있는 지구단위계획구역에서 공사기간 중 이용하는 공사용 가설건축물을 건축하려면 그 지구단위계획에 맞게 하여야 한다.
② 지구단위계획은 해당 용도지역의 특성을 고려하여 수립한다.
③ 시장 또는 군수가 입안한 지구단위계획구역의 지정·변경에 관한 도시·군관리계획은 시장 또는 군수가 직접 결정한다.
④ 지구단위계획구역 및 지구단위계획은 도시·군관리계획으로 결정한다.
⑤ 「관광진흥법」에 따라 지정된 관광단지의 전부 또는 일부에 대하여 지구단위계획구역을 지정할 수 있다.

키워드 지구단위계획구역에서 건축물의 건축

난이도

해설 지구단위계획이 수립되어 있는 지구단위계획구역에서 건축물을 건축 또는 용도변경하거나 공작물을 설치하려면 그 지구단위계획에 맞게 하여야 하지만, 공사기간 중 이용하는 공사용 가설건축물은 그러하지 아니하다.

04 완성 기출

국토의 계획 및 이용에 관한 법령상 도시·군관리계획결정의 실효에 관한 설명이다. (   )에 들어갈 공통된 숫자로 옳은 것은?   제34회

> 지구단위계획(주민이 입안을 제안한 것에 한정한다)에 관한 도시·군관리계획결정의 고시일부터 (   )년 이내에 「국토의 계획 및 이용에 관한 법률」 또는 다른 법률에 따라 허가·인가·승인 등을 받아 사업이나 공사에 착수하지 아니하면 그 (   )년이 된 날의 다음 날에 그 지구단위계획에 관한 도시·군관리계획결정은 효력을 잃는다.

① 2   ② 3   ③ 5
④ 10   ⑤ 20

키워드 도시·군관리계획결정의 실효

난이도

해설 지구단위계획(주민이 입안을 제안한 것에 한정한다)에 관한 도시·군관리계획결정의 고시일부터 (5)년 이내에 「국토의 계획 및 이용에 관한 법률」 또는 다른 법률에 따라 허가·인가·승인 등을 받아 사업이나 공사에 착수하지 아니하면 그 (5)년이 된 날의 다음 날에 그 지구단위계획에 관한 도시·군관리계획결정은 효력을 잃는다.

정답 03 ① 04 ③

05 국토의 계획 및 이용에 관한 법령상 도시지역 외 지구단위계획구역에서 지구단위계획에 의한 건폐율 등의 완화 적용에 관한 설명으로 틀린 것은?

제29회

① 당해 용도지역 또는 개발진흥지구에 적용되는 건폐율의 150% 이내에서 건폐율을 완화하여 적용할 수 있다.
② 당해 용도지역 또는 개발진흥지구에 적용되는 용적률의 200% 이내에서 용적률을 완화하여 적용할 수 있다.
③ 당해 용도지역에 적용되는 건축물 높이의 120% 이내에서 높이제한을 완화하여 적용할 수 있다.
④ 계획관리지역에 지정된 개발진흥지구 내의 지구단위계획구역에서는 건축물의 용도·종류 및 규모 등을 완화하여 적용할 수 있다.
⑤ 계획관리지역 외의 지역에 지정된 개발진흥지구 내의 지구단위계획구역에서는 건축물의 용도·종류 및 규모 등을 완화하여 적용할 경우 아파트 및 연립주택은 허용되지 아니한다.

키워드 지구단위계획구역에서 법률규정의 완화 적용

난이도

해설 도시지역에서는 당해 용도지역에 적용되는 건축물 높이의 120% 이내에서 높이제한을 완화하여 적용할 수 있지만, 도시지역 외 지구단위계획구역에서는 건축물 높이제한에 관한 완화 적용기준이 없다.

06 국토의 계획 및 이용에 관한 법령상 지구단위계획구역의 지정에 관한 설명으로 옳은 것은? (단, 조례는 고려하지 않음)

제34회

①「산업입지 및 개발에 관한 법률」에 따른 준산업단지에 대하여는 지구단위계획구역을 지정할 수 없다.
② 도시지역 내 복합적인 토지 이용을 증진시킬 필요가 있는 지역으로서 지구단위계획구역을 지정할 수 있는 지역에 일반공업지역은 해당하지 않는다.
③「택지개발촉진법」에 따라 지정된 택지개발지구에서 시행되는 사업이 끝난 후 5년이 지나면 해당 지역은 지구단위계획구역으로 지정하여야 한다.
④ 도시지역 외의 지역을 지구단위계획구역으로 지정하려면 지정하려는 구역 면적의 3분의 2 이상이 계획관리지역이어야 한다.
⑤ 농림지역에 위치한 산업·유통개발진흥지구는 지구단위계획구역으로 지정할 수 있는 대상지역에 포함되지 않는다.

정답 05 ③ 06 ②

| 키워드 | 지구단위계획구역의 지정 |
| 난이도 | |
| 해설 | ② 도시지역 내 복합적인 토지 이용을 증진시킬 필요가 있는 지역으로서 지구단위계획구역을 지정할 수 있는 지역은 일반주거지역, 준주거지역, 준공업지역, 상업지역으로서 일정한 요건을 갖춘 지역이다. 따라서 일반공업지역은 해당하지 않으므로 맞는 지문이다.
① 「산업입지 및 개발에 관한 법률」에 따른 준산업단지에 대하여는 지구단위계획구역을 지정할 수 있다.
③ 「택지개발촉진법」에 따라 지정된 택지개발지구에서 시행되는 사업이 끝난 후 10년이 지나면 해당 지역은 지구단위계획구역으로 지정하여야 한다.
④ 도시지역 외의 지역에서 지구단위계획구역을 지정하려는 경우 구역 면적의 100분의 50 이상이 계획관리지역으로서 일정한 요건을 갖춘 지역에 지구단위계획구역을 지정할 수 있다.
⑤ 농림지역에 위치한 산업·유통개발진흥지구는 지구단위계획구역으로 지정할 수 있는 대상지역에 포함된다. 따라서 계획관리지역, 생산관리지역, 농림지역에 위치한 산업·유통개발진흥지구는 지구단위계획구역으로 지정할 수 있다. |

07 국토의 계획 및 이용에 관한 법령상 지구단위계획구역에 관한 설명으로 옳은 것은?　　제24회

① 「주택법」에 따라 대지조성사업지구로 지정된 지역의 전부에 대하여 지구단위계획구역을 지정할 수는 없다.
② 지구단위계획구역의 결정은 도시·군관리계획으로 하여야 하나, 지구단위계획의 결정은 그러하지 아니하다.
③ 지구단위계획구역은 도시지역이 아니더라도 지정될 수 있다.
④ 「도시개발법」에 따라 지정된 20만m²의 도시개발구역에서 개발사업이 끝난 후 10년이 지난 지역은 지구단위계획구역으로 지정하여야 한다.
⑤ 도시지역 내에 지정하는 지구단위계획구역에 대해서는 당해 지역에 적용되는 건폐율의 200% 이내에서 건폐율을 완화하여 적용할 수 있다.

| 키워드 | 지구단위계획구역의 지정 |
| 난이도 |  |
| 해설 | ① 「주택법」에 따라 대지조성사업지구로 지정된 지역의 전부에 대하여 지구단위계획구역을 지정할 수 있다.
② 지구단위계획구역의 결정뿐만 아니라, 지구단위계획도 도시·군관리계획으로 결정하여야 한다.
④ 정비구역과 택지개발지구에서 시행되는 사업이 끝난 후 10년이 지난 지역은 지구단위계획구역으로 지정하여야 하지만, 도시개발구역은 해당하지 않는다.
⑤ 도시지역 내에 지정하는 지구단위계획구역에 대해서는 당해 지역에 적용되는 건폐율의 150% 이내에서 건폐율을 완화하여 적용할 수 있다. |

정답 07 ③

THEME 11

개발행위허가

| THEME 키워드 |
개발행위의 허가, 개발행위의 허가기준, 개발행위허가의 절차, 개발행위허가의 제한, 개발행위에 따른 공공시설의 귀속

기출분석
- **기출회차:** 제34회
- **키워드:** 개발행위의 허가
- **난이도:** ■■■□□

기본으로 알아야 하는 대표기출

국토의 계획 및 이용에 관한 법령상 개발행위허가에 관한 설명으로 틀린 것은?

① 농림지역에 물건을 1개월 이상 쌓아놓는 행위는 개발행위허가의 대상이 아니다.
② 「사방사업법」에 따른 사방사업을 위한 개발행위에 대하여 허가를 하는 경우 중앙도시계획위원회와 지방도시계획위원회의 심의를 거치지 아니한다.
③ 일정 기간 동안 개발행위허가를 제한할 수 있는 대상지역에 지구단위계획구역은 포함되지 않는다.
④ 기반시설부담구역으로 지정된 지역에 대해서는 중앙도시계획위원회나 지방도시계획위원회의 심의를 거치지 아니하고 개발행위허가의 제한을 연장할 수 있다.
⑤ 개발행위허가의 제한을 연장하는 경우 그 연장 기간은 2년을 넘을 수 없다.

해설

③ 일정 기간 동안 개발행위허가를 제한할 수 있는 대상지역에 지구단위계획구역은 포함된다.
① 녹지지역·관리지역 또는 자연환경보전지역 안에서 「건축법」에 따라 사용승인을 받은 건축물의 울타리 안(적법한 절차에 의하여 조성된 대지에 한한다)에 위치하지 아니한 토지에 물건을 1개월 이상 쌓아놓는 행위가 개발행위허가의 대상이다. 따라서 농림지역에 물건을 1개월 이상 쌓아놓는 행위는 개발행위허가의 대상이 아니다.
② 법 제59조 제2항 제7호

정답 ③

함정을 피하는 TIP
- 개발행위허가의 대상을 파악하고, 허가 대상이 아닌 사항을 알고 있어야 한다.

단단하게 정리하는 **핵심이론**

1 개발행위의 허가

(1) 허가 대상 제16회, 제20회, 제22회, 제23회, 제24회, 제26회, 제34회

다음의 어느 하나에 해당하는 개발행위를 하려는 자는 특별시장·광역시장·특별자치시장·특별자치도지사·시장 또는 군수의 개발행위허가를 받아야 한다. 다만, 도시·군계획사업(다른 법률에 따라 도시·군계획사업을 의제한 사업을 포함)에 의한 행위는 그러하지 아니하다.

개발행위 항목	개발행위 내용
건축물의 건축	「건축법」에 따른 건축물의 건축
공작물의 설치	인공을 가하여 제작한 시설물(「건축법」에 따른 건축물은 제외)의 설치
토지의 형질변경	① 절토(땅깎기)·성토(흙쌓기)·정지(땅고르기)·포장 등의 방법으로 토지의 형상을 변경하는 행위와 공유수면의 매립(경작을 위한 토지의 형질변경은 제외) ② 지목의 변경을 수반하는 경우(전·답 사이의 변경은 제외)
토석채취	흙·모래·자갈·바위 등의 토석을 채취하는 행위(단, 토지의 형질변경을 목적으로 하는 것은 제외)
토지분할	① 녹지지역·관리지역·농림지역 및 자연환경보전지역 안에서 관계 법령에 따른 허가·인가 등을 받지 아니하고 행하는 토지의 분할 ②「건축법」에 따른 분할제한면적 미만으로의 토지의 분할 ③ 관계 법령에 의한 허가·인가 등을 받지 아니하고 행하는 너비 5m 이하로의 토지의 분할
물건을 쌓아놓는 행위	녹지지역·관리지역 또는 자연환경보전지역 안에서 건축물의 울타리 안에 위치하지 아니한 토지에 물건을 1개월 이상 쌓아놓는 행위

(2) 변경허가 제23회, 제24회, 제25회, 제26회

원칙	개발행위허가를 받은 사항을 변경하는 경우에는 변경허가를 받아야 한다.
예외	개발행위허가를 받은 자는 다음에 해당하는 경미한 사항을 변경한 때에는 지체 없이 그 사실을 특별시장·광역시장·특별자치시장·특별자치도지사·시장 또는 군수에게 변경허가를 받지 않고 통지하여야 한다. ① 사업기간을 단축하는 경우 ② 부지면적 또는 건축물 연면적을 5% 범위에서 축소(공작물의 무게, 부피, 수평투영면적 또는 토석채취량을 5% 범위에서 축소하는 경우를 포함)하는 경우 ③ 관계 법령의 개정 또는 도시·군관리계획의 변경에 따라 허가받은 사항을 불가피하게 변경하는 경우 ④「공간정보의 구축 및 관리 등에 관한 법률」및「건축법」에 따라 허용되는 오차를 반영하기 위한 변경인 경우

(3) 허가 없이 가능한 개발행위 제16회, 제20회, 제26회, 제30회

① 재해복구나 재난수습을 위한 응급조치(단, 응급조치를 한 경우에는 1개월 이내에 특별시장·광역시장·특별자치시장·특별자치도지사·시장 또는 군수에게 신고하여야 함)
② 「건축법」에 따라 신고하고 설치할 수 있는 건축물의 개축·증축 또는 재축과 이에 필요한 범위에서의 토지의 형질변경(도시·군계획시설사업이 시행되지 아니하고 있는 도시·군계획시설의 부지인 경우만 가능)
③ 그 밖에 다음의 경미한 행위
  ㉠ 도시지역·자연환경보전지역 및 지구단위계획구역 외의 지역에서 채취면적이 250㎡ 이하인 토지에서의 부피 500㎥ 이하의 토석채취
  ㉡ 토지의 일부를 국유지 또는 공유지로 하거나 공공시설로 사용하기 위한 토지의 분할
  ㉢ 토지의 일부가 도시·군계획시설로 지형도면 고시가 된 당해 토지의 분할

(4) **개발행위의 허가기준** 제20회, 제23회, 제25회, 제31회

① 일반적 기준: 특별시장·광역시장·특별자치시장·특별자치도지사·시장 또는 군수는 개발행위허가의 신청 내용이 다음의 기준에 맞는 경우에만 개발행위허가 또는 변경허가를 하여야 한다.

㉠ 용도지역별 특성을 고려하여 다음에서 정하는 개발행위의 규모에 적합할 것(단, 개발행위가 「농어촌정비법」에 따른 농어촌정비사업으로 이루어지는 경우 등 대통령령으로 정하는 경우에는 개발행위 규모의 제한을 받지 아니함)

구분	허가기준면적
주거지역·상업지역·자연녹지지역·생산녹지지역	1만㎡ 미만
공업지역·관리지역·농림지역	3만㎡ 미만
보전녹지지역·자연환경보전지역	5천㎡ 미만

㉡ 도시·군관리계획 및 성장관리계획의 내용에 어긋나지 아니할 것
㉢ 도시·군계획사업의 시행에 지장이 없을 것
㉣ 주변지역의 토지이용실태 또는 토지이용계획, 건축물의 높이, 토지의 경사도, 수목의 상태, 물의 배수, 하천·호소·습지의 배수 등 주변환경이나 경관과 조화를 이룰 것
㉤ 해당 개발행위에 따른 기반시설의 설치나 그에 필요한 용지의 확보계획이 적절할 것

② 2 이상의 용도지역에 걸칠 때 기준

㉠ 개발행위허가의 대상인 토지가 2 이상의 용도지역에 걸치는 경우에는 각각의 용도지역에 위치하는 토지 부분에 대하여 각각의 용도지역의 개발행위의 규모에 관한 규정을 적용한다.
㉡ 개발행위허가의 대상인 토지의 총면적이 당해 토지가 걸쳐 있는 용도지역 중 개발행위의 규모가 가장 큰 용도지역의 개발행위의 규모를 초과하여서는 아니 된다.

③ 용도지역별 기준: 개발행위허가 또는 변경허가를 할 수 있는 경우 그 허가의 기준은 지역의 특성, 지역의 개발상황, 기반시설의 현황 등을 고려하여 다음의 구분에 따라 대통령령으로 정한다.

시가화 용도	토지의 이용 및 건축물의 용도·건폐율·용적률·높이 등에 대한 용도지역의 제한에 따라 개발행위허가의 기준을 적용하는 주거지역·상업지역 및 공업지역
유보 용도	도시계획위원회의 심의를 통하여 개발행위허가의 기준을 강화 또는 완화하여 적용할 수 있는 계획관리지역·생산관리지역 및 녹지지역 중 자연녹지지역
보전 용도	도시계획위원회의 심의를 통하여 개발행위허가의 기준을 강화하여 적용할 수 있는 보전관리지역·농림지역·자연환경보전지역 및 녹지지역 중 보전녹지지역과 생산녹지지역

(5) 성장관리계획 제29회, 제31회, 제32회, 제33회

① 성장관리계획구역 지정

㉠ 특별시장·광역시장·특별자치시장·특별자치도지사·시장 또는 군수는 녹지지역, 관리지역, 농림지역 및 자연환경보전지역 중 다음의 어느 하나에 해당하는 지역의 전부 또는 일부에 대하여 성장관리계획구역을 지정할 수 있다.

> ⓐ 개발수요가 많아 무질서한 개발이 진행되고 있거나 진행될 것으로 예상되는 지역
> ⓑ 주변의 토지이용이나 교통여건 변화 등으로 향후 시가화가 예상되는 지역
> ⓒ 주변지역과 연계하여 체계적인 관리가 필요한 지역
> ⓓ 「토지이용규제 기본법」에 따른 지역·지구등의 변경으로 토지이용에 대한 행위제한이 완화되는 지역

㉡ 지정절차

의견청취 협의·심의	특별시장·광역시장·특별자치시장·특별자치도지사·시장 또는 군수는 성장관리계획구역을 지정하거나 이를 변경하려면 미리 주민과 해당 지방의회의 의견을 들어야 하며, 관계 행정기관의 협의 및 지방도시계획위원회의 심의를 거쳐야 한다.
송부·고시·열람	성장관리계획구역을 지정하거나 이를 변경한 경우에는 관계 행정기관의 장에게 관계 서류를 송부하여야 하며, 이를 고시하고 14일 이상 일반인이 열람할 수 있도록 하여야 한다.

② 성장관리계획의 수립

수립 시 내용	특별시장·광역시장·특별자치시장·특별자치도지사·시장 또는 군수는 성장관리계획구역을 지정할 때에는 다음의 사항 중 그 성장관리계획구역의 지정 목적을 이루는 데 필요한 사항을 포함하여 성장관리계획을 수립하여야 한다. ㉠ 도로, 공원 등 기반시설의 배치와 규모에 관한 사항 ㉡ 건축물의 용도제한, 건축물의 건폐율 또는 용적률 ㉢ 건축물의 배치, 형태, 색채 및 높이 ㉣ 환경관리 및 경관계획

건폐율 완화	성장관리계획구역에서는 다음의 구분에 따른 범위에서 성장관리계획으로 정하는 바에 따라 특별시·광역시·특별자치시·특별자치도·시 또는 군의 조례로 정하는 비율까지 건폐율을 완화하여 적용할 수 있다. ㉠ 계획관리지역: 50% 이하 ㉡ 생산관리지역·농림지역·자연녹지지역 및 생산녹지지역: 30% 이하
용적률 완화	성장관리계획구역 내 계획관리지역에서는 125% 이하의 범위에서 성장관리계획으로 정하는 바에 따라 특별시·광역시·특별자치시·특별자치도·시 또는 군의 조례로 정하는 비율까지 용적률을 완화하여 적용할 수 있다.

2 개발행위허가의 절차

(1) 조건부 허가 제16회, 제22회, 제23회, 제24회, 제25회, 제26회, 제30회

① 특별시장·광역시장·특별자치시장·특별자치도지사·시장 또는 군수는 개발행위허가를 하는 경우에는 대통령령으로 정하는 바에 따라 그 개발행위에 따른 기반시설의 설치 또는 그에 필요한 용지의 확보, 위해 방지, 환경오염 방지, 경관, 조경 등에 관한 조치를 할 것을 조건으로 개발행위허가를 할 수 있다.

② 특별시장·광역시장·특별자치시장·특별자치도지사·시장 또는 군수는 개발행위허가에 조건을 붙이려는 때에는 미리 개발행위허가를 신청한 자의 의견을 들어야 한다.

③ 관계 행정기관의 장은 건축물의 건축, 공작물의 설치, 토지의 형질변경, 토석의 채취에 해당하는 행위 중 어느 하나에 해당하는 행위로서 대통령령으로 정하는 행위를 이 법에 따라 허가 또는 변경허가를 하거나 다른 법률에 따라 인가·허가·승인 또는 협의를 하려면 대통령령으로 정하는 바에 따라 중앙도시계획위원회나 지방도시계획위원회의 심의를 거쳐야 한다.

(2) 이행보증금 예치대상 제22회, 제30회

원칙	특별시장·광역시장·특별자치시장·특별자치도지사·시장 또는 군수는 기반시설의 설치나 그에 필요한 용지의 확보, 위해 방지, 환경오염 방지, 경관, 조경 등을 위하여 필요하다고 인정되는 경우로서 대통령령으로 정하는 경우에는 이의 이행을 보증하기 위하여 개발행위허가를 받는 자로 하여금 이행보증금을 예치하게 할 수 있다.
예외	다음의 어느 하나에 해당하는 경우에는 이행보증금을 예치하지 않아도 된다. ① 국가나 지방자치단체가 시행하는 개발행위 ②「공공기관의 운영에 관한 법률」에 따른 공공기관 중 대통령령으로 정하는 기관이 시행하는 개발행위 ③ 그 밖에 해당 지방자치단체의 조례로 정하는 공공단체가 시행하는 개발행위

(3) 허가내용 위반 시 조치사항 제16회, 제20회

특별시장·광역시장·특별자치시장·특별자치도지사·시장 또는 군수는 개발행위허가를 받지 아니하고 개발행위를 하거나 허가내용과 다르게 개발행위를 하는 자에게는 그 토지의 원상회복을 명할 수 있다.

(4) 준공검사 제22회, 제25회, 제26회

다음의 개발행위허가를 받은 자는 그 개발행위를 마치면 국토교통부령으로 정하는 바에 따라 특별시장·광역시장·특별자치시장·특별자치도지사·시장 또는 군수의 준공검사를 받아야 한다.
① 건축물의 건축 또는 공작물의 설치(「건축법」에 따른 건축물의 사용승인을 받은 경우에는 제외)
② 토지의 형질변경
③ 토석의 채취

3 개발행위허가의 제한 제18회, 제21회, 제22회, 제24회, 제25회, 제33회, 제34회

제한권자	국토교통부장관, 시·도지사, 시장 또는 군수
제한지역	다음의 어느 하나에 해당되는 지역으로서 도시·군관리계획상 특히 필요하다고 인정되는 지역에 대해서는 개발행위허가를 제한할 수 있다. ① 녹지지역이나 계획관리지역으로서 수목이 집단적으로 자라고 있거나 조수류 등이 집단적으로 서식하고 있는 지역 또는 우량 농지 등으로 보전할 필요가 있는 지역 ② 개발행위로 인하여 주변의 환경·경관·미관·문화재 등이 크게 오염되거나 손상될 우려가 있는 지역 ③ 도시·군기본계획이나 도시·군관리계획을 수립하고 있는 지역으로서 그 도시·군기본계획이나 도시·군관리계획이 결정될 경우 용도지역·용도지구 또는 용도구역의 변경이 예상되고 그에 따라 개발행위허가의 기준이 크게 달라질 것으로 예상되는 지역 ④ 지구단위계획구역으로 지정된 지역 ⑤ 기반시설부담구역으로 지정된 지역
제한기간	① 중앙도시계획위원회나 지방도시계획위원회의 심의를 거쳐 한 차례만 3년 이내의 기간 동안 개발행위허가를 제한할 수 있다. ② 위의 ③부터 ⑤까지에 해당하는 지역에 대해서는 중앙도시계획위원회나 지방도시계획위원회의 심의를 거치지 아니하고 한 차례만 2년 이내의 기간 동안 개발행위허가의 제한을 연장할 수 있다.

4 개발행위에 따른 공공시설의 귀속 제24회, 제30회, 제32회, 제33회

(1) 귀속주체

개발행위허가를 받은 자가 행정청인 경우	① 개발행위허가를 받은 자가 새로 공공시설을 설치한 경우: 「국유재산법」 및 「공유재산 및 물품 관리법」에도 불구하고 새로 설치된 공공시설은 그 시설을 관리할 관리청에 무상으로 귀속된다. ② 기존의 공공시설에 대체되는 공공시설을 설치한 경우: 「국유재산법」 및 「공유재산 및 물품 관리법」의 규정에도 불구하고 종래의 공공시설은 개발행위허가(다른 법률에 따라 개발행위허가가 의제되는 협의를 거친 인가·허가·승인 등을 포함)를 받은 자에게 무상으로 귀속된다.
개발행위허가를 받은 자가 행정청이 아닌 경우	① 개발행위허가를 받은 자가 새로 설치한 공공시설: 그 시설을 관리할 관리청에 무상으로 귀속된다. ② 개발행위로 용도가 폐지되는 공공시설: 「국유재산법」 및 「공유재산 및 물품 관리법」의 규정에도 불구하고 새로이 설치한 공공시설의 설치비용에 상당하는 범위에서 개발행위허가를 받은 자에게 무상으로 이를 양도할 수 있다.

(2) 귀속시기

개발행위허가를 받은 자가 행정청인 경우	① 개발행위허가를 받은 자는 개발행위가 끝나 준공검사를 마친 때에는 해당 시설의 관리청에 공공시설의 종류와 토지의 세목(細目)을 통지하여야 한다. ② 공공시설은 그 통지한 날에 해당 시설을 관리할 관리청과 개발행위허가를 받은 자에게 각각 귀속된 것으로 본다.
개발행위허가를 받은 자가 행정청이 아닌 경우	① 개발행위허가를 받은 자는 관리청에 귀속되거나 그에게 양도될 공공시설에 관하여 개발행위가 끝나기 전에 그 시설의 관리청에 그 종류와 토지의 세목을 통지하여야 하고, 준공검사를 한 특별시장·광역시장·특별자치시장·특별자치도지사·시장 또는 군수는 그 내용을 해당 시설의 관리청에 통보하여야 한다. ② 공공시설은 준공검사를 받음으로써 그 시설을 관리할 관리청과 개발행위허가를 받은 자에게 각각 귀속되거나 양도된 것으로 본다.

기본문제와 완성문제로 **단단기출**

01
기본 기출

국토의 계획 및 이용에 관한 법령상 개발행위허가에 관한 설명으로 <u>틀린</u> 것은? (단, 조례는 고려하지 않음)   제26회

① 토지분할에 대해 개발행위허가를 받은 자가 그 개발행위를 마치면 관할 행정청의 준공검사를 받아야 한다.
② 건축물의 건축에 대해 개발행위허가를 받은 후 건축물 연면적을 5% 범위 안에서 확대하려면 변경허가를 받아야 한다.
③ 개발행위허가를 하는 경우 미리 허가신청자의 의견을 들어 경관 등에 관한 조치를 할 것을 조건으로 허가할 수 있다.
④ 도시·군관리계획의 시행을 위한 「도시개발법」에 따른 도시개발사업에 의해 건축물을 건축하는 경우에는 개발행위허가를 받지 않아도 된다.
⑤ 토지의 일부를 공공용지로 하기 위해 토지를 분할하는 경우에는 개발행위허가를 받지 않아도 된다.

키워드 개발행위의 허가

난이도

해설 물건을 1월 이상 쌓아놓는 행위나 토지분할에 대해 개발행위허가를 받은 자가 그 개발행위를 마치면 관할 행정청의 준공검사를 받지 않아도 된다.

정답 01 ①

02 국토의 계획 및 이용에 관한 법령상 개발행위허가의 기준에 해당하는 것은 모두 몇 개인가? 제23회

- 용도지역별 특성을 고려하여 대통령령으로 정하는 개발행위의 규모에 적합할 것
- 도시·군관리계획 및 성장관리계획의 내용에 어긋나지 아니할 것
- 도시·군계획사업의 시행에 지장이 없을 것
- 주변지역의 토지이용실태 또는 토지이용계획, 건축물의 높이, 토지의 경사도, 수목의 상태, 물의 배수, 하천·호소·습지의 배수 등 주변환경이나 경관과 조화를 이룰 것
- 해당 개발행위에 따른 기반시설의 설치나 그에 필요한 용지의 확보계획이 적절할 것

① 1개 ② 2개 ③ 3개
④ 4개 ⑤ 5개

키워드 > 개발행위의 허가기준

난이도

해설 > 특별시장·광역시장·특별자치시장·특별자치도지사·시장 또는 군수는 개발행위허가의 신청 내용이 허가기준에 맞는 경우에만 개발행위허가를 하여야 한다. 보기 전부가 허가기준에 해당한다.

03 국토의 계획 및 이용에 관한 법령상 개발행위허가에 관한 설명으로 틀린 것은? 제22회

① 「도시개발법」에 따른 도시개발사업에 의해 건축물을 건축하는 경우에는 허가를 필요로 하지 않는다.
② 허가권자가 개발행위허가에 조건을 붙이려는 때에는 미리 개발행위허가를 신청한 자의 의견을 들어야 한다.
③ 토석의 채취에 대하여 개발행위허가를 받은 자가 개발행위를 마치면 준공검사를 받아야 한다.
④ 지구단위계획구역으로 지정된 지역으로서 도시·군관리계획상 특히 필요하다고 인정하는 지역에 대해서는 최장 5년의 기간 동안 개발행위허가를 제한할 수 있다.
⑤ 환경오염 방지, 위해 방지 등을 위하여 필요한 경우 지방자치단체가 시행하는 개발행위에 대해서 이행보증금을 예치하게 할 수 있다.

키워드 > 개발행위허가의 절차

해설 > 특별시장·광역시장·특별자치시장·특별자치도지사·시장 또는 군수는 기반시설의 설치나 그에 필요한 용지의 확보, 위해 방지, 환경오염 방지, 경관, 조경 등을 위하여 필요하다고 인정되는 경우에는 이의 이행을 보증하기 위하여 개발행위허가를 받는 자로 하여금 이행보증금을 예치하게 할 수 있다. 하지만 국가 또는 지방자치단체가 시행하는 개발행위에 대해서는 이행보증금을 예치하지 아니한다.

정답 02 ⑤ 03 ⑤

04 국토의 계획 및 이용에 관한 법령상 개발행위허가에 관한 설명으로 옳은 것은? (단, 조례는 고려하지 않음)
제33회

① 「사방사업법」에 따른 사방사업을 위한 개발행위를 허가하려면 지방도시계획위원회의 심의를 거쳐야 한다.
② 토지의 일부가 도시·군계획시설로 지형도면 고시가 된 당해 토지의 분할은 개발행위허가를 받아야 한다.
③ 국토교통부장관은 개발행위로 인하여 주변의 환경이 크게 오염될 우려가 있는 지역에서 개발행위허가를 제한하고자 하는 경우 중앙도시계획위원회의 심의를 거쳐야 한다.
④ 시·도지사는 기반시설부담구역으로 지정된 지역에 대해서는 10년간 개발행위허가를 제한할 수 있다.
⑤ 토지분할을 위한 개발행위허가를 받은 자는 그 개발행위를 마치면 시·도지사의 준공검사를 받아야 한다.

키워드 〉 개발행위허가의 제한

난이도 〉

해설 〉 ① 「사방사업법」에 따른 사방사업을 위한 개발행위를 허가하려면 중앙도시계획위원회와 지방도시계획위원회의 심의를 거치지 아니한다.
② 토지의 일부가 도시·군계획시설로 지형도면 고시가 된 당해 토지의 분할은 대통령령으로 정하는 경미한 행위에 해당하여 개발행위허가를 받지 아니하고 할 수 있다.
④ 국토교통부장관, 시·도지사, 시장 또는 군수는 기반시설부담구역으로 지정된 지역으로서 도시·군관리계획상 특히 필요하다고 인정되는 지역에 대해서는 중앙도시계획위원회나 지방도시계획위원회의 심의를 거쳐 한 차례만 3년 이내의 기간 동안 개발행위허가를 제한할 수 있다. 다만, 위에 해당하는 지역에 대해서는 중앙도시계획위원회나 지방도시계획위원회의 심의를 거치지 아니하고 한 차례만 2년 이내의 기간 동안 개발행위허가의 제한을 연장할 수 있다. 따라서 ④의 대상지역에서는 최장 5년간 개발행위허가를 제한할 수 있다.
⑤ 법 제56조 제1항 제1호부터 제3호까지 행위(건축물의 건축 또는 공작물의 설치, 토지의 형질변경, 토석의 채취)에 대한 개발행위허가를 받은 자는 그 개발행위를 마치면 국토교통부령으로 정하는 바에 따라 특별시장·광역시장·특별자치시장·특별자치도지사·시장 또는 군수의 준공검사를 받아야 한다. 반면, 제4호(토지분할)와 제5호(물건적치행위)의 행위는 준공검사 대상에 해당하지 않는다.

정답 04 ③

05 [기본 기출] 국토의 계획 및 이용에 관한 법령에 의할 때 도시·군관리계획상 특히 필요한 경우 최장 5년간 개발행위허가를 제한할 수 있는 지역을 모두 고른 것은?

제21회

> ㉠ 녹지지역이나 계획관리지역으로서 수목이 집단적으로 자라고 있거나 조수류 등이 집단적으로 서식하고 있는 지역 또는 우량 농지 등으로 보전할 필요가 있는 지역
> ㉡ 개발행위로 인하여 주변의 환경·경관·미관·문화재 등이 크게 오염되거나 손상될 우려가 있는 지역
> ㉢ 도시·군관리계획을 수립하고 있는 지역으로서 그 도시·군관리계획이 결정될 경우 용도지역·용도지구 또는 용도구역의 변경이 예상되고 그에 따라 개발행위허가의 기준이 크게 달라질 것으로 예상되는 지역
> ㉣ 지구단위계획구역으로 지정된 지역
> ㉤ 기반시설부담구역으로 지정된 지역

① ㉠, ㉡, ㉢ ② ㉠, ㉡, ㉤ ③ ㉡, ㉢, ㉣
④ ㉡, ㉢, ㉤ ⑤ ㉢, ㉣, ㉤

키워드 개발행위허가의 제한

난이도

해설 ㉠㉡ 연장이 허용되지 않는 최장 3년간만 개발행위허가를 제한할 수 있는 지역에 해당한다.

06 [기본 기출] 국토의 계획 및 이용에 관한 법령상 개발행위에 따른 공공시설 등의 귀속에 관한 설명으로 틀린 것은?

제32회

① 개발행위허가를 받은 행정청이 기존의 공공시설에 대체되는 공공시설을 설치한 경우에는 새로 설치된 공공시설은 그 시설을 관리할 관리청에 무상으로 귀속된다.
② 개발행위허가를 받은 행정청은 개발행위가 끝나 준공검사를 마친 때에는 해당 시설의 관리청에 공공시설의 종류와 토지의 세목을 통지하여야 한다.
③ 개발행위허가를 받은 자가 행정청이 아닌 경우 개발행위허가를 받은 자가 새로 설치한 공공시설은 그 시설을 관리할 관리청에 무상으로 귀속된다.
④ 개발행위허가를 받은 행정청이 기존의 공공시설에 대체되는 공공시설을 설치한 경우에는 종래의 공공시설은 그 행정청에게 무상으로 귀속된다.
⑤ 개발행위허가를 받은 자가 행정청이 아닌 경우 개발행위로 용도가 폐지되는 공공시설은 개발행위허가를 받은 자에게 무상으로 귀속된다.

키워드 개발행위에 따른 공공시설의 귀속

난이도

해설 개발행위허가를 받은 자가 행정청이 아닌 경우 개발행위로 용도가 폐지되는 공공시설은 새로 설치한 공공시설의 설치비용에 상당하는 범위에서 개발행위허가를 받은 자에게 무상으로 양도할 수 있다.

정답 05 ⑤ 06 ⑤

07 국토의 계획 및 이용에 관한 법령상 성장관리계획에 관한 설명으로 옳은 것은? (단, 조례 기타 강화·완화조건은 고려하지 않음) 제33회

① 시장 또는 군수는 공업지역 중 향후 시가화가 예상되는 지역의 전부 또는 일부에 대하여 성장관리계획구역을 지정할 수 있다.
② 성장관리계획구역 내 생산녹지지역에서는 30% 이하의 범위에서 성장관리계획으로 정하는 바에 따라 건폐율을 완화하여 적용할 수 있다.
③ 성장관리계획구역 내 보전관리지역에서는 125% 이하의 범위에서 성장관리계획으로 정하는 바에 따라 용적률을 완화하여 적용할 수 있다.
④ 시장 또는 군수는 성장관리계획구역을 지정할 때에는 도시·군관리계획의 결정으로 하여야 한다.
⑤ 시장 또는 군수는 성장관리계획구역을 지정하려면 성장관리계획구역안을 7일간 일반이 열람할 수 있도록 해야 한다.

키워드 개발행위의 허가

난이도

해설 ① 주거지역·상업지역·공업지역은 성장관리계획구역의 지정대상에 해당하지 아니한다. 특별시장·광역시장·특별자치시장·특별자치도지사·시장 또는 군수는 녹지지역, 관리지역, 농림지역 및 자연환경보전지역 중 다음의 어느 하나에 해당하는 지역의 전부 또는 일부에 대하여 성장관리계획구역을 지정할 수 있다.

1. 개발수요가 많아 무질서한 개발이 진행되고 있거나 진행될 것으로 예상되는 지역
2. 주변의 토지이용이나 교통여건 변화 등으로 향후 시가화가 예상되는 지역
3. 주변지역과 연계하여 체계적인 관리가 필요한 지역
4. 「토지이용규제 기본법」 제2조 제1호에 따른 지역·지구등의 변경으로 토지이용에 대한 행위제한이 완화되는 지역
5. 그 밖에 난개발의 방지와 체계적인 관리가 필요한 지역으로서 대통령령으로 정하는 지역

③ 성장관리계획구역 내 '계획관리지역'에서는 125% 이하의 범위에서 성장관리계획으로 정하는 바에 따라 특별시·광역시·특별자치시·특별자치도·시 또는 군의 조례로 정하는 비율까지 용적률을 완화하여 적용할 수 있다.
④ 성장관리계획구역은 법 제2조 제4호에 따른 도시·군관리계획으로 결정하여야 하는 사항이 아니다.
⑤ 특별시장·광역시장·특별자치시장·특별자치도지사·시장 또는 군수는 시행령 제70조의13 제1항(주민의 의견청취)에 따른 공고를 한 때에는 성장관리계획구역안을 14일 이상 일반이 열람할 수 있도록 해야 한다.

정답 07 ②

08 국토의 계획 및 이용에 관한 법령상 개발행위허가를 받은 자가 행정청인 경우 개발행위에 따른 공공시설의 귀속에 관한 설명으로 옳은 것은? (단, 다른 법률은 고려하지 않음) 제33회

① 개발행위허가를 받은 자가 새로 공공시설을 설치한 경우, 새로 설치된 공공시설은 그 시설을 관리할 관리청에 무상으로 귀속된다.
② 개발행위로 용도가 폐지되는 공공시설은 새로 설치한 공공시설의 설치비용에 상당하는 범위에서 개발행위허가를 받은 자에게 무상으로 양도할 수 있다.
③ 공공시설의 관리청이 불분명한 경우 하천에 대하여는 국토교통부장관을 관리청으로 본다.
④ 관리청에 귀속되거나 개발행위허가를 받은 자에게 양도될 공공시설은 준공검사를 받음으로써 관리청과 개발행위허가를 받은 자에게 각각 귀속되거나 양도된 것으로 본다.
⑤ 개발행위허가를 받은 자는 국토교통부장관의 허가를 받아 그에게 귀속된 공공시설의 처분으로 인한 수익금을 도시·군계획사업 외의 목적에 사용할 수 있다.

키워드 개발행위에 따른 공공시설의 귀속

난이도

해설 ② 개발행위허가를 받은 자가 행정청이 아닌 경우 개발행위로 용도가 폐지되는 공공시설은 「국유재산법」과 「공유재산 및 물품 관리법」에도 불구하고 새로 설치한 공공시설의 설치비용에 상당하는 범위에서 개발행위허가를 받은 자에게 무상으로 양도할 수 있다.
③ 공공시설의 관리청이 불분명한 경우에는 도로 등에 대하여는 국토교통부장관을, 하천에 대하여는 환경부장관을 관리청으로 보고, 그 외의 재산에 대하여는 기획재정부장관을 관리청으로 본다.
④ 개발행위허가를 받은 자가 행정청이 아닌 경우 개발행위허가를 받은 자는 관리청에 귀속되거나 그에게 양도될 공공시설에 관하여 개발행위가 끝나기 전에 그 시설의 관리청에 그 종류와 토지의 세목을 통지하여야 하고, 준공검사를 한 특별시장·광역시장·특별자치시장·특별자치도지사·시장 또는 군수는 그 내용을 해당 시설의 관리청에 통보하여야 한다. 이 경우 공공시설은 준공검사를 받음으로써 그 시설을 관리할 관리청과 개발행위허가를 받은 자에게 각각 귀속되거나 양도된 것으로 본다.
⑤ 개발행위허가를 받은 자가 행정청인 경우 개발행위허가를 받은 자는 그에게 귀속된 공공시설의 처분으로 인한 수익금을 도시·군계획사업 외의 목적에 사용하여서는 아니 된다.

정답 08 ①

THEME 12 개발행위에 따른 기반시설 설치

| THEME 키워드 |
개발밀도관리구역, 기반시설부담구역, 기반시설의 설치비용

기출분석
- **기출회차:** 제29회
- **키워드:** 기반시설부담구역
- **난이도:** ■■■□□

기본으로 알아야 하는 대표기출

국토의 계획 및 이용에 관한 법령상 개발밀도관리구역 및 기반시설부담구역에 관한 설명으로 옳은 것은?

① 개발밀도관리구역에서는 당해 용도지역에 적용되는 건폐율 또는 용적률을 강화 또는 완화하여 적용할 수 있다.
② 군수가 개발밀도관리구역을 지정하려면 지방도시계획위원회의 심의를 거쳐 도지사의 승인을 받아야 한다.
③ 주거·상업지역에서의 개발행위로 기반시설의 수용능력이 부족할 것으로 예상되는 지역 중 기반시설의 설치가 곤란한 지역은 기반시설부담구역으로 지정할 수 있다.
④ 시장은 기반시설부담구역을 지정하면 기반시설설치계획을 수립하여야 하며, 이를 도시·군관리계획에 반영하여야 한다.
⑤ 기반시설부담구역에서 개발행위를 허가받고자 하는 자에게는 기반시설설치비용을 부과하여야 한다.

> **해설**
> ① 개발밀도관리구역에서는 당해 용도지역에 적용되는 건폐율 또는 용적률을 강화하여 적용할 수 있으며, 완화하여 적용하지는 않는다.
> ② 군수가 개발밀도관리구역을 지정하려면 지방도시계획위원회의 심의를 거쳐야 하지만, 도지사의 승인을 별도로 받을 필요는 없다.
> ③ 주거·상업지역에서의 개발행위로 기반시설의 수용능력이 부족할 것으로 예상되는 지역 중 기반시설의 설치가 곤란한 지역은 개발밀도관리구역으로 지정할 수 있다.
> ⑤ 기반시설부담구역 안에서 기반시설설치비용의 부과대상인 건축행위는 단독주택 및 숙박시설 등 「건축법」에 의한 건축물로서 200㎡(기존 건축물의 연면적을 포함)를 초과하는 건축물의 신·증축 행위로 한다. 다만, 기존 건축물을 철거하고 신축하는 경우에는 기존 건축물의 건축연면적을 초과하는 건축행위에 대하여만 부과대상으로 한다.

정답 ④

함정을 피하는 TIP
- 개발밀도관리구역과 기반시설부담구역의 지정기준을 비교해서 구분할 수 있어야 한다.

단단하게 정리하는 핵심이론

1 개발밀도관리구역

(1) 지정권자 제17회, 제22회, 제29회

특별시장·광역시장·특별자치시장·특별자치도지사·시장 또는 군수는 주거·상업 또는 공업지역에서의 개발행위로 기반시설(도시·군계획시설을 포함)의 처리·공급 또는 수용능력이 부족할 것으로 예상되는 지역 중 기반시설의 설치가 곤란한 지역을 개발밀도관리구역으로 지정할 수 있다.

(2) 지정기준 및 관리방법 제17회, 제24회, 제29회, 제32회, 제33회, 제34회

개발밀도관리구역의 지정기준, 개발밀도관리구역의 관리 등에 관하여 필요한 사항은 아래와 같이 국토교통부장관이 정한다.

① 개발밀도관리구역은 도로·수도공급설비·하수도·학교 등 기반시설의 용량이 부족할 것으로 예상되는 지역 중 기반시설의 설치가 곤란한 지역으로서 다음에 해당하는 지역에 대하여 지정할 수 있도록 할 것

> ㉠ 당해 지역의 도로서비스 수준이 매우 낮아 차량통행이 현저하게 지체되는 지역
> ㉡ 당해 지역의 도로율이 국토교통부령이 정하는 용도지역별 도로율에 20% 이상 미달하는 지역
> ㉢ 향후 2년 이내에 당해 지역의 수도에 대한 수요량이 수도시설의 시설용량을 초과할 것으로 예상되는 지역
> ㉣ 향후 2년 이내에 당해 지역의 하수발생량이 하수시설의 시설용량을 초과할 것으로 예상되는 지역
> ㉤ 향후 2년 이내에 당해 지역의 학생 수가 학교수용능력을 20% 이상 초과할 것으로 예상되는 지역

② 용적률의 강화 범위는 해당 용도지역에 적용되는 용적률의 최대한도의 50%의 범위에서 기반시설의 부족 정도를 고려하여 결정할 것

③ 개발밀도관리구역 안의 기반시설의 변화를 주기적으로 검토하여 용적률을 강화 또는 완화하거나 개발밀도관리구역을 해제하는 등 필요한 조치를 취하도록 할 것

(3) 지정절차 제17회, 제24회, 제29회, 제32회, 제34회

심의	특별시장·광역시장·특별자치시장·특별자치도지사·시장 또는 군수는 개발밀도관리구역을 지정하거나 변경하려면 다음의 사항을 포함하여 해당 지방자치단체에 설치된 지방도시계획위원회의 심의를 거쳐야 한다. ① 개발밀도관리구역의 명칭 ② 개발밀도관리구역의 범위 ③ 건폐율 또는 용적률의 강화 범위

고시	특별시장·광역시장·특별자치시장·특별자치도지사·시장 또는 군수는 개발밀도관리구역을 지정하거나 변경한 경우에는 그 사실을 당해 지방자치단체의 공보에 게재하는 방법에 따라 고시하여야 한다.
지정효과	① 특별시장·광역시장·특별자치시장·특별자치도지사·시장 또는 군수는 개발밀도관리구역에서는 대통령령으로 정하는 범위에서 건폐율 또는 용적률을 강화하여 적용한다. ② 위 ①에서 대통령령으로 정하는 범위란 해당 용도지역에 적용되는 용적률의 최대한도의 50% 범위 안에서 용적률을 강화하여 적용하는 것을 말한다.

2 기반시설부담구역

(1) 지정대상지역 제33회

필수적 지정대상 지역	특별시장·광역시장·특별자치시장·특별자치도지사·시장 또는 군수는 다음의 어느 하나에 해당하는 지역에 대하여는 기반시설부담구역으로 지정하여야 한다. ① 이 법 또는 다른 법령의 제정·개정으로 인하여 행위제한이 완화되거나 해제되는 지역 ② 이 법 또는 다른 법령에 따라 지정된 용도지역 등이 변경되거나 해제되어 행위제한이 완화되는 지역 ③ 개발행위허가 현황 및 인구증가율 등을 고려하여 대통령령으로 정하는 다음의 지역 　㉠ 해당 지역의 전년도 개발행위허가 건수가 전전년도 개발행위허가 건수보다 20% 이상 증가한 지역 　㉡ 해당 지역의 전년도 인구증가율이 그 지역이 속하는 특별시·광역시·특별자치시·특별자치도·시 또는 군(광역시의 관할 구역에 있는 군은 제외)의 전년도 인구증가율보다 20% 이상 높은 지역
임의적 지정대상 지역	개발행위가 집중되어 특별시장·광역시장·특별자치시장·특별자치도지사·시장 또는 군수가 해당 지역의 계획적 관리를 위하여 필요하다고 인정하면 필수적 지정대상지역에 해당하지 아니하는 경우라도 기반시설부담구역으로 지정할 수 있다.

(2) 기반시설부담구역의 지정절차 제25회, 제29회, 제30회, 제32회, 제33회

① 지정절차

　㉠ 특별시장·광역시장·특별자치시장·특별자치도지사·시장 또는 군수는 기반시설부담구역을 지정 또는 변경하려면 주민의 의견을 들어야 한다.

　㉡ 해당 지방자치단체에 설치된 지방도시계획위원회의 심의를 거쳐 기반시설부담구역의 명칭·위치·면적 및 지정일자와 관계 도서의 열람방법을 해당 지방자치단체의 공보와 인터넷 홈페이지에 고시하여야 한다.

② 기반시설설치계획의 수립 및 반영

수립	⊙ 특별시장·광역시장·특별자치시장·특별자치도지사·시장 또는 군수는 기반시설부담구역이 지정되면 대통령령으로 정하는 바에 따라 기반시설설치계획을 수립하여야 한다. ⓒ 지구단위계획을 수립한 경우에는 기반시설설치계획을 수립한 것으로 본다.
반영	기반시설설치계획을 수립한 경우에는 도시·군관리계획에 반영하여야 한다.
해제	기반시설부담구역의 지정고시일부터 1년이 되는 날까지 기반시설설치계획을 수립하지 아니하면 그 1년이 되는 날의 다음 날에 기반시설부담구역의 지정은 해제된 것으로 본다.

3 기반시설의 설치비용

(1) 기반시설부담구역에 설치가 필요한 기반시설 제25회, 제26회, 제27회

① 도로
② 공원
③ 녹지
④ 학교[「고등교육법」에 따른 학교(대학 등)는 제외]
⑤ 수도
⑥ 하수도
⑦ 폐기물처리 및 재활용시설

(2) 부과대상 제27회, 제29회, 제31회

① 기반시설부담구역에서 기반시설설치비용의 부과대상인 건축행위는 단독주택 및 숙박시설 등 대통령령으로 정하는 시설로서 200m²(기존 건축물의 연면적을 포함)를 초과하는 건축물의 신축·증축 행위로 한다.

② 기존 건축물을 철거하고 신축하는 경우에는 기존 건축물의 건축연면적을 초과하는 건축행위만 부과대상으로 한다.

(3) 비용산정기준 제28회

기반시설설치비용은 기반시설을 설치하는 데 필요한 기반시설 표준시설비용과 용지비용을 합산한 금액에 부과대상 건축연면적과 기반시설 설치를 위하여 사용되는 총 비용 중 국가·지방자치단체의 부담분을 제외하고 민간 개발사업자가 부담하는 부담률을 곱한 금액으로 한다.

> **보충**
>
> **건축물별 기반시설유발계수**
> 1. 위락시설: 2.1
> 2. 관광휴게시설: 1.9
> 3. 제2종 근린생활시설: 1.6
> 4. 자원순환 관련 시설 / 종교시설 / 문화 및 집회시설 / 운수시설: 1.4
> 5. 제1종 근린생활시설 / 판매시설: 1.3
> 6. 숙박시설: 1.0
> 7. 의료시설: 0.9
> 8. 단독주택 / 공동주택 / 교육연구시설 / 업무시설 / 장례시설: 0.7

(4) 비용의 납부 및 체납처분 제24회, 제25회, 제28회, 제32회

① **납부의무자**: 기반시설부담구역에서 기반시설설치비용의 부과대상인 건축행위를 하는 자(건축행위의 위탁자 또는 지위의 승계자 등 대통령령으로 정하는 자를 포함)는 기반시설설치비용을 내야 한다.

② 부과·납부시기 및 방법

부과시기	특별시장·광역시장·특별자치시장·특별자치도지사·시장 또는 군수는 납부의무자가 국가 또는 지방자치단체로부터 건축허가(사업승인)를 받은 날부터 2개월 이내에 기반시설설치비용을 부과하여야 한다.
납부시기	납부의무자는 사용승인(준공검사 등 사용승인이 의제되는 경우에는 그 준공검사) 신청시까지 기반시설설치비용을 내야 한다.
납부방법	기반시설설치비용은 현금, 신용카드 또는 직불카드로 납부하도록 하되, 부과대상 토지 및 이와 비슷한 토지로 하는 납부(물납)를 인정할 수 있다.

③ **특별회계의 설치**: 특별시장·광역시장·특별자치시장·특별자치도지사·시장 또는 군수는 기반시설설치비용의 관리 및 운용을 위하여 기반시설부담구역별로 특별회계를 설치하여야 하며, 그에 필요한 사항은 지방자치단체의 조례로 정한다.

기본문제와 완성문제로 단단기출

01 국토의 계획 및 이용에 관한 법령상 개발밀도관리구역에 관한 설명 중 옳은 것은?   제17회

기본 기출

① 개발밀도관리구역 안에서는 해당 용도지역에 적용되는 용적률의 최대한도 50% 범위 안에서 용적률을 강화하여 적용한다.
② 개발밀도관리구역에 대하여는 기반시설의 변화가 있는 경우, 이를 즉시 검토하여 그 구역의 해제 등 필요한 조치를 취하여야 한다.
③ 개발밀도관리구역의 명칭 변경에 대하여는 지방도시계획위원회의 심의를 요하지 아니한다.
④ 공업지역에서의 개발행위로 인하여 기반시설의 수용능력이 부족할 것으로 예상되는 지역 중 기반시설의 설치가 곤란한 지역은 개발밀도관리구역으로 지정될 수 없다.
⑤ 개발밀도관리구역의 지정권자는 국토교통부장관이다.

키워드 〉 개발밀도관리구역
난이도 〉
해설 〉 ② 개발밀도관리구역에 대하여는 기반시설의 변화가 있는 경우, 이를 주기적으로 검토하여 그 구역의 해제 등 필요한 조치를 취하여야 한다.
③ 개발밀도관리구역의 명칭 변경에 대하여도 지방도시계획위원회의 심의를 요한다.
④ 공업지역에서의 개발행위로 인하여 기반시설의 수용능력이 부족할 것으로 예상되는 지역 중 기반시설의 설치가 곤란한 지역은 개발밀도관리구역으로 지정될 수 있다.
⑤ 개발밀도관리구역의 지정권자는 특별시장·광역시장·특별자치시장·특별자치도지사·시장 또는 군수이다.

02 국토의 계획 및 이용에 관한 법령상 개발밀도관리구역에 관한 설명으로 틀린 것은?   제34회

기본 기출

① 도시·군계획시설사업의 시행자인 시장 또는 군수는 개발밀도관리구역에 관한 기초조사를 하기 위하여 필요하면 타인의 토지에 출입할 수 있다.
② 개발밀도관리구역의 지정기준, 개발밀도관리구역의 관리 등에 관하여 필요한 사항은 대통령령으로 정하는 바에 따라 국토교통부장관이 정한다.
③ 개발밀도관리구역에서는 해당 용도지역에 적용되는 용적률의 최대한도의 50% 범위에서 용적률을 강화하여 적용한다.
④ 시장 또는 군수는 개발밀도관리구역을 지정하거나 변경하려면 해당 지방자치단체에 설치된 지방도시계획위원회의 심의를 거쳐야 한다.
⑤ 기반시설을 설치하거나 그에 필요한 용지를 확보하게 하기 위하여 개발밀도관리구역에 기반시설부담구역을 지정할 수 있다.

정답 01 ① 02 ⑤

키워드	개발밀도관리구역
난이도	
해설	기반시설을 설치하거나 그에 필요한 용지를 확보하게 하기 위하여 기반시설부담구역을 지정할 수 있다. 개발밀도관리구역이란 개발로 인하여 기반시설이 부족할 것으로 예상되나 기반시설을 설치하기 곤란한 지역을 대상으로 건폐율이나 용적률을 강화하여 적용하기 위하여 지정하는 구역을 말한다. 동일한 지역에 대해 기반시설부담구역과 개발밀도관리구역을 중복하여 지정할 수 없다.

03 기본 기출

국토의 계획 및 이용에 관한 법령상 개발행위에 따른 기반시설의 설치에 관한 설명으로 옳은 것은?
(단, 조례는 고려하지 않음)   제32회

① 시장 또는 군수가 개발밀도관리구역을 변경하는 경우 관할 지방도시계획위원회의 심의를 거치지 않아도 된다.
② 기반시설부담구역의 지정고시일부터 2년이 되는 날까지 기반시설설치계획을 수립하지 아니하면 그 2년이 되는 날에 기반시설부담구역의 지정은 해제된 것으로 본다.
③ 시장 또는 군수는 기반시설설치비용 납부의무자가 지방자치단체로부터 건축허가를 받은 날부터 3개월 이내에 기반시설설치비용을 부과하여야 한다.
④ 시장 또는 군수는 개발밀도관리구역에서는 해당 용도지역에 적용되는 용적률의 최대한도의 50% 범위에서 용적률을 강화하여 적용한다.
⑤ 기반시설설치비용 납부의무자는 사용승인 신청 후 7일까지 그 비용을 내야 한다.

| 키워드 | 개발밀도관리구역 |
| 난이도 | |
| 해설 | ① 시장 또는 군수가 개발밀도관리구역을 변경하는 경우 관할 지방도시계획위원회의 심의를 거쳐야 한다.
② 기반시설부담구역의 지정고시일부터 1년이 되는 날까지 기반시설설치계획을 수립하지 아니하면 그 1년이 되는 날의 다음 날에 기반시설부담구역의 지정은 해제된 것으로 본다.
③ 시장 또는 군수는 기반시설설치비용 납부의무자가 지방자치단체로부터 건축허가를 받은 날부터 2개월 이내에 기반시설설치비용을 부과하여야 한다.
⑤ 기반시설설치비용 납부의무자는 사용승인 신청 시까지 그 비용을 내야 한다. |

정답 03 ④

04 국토의 계획 및 이용에 관한 법령상 기반시설부담구역에 설치가 필요한 기반시설에 해당하지 않는 것은? 제26회

① 공원 ② 도로 ③ 대학
④ 폐기물처리시설 ⑤ 녹지

키워드 › 기반시설부담구역

난이도

해설 › 기반시설부담구역에 설치가 필요한 기반시설에는 도로·공원·녹지·학교·수도·하수도·폐기물처리 및 재활용시설 등이 있으며, 학교 중 「고등교육법」에 따른 대학은 해당하지 않는다.

05 국토의 계획 및 이용에 관한 법령상 건축물별 기반시설유발계수가 다음 중 가장 높은 것은? 제25회

① 제1종 근린생활시설 ② 공동주택 ③ 의료시설
④ 업무시설 ⑤ 숙박시설

키워드 › 기반시설의 설치비용

난이도

해설 › ① 제1종 근린생활시설: 1.3 ②④ 공동주택·업무시설: 0.7
③ 의료시설: 0.9 ⑤ 숙박시설: 1.0

06 국토의 계획 및 이용에 관한 법령상 개발행위에 따른 기반시설의 설치에 관한 설명으로 틀린 것은? (단, 조례는 고려하지 않음) 제33회

① 개발밀도관리구역에서는 해당 용도지역에 적용되는 용적률의 최대한도의 50% 범위에서 강화하여 적용한다.
② 기반시설의 설치가 필요하다고 인정하는 지역으로서, 해당 지역의 전년도 개발행위허가 건수가 전전년도 개발행위허가 건수보다 20% 이상 증가한 지역에 대하여는 기반시설부담구역으로 지정하여야 한다.
③ 기반시설부담구역이 지정되면 기반시설설치계획을 수립하여야 하며, 이를 도시·군관리계획에 반영하여야 한다.
④ 기반시설설치계획은 기반시설부담구역의 지정고시일부터 3년이 되는 날까지 수립하여야 한다.
⑤ 기반시설설치비용의 관리 및 운용을 위하여 기반시설부담구역별로 특별회계를 설치하여야 한다.

키워드 › 기반시설부담구역

난이도

해설 › 기반시설부담구역의 지정고시일부터 1년이 되는 날까지 기반시설설치계획을 수립하지 아니하면 그 1년이 되는 날의 다음 날에 기반시설부담구역의 지정은 해제된 것으로 본다.

정답 04 ③ 05 ① 06 ④

에듀윌이
너를
지지할게

ENERGY

능력 때문에 성공한 사람보다
끈기 때문에 성공한 사람이 더 많습니다.

– 조정민, 『인생은 선물이다』, 두란노

PART 02
도시개발법

최근 5개년 출제비중 및 학습전략

PART 02 **15.5%**

「도시개발법」은 6문제 정도 출제되는 PART로 4개 이상은 맞힌다는 생각으로 학습하여야 합니다. 특히 출제 빈도가 높은 도시개발사업의 시행을 가장 중점적으로 학습하고, 그 외 개발계획, 개발조합, 토지상환채권, 환지처분 등의 내용 위주로만 학습하면 됩니다.

THEME 13	도시개발계획의 수립
THEME 14	도시개발구역의 지정
THEME 15	도시개발사업의 시행자
THEME 16	도시개발사업의 실시계획
THEME 17	도시개발사업의 시행
THEME 18	도시개발채권

THEME 13 도시개발계획의 수립

| THEME 키워드 |
개발계획의 수립시기, 개발계획 수립 시 동의, 개발계획에 포함시킬 수 있는 사항

기출분석
- **기출회차:** 제26회
- **키워드:** 개발계획의 수립시기
- **난이도:**

기본으로 알아야 하는 대표기출

도시개발법령상 도시개발구역을 지정한 후에 개발계획을 수립할 수 있는 경우가 아닌 것은?

① 개발계획을 공모하는 경우
② 자연녹지지역에 도시개발구역을 지정할 때
③ 도시지역 외의 지역에 도시개발구역을 지정할 때
④ 국토교통부장관이 지역균형발전을 위하여 관계 중앙행정기관의 장과 협의하여 상업지역에 도시개발구역을 지정할 때
⑤ 해당 도시개발구역에 포함되는 주거지역이 전체 도시개발구역 지정면적의 100분의 40인 지역을 도시개발구역으로 정할 때

> **해설**
> 해당 도시개발구역에 포함되는 주거지역·상업지역·공업지역의 면적 합계가 전체 도시개발구역 지정면적의 100분의 30 이하인 지역은 도시개발구역을 지정한 후에 개발계획을 수립할 수 있다.
>
> 정답 ⑤

함정을 피하는 TIP
- 선계획 후지정과 선지정 후계획의 내용을 비교할 수 있어야 정답을 찾을 수 있는 문제이다.

단단하게 정리하는 핵심이론

1 개발계획의 수립시기 제17회, 제19회, 제22회, 제25회, 제26회, 제28회, 제30회

(1) 원칙(선계획 → 후지정)

① 도시개발구역의 지정권자는 도시개발구역을 지정하려면 해당 도시개발구역에 대한 도시개발사업의 계획(이하 '개발계획')을 수립하여야 한다.

② 도시개발구역의 지정권자는 직접 또는 관계 중앙행정기관의 장 또는 시장(대도시 시장은 제외)·군수·구청장 또는 도시개발사업의 시행자의 요청을 받아 개발계획을 변경할 수 있다.

(2) 예외(선지정 → 후계획)

① 개발계획을 공모할 때에는 도시개발구역을 지정한 후에 개발계획을 수립할 수 있다.

② 대통령령으로 정하는 지역에 도시개발구역을 지정할 때에는 도시개발구역을 지정한 후에 개발계획을 수립할 수 있다.

> **보충**
>
> **대통령령으로 정하는 지역**
> 1. 자연녹지지역
> 2. 도시개발구역 지정면적의 100분의 30 이하인 생산녹지지역
> 3. 도시지역 외의 지역
> 4. 국토교통부장관이 지역균형발전을 위하여 관계 중앙행정기관의 장과 협의하여 도시개발구역으로 지정하려는 지역(자연환경보전지역은 제외)
> 5. 해당 도시개발구역에 포함되는 주거지역·상업지역·공업지역의 면적의 합계가 전체 도시개발구역 지정면적의 100분의 30 이하인 지역

2 개발계획 수립 시 동의

(1) 원칙 제17회, 제28회, 제33회

① 지정권자는 환지방식의 도시개발사업에 대한 개발계획을 수립하려면 환지방식이 적용되는 지역의 토지면적의 3분의 2 이상에 해당하는 토지 소유자와 그 지역의 토지 소유자 총수의 2분의 1 이상의 동의를 받아야 한다.

② 환지방식으로 시행하기 위하여 개발계획을 변경하려는 경우에도 또한 같으며, 개발계획 변경 시 다음과 같은 경우에는 토지 소유자의 동의를 받아야 한다.

⊙ 환지방식을 적용하는 지역의 면적변경이 다음의 어느 하나인 경우
  ⓐ 제외되는 토지의 면적이 종전 환지방식이 적용되는 면적의 100분의 10 이상인 경우
  ⓑ 편입 또는 제외되는 면적이 각각 3만m^2 이상인 경우
  ⓒ 토지의 편입이나 제외로 인하여 환지방식이 적용되는 면적이 종전보다 100분의 10 이상 증감하는 경우
ⓒ 너비가 12m 이상인 도로를 신설 또는 폐지하는 경우
ⓒ 사업시행지구를 분할하거나 분할된 사업시행지구를 통합하는 경우
ⓔ 도로를 제외한 기반시설의 면적이 종전보다 100분의 10(공원 또는 녹지의 경우에는 100분의 5) 이상으로 증감하거나 신설되는 기반시설의 총면적이 종전 기반시설 면적의 100분의 5 이상인 경우
ⓜ 수용예정인구가 종전보다 100분의 10 이상 증감하는 경우(변경 이후 수용예정인구가 3천명 미만인 경우는 제외)
ⓗ 기반시설을 제외한 도시개발구역의 용적률이 종전보다 100분의 5 이상 증가하는 경우

(2) 예외 제19회, 제24회, 제25회, 제26회, 제31회

시행자가 국가·지방자치단체인 경우	지정권자는 도시개발사업을 환지방식으로 시행하려고 개발계획을 수립하거나 변경할 때에 도시개발사업의 시행자가 국가나 지방자치단체이면 토지 소유자의 동의를 받을 필요가 없다.
시행자가 조합인 경우	지정권자가 도시개발사업의 전부를 환지방식으로 시행하려고 개발계획을 수립하거나 변경할 때에 도시개발사업의 시행자가 조합에 해당하는 경우로서 조합이 성립된 후 총회에서 도시개발구역의 토지면적의 3분의 2 이상에 해당하는 조합원과 그 지역의 조합원 총수의 2분의 1 이상의 찬성으로 수립 또는 변경을 의결한 개발계획을 지정권자에게 제출한 경우에는 토지 소유자의 동의를 받은 것으로 본다.

(3) 동의자 수의 산정방법 제20회, 제22회, 제25회

① 도시개발구역의 토지면적을 산정하는 경우: 국공유지를 포함하여 산정할 것
  ⚠ 동의순서: 국공유지를 제외한 전체 사유 토지면적 및 토지 소유자에 대하여 동의 요건 이상으로 동의를 받은 후에 그 토지면적 및 토지 소유자의 수가 법적 동의 요건에 미달하게 된 경우에는 국공유지 관리청의 동의를 받아야 한다.
② 1필지의 토지 소유권을 여럿이 공유하는 경우: 다른 공유자의 동의를 받은 대표 공유자 1인을 해당 토지 소유자로 볼 것(단, 「집합건물의 소유 및 관리에 관한 법률」에 따른 구분소유자는 각각을 토지 소유자 1인으로 봄)
③ 1인이 둘 이상 필지의 토지를 단독으로 소유한 경우: 필지의 수에 관계없이 토지 소유자를 1인으로 볼 것
④ 둘 이상 필지의 토지를 소유한 공유자가 동일한 경우: 공유자 여럿을 대표하는 1인을 토지 소유자로 볼 것
⑤ 도시개발구역의 지정이 제안되기 전에 또는 도시개발구역에 대한 개발계획의 변경을 요청받기 전에 동의를 철회하는 사람이 있는 경우: 그 사람은 동의자 수에서 제외할 것
⑥ 도시개발구역의 지정이 제안된 후부터 개발계획이 수립되기 전까지의 사이에 토지 소유자가 변경된 경우 또는 개발계획의 변경을 요청받은 후부터 개발계획이 변경되기 전까지의 사이에 토지 소유자가 변경된 경우: 기존 토지 소유자의 동의서를 기준으로 할 것

3 개발계획의 수립기준 및 내용

(1) 개발계획의 수립기준 제26회

작성기준	개발계획의 작성기준 및 방법은 국토교통부장관이 정한다.
부합요건	「국토의 계획 및 이용에 관한 법률」에 따른 광역도시계획이나 도시·군기본계획이 수립되어 있는 지역에 대하여 개발계획을 수립하려면 개발계획의 내용이 해당 광역도시계획이나 도시·군기본계획에 들어맞도록 하여야 한다.

(2) 개발계획의 내용 제19회, 제21회, 제26회, 제34회

개발계획에 포함되어야 하는 사항	① 도시개발구역의 명칭·위치 및 면적 ② 도시개발구역의 지정 목적과 도시개발사업의 시행기간 ③ 도시개발구역을 둘 이상의 사업시행지구로 분할하거나 서로 떨어진 둘 이상의 지역을 하나의 구역으로 결합하여 도시개발사업을 시행하는 경우에는 그 분할이나 결합에 관한 사항 ④ 도시개발사업의 시행자에 관한 사항 ⑤ 도시개발사업의 시행방식 ⑥ 인구수용계획[분양주택(분양을 목적으로 공급하는 주택) 및 임대주택으로 구분한 주택별 수용계획을 포함] ⑦ 토지이용계획 ⑧ 원형지로 공급될 대상 토지 및 개발 방향 ⑨ 교통처리계획 ⑩ 환경보전계획 ⑪ 보건의료시설 및 복지시설의 설치계획 ⑫ 도로, 상하수도 등 주요 기반시설의 설치계획 ⑬ 재원조달계획
도시개발구역을 지정한 후에 개발계획에 포함시킬 수 있는 사항	① 도시개발구역 밖의 지역에 기반시설을 설치하여야 하는 경우에 그 시설의 설치에 필요한 비용의 부담계획 ② 수용(收用) 또는 사용의 대상이 되는 토지·건축물 또는 토지에 정착한 물건과 이에 관한 소유권 외의 권리, 광업권, 어업권, 양식업권, 물의 사용에 관한 권리(이하 '토지등')가 있는 경우에는 그 세부목록 ③ 임대주택건설계획 등 세입자 등의 주거 및 생활 안정 대책 ④ 순환개발 등 단계적 사업추진이 필요한 경우 사업추진계획 등에 관한 사항

기본문제와 완성문제로 **단단기출**

01
기본 기출

도시개발법령상 도시개발구역으로 지정·고시된 이후에 개발계획을 수립할 수 있는 지역에 해당하지 않는 것은?
제22회

① 자연녹지지역
② 해당 도시개발구역에 포함되는 주거지역의 면적이 전체 도시개발구역 지정면적의 100분의 50 이상인 지역
③ 농림지역
④ 보전관리지역
⑤ 생산녹지지역(도시개발구역 지정면적의 100분의 30 이하인 경우)

키워드	개발계획의 수립시기
난이도	
해설	해당 도시개발구역에 포함되는 주거지역·상업지역·공업지역의 면적 합계가 전체 도시개발구역 지정면적의 100분의 30 이하인 지역은 도시개발구역 지정 후에 개발계획을 수립할 수 있다.

02
기본 기출

도시개발법령상 개발계획에 따라 도시개발구역을 지정한 후에 개발계획에 포함시킬 수 있는 사항은?
제34회

① 환경보전계획
② 보건의료계획 및 복지시설의 설치계획
③ 원형지로 공급될 대상 토지 및 개발 방향
④ 임대주택건설계획 등 세입자 등의 주거 및 생활 안정 대책
⑤ 도시개발구역을 둘 이상의 사업시행지구로 분할하여 도시개발사업을 시행하는 경우 그 분할에 관한 사항

키워드	개발계획에 포함시킬 수 있는 사항
난이도	
해설	개발계획의 내용 중 '임대주택건설계획 등 세입자 등의 주거 및 생활 안정 대책'은 도시개발구역을 지정한 후에 개발계획에 포함시킬 수 있는 사항에 해당한다.

정답 01 ② 02 ④

03 도시개발법령상 개발계획의 수립 등에 관한 설명으로 틀린 것은?   제19회

① 자연녹지지역에 도시개발구역을 지정할 때에는 도시개발구역을 지정한 후에 개발계획을 수립할 수 있다.
② 지정권자는 직접 개발계획을 변경할 수는 없고, 관계 중앙행정기관의 장이나 시장·군수·구청장 또는 사업시행자의 요청을 받아 이를 변경할 수 있다.
③ 시행자가 국가나 지방자치단체인 때에는 지정권자는 토지 소유자의 동의를 받지 않고 환지방식의 도시개발사업 시행을 위한 개발계획을 수립할 수 있다.
④ 개발계획을 공모한 경우에는 도시개발구역을 지정한 후에 개발계획을 수립할 수 있다.
⑤ 보건의료시설 및 복지시설의 설치계획도 개발계획에 포함되어야 한다.

키워드 개발계획의 수립시기
난이도
해설 지정권자는 직접 또는 관계 중앙행정기관의 장 또는 시장(대도시 시장을 제외)·군수·구청장 또는 도시개발사업의 시행자의 요청을 받아 개발계획을 변경할 수 있다.

04 도시개발법령상 환지방식의 도시개발사업에 대한 개발계획의 수립·변경을 위한 동의자 수 산정방법으로 옳은 것은?   제22회

①「집합건물의 소유 및 관리에 관한 법률」에 따른 구분소유자는 대표 구분소유자 1인만을 토지 소유자로 본다.
② 개발계획 변경 시 개발계획의 변경을 요청받기 전에 동의를 철회하는 사람이 있는 경우 그 사람은 동의자 수에서 제외한다.
③ 개발구역의 지정이 제안된 후부터 개발계획이 수립되기 전까지의 사이에 토지 소유자가 변경된 경우 변경된 토지 소유자의 동의서를 기준으로 한다.
④ 개발계획의 변경을 요청받은 후부터 개발계획이 변경되기 전까지의 사이에 토지 소유자가 변경된 경우 변경된 토지 소유자의 동의서를 기준으로 한다.
⑤ 도시개발구역의 토지면적을 산정하는 경우 국·공유지는 제외한다.

키워드 개발계획 수립 시 동의
난이도
해설 ①「집합건물의 소유 및 관리에 관한 법률」에 따른 구분소유자는 각각을 토지 소유자 1인으로 본다.
③ 개발구역의 지정이 제안된 후부터 개발계획이 수립되기 전까지의 사이에 토지 소유자가 변경된 경우 기존 토지 소유자의 동의서를 기준으로 한다.
④ 개발계획의 변경을 요청받은 후부터 개발계획이 변경되기 전까지의 사이에 토지 소유자가 변경된 경우 기존 토지 소유자의 동의서를 기준으로 한다.
⑤ 도시개발구역의 토지면적을 산정하는 경우 국·공유지는 포함한다.

정답 03 ② 04 ②

THEME 14 도시개발구역의 지정

| THEME 키워드 |
도시개발구역의 지정권자, 도시개발구역의 지정요건, 도시개발구역의 지정해제

기출분석
- **기출회차:** 제24회
- **키워드:** 도시개발구역의 지정해제
- **난이도:** ■■□

함정을 피하는 TIP
- 도시개발구역의 지정 시 필요한 내용과 지정해제에 관하여 명확하게 알고 있어야 한다.

기본으로 알아야 하는 대표기출

도시개발법령상 도시개발구역의 지정에 관한 설명으로 옳은 것은?

① 서로 떨어진 둘 이상의 지역은 결합하여 하나의 도시개발구역으로 지정될 수 없다.
② 국가가 도시개발사업의 시행자인 경우 환지방식의 사업에 대한 개발계획을 수립하려면 토지 소유자의 동의를 받아야 한다.
③ 광역시장이 개발계획을 변경하는 경우 군수 또는 구청장은 광역시장으로부터 송부받은 관계서류를 일반인에게 공람시키지 않아도 된다.
④ 도시개발구역의 지정은 도시개발사업의 공사 완료의 공고일에 해제된 것으로 본다.
⑤ 도시개발사업의 공사 완료로 도시개발구역의 지정이 해제의제된 경우에는 도시개발구역의 용도지역은 해당 도시개발구역 지정 전의 용도지역으로 환원되거나 폐지된 것으로 보지 아니한다.

> **해설**
> ① 서로 떨어진 둘 이상의 지역은 결합하여 하나의 도시개발구역으로 지정될 수 있다.
> ② 국가가 도시개발사업의 시행자인 경우 환지방식의 사업에 대한 개발계획을 수립하려면 토지 소유자의 동의를 받을 필요가 없다.
> ③ 광역시장이 개발계획을 변경하는 경우 군수 또는 구청장은 광역시장으로부터 송부받은 관계서류를 일반인에게 14일 이상 공람시켜야 한다.
> ④ 도시개발구역의 지정은 도시개발사업의 공사 완료 공고일의 다음 날에 해제된 것으로 본다.
>
> 정답 ⑤

단단하게 정리하는 핵심이론

1 도시개발구역의 지정권자 제20회, 제24회, 제25회, 제26회, 제30회, 제32회, 제33회

(1) 원칙(시·도지사 또는 대도시 시장)

① 지정권자: 다음의 어느 하나에 해당하는 자는 계획적인 도시개발이 필요하다고 인정되는 때에는 도시개발구역을 지정할 수 있다.

> ㉠ 시·도지사(특별시장·광역시장·도지사·특별자치도지사)
> ㉡ 대도시 시장(서울특별시와 광역시를 제외한 인구 50만 이상의 대도시의 시장)

② 도시개발사업이 필요하다고 인정되는 지역이 둘 이상의 시·도(특별시·광역시·도·특별자치도) 또는 대도시(서울특별시와 광역시를 제외한 인구 50만 이상의 대도시)의 행정구역에 걸치는 경우에는 관계 시·도지사 또는 대도시 시장이 협의하여 도시개발구역을 지정할 자를 정한다.

(2) 예외(국토교통부장관)

국토교통부장관은 다음의 어느 하나에 해당하면 도시개발구역을 지정할 수 있다.

> ① 국가가 도시개발사업을 실시할 필요가 있는 경우
> ② 관계 중앙행정기관의 장이 요청하는 경우
> ③ 공공기관의 장 또는 정부출연기관의 장이 30만m^2 이상으로서 국가계획과 밀접한 관련이 있는 도시개발구역의 지정을 제안하는 경우
> ④ 둘 이상의 시·도 또는 대도시의 행정구역에 걸치는 경우로서 관계 시·도지사 또는 대도시 시장의 도시개발구역 지정을 위한 협의가 성립되지 아니하는 경우
> ⑤ 천재지변 그 밖의 사유로 인하여 도시개발사업을 긴급하게 할 필요가 있는 경우

(3) 도시개발구역의 분할·결합

① 도시개발구역의 지정권자는 도시개발사업의 효율적인 추진과 도시의 경관 보호 등을 위하여 필요하다고 인정하는 경우에는 도시개발구역을 둘 이상의 사업시행지구로 분할하거나 서로 떨어진 둘 이상의 지역을 결합하여 하나의 도시개발구역으로 지정할 수 있다.

② 도시개발구역을 둘 이상의 사업시행지구로 분할할 수 있는 경우는 분할 후 각 사업시행지구의 면적이 각각 1만m^2 이상인 경우로 한다.

2 도시개발구역의 지정요건

(1) 도시개발구역의 지정제안 제23회, 제29회

지정제안자	국가·지방자치단체·조합을 제외한 도시개발사업 시행자로 지정될 수 있는 자는 특별자치도지사·시장·군수 또는 구청장에게 도시개발구역의 지정을 제안할 수 있다.
지정제안 시 동의	민간사업시행자(도시개발조합은 제외)가 도시개발구역의 지정을 제안하려는 경우에는 대상 구역 토지면적의 3분의 2 이상에 해당하는 토지 소유자(지상권자를 포함)의 동의를 받아야 한다. ─ 토지 소유자, 지방이전법인, 건설사업자, 부동산개발업자, 등록사업자, 부동산투자회사, 공동출자법인
비용부담	특별자치도지사·시장·군수 또는 구청장은 제안자와 협의하여 도시개발구역의 지정을 위하여 필요한 비용의 전부 또는 일부를 제안자에게 부담시킬 수 있다.

(2) 도시개발구역의 지정요청 제17회

시장(대도시 시장은 제외)·군수 또는 구청장(자치구의 구청장)은 시·군·구도시계획위원회에 자문을 한 후 시·도지사(특별시장·광역시장·도지사·특별자치도지사)에게 도시개발구역의 지정을 요청할 수 있다.

(3) **도시개발구역의 지정규모** 제15회, 제17회, 제25회, 제29회

도시지역	주거지역 및 상업지역	1만m² 이상
	공업지역	3만m² 이상
	자연녹지지역	1만m² 이상
	생산녹지지역	1만m² 이상(생산녹지지역이 도시개발구역 지정면적의 100분의 30 이하인 경우만 해당)
도시지역 외 지역	원칙	30만m² 이상
	예외	공동주택 중 아파트 또는 연립주택의 건설계획이 포함되는 경우로서 다음 요건을 모두 갖춘 경우에는 10만m² 이상 ① 도시개발구역에 초등학교용지를 확보(도시개발구역 내 또는 도시개발구역으로부터 통학이 가능한 거리에 학생을 수용할 수 있는 초등학교가 있는 경우를 포함)하여 관할 교육청과 협의한 경우 ② 도시개발구역에서 「도로법」에 해당하는 도로 또는 국토교통부령으로 정하는 도로와 연결되거나 4차로 이상의 도로를 설치하는 경우

3 도시개발구역의 지정절차

(1) 기초조사

도시개발사업의 시행자나 시행자가 되려는 자는 도시개발구역을 지정하거나 도시개발구역의 지정을 요청 또는 제안하려고 할 때에는 도시개발구역으로 지정될 구역의 토지, 건축물, 공작물, 주거 및 생활실태, 주택수요 그 밖에 필요한 사항에 관하여 대통령령으로 정하는 바에 따라 조사하거나 측량할 수 있다.

(2) 주민 등의 의견청취 제17회, 제24회, 제25회

국토교통부장관, 시·도지사 또는 대도시 시장이 도시개발구역을 지정(대도시 시장이 아닌 시장·군수 또는 구청장의 요청에 의해 지정하는 경우는 제외)하고자 하거나 대도시 시장이 아닌 시장·군수 또는 구청장이 도시개발구역의 지정을 요청하려고 하는 경우에는 공람이나 공청회를 통하여 주민이나 관계 전문가 등으로부터 의견을 들어야 하며, 공람이나 공청회에서 제시된 의견이 타당하다고 인정되면 이를 반영하여야 한다. 도시개발구역을 변경(대통령령으로 정하는 경미한 사항은 제외)하려는 경우에도 또한 같다.

(3) 협의 및 심의

지정권자는 도시개발구역을 지정하거나 개발계획을 수립하려면 관계 행정기관의 장과 협의한 후 「국토의 계획 및 이용에 관한 법률」에 따른 중앙도시계획위원회 또는 시·도도시계획위원회나 대도시에 두는 대도시도시계획위원회의 심의를 거쳐야 한다. 변경하는 경우에도 또한 같다. 다만, 대통령령으로 정하는 경미한 사항을 변경하는 경우에는 그러하지 아니하다.

(4) 고시 및 공람

지정권자는 도시개발구역을 지정하거나 개발계획을 수립한 경우에는 대통령령으로 정하는 바에 따라 이를 관보나 공보에 고시하고, 대도시 시장인 지정권자는 관계 서류를 일반에게 공람시켜야 한다.

4 도시개발구역의 지정효과

(1) 도시지역 등의 결정·고시 의제 제17회

원칙	도시개발구역이 지정·고시된 경우 해당 도시개발구역은 「국토의 계획 및 이용에 관한 법률」에 따른 도시지역과 대통령령으로 정하는 지구단위계획구역으로 결정되어 고시된 것으로 본다.
예외	「국토의 계획 및 이용에 관한 법률」에 따른 도시지역 외의 지역에 지정된 지구단위계획구역 및 같은 법에 따른 취락지구로 지정된 지역인 경우에는 그러하지 아니하다.

(2) 도시개발구역에서의 개발행위허가 대상 제32회

도시개발구역 지정에 관한 주민 등의 의견청취를 위한 공고가 있는 지역 및 도시개발구역에서 대통령령으로 정하는 다음의 행위를 하려는 자는 특별시장·광역시장·특별자치도지사·시장 또는 군수의 허가를 받아야 한다. 허가받은 사항을 변경하려는 경우에도 또한 같다.

> ① 건축물의 건축 등: 「건축법」에 따른 건축물(가설건축물을 포함)의 건축, 대수선 또는 용도변경
> ② 공작물의 설치: 인공을 가하여 제작한 시설물(「건축법」에 따른 건축물은 제외)의 설치
> ③ 토지의 형질변경: 절토(땅깎기)·성토(흙쌓기)·정지·포장 등의 방법으로 토지의 형상을 변경하는 행위, 토지의 굴착 또는 공유수면의 매립
> ④ 토석의 채취: 흙·모래·자갈·바위 등의 토석을 채취하는 행위
> ⑤ 토지분할
> ⑥ 물건을 쌓아놓는 행위: 옮기기 쉽지 아니한 물건을 1개월 이상 쌓아놓는 행위
> ⑦ 죽목(竹木)의 벌채 및 식재(植栽)

5 도시개발구역의 지정해제

(1) 해제사유 제24회, 제31회

원칙	도시개발구역의 지정은 다음의 어느 하나에 규정된 날의 다음 날에 해제된 것으로 본다. ① 도시개발구역이 지정·고시된 날부터 3년이 되는 날까지 도시개발사업에 관한 실시계획의 인가를 신청하지 아니하는 경우에는 그 3년이 되는 날 ② 도시개발사업의 공사 완료(환지방식에 의한 사업인 경우에는 그 환지처분)의 공고일
예외	도시개발구역을 지정한 후 개발계획을 수립하는 경우에는 다음의 어느 하나에 규정된 날의 다음 날에 도시개발구역의 지정이 해제된 것으로 본다. ① 도시개발구역이 지정·고시된 날부터 2년이 되는 날까지 개발계획을 수립·고시하지 아니하는 경우에는 그 2년이 되는 날(단, 도시개발구역의 면적이 330만m^2 이상인 경우에는 5년으로 함) ② 개발계획을 수립·고시한 날부터 3년이 되는 날까지 실시계획의 인가를 신청하지 아니하는 경우에는 그 3년이 되는 날(단, 도시개발구역의 면적이 330만m^2 이상인 경우에는 5년으로 함)

(2) 해제효과 제24회

① 도시개발구역의 지정이 해제의제(解除擬制)된 경우에는 그 도시개발구역에 대한 「국토의 계획 및 이용에 관한 법률」에 따른 용도지역 및 지구단위계획구역은 해당 도시개발구역 지정 전의 용도지역 및 지구단위계획구역으로 각각 환원되거나 폐지된 것으로 본다.
② 도시개발사업의 공사 완료에 따라 도시개발구역의 지정이 해제의제된 경우에는 환원되거나 폐지된 것으로 보지 아니한다.

기본문제와 완성문제로 **단단기출**

01 　도시개발법령상 도시개발구역을 지정할 수 있는 자를 모두 고른 것은?　　제32회

기본 기출

> ㉠ 시·도지사
> ㉡ 대도시 시장
> ㉢ 국토교통부장관
> ㉣ 한국토지주택공사

① ㉠
② ㉡, ㉣
③ ㉢, ㉣
④ ㉠, ㉡, ㉢
⑤ ㉠, ㉡, ㉢, ㉣

키워드 〉 도시개발구역의 지정권자

난이도 〉

해설 〉 원칙적으로 시·도지사 또는 대도시 시장, 예외적으로 국토교통부장관이 계획적인 도시개발이 필요하다고 인정되는 때에는 도시개발구역을 지정할 수 있다.

02 　도시개발법령상 국토교통부장관이 도시개발구역을 지정할 수 있는 경우에 해당하지 <u>않는</u> 것은?　　제33회

기본 기출

① 국가가 도시개발사업을 실시할 필요가 있는 경우
② 관계 중앙행정기관의 장이 요청하는 경우
③ 한국토지주택공사 사장이 20만m²의 규모로 국가계획과 밀접한 관련이 있는 도시개발구역의 지정을 제안하는 경우
④ 천재지변 그 밖의 사유로 인하여 도시개발사업을 긴급하게 할 필요가 있는 경우
⑤ 도시개발사업이 필요하다고 인정되는 지역이 둘 이상의 도의 행정구역에 걸치는 경우에 도시개발구역을 지정할 자에 관하여 관계 도지사 간에 협의가 성립되지 아니하는 경우

키워드 〉 도시개발구역의 지정권자

난이도 〉

해설 〉 공공기관의 장 또는 정부출연기관의 장이 대통령령으로 정하는 규모(30만m²) 이상으로서 국가계획과 밀접한 관련이 있는 도시개발구역의 지정을 제안하는 경우 국토교통부장관은 도시개발구역을 지정할 수 있다.

정답 01 ④ 02 ③

03 기본기출

도시개발법령상 도시개발구역으로 지정할 수 있는 대상 지역 및 규모에 관하여 (   )에 들어갈 숫자를 바르게 나열한 것은? 제29회

- 주거지역 및 상업지역: (㉠)만㎡ 이상
- 공업지역: (㉡)만㎡ 이상
- 자연녹지지역: (㉢)만㎡ 이상
- 도시개발구역 지정면적의 100분의 30 이하인 생산녹지지역: (㉣)만㎡ 이상

	㉠	㉡	㉢	㉣
①	1	1	1	3
②	1	3	1	1
③	1	3	3	1
④	3	1	3	3
⑤	3	3	1	1

키워드 도시개발구역의 지정요건

난이도 ▨▨▨

해설 ㉠㉢㉣ 주거지역·상업지역·자연녹지지역·생산녹지지역: 1만㎡ 이상
㉡ 공업지역: 3만㎡ 이상
⚠ 도시지역 외의 지역: 30만㎡ 이상

04 기본기출

도시개발법령상 도시개발구역 지정의 해제에 관한 규정 내용이다. (   )에 들어갈 숫자를 바르게 나열한 것은? 제31회

도시개발구역을 지정한 후 개발계획을 수립하는 경우에는 아래에 규정된 날의 다음 날에 도시개발구역의 지정이 해제된 것으로 본다.
- 도시개발구역이 지정·고시된 날부터 (㉠)년이 되는 날까지 개발계획을 수립·고시하지 아니하는 경우에는 그 (㉠)년이 되는 날. 다만, 도시개발구역의 면적이 330만㎡ 이상인 경우에는 5년으로 한다.
- 개발계획을 수립·고시한 날부터 (㉡)년이 되는 날까지 실시계획 인가를 신청하지 아니하는 경우에는 그 (㉡) 년이 되는 날. 다만, 도시개발구역의 면적이 330만㎡ 이상인 경우에는 (㉢)년으로 한다.

	㉠	㉡	㉢
①	2	3	3
②	2	3	5
③	3	2	3
④	3	2	5
⑤	3	3	5

정답 03 ② 04 ②

| 키워드 | 도시개발구역의 지정해제 |
| 난이도 | |

해설
- 도시개발구역이 지정·고시된 날부터 (㉠ 2)년이 되는 날까지 개발계획을 수립·고시하지 아니하는 경우에는 그 (㉠ 2)년이 되는 날의 다음 날에 해제된 것으로 본다(단, 도시개발구역의 면적이 330만m^2 이상인 경우에는 5년으로 한다).
- 개발계획을 수립·고시한 날부터 (㉡ 3)년이 되는 날까지 실시계획 인가를 신청하지 아니하는 경우에는 그 (㉡ 3)년이 되는 날의 다음 날에 해제된 것으로 본다[단, 도시개발구역의 면적이 330만m^2 이상인 경우에는 (㉢ 5)년으로 한다].

05 도시개발법령상 도시개발구역의 지정과 개발계획에 관한 설명으로 틀린 것은? 제26회

① 지정권자는 도시개발사업의 효율적 추진을 위하여 필요하다고 인정하는 경우 서로 떨어진 둘 이상의 지역을 결합하여 하나의 도시개발구역으로 지정할 수 있다.
② 도시개발구역을 둘 이상의 사업시행지구로 분할하는 경우 분할 후 사업시행지구의 면적은 각각 1만m^2 이상이어야 한다.
③ 세입자의 주거 및 생활안정대책에 관한 사항은 도시개발구역을 지정한 후에 개발계획의 내용으로 포함시킬 수 있다.
④ 지정권자는 도시개발사업을 환지방식으로 시행하려고 개발계획을 수립할 때 시행자가 지방자치단체인 경우 토지 소유자의 동의를 받아야 한다.
⑤ 도시·군기본계획이 수립되어 있는 지역에 대하여 개발계획을 수립하려면 개발계획의 내용이 해당 도시·군기본계획에 들어맞도록 하여야 한다.

| 키워드 | 도시개발구역의 지정권자, 개발계획 수립 시 동의, 개발계획의 내용 |
| 난이도 | |

해설 지정권자는 도시개발사업을 환지방식으로 시행하려고 개발계획을 수립할 때 시행자가 지방자치단체인 경우 토지 소유자의 동의를 받을 필요가 없다.

정답 05 ④

06 도시개발법령상 도시개발구역의 지정에 관한 설명으로 옳은 것은? (단, 특례는 고려하지 않음)

제30회

① 대도시 시장은 직접 도시개발구역을 지정할 수 없고, 도지사에게 그 지정을 요청하여야 한다.
② 도시개발사업이 필요하다고 인정되는 지역이 둘 이상의 도의 행정구역에 걸치는 경우에는 해당 면적이 더 넓은 행정구역의 도지사가 도시개발구역을 지정하여야 한다.
③ 천재지변으로 인하여 도시개발사업을 긴급하게 할 필요가 있는 경우 국토교통부장관이 도시개발구역을 지정할 수 있다.
④ 도시개발구역의 총 면적이 1만㎡ 미만인 경우 둘 이상의 사업시행지구로 분할하여 지정할 수 있다.
⑤ 자연녹지지역에서 도시개발구역을 지정한 이후 도시개발사업의 계획을 수립하는 것은 허용되지 아니한다.

| 키워드 | 도시개발구역의 지정권자, 개발계획의 수립시기 |
| 난이도 | |
| 해설 | ① 대도시 시장은 계획적인 도시개발이 필요하다고 인정되는 때에는 직접 도시개발구역을 지정할 수 있다.
② 도시개발사업이 필요하다고 인정되는 지역이 둘 이상의 도의 행정구역에 걸치는 경우에는 관계 시·도지사, 대도시 시장이 협의하여 도시개발구역을 지정할 자를 정한다.
④ 도시개발구역을 둘 이상의 사업시행지구로 분할할 수 있는 경우는 지정권자가 도시개발사업의 효율적인 추진을 위하여 필요하다고 인정하는 경우로서 분할 후 각 사업시행지구의 면적이 각각 1만㎡ 이상인 경우로 한다.
⑤ 자연녹지지역에서 도시개발구역을 지정한 이후 도시개발사업의 계획을 수립할 수 있다. |

정답 06 ③

THEME 15 도시개발사업의 시행자

| THEME 키워드 |
시행자의 지정, 대행가능한 도시개발사업의 범위, 도시개발조합

□ 1회독 □ 2회독

기본으로 알아야 하는 대표기출

> **기출분석**
> - **기출회차**: 제29회
> - **키워드**: 시행자의 지정
> - **난이도**: ■■■□

도시개발법령상 도시개발사업의 시행에 관한 설명으로 옳은 것은?

① 국가는 도시개발사업의 시행자가 될 수 없다.
② 한국철도공사는 「역세권의 개발 및 이용에 관한 법률」에 따른 역세권개발사업을 시행하는 경우에만 도시개발사업의 시행자가 된다.
③ 지정권자는 시행자가 도시개발사업에 관한 실시계획의 인가를 받은 후 2년 이내에 사업을 착수하지 아니하는 경우 시행자를 변경할 수 있다.
④ 토지 소유자가 도시개발구역의 지정을 제안하려는 경우에는 대상 구역 토지면적의 2분의 1 이상에 해당하는 토지 소유자의 동의를 받아야 한다.
⑤ 사업주체인 지방자치단체는 조성된 토지의 분양을 「주택법」에 따른 주택건설사업자에게 대행하게 할 수 없다.

> **함정을 피하는 TIP**
> - 도시개발사업 시행 시 사업시행자에 대한 내용을 정확하게 알고 있어야 정답을 찾을 수 있다.

해설
① 국가는 도시개발사업의 시행자가 될 수 있다.
② 국가철도공단은 「역세권의 개발 및 이용에 관한 법률」에 따른 역세권개발사업을 시행하는 경우에만 도시개발사업의 시행자가 될 수 있다.
④ 토지 소유자가 도시개발구역의 지정을 제안하려는 경우에는 대상 구역 토지면적의 3분의 2 이상에 해당하는 토지 소유자의 동의를 받아야 한다.
⑤ 사업주체인 지방자치단체는 조성된 토지의 분양을 「주택법」에 따른 주택건설사업자에게 대행하게 할 수 있다.

정답 ③

단단하게 정리하는 **핵심이론**

1 시행자의 지정

(1) 지정권자 지정 사업시행자 제16회, 제25회, 제27회, 제29회, 제33회

도시개발사업의 시행자는 다음의 자 중에서 지정권자가 지정한다(단, 도시개발구역의 전부를 환지방식으로 시행하는 경우에는 토지 소유자나 조합을 시행자로 지정).

구분		지정 시행자
공공사업 시행자		국가나 지방자치단체
	공공기관	① 「한국토지주택공사법」에 따른 한국토지주택공사 ② 「한국수자원공사법」에 따른 한국수자원공사 ③ 「한국농어촌공사 및 농지관리기금법」에 따른 한국농어촌공사 ④ 「한국관광공사법」에 따른 한국관광공사 ⑤ 「한국철도공사법」에 따른 한국철도공사 ⑥ 「혁신도시 조성 및 발전에 관한 특별법」에 따른 매입공공기관
	정부 출연 기관	① 「국가철도공단법」에 따른 국가철도공단(「역세권의 개발 및 이용에 관한 법률」에 따른 역세권개발사업을 시행하는 경우에만 해당) ② 「제주특별자치도 설치 및 국제자유도시 조성을 위한 특별법」에 따른 제주국제자유도시개발센터(제주특별자치도에서 개발사업을 하는 경우에만 해당)
		「지방공기업법」에 따라 설립된 지방공사
민간사업 시행자		① 도시개발구역의 토지 소유자(「공유수면 관리 및 매립에 관한 법률」에 따라 면허를 받은 자를 해당 공유수면을 소유한 자로 보고 그 공유수면을 토지로 보며, 수용 또는 사용방식의 경우에는 도시개발구역의 국공유지를 제외한 토지면적의 3분의 2 이상을 소유한 자) ② 도시개발구역의 토지 소유자가 도시개발을 위하여 설립한 조합(도시개발사업의 전부를 환지방식으로 시행하는 경우에만 해당) ③ 「수도권정비계획법」에 따른 과밀억제권역에서 수도권 외의 지역으로 이전하는 법인 중 과밀억제권역의 사업 기간 등 대통령령으로 정하는 요건에 해당하는 법인 ④ 「주택법」에 따라 등록한 자 중 도시개발사업을 시행할 능력이 있다고 인정되는 자로서 대통령령으로 정하는 요건에 해당하는 자 ⑤ 「건설산업기본법」에 따른 토목공사업 또는 토목건축공사업의 면허를 받는 등 대통령령으로 정하는 요건에 해당하는 자 ⑥ 「부동산개발업의 관리 및 육성에 관한 법률」에 따라 등록한 부동산개발업자로서 대통령령으로 정하는 요건에 해당하는 자 ⑦ 「부동산투자회사법」에 따라 설립된 자기관리부동산투자회사 또는 위탁관리부동산투자회사로서 대통령령으로 정하는 요건에 해당하는 자

출자법인	도시개발사업을 시행할 목적으로 출자에 참여하여 설립한 법인으로서 대통령령으로 정하는 요건에 해당하는 법인(민간사업시행자 중 ②에 따른 조합은 제외)

(2) 전부 환지방식의 시행자 제27회, 제30회, 제31회

원칙	도시개발구역의 전부를 환지방식으로 시행하는 경우에는 토지 소유자나 조합을 시행자로 지정한다.
예외	지정권자는 위의 원칙에도 불구하고 다음의 어느 하나에 해당하는 사유가 있으면 지방자치단체 등(지방자치단체, 한국토지주택공사, 지방공사, 신탁업자)을 시행자로 지정할 수 있다. 이 경우 도시개발사업을 시행하는 자가 시·도지사 또는 대도시 시장인 경우 국토교통부장관이 지정한다. ① 토지 소유자나 조합이 개발계획 수립·고시일부터 1년 이내에 시행자 지정을 신청하지 아니한 경우 또는 지정권자가 신청된 내용이 위법하거나 부당하다고 인정한 경우 ② 지방자치단체의 장이 집행하는 공공시설에 관한 사업과 병행하여 시행할 필요가 있다고 인정한 경우 ③ 도시개발구역의 국공유지를 제외한 토지면적의 2분의 1 이상에 해당하는 토지 소유자 및 토지 소유자 총수의 2분의 1 이상이 지방자치단체등의 시행에 동의한 경우

(3) 시행자의 변경 제22회, 제25회, 제29회

지정권자는 다음의 어느 하나에 해당하는 경우에는 시행자를 변경할 수 있다.

> ① 도시개발사업에 관한 실시계획의 인가를 받은 후 2년 이내에 사업을 착수하지 아니하는 경우
> ② 행정처분으로 시행자의 지정이나 실시계획의 인가가 취소된 경우
> ③ 시행자의 부도·파산, 그 밖에 이와 유사한 사유로 도시개발사업의 목적을 달성하기 어렵다고 인정되는 경우
> ④ 도시개발구역의 전부를 환지방식으로 시행하는 시행자가 도시개발구역 지정의 고시일부터 1년 이내에 도시개발사업에 관한 실시계획의 인가를 신청하지 아니하는 경우

2 도시개발사업의 대행 및 위탁

(1) 도시개발사업의 대행 제28회, 제29회, 제30회, 제34회

① 공공사업시행자(국가나 지방자치단체, 공공기관, 정부출연기관, 지방공사)는 도시개발사업을 효율적으로 시행하기 위하여 필요한 경우에는 대통령령으로 정하는 바에 따라 설계·분양 등 도시개발사업의 일부를 「주택법」에 따른 주택건설사업자 등으로 하여금 대행하게 할 수 있다.

② 주택건설사업자 등에게 대행하게 할 수 있는 도시개발사업의 범위

㉠ 실시설계
㉡ 부지조성공사
㉢ 기반시설공사
㉣ 조성된 토지의 분양

(2) 공공시설 등의 위탁 제25회

시행자는 항만·철도 그 밖에 대통령령으로 정하는 공공시설의 건설과 공유수면의 매립에 관한 업무를 대통령령으로 정하는 바에 따라 국가, 지방자치단체, 대통령령으로 정하는 공공기관·정부출연기관 또는 지방공사에 위탁하여 시행할 수 있다.

3 도시개발조합

(1) 도시개발조합의 설립 제15회, 제16회, 제18회, 제20회, 제21회, 제22회, 제25회, 제27회, 제29회, 제31회, 제33회, 제34회

설립인가	조합을 설립하려면 도시개발구역의 토지 소유자 7명 이상이 대통령령으로 정하는 사항을 포함한 정관(도시개발사업의 명칭, 조합의 명칭, 사업목적, 도시개발구역의 면적, 사업의 범위 및 사업기간 등)을 작성하여 지정권자에게 조합설립의 인가를 받아야 한다.
변경인가	① 조합이 인가를 받은 사항을 변경하려면 지정권자로부터 변경인가를 받아야 한다. ② 대통령령으로 정하는 경미한 사항(주된 사무소의 소재지를 변경, 공고방법의 변경)을 변경하려는 경우에는 신고하여야 한다.
설립인가 시 동의비율	조합설립의 인가를 신청하려면 해당 도시개발구역의 토지면적의 3분의 2 이상에 해당하는 토지 소유자와 그 구역의 토지 소유자 총수의 2분의 1 이상의 동의를 받아야 한다.

(2) 조합의 법적 성격

법인	조합은 법인으로 한다.
설립등기	조합의 설립인가를 받은 조합의 대표자가 설립인가를 받은 날부터 30일 이내에 주된 사무소의 소재지에서 설립등기를 하면 조합이 성립한다.
법률 준용	조합에 관하여 「도시개발법」으로 규정한 것 외에는 「민법」 중 사단법인에 관한 규정을 준용한다.

(3) 조합원 제18회, 제22회, 제25회, 제31회, 제33회

① 조합원의 자격: 조합의 조합원은 도시개발구역의 토지 소유자로 한다.

② 조합원의 권리와 의무: 조합원의 권리 및 의무는 다음과 같다.

권리	⊙ 보유토지의 면적과 관계없는 평등한 의결권(단, 다른 조합원으로부터 해당 도시개발구역에 그가 가지고 있는 토지 소유권 전부를 이전받은 조합원은 정관으로 정하는 바에 따라 본래의 의결권과는 별도로 그 토지 소유권을 이전한 조합원의 의결권을 승계할 수 있음) ⓒ 공유 토지는 공유자의 동의를 받은 대표공유자 1명만 의결권이 있으며, 「집합건물의 소유 및 관리에 관한 법률」에 따른 구분소유자는 구분소유자별로 의결권이 있다.
의무	정관에서 정한 조합의 운영 및 도시개발사업의 시행에 필요한 경비의 부담

③ 조합원의 경비부담

  ㉠ 조합은 그 사업에 필요한 비용을 조성하기 위하여 정관으로 정하는 바에 따라 조합원에게 경비를 부과·징수할 수 있다.

  ㉡ 조합은 부과금이나 연체료를 체납하는 자가 있으면 특별자치도지사·시장·군수 또는 구청장에게 그 징수를 위탁할 수 있다.

(4) **조합의 임원** 제16회, 제21회, 제22회, 제24회, 제27회, 제29회, 제34회

① 임원의 구성 및 직무

구성	직무
조합장 1명	㉠ 조합을 대표하고 그 사무를 총괄한다. ㉡ 총회·대의원회 또는 이사회의 의장이 된다.
이사	㉠ 정관에서 정하는 바에 따라 조합장을 보좌한다. ㉡ 조합의 사무를 분장(分掌)한다.
감사	조합의 사무 및 재산상태와 회계에 관한 사항을 감사한다.

② 임원의 선임

  ㉠ 조합의 임원은 의결권을 가진 조합원이어야 하고, 그 조합원 중 정관으로 정한 바에 따라 총회에서 선임한다.

  ㉡ 조합장 또는 이사의 자기를 위한 조합과의 계약이나 소송에 관하여는 감사가 조합을 대표한다.

③ 임원의 결격사유: 다음의 어느 하나에 해당하는 자는 조합의 임원이 될 수 없다.

> ㉠ 피성년후견인, 피한정후견인 또는 미성년자
> ㉡ 파산선고를 받은 자로서 복권되지 아니한 자
> ㉢ 금고 이상의 형을 선고받고 그 집행이 끝나거나 집행을 받지 아니하기로 확정된 후 2년이 지나지 아니한 자 또는 그 형의 집행유예 기간 중에 있는 자

⚠️ **임원의 자격상실**: 조합의 임원으로 선임된 자가 결격사유에 해당하게 된 경우에는 그 다음 날부터 임원의 자격을 상실한다.

④ 임원의 겸직금지

  ㉠ 조합의 임원은 그 조합의 다른 임원이나 직원을 겸할 수 없다.

  ㉡ 조합의 임원은 같은 목적의 사업을 하는 다른 조합의 임원 또는 직원을 겸할 수 없다.

(5) 총회 및 대의원회

① **총회**(최고의결기관, 필수기관)**의 의결사항**: 다음의 사항은 총회의 의결을 거쳐야 한다.

> ⊙ 정관의 변경
> ⓒ 개발계획 및 실시계획의 수립 및 변경
> ⓒ 자금의 차입과 그 방법·이율 및 상환방법
> ② 조합의 수지예산
> ⑩ 부과금의 금액 또는 징수방법
> ⓑ 환지계획의 작성
> ⓢ 환지예정지의 지정
> ⓞ 체비지 등의 처분방법
> ⓩ 조합임원의 선임
> ⓧ 조합의 합병 또는 해산에 관한 사항(단, 청산금의 징수·교부를 완료한 후에 조합을 해산하는 경우는 제외)
> ⓚ 그 밖에 정관에서 정하는 사항

② **대의원회**(의결기관, 임의기관)

임의적 성격	의결권을 가진 조합원의 수가 50인 이상인 조합은 총회의 권한을 대행하게 하기 위하여 대의원회를 둘 수 있다.
대의원의 수	대의원회에 두는 대의원의 수는 의결권을 가진 조합원 총수의 100분의 10 이상으로 하고, 대의원은 의결권을 가진 조합원 중에서 정관에서 정하는 바에 따라 선출한다.
대의원회의 권한	대의원회는 총회의 의결사항 중 다음의 사항을 제외한 총회의 권한을 대행할 수 있다. ⊙ 정관의 변경 ⓒ 개발계획의 수립 및 변경(개발계획의 경미한 변경 및 실시계획의 수립·변경은 제외) ⓒ 환지계획의 작성(환지계획의 경미한 변경은 제외) ② 조합임원(조합장, 이사, 감사)의 선임 ⑩ 조합의 합병 또는 해산에 관한 사항(단, 청산금의 징수·교부를 완료한 후에 조합을 해산하는 경우는 제외)

기본문제와 완성문제로 단단기출

01 도시개발법령상 도시개발사업 시행자로 지정될 수 있는 자에 해당하지 <u>않는</u> 것은? 제33회

기본 기출
① 국가
②「한국부동산원법」에 따른 한국부동산원
③「한국수자원공사법」에 따른 한국수자원공사
④「한국관광공사법」에 따른 한국관광공사
⑤「지방공기업법」에 따라 설립된 지방공사

> 키워드 〉 시행자의 지정
> 난이도 〉
> 해설 〉 한국부동산원은 도시개발사업의 시행자에 해당하지 않는다.

02 도시개발법령상 도시개발구역 지정권자가 시행자를 변경할 수 있는 경우가 <u>아닌</u> 것은? 제28회

기본 기출
① 도시개발사업에 관한 실시계획의 인가를 받은 후 2년 이내에 사업을 착수하지 아니하는 경우
② 행정처분으로 사업시행자의 지정이 취소된 경우
③ 사업시행자가 도시개발구역 지정의 고시일부터 6개월 이내에 실시계획의 인가를 신청하지 아니하는 경우
④ 사업시행자의 부도로 도시개발사업의 목적을 달성하기 어렵다고 인정되는 경우
⑤ 행정처분으로 실시계획의 인가가 취소된 경우

> 키워드 〉 시행자의 지정
> 난이도 〉
> 해설 〉 사업시행자가 도시개발구역 지정의 고시일부터 1년 이내에 실시계획의 인가를 신청하지 아니하는 경우 도시개발구역 지정권자가 시행자를 변경할 수 있다.

정답 01 ② 02 ③

03 도시개발법령상 도시개발사업의 시행자인 지방자치단체가 「주택법」 제4조에 따른 주택건설사업자 등으로 하여금 대행하게 할 수 있는 도시개발사업의 범위에 해당하지 않는 것은? 제34회

① 실시설계
② 부지조성공사
③ 기반시설공사
④ 조성된 토지의 분양
⑤ 토지상환채권의 발행

> 키워드 › 대행가능한 도시개발사업의 범위
> 난이도 ›
> 해설 › ⑤ 토지상환채권의 발행은 지방자치단체(공공사업시행자)가 「주택법」 제4조에 따른 주택건설사업자 등으로 하여금 대행하게 할 수 있는 사항에 해당하지 않는다.
> ①②③④ 지방자치단체(공공사업시행자)가 도시개발사업을 효율적으로 시행하기 위하여 필요한 경우에 「주택법」 제4조에 따른 주택건설사업자 등으로 하여금 대행하게 할 수 있는 사항에 해당한다.

04 도시개발법령상 도시개발사업을 위하여 설립하는 조합에 관한 설명으로 옳은 것은? 제29회

① 조합을 설립하려면 도시개발구역의 토지 소유자 7명 이상이 국토교통부장관에게 조합설립의 인가를 받아야 한다.
② 조합이 인가받은 사항 중 주된 사무소의 소재지를 변경하려는 경우 변경인가를 받아야 한다.
③ 조합설립의 인가를 신청하려면 해당 도시개발구역의 토지면적의 2분의 1 이상에 해당하는 토지 소유자와 그 구역의 토지 소유자 총수의 3분의 2 이상의 동의를 받아야 한다.
④ 금고 이상의 형을 선고받고 그 집행이 끝나지 아니한 자는 조합원이 될 수 없다.
⑤ 의결권을 가진 조합원의 수가 100인 조합은 총회의 권한을 대행하게 하기 위하여 대의원회를 둘 수 있다.

> 키워드 › 도시개발조합
> 난이도 ›
> 해설 › ① 조합을 설립하려면 도시개발구역의 토지 소유자 7명 이상이 지정권자에게 조합설립의 인가를 받아야 한다.
> ② 조합이 인가받은 사항 중 주된 사무소의 소재지를 변경하려는 경우 변경인가를 받지 않아도 되며, 신고를 하면 된다.
> ③ 조합설립의 인가를 신청하려면 해당 도시개발구역의 토지면적의 3분의 2 이상에 해당하는 토지 소유자와 그 구역의 토지 소유자 총수의 2분의 1 이상의 동의를 받아야 한다.
> ④ 금고 이상의 형을 선고받고 그 집행이 끝나지 아니한 자라도 조합원이 될 수는 있다. 하지만 조합의 임원은 될 수 없다.

정답 03 ⑤ 04 ⑤

05 기본 기출

도시개발법령상 도시개발사업조합에 관한 설명으로 옳은 것을 모두 고른 것은?   제34회

> ㉠ 금고 이상의 형을 선고받고 그 형의 집행유예 기간 중에 있는 자는 조합의 임원이 될 수 없다.
> ㉡ 조합이 조합 설립의 인가를 받은 사항 중 공고방법을 변경하려는 경우 지정권자로부터 변경인가를 받아야 한다.
> ㉢ 조합장 또는 이사의 자기를 위한 조합과의 계약이나 소송에 관하여는 대의원회가 조합을 대표한다.
> ㉣ 의결권을 가진 조합원의 수가 50인 이상인 조합은 총회의 권한을 대행하게 하기 위하여 대의원회를 둘 수 있으며, 대의원회에 두는 대의원의 수는 의결권을 가진 조합원 총수의 100분의 10 이상으로 한다.

① ㉠, ㉢
② ㉠, ㉣
③ ㉡, ㉢
④ ㉠, ㉡, ㉣
⑤ ㉡, ㉢, ㉣

키워드 도시개발조합

난이도

해설 ㉡ 조합이 인가를 받은 사항을 변경하려면 지정권자로부터 변경인가를 받아야 한다. 다만, 공고방법을 변경하려는 경우 등 경미한 사항을 변경하려는 경우에는 신고하여야 한다.
㉢ 조합장 또는 이사의 자기를 위한 조합과의 계약이나 소송에 관하여는 감사가 조합을 대표한다.

06 기본 기출

도시개발법령상 도시개발조합 총회의 의결사항 중 대의원회가 총회의 권한을 대행할 수 있는 사항은?   제31회

① 정관의 변경
② 개발계획의 수립
③ 조합장의 선임
④ 환지예정지의 지정
⑤ 조합의 합병에 관한 사항

키워드 도시개발조합

난이도

해설 대의원회는 총회의 의결사항 중 정관의 변경, 개발계획의 수립 및 변경(경미한 변경은 제외), 환지계획(경미한 변경은 제외)의 작성, 조합임원의 선임, 조합의 합병 또는 해산에 관한 사항만 총회의 권한을 대행할 수 없으며, 환지예정지의 지정은 총회의 권한을 대행할 수 있다.

정답 05 ② 06 ④

07 도시개발법령상 도시개발사업조합에 관한 설명으로 틀린 것은? 제33회

① 조합은 그 주된 사무소의 소재지에서 등기를 하면 성립한다.
② 주된 사무소의 소재지를 변경하려면 지정권자로부터 변경인가를 받아야 한다.
③ 조합설립의 인가를 신청하려면 해당 도시개발구역의 토지면적의 3분의 2 이상에 해당하는 토지 소유자와 그 구역의 토지 소유자 총수의 2분의 1 이상의 동의를 받아야 한다.
④ 조합의 조합원은 도시개발구역의 토지 소유자로 한다.
⑤ 조합의 설립인가를 받은 조합의 대표자는 설립인가를 받은 날부터 30일 이내에 주된 사무소의 소재지에서 설립등기를 하여야 한다.

키워드 › 도시개발조합

난이도 ›

해설 › 조합이 인가를 받은 사항을 변경하려면 지정권자로부터 변경인가를 받아야 한다. 다만, 대통령령으로 정하는 경미한 사항을 변경하려는 경우(주된 사무소의 소재지를 변경하려는 경우나 공고방법을 변경하려는 경우)에는 신고하여야 한다.

08 도시개발법령상 도시개발조합에 관한 설명으로 옳은 것은? 제31회

① 도시개발구역의 토지 소유자가 미성년자인 경우에는 조합의 조합원이 될 수 없다.
② 조합원은 보유토지의 면적과 관계없는 평등한 의결권을 가지므로, 공유 토지의 경우 공유자별로 의결권이 있다.
③ 조합은 도시개발사업 전부를 환지방식으로 시행하는 경우에 도시개발사업의 시행자가 될 수 있다.
④ 조합설립의 인가를 신청하려면 해당 도시개발구역의 토지면적의 2분의 1 이상에 해당하는 토지 소유자와 그 구역의 토지 소유자 총수의 3분의 2 이상의 동의를 받아야 한다.
⑤ 토지 소유자가 조합설립인가 신청에 동의하였다면 이후 조합설립인가의 신청 전에 그 동의를 철회하였더라도 그 토지 소유자는 동의자 수에 포함된다.

키워드 › 도시개발조합

난이도 ›

해설 › ① 도시개발구역의 토지 소유자가 미성년자인 경우에는 조합의 조합원이 될 수 있다.
② 조합원은 보유토지의 면적과 관계없는 평등한 의결권을 가지며, 공유 토지의 경우에는 공유자별이 아니라 대표공유자 1인에게 의결권이 있다.
④ 조합설립의 인가를 신청하려면 해당 도시개발구역의 토지면적의 3분의 2 이상에 해당하는 토지 소유자와 그 구역의 토지 소유자 총수의 2분의 1 이상의 동의를 받아야 한다.
⑤ 토지 소유자가 조합설립인가 신청에 동의하더라도 이후 조합설립인가의 신청 전에 그 동의를 철회하면 그 토지 소유자는 동의자 수에서 제외한다.

정답 07 ② 08 ③

THEME 16 도시개발사업의 실시계획

| THEME 키워드 |
실시계획의 작성 및 인가, 실시계획의 고시

기출분석
- **기출회차:** 제31회
- **키워드:** 실시계획의 고시
- **난이도:** ■■□

기본으로 알아야 하는 대표기출

도시개발법령상 도시개발사업의 실시계획에 관한 설명으로 <u>틀린</u> 것은?

① 시행자가 작성하는 실시계획에는 지구단위계획이 포함되어야 한다.
② 지정권자인 국토교통부장관이 실시계획을 작성하는 경우 시·도지사 또는 대도시 시장의 의견을 미리 들어야 한다.
③ 지정권자가 시행자가 아닌 경우 시행자는 작성된 실시계획에 관하여 지정권자의 인가를 받아야 한다.
④ 고시된 실시계획의 내용 중 「국토의 계획 및 이용에 관한 법률」에 따라 도시·군관리계획으로 결정하여야 하는 사항이 종전에 도시·군관리계획으로 결정된 사항에 저촉되면 종전에 도시·군관리계획으로 결정된 사항이 우선하여 적용된다.
⑤ 실시계획의 인가에 의해 「주택법」에 따른 사업계획의 승인은 의제될 수 있다.

> **해설**
> 고시된 실시계획의 내용 중 「국토의 계획 및 이용에 관한 법률」에 따라 도시·군관리계획으로 결정하여야 하는 사항이 종전에 도시·군관리계획으로 결정된 사항에 저촉되면 고시 내용에 저촉되는 사항은 고시된 내용으로 변경된 것으로 본다. 즉, 기존 계획의 내용은 폐지되는 것이 아니라 실시계획의 내용으로 변경간주가 되는 것이다.
>
> 정답 ④

함정을 피하는 TIP
- 도시개발사업의 실시계획에 대한 세부사항을 알아야 정답을 찾을 수 있다.

단단하게 정리하는 **핵심이론**

1 실시계획의 작성 및 인가

(1) 실시계획의 작성 및 내용 제19회, 제23회, 제25회, 제31회

① 시행자는 도시개발사업에 관한 실시계획을 작성하여야 한다. 이 경우 실시계획에는 지구단위계획이 포함되어야 한다.

② 실시계획은 개발계획에 맞게 작성하여야 한다.

③ 실시계획의 작성에 필요한 세부적인 사항은 국토교통부장관이 정한다.

④ 실시계획에는 사업 시행에 필요한 설계도서, 자금계획, 시행기간 그 밖에 대통령령으로 정하는 사항과 서류를 명시하거나 첨부하여야 한다.

(2) 실시계획의 인가 제19회, 제23회, 제25회, 제29회, 제31회

① 지정권자의 인가

　㉠ 시행자(지정권자가 시행자인 경우는 제외)는 작성된 실시계획에 관하여 지정권자의 인가를 받아야 한다.

　㉡ 인가를 받은 실시계획을 변경하거나 폐지하는 경우에도 지정권자의 인가를 받아야 한다.

　㉢ 경미한 사항의 변경: 다음의 경미한 사항을 변경하는 경우에는 인가를 받지 않아도 된다.

　　ⓐ 사업시행지역의 변동이 없는 범위에서의 착오·누락 등에 따른 사업시행면적의 정정

　　ⓑ 사업시행면적의 100분의 10의 범위에서의 면적의 감소

　　ⓒ 사업비의 100분의 10의 범위에서의 사업비의 증감

② 인가절차

원칙	시행자가 실시계획의 인가를 받으려는 경우에는 실시계획 인가신청서에 국토교통부령으로 정하는 서류(축척 1/2만 5천 또는 1/5만의 위치도, 계획평면도 및 개략설계도 등)를 첨부하여 시장(대도시 시장은 제외)·군수 또는 구청장을 거쳐 지정권자에게 제출하여야 한다.
예외	국토교통부장관·특별자치도지사 또는 대도시 시장이 지정권자인 경우에는 국토교통부장관·특별자치도지사 또는 대도시 시장에게 직접 제출할 수 있다.
의견청취	지정권자가 실시계획을 작성하거나 인가하는 경우 국토교통부장관이 지정권자이면 시·도지사 또는 대도시 시장의 의견을, 시·도지사가 지정권자이면 시장(대도시 시장은 제외)·군수 또는 구청장의 의견을 미리 들어야 한다.

2 실시계획의 고시

(1) 고시 및 공람 제29회

① 지정권자가 실시계획을 작성하거나 인가한 경우에는 이를 관보나 공보에 아래의 사항을 고시하고 시행자에게 관계 서류의 사본을 송부하며, 대도시 시장인 지정권자는 일반에게 관계 서류를 공람시켜야 하고, 대도시 시장이 아닌 지정권자는 해당 도시개발구역을 관할하는 시장(대도시 시장은 제외)·군수 또는 구청장에게 관계 서류의 사본을 보내야 한다.

> ㉠ 사업의 명칭 ㉡ 사업의 목적
> ㉢ 도시개발구역의 위치 및 면적 ㉣ 시행자
> ㉤ 시행기간 ㉥ 시행방식
> ㉦ 도시·군관리계획(지구단위계획을 포함)의 결정내용
> ㉧ 인가된 실시계획에 관한 도서의 공람기간 및 공람장소
> ㉨ 실시계획의 고시로 의제되는 인·허가등의 고시 또는 공고사항

② 지정권자는 도시개발사업을 환지방식으로 시행하는 구역에 대하여는 위 ①의 고시내용 중 ㉠부터 ㉥까지의 사항과 토지조서를 관할 등기소에 통보·제출하여야 한다.

(2) 도시·군관리계획 결정·고시의 의제 제19회, 제23회, 제31회

① 실시계획을 고시한 경우 그 고시된 내용 중 「국토의 계획 및 이용에 관한 법률」에 따라 도시·군관리계획(지구단위계획을 포함)으로 결정하여야 하는 사항은 같은 법에 따른 도시·군관리계획이 결정되어 고시된 것으로 본다.

② 이 경우 종전에 도시·군관리계획으로 결정된 사항 중 고시 내용에 저촉되는 사항은 고시된 내용으로 변경된 것으로 본다.

(3) 관련 인·허가등의 의제 제19회, 제25회, 제29회, 제31회

의제사항	실시계획을 작성하거나 인가할 때 지정권자가 해당 실시계획에 대한 다음의 인·허가등(허가·승인·심사·인가·신고·면허·등록·협의·지정·해제 또는 처분 등)에 관하여 관계 행정기관의 장과 협의한 사항에 대하여는 해당 인·허가등을 받은 것으로 보며, 실시계획을 고시한 경우에는 관계 법률에 따른 인·허가등의 고시나 공고를 한 것으로 본다. ① 「하수도법」에 따른 공공하수도 공사시행의 허가 ② 「주택법」에 따른 사업계획의 승인
서류제출	인·허가등의 의제를 받으려는 자는 실시계획의 인가를 신청하는 때에 해당 법률로 정하는 관계 서류를 함께 제출하여야 한다.
사전협의	지정권자는 실시계획을 작성하거나 인가할 때 그 내용에 의제사항의 어느 하나에 해당하는 사항이 있으면 미리 관계 행정기관의 장과 협의하여야 한다. 이 경우 관계 행정기관의 장은 협의 요청을 받은 날부터 20일 이내에 의견을 제출하여야 하며, 그 기간 내에 의견을 제출하지 아니하면 협의한 것으로 본다.

기본문제와 완성문제로 단단기출

01 도시개발법령상 도시개발사업의 실시계획에 관한 설명으로 <u>틀린</u> 것은? 제23회

기본 기출

① 시행자는 지구단위계획이 포함된 실시계획을 작성하여야 한다.
② 시행자는 사업시행면적을 100분의 10의 범위에서 감소시키고자 하는 경우 인가받은 실시계획에 관하여 변경인가를 받아야 한다.
③ 지정권자가 실시계획을 작성하거나 인가하는 경우 시·도지사가 지정권자이면 시장(대도시 시장은 제외)·군수 또는 구청장의 의견을 미리 들어야 한다.
④ 실시계획에는 사업 시행에 필요한 설계 도서, 자금계획, 시행기간 그 밖에 대통령령으로 정하는 사항과 서류를 명시하거나 첨부하여야 한다.
⑤ 실시계획을 고시한 경우 그 고시된 내용 중 「국토의 계획 및 이용에 관한 법률」에 따라 도시·군관리계획(지구단위계획을 포함)으로 결정하여야 하는 사항은 같은 법에 따른 도시·군관리계획이 결정되어 고시된 것으로 본다.

> 키워드 ▶ 실시계획의 작성 및 인가
> 난이도 ▶
> 해설 ▶ 도시개발사업의 시행자는 사업시행면적을 100분의 10의 범위에서 감소시키고자 하는 경우 인가받은 실시계획에 관하여 변경인가를 받을 필요가 없다.

02 도시개발법령상 도시개발사업의 실시계획에 관한 설명으로 <u>틀린</u> 것은? 제25회

기본 기출

① 도시개발사업에 관한 실시계획에는 지구단위계획이 포함되어야 한다.
② 시·도지사가 실시계획을 작성하는 경우 국토교통부장관의 의견을 미리 들어야 한다.
③ 실시계획인가신청서에는 축척 2만 5천분의 1 또는 5만분의 1의 위치도가 첨부되어야 한다.
④ 관련 인·허가등의 의제를 받으려는 자는 실시계획의 인가를 신청하는 때에 해당 법률로 정하는 관계 서류를 함께 제출하여야 한다.
⑤ 지정권자가 아닌 시행자가 실시계획의 인가를 받은 후, 사업비의 100분의 10의 범위에서 사업비를 증액하는 경우 지정권자의 인가를 받지 않아도 된다.

> 키워드 ▶ 실시계획의 작성 및 인가
> 난이도 ▶
> 해설 ▶ 시·도지사가 실시계획을 작성하는 경우 시장(대도시 시장 제외)·군수 또는 구청장의 의견을 미리 들어야 한다.

정답 01 ② 02 ②

03 도시개발법령상 도시개발사업의 실시계획에 관한 설명으로 옳은 것은?

제29회

완성 기출

① 지정권자인 국토교통부장관이 실시계획을 작성하는 경우 시장·군수 또는 구청장의 의견을 미리 들어야 한다.
② 도시개발사업을 환지방식으로 시행하는 구역에 대하여 지정권자가 실시계획을 작성한 경우에는 사업의 명칭·목적, 도시·군관리계획의 결정내용을 관할 등기소에 통보·제출하여야 한다.
③ 실시계획을 인가할 때 지정권자가 해당 실시계획에 대한「하수도법」에 따른 공공하수도 공사 시행의 허가에 관하여 관계 행정기관의 장과 협의한 때에는 해당 허가를 받은 것으로 본다.
④ 인가를 받은 실시계획 중 사업시행면적의 100분의 20이 감소된 경우 지정권자의 변경인가를 받을 필요가 없다.
⑤ 지정권자는 시행자가 도시개발구역 지정의 고시일부터 6개월 이내에 실시계획의 인가를 신청하지 아니하는 경우 시행자를 변경할 수 있다.

키워드 실시계획의 고시

난이도

해설 ① 지정권자가 실시계획을 작성하거나 인가하는 경우 국토교통부장관이 지정권자인 경우에는 시·도지사 또는 대도시 시장의 의견을, 시·도지사가 지정권자이면 시장(대도시 시장 제외)·군수 또는 구청장의 의견을 미리 들어야 한다.
② 도시개발사업을 환지방식으로 시행하는 구역에 대하여 지정권자가 실시계획을 작성한 경우에는 사업의 명칭·목적 등은 관할 등기소에 통보·제출하여야 하지만, 도시·군관리계획의 결정내용은 통보·제출할 필요가 없다.
④ 인가를 받은 실시계획 중 사업시행면적의 100분의 10이 감소된 경우 지정권자의 변경인가를 받을 필요가 없다.
⑤ 지정권자는 시행자가 도시개발구역 지정의 고시일부터 1년 이내에 실시계획의 인가를 신청하지 아니하는 경우 시행자를 변경할 수 있다.

정답 03 ③

THEME 17

도시개발사업의 시행

| THEME 키워드 |
도시개발사업의 시행방식, 수용 또는 사용방식에 의한 사업시행, 원형지의 공급과 개발, 환지계획, 환지방식에 의한 사업시행, 청산금, 준공검사 등

기출분석
- **기출회차**: 제30회
- **키워드**: 도시개발사업의 시행방식
- **난이도**: ■■□□□

기본으로 알아야 하는 대표기출

도시개발법령상 도시개발사업의 시행방식에 관한 설명으로 옳은 것은?

① 분할 혼용방식은 수용 또는 사용방식이 적용되는 지역과 환지방식이 적용되는 지역을 사업시행지구별로 분할하여 시행하는 방식이다.
② 계획적이고 체계적인 도시개발 등 집단적인 조성과 공급이 필요한 경우에는 환지방식으로 정하여야 하며, 다른 시행방식에 의할 수 없다.
③ 도시개발구역 지정 이후에는 도시개발사업의 시행방식을 변경할 수 없다.
④ 시행자는 도시개발사업의 시행방식을 토지 등을 수용 또는 사용하는 방식, 환지방식 또는 이를 혼용하는 방식 중에서 정하여 국토교통부장관의 허가를 받아야 한다.
⑤ 지방자치단체가 도시개발사업의 전부를 환지방식으로 시행하려고 할 때에는 도시개발사업에 관한 규약을 정하여야 한다.

해설
② 계획적이고 체계적인 도시개발 등 집단적인 택지의 조성과 공급이 필요한 경우에는 수용 또는 사용방식으로 정하여야 하며, 다른 시행방식에 의할 수 없다.
③ 도시개발구역 지정 이후에도 도시개발사업의 시행방식을 변경할 수 있다.
④ 도시개발사업은 시행자가 도시개발구역의 토지 등을 수용 또는 사용하는 방식이나 환지방식 또는 이를 혼용하는 방식으로 시행할 수 있으며, 국토교통부장관의 허가를 받아야 하는 것은 아니다.
⑤ 지방자치단체가 도시개발사업의 전부를 환지방식으로 시행하려고 할 때에는 대통령령으로 정하는 바에 따라 시행규정을 작성하여야 한다.

정답 ①

함정을 피하는 TIP
- 도시개발사업 시행방식의 종류별 특징을 파악하고 있어야 한다.

단단하게 정리하는 핵심이론

01 도시개발사업의 시행방식

1 사업시행방식의 종류 제16회, 제30회

(1) 사업시행방식의 종류
도시개발사업은 시행자가 도시개발구역의 토지등을 수용 또는 사용하는 방식이나 환지방식 또는 이를 혼용하는 방식으로 시행할 수 있다.

(2) 사업시행방식을 정하는 기준
사업의 용이성·규모 등을 고려하여 필요하면 국토교통부장관이 정하는 기준에 따라 도시개발방식을 정할 수 있다.

구분			특징
수용 또는 사용방식			계획적이고 체계적인 도시개발 등 집단적인 조성과 공급이 필요한 경우
환지방식			① 대지로서의 효용증진과 공공시설의 정비를 위하여 토지의 교환·분할·합병, 그 밖의 구획변경, 지목 또는 형질의 변경이나 공공시설의 설치·변경이 필요한 경우 ② 도시개발사업을 시행하는 지역의 지가가 인근의 다른 지역에 비하여 현저히 높아 수용 또는 사용방식으로 시행하는 것이 어려운 경우
혼용방식	정의		도시개발구역으로 지정하려는 지역이 부분적으로 수용·사용방식 또는 환지방식의 요건에 해당하는 경우
	종류	분할 혼용방식	수용 또는 사용방식이 적용되는 지역과 환지방식이 적용되는 지역을 사업시행지구별로 분할하여 시행하는 방식
		미분할 혼용방식	사업시행지구를 분할하지 아니하고 수용 또는 사용방식과 환지방식을 혼용하여 시행하는 방식

2 사업시행방식의 변경 제30회, 제32회

지정권자는 도시개발구역 지정 이후 다음의 어느 하나에 해당하는 경우에는 도시개발사업의 시행방식을 변경할 수 있다.

① 공공사업시행자가 도시개발사업의 시행방식을 수용 또는 사용방식에서 전부 환지방식으로 변경하는 경우
② 공공사업시행자가 도시개발사업의 시행방식을 혼용방식에서 전부 환지방식으로 변경하는 경우
③ 도시개발조합을 제외한 사업시행자가 도시개발사업의 시행방식을 수용 또는 사용방식에서 혼용방식으로 변경하는 경우

02 수용 또는 사용방식에 의한 사업시행

1 토지등의 수용 또는 사용 제16회, 제17회, 제26회, 제27회, 제30회, 제32회

(1) 수용주체

시행자는 도시개발사업에 필요한 토지등을 수용하거나 사용할 수 있다. 다만, 민간사업시행자는 동의를 받아야 한다.

(2) 민간사업시행자 수용 시 동의요건

민간사업시행자는 사업대상 토지면적의 3분의 2 이상에 해당하는 토지를 소유하고 토지 소유자 총수의 2분의 1 이상에 해당하는 자의 동의를 받아야 한다.

(3) 토지 수용 시 관련 법률의 준용

① 토지등의 수용 또는 사용에 관하여 이 법에 특별한 규정이 있는 경우 외에는 「공익사업을 위한 토지 등의 취득 및 보상에 관한 법률」을 준용한다.

② 「공익사업을 위한 토지 등의 취득 및 보상에 관한 법률」을 준용할 때 수용 또는 사용의 대상이 되는 토지의 세부목록을 고시한 경우에는 「공익사업을 위한 토지 등의 취득 및 보상에 관한 법률」에 따른 사업인정 및 그 고시가 있었던 것으로 본다. 다만, 재결신청은 「공익사업을 위한 토지 등의 취득 및 보상에 관한 법률」에도 불구하고 개발계획에서 정한 도시개발사업의 시행기간 종료일까지 하여야 한다.

2 토지상환채권 제16회, 제17회, 제18회, 제20회, 제24회, 제26회, 제27회, 제30회, 제32회, 제33회

발행권자	시행자는 토지 소유자가 원하면 토지등의 매수 대금의 일부를 지급하기 위하여 해당 도시개발사업으로 조성되는 분양토지 또는 분양건축물 면적의 2분의 1을 초과하지 아니하는 범위에서 사업 시행으로 조성된 토지·건축물로 상환하는 토지상환채권을 발행할 수 있다.
지급보증	민간사업시행자는 대통령령으로 정하는 금융기관 등으로부터 지급보증을 받은 경우에만 이를 발행할 수 있다.
지정권자의 승인	시행자(지정권자가 시행자인 경우는 제외)는 토지상환채권을 발행하려면 토지가격의 추산방법 등이 포함된 토지상환채권의 발행계획을 작성하여 미리 지정권자의 승인을 받아야 한다.
발행이율	토지상환채권의 이율은 발행 당시의 은행의 예금금리 및 부동산 수급상황을 고려하여 발행자가 정한다.
발행방법	토지상환채권은 기명식(記名式) 증권으로 한다.

이전과 대항력	① 토지상환채권의 발행자는 주된 사무소에 일정한 사항을 기재한 토지상환채권원부를 비치하여야 한다. ② 토지상환채권을 이전하는 경우 취득자는 그 성명과 주소를 토지상환채권원부에 기재하여 줄 것을 요청하여야 하며, 취득자의 성명과 주소가 토지상환채권에 기재되지 아니하면 취득자는 발행자 및 그 밖의 제3자에게 대항하지 못한다. ③ 토지상환채권을 질권의 목적으로 하는 경우에는 질권자의 성명과 주소가 토지상환채권원부에 기재되지 아니하면 질권자는 발행자 및 그 밖의 제3자에게 대항하지 못한다.

3 선수금 제17회, 제23회, 제26회, 제30회

(1) 의의

목적	시행자는 조성토지등과 도시개발사업으로 조성되지 아니한 상태의 토지(이하 '원형지')를 공급받거나 이용하려는 자로부터 대통령령으로 정하는 바에 따라 해당 대금의 전부 또는 일부를 미리 받을 수 있다.
지정권자의 승인	시행자(지정권자가 시행자인 경우는 제외)는 해당 대금의 전부 또는 일부를 미리 받으려면 지정권자의 승인을 받아야 한다.

(2) 요건

구분	선수금을 받기 위한 요건
공공사업 시행자	개발계획을 수립·고시한 후에 사업시행 토지면적의 100분의 10 이상의 토지에 대한 소유권을 확보할 것(사용동의를 포함)
민간사업 시행자	해당 도시개발구역에 대하여 실시계획인가를 받은 후 다음의 요건을 모두 갖출 것 ① 공급하려는 토지에 대한 소유권을 확보하고, 해당 토지에 설정된 저당권을 말소하였을 것(단, 부득이한 사유로 토지 소유권을 확보하지 못하였거나 저당권을 말소하지 못한 경우에는 시행자, 토지 소유자 및 저당권자가 공동약정서를 공증하여 제출할 것) ② 공급하려는 토지에 대한 도시개발사업의 공사 진척률이 100분의 10 이상일 것 ③ 공급계약의 불이행 시 선수금의 환불을 담보하기 위하여 보증서 등을 지정권자에게 제출할 것

4 원형지의 공급과 개발 제23회, 제25회, 제26회, 제27회, 제30회, 제32회, 제34회

(1) 공급 대상자

시행자는 도시를 자연친화적으로 개발하거나 복합적·입체적으로 개발하기 위하여 필요한 경우에는 미리 지정권자의 승인을 받아 다음의 어느 하나에 해당하는 자에게 원형지를 공급하여 개발하게 할 수 있다.

> ① 국가 또는 지방자치단체
> ② 「공공기관의 운영에 관한 법률」에 따른 공공기관
> ③ 「지방공기업법」에 따라 설립된 지방공사
> ④ 국가나 지방자치단체 및 대통령령으로 정하는 공공기관인 시행자가 복합개발 등을 위하여 실시한 공모에서 선정된 자
> ⑤ 원형지를 학교나 공장 등의 부지로 직접 사용하는 자

(2) 공급 대상면적

공급될 수 있는 원형지의 면적은 도시개발구역 전체 토지면적의 3분의 1 이내로 한정한다.

(3) 공급계획

작성	원형지를 공급하기 위하여 지정권자에게 승인 신청을 할 때에는 원형지 사용조건 등을 첨부한 원형지의 공급계획을 작성하여 지정권자에게 제출하여야 한다. 작성된 공급계획을 변경하는 경우에도 같다.
내용	원형지 공급계획에는 원형지를 공급받아 개발하는 원형지개발자에 관한 사항과 원형지의 공급내용 등이 포함되어야 한다.

(4) 조건부 승인

지정권자는 승인을 할 때에는 용적률 등 개발밀도, 토지용도별 면적 및 배치, 교통처리계획 및 기반시설의 설치 등에 관한 이행조건을 붙일 수 있다.

(5) 원형지의 매각제한

원칙	원형지개발자(국가 및 지방자치단체는 제외)는 10년의 범위에서 대통령령으로 정하는 기간(원형지에 대한 공사 완료 공고일부터 5년 또는 원형지 공급계약일부터 10년 중 먼저 끝나는 기간) 안에는 원형지를 매각할 수 없다.
예외	① 국가 및 지방자치단체는 대통령령으로 정하는 기간 안에도 원형지를 매각할 수 있다. ② 이주용 주택이나 공공·문화 시설 등 대통령령으로 정하는 경우로서 미리 지정권자의 승인을 받은 경우에는 대통령령으로 정하는 기간 안에도 원형지를 매각할 수 있다.

공급계약해제	시행자는 공급받은 토지의 전부나 일부를 시행자의 동의 없이 제3자에게 매각하는 경우, 원형지개발자에게 2회 이상 시정을 요구하여야 하고, 원형지개발자가 시정하지 아니한 경우에는 원형지공급계약을 해제할 수 있다.

(6) 원형지개발자의 선정방법

원칙	원형지개발자의 선정은 수의계약의 방법으로 한다.
예외	학교나 공장 등의 부지로 직접 사용하는 자에 해당하는 원형지개발자의 선정은 경쟁입찰의 방식으로 하며, 경쟁입찰이 2회 이상 유찰된 경우에는 수의계약의 방법으로 할 수 있다.

(7) 원형지의 공급가격

원형지 공급가격은 개발계획이 반영된 원형지의 감정가격에 시행자가 원형지에 설치한 기반시설 등의 공사비를 더한 금액을 기준으로 시행자와 원형지개발자가 협의하여 결정한다.

5 조성토지 등의 공급 제22회, 제24회, 제26회, 제30회

(1) 공급계획

승인	시행자는 조성토지등을 공급하려고 할 때에는 조성토지등의 공급계획을 작성하여야 하며, 지정권자가 아닌 시행자는 작성한 조성토지등의 공급계획에 대하여 지정권자의 승인을 받아야 한다. 조성토지등의 공급계획을 변경하려는 경우에도 또한 같다.
의견청취	지정권자가 조성토지등의 공급계획을 작성하거나 승인하는 경우 국토교통부장관이 지정권자이면 시·도지사 또는 대도시 시장의 의견을, 시·도지사가 지정권자이면 시장(대도시 시장은 제외)·군수 또는 구청장의 의견을 미리 들어야 한다.
공급계획 내용	시행자가 직접 건축물을 건축하여 사용하거나 공급하려고 계획한 토지가 있는 경우에는 그 현황을 조성토지등의 공급계획의 내용에 포함하여야 한다. 다만, 민간참여자가 직접 건축물을 건축하여 사용하거나 공급하려고 계획한 토지는 전체 조성토지 중 해당 민간참여자의 출자 지분 범위 내에서만 조성토지등의 공급계획에 포함할 수 있다.

(2) 공급가격

원칙	조성토지등의 가격 평가는 감정가격으로 한다.
예외	시행자는 학교, 폐기물처리시설, 임대주택 그 밖에 다음의 시설을 설치하기 위한 조성토지등과 이주단지의 조성을 위한 토지를 공급하는 경우에는 해당 토지의 가격을 「감정평가 및 감정평가사에 관한 법률」에 따른 감정평가법인등이 감정평가한 가격 이하로 정할 수 있다.

| | ① 공공청사
② 사회복지시설(유료시설은 제외)
③ 공장
④ 임대주택
⑤ 국민주택규모 이하의 공동주택
⑥ 호텔업시설(단, 공공사업시행자가 200실 이상의 객실을 갖춘 호텔의 부지로 토지를 공급하는 경우로 한정) |
|---|---|

(3) 공급기준
① 시행자는 조성토지등의 공급계획에 따라 조성토지등을 공급해야 한다.
② 시행자는 「국토의 계획 및 이용에 관한 법률」에 따른 기반시설의 원활한 설치를 위하여 필요하면 공급 대상자의 자격을 제한하거나 공급조건을 부여할 수 있다.

(4) 공급방법

원칙	조성토지등의 공급은 경쟁입찰의 방법에 따른다.
추첨 방법	① 「주택법」에 따른 국민주택규모 이하의 주택건설용지
② 「주택법」에 따른 공공택지
③ 330m² 이하의 단독주택용지 및 공장용지
④ 수의계약의 방법으로 조성토지를 공급하기로 하였으나 공급 신청량이 지정권자에게 제출한 조성토지등의 공급계획에서 계획된 면적을 초과하는 경우
수의 계약 방법	① 학교용지, 공공청사용지 등 일반에게 분양할 수 없는 공공용지를 국가, 지방자치단체 그 밖의 법령에 따라 해당 시설을 설치할 수 있는 자에게 공급하는 경우
② 고시한 실시계획에 따라 존치하는 시설물의 유지관리에 필요한 최소한의 토지를 공급하는 경우
③ 토지상환채권에 의하여 토지를 상환하는 경우
④ 경쟁입찰 또는 추첨의 결과 2회 이상 유찰된 경우
⑤ 토지의 규모 및 형상, 입지조건 등에 비추어 토지이용가치가 현저히 낮은 토지로서, 인접 토지 소유자 등에게 공급하는 것이 불가피하다고 시행자가 인정하는 경우

03 환지방식에 의한 사업시행

1 환지계획

(1) 환지계획의 내용 제16회, 제19회, 제23회, 제30회, 제32회

시행자는 도시개발사업의 전부 또는 일부를 환지방식으로 시행하려면 다음의 사항이 포함된 환지계획을 작성하여야 한다.

> ① 환지 설계
> ② 필지별로 된 환지 명세
> ③ 필지별과 권리별로 된 청산 대상토지 명세
> ④ 체비지(替費地) 또는 보류지(保留地)의 명세
> ⑤ 입체환지를 계획하는 경우에는 입체환지용 건축물의 명세와 입체환지에 따른 공급 방법·규모에 관한 사항
> ⑥ 그 밖에 국토교통부령으로 정하는 사항

(2) 적응환지계획의 작성 제15회, 제17회, 제19회, 제21회, 제22회, 제27회, 제34회

① 작성기준(원칙)

　㉠ 환지계획은 종전의 토지와 환지의 위치·지목·면적·토질·수리(水利)·이용상황·환경 그 밖의 사항을 종합적으로 고려하여 합리적으로 정하여야 한다.

　㉡ 환지계획의 작성에 따른 환지계획의 기준, 보류지(체비지·공공시설 용지)의 책정기준 등에 관하여 필요한 사항은 국토교통부령으로 정할 수 있다.

② 토지부담률

　㉠ 한도

원칙	환지계획구역의 평균 토지부담률은 50%를 초과할 수 없다.
예외	ⓐ 해당 환지계획구역의 특성을 고려하여 지정권자가 인정하는 경우에는 60%까지로 할 수 있다. ⓑ 환지계획구역의 토지 소유자 총수의 3분의 2 이상이 동의하는 경우에는 60%를 초과하여 정할 수 있다.

　㉡ 산정방법: 환지계획구역의 평균 토지부담률은 다음의 계산식에 따라 산정한다.

$$평균\ 토지부담률 = \frac{보류지\ 면적 - 시행자\ 토지면적}{환지계획구역\ 면적 - 시행자\ 토지면적} \times 100$$

⚠ 시행자 토지면적 = 시행자에게 무상귀속되는 공공시설면적 + 시행자가 소유하는 토지

　㉢ 간선도로 설치: 환지계획구역의 외부와 연결되는 환지계획구역 안의 도로로서 너비 25m 이상의 간선도로는 토지 소유자가 도로의 부지를 부담하고, 관할 지방자치단체가 공사비를 보조하여 건설할 수 있다.

(3) 구체적 환지계획의 작성 제16회, 제19회, 제21회, 제24회, 제25회, 제32회

① **환지 부지정**: 토지 소유자가 신청하거나 동의하면 해당 토지의 전부 또는 일부에 대하여 환지를 정하지 아니할 수 있다. 다만, 해당 토지에 관하여 임차권자등이 있는 경우에는 그 동의를 받아야 한다.

② **토지면적을 고려한 환지**

증환지	시행자는 토지면적의 규모를 조정할 특별한 필요가 있으면 면적이 작은 토지는 과소(過小)토지가 되지 아니하도록 면적을 늘려 환지를 정하거나 환지 대상에서 제외할 수 있다.
감환지	시행자는 토지면적의 규모를 조정할 특별한 필요가 있으면 면적이 넓은 토지는 그 면적을 줄여서 환지를 정할 수 있지만, 환지 대상에서 제외할 수는 없다.

③ **입체환지**

원칙	시행자는 도시개발사업을 원활히 시행하기 위하여 특히 필요한 경우에는 토지 또는 건축물 소유자의 신청을 받아 건축물의 일부와 그 건축물이 있는 토지의 공유지분을 부여할 수 있다.
제외	토지 또는 건축물이 대통령령으로 정하는 기준 이하인 경우에는 시행자가 규약·정관 또는 시행규정으로 신청 대상에서 제외할 수 있다.

④ **환지 지정의 제한**: 시행자는 주민 등의 의견청취를 위하여 공람 또는 공청회의 개최에 관한 사항을 공고한 날 또는 투기억제를 위하여 시행예정자의 요청에 따라 지정권자가 따로 정하는 날(이하 '기준일')의 다음 날부터 다음의 어느 하나에 해당하는 경우에는 국토교통부령으로 정하는 바에 따라 해당 토지 또는 건축물에 대하여 금전으로 청산하거나 환지 지정을 제한할 수 있다.

> ⓐ 1필지의 토지가 여러 개의 필지로 분할되는 경우
> ⓑ 단독주택 또는 다가구주택이 다세대주택으로 전환되는 경우
> ⓒ 하나의 대지범위 안에 속하는 동일인 소유의 토지와 주택 등 건축물을 토지와 주택 등 건축물로 각각 분리하여 소유하는 경우
> ⓓ 나대지에 건축물을 새로 건축하거나 기존 건축물을 철거하고 다세대주택이나 그 밖의 「집합건물의 소유 및 관리에 관한 법률」에 따른 구분소유권의 대상이 되는 건물을 건축하여 토지 또는 건축물의 소유자가 증가되는 경우

⑤ **보류지·체비지**

ⓐ 시행자는 도시개발사업에 필요한 경비에 충당하거나 규약·정관·시행규정 또는 실시계획으로 정하는 목적을 위하여 일정한 토지를 환지로 정하지 아니하고 보류지로 정할 수 있으며, 그중 일부를 체비지로 정하여 도시개발사업에 필요한 경비에 충당할 수 있다.

ⓑ 특별자치도지사·시장·군수 또는 구청장은 「주택법」에 따른 공동주택의 건설을 촉진하기 위하여 필요하다고 인정하면 체비지 중 일부를 같은 지역에 집단으로 정하게 할 수 있다.

(4) 조성토지등의 가격평가 제15회, 제19회, 제29회

① 시행자는 환지방식이 적용되는 도시개발구역에 있는 조성토지등의 가격을 평가할 때에는 토지평가협의회의 심의를 거쳐 결정하되, 그에 앞서 대통령령으로 정하는 공인평가기관(감정평가법인등)이 평가하게 하여야 한다.

② 토지평가협의회의 구성 및 운영 등에 필요한 사항은 해당 규약·정관 또는 시행규정으로 정한다.

(5) 환지계획의 인가 제16회, 제17회, 제19회, 제25회, 제29회, 제31회

① 인가권자

㉠ 행정청이 아닌 시행자가 환지계획을 작성한 경우에는 특별자치도지사·시장·군수 또는 구청장의 인가를 받아야 한다.

㉡ 인가받은 내용을 변경하려는 경우에도 특별자치도지사·시장·군수 또는 구청장의 인가를 받아야 한다. 다만, 대통령령으로 정하는 경미한 사항을 변경하는 경우에는 그러하지 아니하다.

> **보충**
> **대통령령으로 정하는 경미한 사항을 변경하는 경우**
> 1. 종전 토지의 합필 또는 분필로 환지명세가 변경되는 경우
> 2. 토지 또는 건축물 소유자(체비지인 경우에는 시행자 또는 체비지 매수자)의 동의에 따라 환지계획을 변경하는 경우(단, 다른 토지 또는 건축물 소유자에 대한 환지계획의 변경이 없는 경우로 한정)
> 3. 「공간정보의 구축 및 관리 등에 관한 법률」에 따른 지적측량의 결과를 반영하기 위하여 환지계획을 변경하는 경우
> 4. 환지로 지정된 토지나 건축물을 금전으로 청산하는 경우
> 5. 그 밖에 국토교통부령으로 정하는 경우

② 인가절차

통지 및 공람	행정청이 아닌 시행자가 환지계획의 인가를 신청하려고 하거나 행정청인 시행자가 환지계획을 정하려고 하는 경우에는 토지 소유자와 해당 토지에 대하여 임차권, 지상권 그 밖에 사용하거나 수익할 권리를 가진 자(이하 '임차권자등')에게 환지계획의 기준 및 내용 등을 알리고 대통령령으로 정하는 바에 따라 관계 서류의 사본을 일반인에게 공람시켜야 한다. 다만, 대통령령으로 정하는 경미한 사항을 변경하는 경우에는 그러하지 아니하다.
의견서 제출	토지 소유자나 임차권자등은 공람 기간에 시행자에게 의견서를 제출할 수 있으며, 시행자는 그 의견이 타당하다고 인정하면 환지계획에 이를 반영하여야 한다.

2 환지예정지

(1) 환지예정지의 지정 대상 제20회, 제24회

① 시행자는 도시개발사업의 시행을 위하여 필요하면 도시개발구역의 토지에 대하여 환지예정지를 지정할 수 있다.

② 이 경우 종전의 토지에 대한 임차권자등이 있으면 해당 환지예정지에 대하여 해당 권리의 목적인 토지 또는 그 부분을 아울러 지정하여야 한다.

(2) **환지예정지의 지정효과** 제15회, 제17회, 제20회, 제24회, 제25회, 제30회, 제32회

사용·수익권의 이전	① 환지예정지가 지정되면 종전의 토지의 소유자와 임차권자등은 환지예정지 지정의 효력발생일부터 환지처분이 공고되는 날까지 환지예정지나 해당 부분에 대하여 종전과 같은 내용의 권리를 행사할 수 있다. ② 종전의 토지는 사용하거나 수익할 수 없다.
사용·수익 개시일의 지정	시행자는 환지예정지를 지정한 경우에 해당 토지를 사용하거나 수익하는 데 장애가 될 물건이 그 토지에 있거나 그 밖에 특별한 사유가 있으면 그 토지의 사용 또는 수익을 시작할 날을 따로 정할 수 있다.
체비지의 사용·수익·처분	시행자는 체비지의 용도로 환지예정지가 지정된 경우에는 도시개발사업에 드는 비용을 충당하기 위하여 이를 사용 또는 수익하게 하거나 처분할 수 있다.

(3) 사용·수익의 정지 제15회, 제17회, 제32회

① 시행자는 환지를 정하지 아니하기로 결정된 토지 소유자나 임차권자등에게 날짜를 정하여 그날부터 해당 토지 또는 해당 부분의 사용 또는 수익을 정지시킬 수 있다.

② 시행자가 사용 또는 수익을 정지하게 하려면 30일 이상의 기간을 두고 미리 해당 토지 소유자 또는 임차권자등에게 알려야 한다.

3 환지처분

(1) 정의

'환지처분'이란 도시개발사업시행자가 사업을 완료한 후 작성된 환지계획에 따라 종전의 토지와 그 토지에 관한 권리에 갈음하여 새로운 토지와 그 토지에 관한 권리를 교환하고, 그 과정상 발생되는 과부족을 금전으로 청산하는 행정처분을 말한다.

(2) 환지처분의 절차 제18회, 제19회, 제28회, 제30회, 제33회

공사 완료의 공고 및 공람	시행자는 환지방식으로 도시개발사업에 관한 공사를 끝낸 경우에는 지체 없이 이를 공고하고 공사 관계 서류를 14일 이상 일반에게 공람시켜야 한다.
의견서 제출	도시개발구역의 토지 소유자나 이해관계인은 공람 기간에 시행자에게 의견서를 제출할 수 있으며, 의견서를 받은 시행자는 공사 결과와 실시계획 내용에 맞는지를 확인하여 필요한 조치를 하여야 한다.
준공검사 또는 공사 완료	시행자는 공람 기간에 의견서의 제출이 없거나 제출된 의견서에 따라 필요한 조치를 한 경우에는 지정권자에 의한 준공검사를 신청하거나 도시개발사업의 공사를 끝내야 한다.
환지처분 공고	① 시행자는 지정권자에 의한 준공검사를 받은 경우(지정권자가 시행자인 경우에는 공사 완료 공고가 있는 때)에는 60일 이내에 환지처분을 하여야 한다. ② 시행자는 환지처분을 하려는 경우에는 환지계획에서 정한 사항을 토지 소유자에게 알리고 대통령령으로 정하는 바(사업의 명칭, 사업비 정산내역 등)에 따라 이를 공고하여야 한다.

(3) 환지처분의 효과 제17회, 제18회, 제19회, 제21회, 제24회, 제25회, 제26회, 제28회, 제29회, 제31회

① 권리의 이전

원칙	환지계획에서 정하여진 환지는 그 환지처분이 공고된 날의 다음 날부터 종전의 토지로 보며, 환지계획에서 환지를 정하지 아니한 종전의 토지에 있던 권리는 그 환지처분이 공고된 날이 끝나는 때에 소멸한다.
예외	㉠ 행정상 처분이나 재판상의 처분으로서 종전의 토지에 전속(專屬)하는 것에 관하여는 영향을 미치지 아니한다. ㉡ 도시개발구역의 토지에 대한 지역권(地役權)은 환지처분에도 불구하고 종전의 토지에 존속한다. 다만, 도시개발사업의 시행으로 행사할 이익이 없어진 지역권은 환지처분이 공고된 날이 끝나는 때에 소멸한다.

② 입체환지처분
  ㉠ 환지계획에 따라 환지처분을 받은 자는 환지처분이 공고된 날의 다음 날에 환지계획으로 정하는 바에 따라 건축물의 일부와 해당 건축물이 있는 토지의 공유지분을 취득한다.
  ㉡ 이 경우 종전의 토지에 대한 저당권은 환지처분이 공고된 날의 다음 날부터 해당 건축물의 일부와 해당 건축물이 있는 토지의 공유지분에 존재하는 것으로 본다.

③ 체비지·보류지의 취득 및 처분

취득	㉠ 체비지는 시행자가, 보류지는 환지계획에서 정한 자가 각각 환지처분이 공고된 날의 다음 날에 해당 소유권을 취득한다. ㉡ 이미 처분된 체비지는 그 체비지를 매입한 자가 소유권 이전등기를 마친 때에 소유권을 취득한다.

처분	⊙ 시행자는 체비지나 보류지를 규약·정관·시행규정 또는 실시계획으로 정하는 목적 및 방법에 따라 합리적으로 처분하거나 관리하여야 한다. ⓒ 행정청인 시행자가 체비지 또는 보류지를 관리하거나 처분하는 경우에는 국가나 지방자치단체의 재산처분에 관한 법률을 적용하지 아니한다.

(4) 청산금 제21회, 제23회, 제34회

산정기준		환지를 정하거나 그 대상에서 제외한 경우 그 과부족분(過不足分)은 종전의 토지 및 환지의 위치·지목·면적·토질·수리·이용상황·환경 그 밖의 사항을 종합적으로 고려하여 금전으로 청산하여야 한다.
청산금의 결정		① 청산금은 환지처분을 하는 때에 결정하여야 한다. ② 본인의 신청 또는 동의에 의한 환지 부지정이나 과소토지에 대한 환지 부지정에 따라 환지 대상에서 제외한 토지등에 대하여는 청산금을 교부하는 때에 청산금을 결정할 수 있다.
청산금의 확정		청산금은 환지처분이 공고된 날의 다음 날에 확정된다.
청산금의 징수·교부	시기	시행자는 환지처분이 공고된 후에 확정된 청산금을 징수하거나 교부하여야 한다. 다만, 환지를 정하지 아니하는 토지에 대하여는 환지처분 전이라도 청산금을 교부할 수 있다.
	분할	청산금은 일괄징수 또는 일괄교부가 원칙이지만, 청산금액에 규약·정관 또는 시행규정에서 정하는 이자율을 곱하여 산출된 금액의 이자를 붙여 분할징수하거나 분할교부할 수 있다.
	강제 징수	① 행정청인 시행자는 청산금을 내야 할 자가 이를 내지 아니하면 국세 또는 지방세 체납처분의 예에 따라 징수할 수 있으며, 행정청이 아닌 시행자는 특별자치도지사·시장·군수 또는 구청장에게 청산금의 징수를 위탁할 수 있다. ② 위탁한 경우 그 시행자는 행정청이 징수한 금액의 100분의 4에 해당하는 금액을 해당 특별자치도·시·군 또는 구에 지급하여야 한다.
청산금의 소멸시효		청산금을 받을 권리나 징수할 권리를 5년간 행사하지 아니하면 시효로 소멸한다.

4 준공검사 등

(1) 준공검사 제27회

의의	시행자(지정권자가 시행자인 경우는 제외)가 도시개발사업의 공사를 끝낸 때에는 국토교통부령으로 정하는 바에 따라 공사 완료 보고서를 작성하여 지정권자의 준공검사를 받아야 한다.
검사의 시기	지정권자는 공사 완료 보고서를 받으면 지체 없이 준공검사를 하여야 한다. 이 경우 지정권자는 효율적인 준공검사를 위하여 필요하면 관계 행정기관·공공기관·연구기관 그 밖의 전문기관 등에 의뢰하여 준공검사를 할 수 있다.
부분적 검사	시행자는 도시개발사업을 효율적으로 시행하기 위하여 필요하면 해당 도시개발사업에 관한 공사가 전부 끝나기 전이라도 공사가 끝난 부분에 관하여 준공검사(지정권자가 시행자인 경우에는 시행자에 의한 공사 완료 공고)를 받을 수 있다.

(2) 공사 완료의 공고

① 지정권자는 준공검사를 한 결과 도시개발사업이 실시계획대로 끝났다고 인정되면 시행자에게 준공검사 증명서를 내어주고 공사 완료 공고를 하여야 하며, 실시계획대로 끝나지 아니하였으면 지체 없이 보완 시공 등 필요한 조치를 하도록 명하여야 한다.

② 지정권자가 시행자인 경우 그 시행자는 도시개발사업의 공사를 완료한 때에는 공사 완료 공고를 하여야 한다.

(3) 조성토지등의 준공 전 사용 제19회, 제27회

준공검사 전 또는 공사 완료 공고 전에는 조성토지등(체비지는 제외)을 사용할 수 없다. 다만, 사업 시행의 지장 여부를 확인받는 등 대통령령으로 정하는 바에 따라 지정권자로부터 사용허가를 받은 경우에는 그러하지 아니하다.

기본문제와 완성문제로 단단기출

01 도시개발법령상 원형지의 공급과 개발에 관한 설명으로 틀린 것은? 제23회

기본 기출

① 원형지는 도시개발구역 안에서 도시개발사업으로 조성되지 아니한 상태의 토지를 말한다.
② 공급될 수 있는 원형지의 면적은 해당 도시개발구역 전체 토지면적의 3분의 1 이내로 한정한다.
③ 원형지개발자인 지방자치단체는 10년의 범위에서 대통령령으로 정하는 기간 안에는 원형지를 매각할 수 없다.
④ 도시개발구역의 지정권자는 원형지 공급·개발의 승인을 할 때에는 교통처리계획 및 기반시설의 설치 등에 관한 이행조건을 붙일 수 있다.
⑤ 원형지를 공장부지로 직접 사용하는 자를 원형지개발자로 선정하는 경우 경쟁입찰의 방식으로 하며, 경쟁입찰이 2회 이상 유찰된 경우에는 수의계약의 방법으로 할 수 있다.

키워드 〉 수용 또는 사용방식에 의한 사업시행
난이도 〉
해설 〉 원형지개발자인 지방자치단체는 10년의 범위에서 대통령령으로 정하는 기간 안에도 원형지를 매각할 수 있다.

02 도시개발법령상 토지상환채권의 설명으로 옳은 것은? 제20회

기본 기출

① 토지상환채권은 타인에게 이전하지 못한다.
② 토지상환채권은 기명식 또는 무기명식 증권으로 한다.
③ 토지상환채권의 이율은 발행 당시의 금융기관의 예금금리 및 부동산 수급상황을 고려해서 기획재정부장관이 정한다.
④ 도시개발구역의 토지 소유자인 시행자가 토지상환채권을 발행하는 때에는 「은행법」에 따른 금융기관이나 「보험업법」에 따른 보험회사의 지급보증을 받아야 한다.
⑤ 토지상환채권의 발행규모는 그 토지상환채권으로 상환할 토지 및 건축물이 해당 도시개발사업으로 조성되는 분양토지 또는 분양건축물 면적의 3분의 2를 넘지 않아야 한다.

정답 01 ③ 02 ④

키워드	수용 또는 사용방식에 의한 사업시행
난이도	
해설	① 토지상환채권은 타인에게 이전할 수 있다. ② 토지상환채권은 기명식 증권으로 한다. ③ 토지상환채권의 이율은 발행 당시의 금융기관의 예금금리 및 부동산 수급상황을 고려해서 발행자가 정한다. ⑤ 토지상환채권의 발행규모는 그 토지상환채권으로 상환할 토지 및 건축물이 해당 도시개발사업으로 조성되는 분양토지 또는 분양건축물 면적의 2분의 1을 넘지 않아야 한다.

03 기본 기출

도시개발법령상 토지등의 수용 또는 사용의 방식에 따른 도시개발사업 시행에 관한 설명으로 옳은 것은?
제26회

① 지방자치단체가 시행자인 경우 토지상환채권을 발행할 수 없다.
② 지방자치단체인 시행자가 토지를 수용하려면 사업대상 토지면적의 3분의 2 이상의 토지를 소유하여야 한다.
③ 시행자는 조성토지를 공급받는 자로부터 해당 대금의 전부를 미리 받을 수 없다.
④ 시행자는 학교를 설치하기 위한 조성토지를 공급하는 경우 해당 토지의 가격을 「감정평가 및 감정평가사에 관한 법률」에 따른 감정평가법인이 감정평가한 가격 이하로 정할 수 있다.
⑤ 시행자는 지방자치단체에게 도시개발구역 전체 토지면적의 2분의 1 이내에서 원형지를 공급하여 개발하게 할 수 있다.

키워드	수용 또는 사용방식에 의한 사업시행
난이도	
해설	① 지방자치단체가 시행자인 경우 토지상환채권을 발행할 수 있다. ② 지방자치단체인 시행자가 토지를 수용할 경우에는 토지 소유자의 동의를 받을 필요가 없다. ③ 시행자는 조성토지를 공급받는 자로부터 해당 대금의 전부 또는 일부를 미리 받을 수 있다. ⑤ 시행자는 지방자치단체에게 도시개발구역 전체 토지면적의 3분의 1 이내에서 원형지를 공급하여 개발하게 할 수 있다.

정답 03 ④

04 도시개발법령상 원형지의 공급과 개발에 관한 설명으로 옳은 것은? 제34회

기본 기출

① 원형지를 공장 부지로 직접 사용하는 원형지개발자의 선정은 경쟁입찰의 방식으로 하며, 경쟁입찰이 2회 이상 유찰된 경우에는 수의계약의 방법으로 할 수 있다.
② 지정권자는 원형지의 공급을 승인할 때 용적률 등 개발밀도에 관한 이행조건을 붙일 수 없다.
③ 원형지 공급가격은 원형지의 감정가격과 원형지에 설치한 기반시설 공사비의 합산 금액을 기준으로 시·도의 조례로 정한다.
④ 원형지개발자인 지방자치단체는 10년의 범위에서 대통령령으로 정하는 기간 안에는 원형지를 매각할 수 없다.
⑤ 원형지개발자가 공급받은 토지의 전부를 시행자의 동의 없이 제3자에게 매각하는 경우 시행자는 원형지개발자에 대한 시정요구 없이 원형지 공급계약을 해제할 수 있다.

키워드 〉 원형지의 공급과 개발
난이도 〉
해설 〉 ② 지정권자는 원형지의 공급을 승인할 때 용적률 등 개발밀도에 관한 이행조건을 붙일 수 있다.
③ 원형지 공급가격은 원형지의 감정가격과 원형지에 설치한 기반시설 공사비의 합산 금액을 기준으로 시행자와 원형지개발자가 협의하여 결정한다.
④ 원형지개발자는 10년의 범위에서 대통령령으로 정하는 기간 안에는 원형지를 매각할 수 없다. 다만, 원형지개발자가 국가 및 지방자치단체인 경우에는 10년의 범위에서 대통령령으로 정하는 기간 안이라도 원형지를 매각할 수 있다.
⑤ 원형지개발자가 공급받은 토지의 전부를 시행자의 동의 없이 제3자에게 매각하는 경우 시행자는 2회이상 시정을 요구하여야 하고, 원형지개발자가 시정하지 아니한 경우에는 원형지 공급계약을 해제할 수 있다(법 제25조의2 제8항, 영 제55조의2 제5항).

---

05 도시개발법령상 환지설계를 평가식으로 하는 경우 다음 조건에서 환지계획에 포함되어야 하는 비례율은? (단, 제시된 조건 이외의 다른 조건은 고려하지 않음) 제34회

기본 기출

- 총 사업비: 250억원
- 환지 전 토지·건축물의 평가액 합계: 500억원
- 도시개발사업으로 조성되는 토지·건축물의 평가액의 합계: 1,000억원

① 100% ② 125%
③ 150% ④ 200%
⑤ 250%

정답 04 ① 05 ③

키워드 ▶ 환지계획

난이도 ▶

해설 ▶
$$비례율 = \frac{도시개발사업으로\ 조성된\ 토지 \cdot 건축물의\ 평가액\ 합계 - 총\ 사업비}{환지\ 전\ 토지 \cdot 건축물의\ 평가액\ 합계} \times 100$$

$$비례율 = \frac{1{,}000억 - 250억}{500억} \times 100 = \frac{750억}{500억} \times 100 = 150\%$$

06 기본 기출

도시개발법령상 환지방식에 의한 사업시행에서의 청산금에 관한 설명으로 <u>틀린</u> 것은? 제34회

① 시행자는 토지 소유자의 동의에 따라 환지를 정하지 아니하는 토지에 대하여는 환지처분 전이라도 청산금을 교부할 수 있다.
② 토지 소유자의 신청에 따라 환지대상에서 제외한 토지에 대하여는 청산금을 교부하는 때에 청산금을 결정할 수 없다.
③ 청산금을 받을 권리나 징수할 권리를 5년간 행사하지 아니하면 시효로 소멸한다.
④ 청산금은 대통령령으로 정하는 바에 따라 이자를 붙여 분할징수하거나 분할교부할 수 있다.
⑤ 행정청이 아닌 시행자가 군수에게 청산금의 징수를 위탁한 경우 그 시행자는 군수가 징수한 금액의 100분의 4에 해당하는 금액을 해당 군에 지급하여야 한다.

키워드 ▶ 청산금

난이도 ▶

해설 ▶ 토지 소유자의 신청에 따라 환지대상에서 제외한 토지에 대하여는 청산금을 교부하는 때에 청산금을 결정할 수 있다.

정답 06 ②

07 도시개발법령상 환지방식의 사업시행에 관한 설명으로 옳은 것은? (단, 사업시행자는 행정청이 아님)

제25회

① 사업시행자가 환지계획을 작성한 경우에는 시·도지사의 인가를 받아야 한다.
② 환지로 지정된 토지나 건축물을 금전으로 청산하는 내용으로 환지계획을 변경하는 경우에는 변경인가를 받아야 한다.
③ 토지 소유자의 환지 제외 신청이 있더라도 해당 토지에 관한 임차권자등이 동의하지 않는 경우에는 해당 토지를 환지에서 제외할 수 없다.
④ 환지예정지의 지정이 있으면 종전의 토지에 대한 임차권등은 종전의 토지에 대해서는 물론 환지예정지에 대해서도 소멸한다.
⑤ 환지계획에서 환지를 정하지 아니한 종전의 토지에 있던 권리는 환지처분이 공고된 날의 다음 날이 끝나는 때에 소멸한다.

키워드 환지방식에 의한 사업시행

난이도

해설 ① 사업시행자가 환지계획을 작성한 경우에는 특별자치도지사·시장·군수·구청장으로부터 인가를 받아야 한다.
② 환지로 지정된 토지나 건축물을 금전으로 청산하는 내용으로 환지계획을 변경하는 경우에는 변경인가를 받을 필요가 없다.
④ 환지예정지의 지정이 있으면 종전의 토지에 대한 임차권등은 종전의 토지에서 소멸되지만, 환지예정지에 대해서는 사용·수익권이 부여된다.
⑤ 환지계획에서 환지를 정하지 아니한 종전의 토지에 있던 권리는 환지처분이 공고된 날이 끝나는 때에 소멸한다.

08 도시개발법령상 환지방식에 의한 도시개발사업의 시행에 관한 설명으로 옳은 것은?

제30회

① 시행자는 준공검사를 받은 후 60일 이내에 지정권자에게 환지처분을 신청하여야 한다.
② 도시개발구역이 2 이상의 환지계획구역으로 구분되는 경우에도 사업비와 보류지는 도시개발구역 전체를 대상으로 책정하여야 하며, 환지계획구역별로는 책정할 수 없다.
③ 도시개발구역에 있는 조성토지등의 가격은 개별공시지가로 한다.
④ 환지예정지가 지정되어도 종전 토지의 임차권자는 환지처분공고일까지 종전 토지를 사용·수익할 수 있다.
⑤ 환지계획에는 필지별로 된 환지 명세와 필지별과 권리별로 된 청산 대상토지 명세가 포함되어야 한다.

정답 07 ③ 08 ⑤

| 키워드 | 환지방식에 의한 사업시행 |
| 난이도 | |

해설
① 시행자는 지정권자에 의한 준공검사를 받은 경우(지정권자가 시행자인 경우에는 공사 완료 공고가 있는 때)에는 60일 이내에 환지처분을 하여야 한다.
② 도시개발구역이 2 이상의 환지계획구역으로 구분되는 경우에는 환지계획구역별로 사업비 및 보류지를 책정하여야 한다.
③ 도시개발구역에 있는 조성토지등의 가격평가는 감정가격으로 한다.
④ 환지예정지가 지정되면 종전의 토지의 소유자와 임차권자등은 환지예정지 지정의 효력발생일부터 환지처분이 공고되는 날까지 환지예정지나 해당 부분에 대하여 종전과 같은 내용의 권리를 행사할 수 있으나, 종전의 토지는 사용하거나 수익할 수 없다.

09 도시개발법령상 준공검사 등에 관한 설명으로 <u>틀린</u> 것은? 제27회

① 도시개발사업의 준공검사 전에는 체비지를 사용할 수 없다.
② 지정권자는 효율적인 준공검사를 위하여 필요하면 관계 행정기관 등에 의뢰하여 준공검사를 할 수 있다.
③ 지정권자가 아닌 시행자는 도시개발사업에 관한 공사가 전부 끝나기 전이라도 공사가 끝난 부분에 관하여 준공검사를 받을 수 있다.
④ 지정권자가 아닌 시행자가 도시개발사업의 공사를 끝낸 때에는 공사 완료 보고서를 작성하여 지정권자의 준공검사를 받아야 한다.
⑤ 지정권자가 시행자인 경우 그 시행자는 도시개발사업의 공사를 완료한 때에는 공사 완료 공고를 하여야 한다.

| 키워드 | 준공검사 등 |
| 난이도 | |

해설 시행자는 도시개발사업의 준공검사 전이라도 체비지를 사용할 수 있다.

정답 09 ①

THEME 18 도시개발채권

| THEME 키워드 |
도시개발채권의 발행, 도시개발채권의 매입, 도시개발사업의 비용부담

> **기출분석**
> - **기출회차:** 제32회
> - **키워드:** 도시개발채권의 발행
> - **난이도:** ■■□□

기본으로 알아야 하는 대표기출

도시개발법령상 도시개발채권에 관한 설명으로 옳은 것은?

① 「국토의 계획 및 이용에 관한 법률」에 따른 공작물의 설치허가를 받은 자는 도시개발채권을 매입하여야 한다.
② 도시개발채권의 이율은 기획재정부장관이 국채·공채 등의 금리와 특별회계의 상황 등을 고려하여 정한다.
③ 도시개발채권을 발행하려는 시·도지사는 기획재정부장관의 승인을 받은 후 채권의 발행총액 등을 공고하여야 한다.
④ 도시개발채권의 상환기간은 5년보다 짧게 정할 수는 없다.
⑤ 도시개발사업을 공공기관이 시행하는 경우 해당 공공기관의 장은 시·도지사의 승인을 받아 도시개발채권을 발행할 수 있다.

해설
① 「국토의 계획 및 이용에 관한 법률」에 따른 개발행위허가를 받은 자 중 토지의 형질변경허가를 받은 자는 도시개발채권을 매입하여야 한다.
② 도시개발채권의 이율은 채권의 발생 당시의 국채·공채 등의 금리와 특별회계의 상황 등을 고려하여 해당 시·도의 조례로 정한다.
③ 도시개발채권을 발행하려는 시·도지사는 행정안전부장관의 승인을 받은 후 채권의 발행총액 등을 공고하여야 한다.
⑤ 도시개발채권은 시·도의 조례로 정하는 바에 따라 시·도지사가 발행하며, 행정안전부장관의 승인을 받아야 한다.

정답 ④

> **함정을 피하는 TIP**
> - 도시개발채권의 전반적인 내용을 파악하여야 정답을 찾을 수 있다.

단단하게 정리하는 **핵심이론**

1 도시개발채권의 발행 제21회, 제24회, 제27회, 제28회, 제29회, 제32회

(1) 발행절차

발행권자	지방자치단체의 장(시·도지사)은 도시개발사업 또는 도시·군계획시설사업에 필요한 자금을 조달하기 위하여 도시개발채권을 발행할 수 있다.
승인권자	시·도지사는 도시개발채권의 발행하려는 경우에는 다음의 사항에 대하여 행정안전부장관의 승인을 받아야 한다. ① 채권의 발행총액 ② 채권의 발행방법 ③ 채권의 발행조건 ④ 상환방법 및 절차 ⑤ 그 밖에 채권의 발행에 필요한 사항
소멸시효	도시개발채권의 소멸시효는 상환일부터 기산(起算)하여 원금은 5년, 이자는 2년으로 한다.

(2) 발행방법 등

발행방법	도시개발채권은 「주식·사채 등의 전자등록에 관한 법률」에 따라 전자등록하여 발행하거나 무기명으로 발행할 수 있으며, 발행방법에 필요한 세부적인 사항은 시·도의 조례로 정한다.
발행이율	도시개발채권의 이율은 채권의 발행 당시의 국채·공채 등의 금리와 특별회계의 상황 등을 고려하여 해당 시·도의 조례로 정한다.
상환기간	도시개발채권의 상환은 5년부터 10년까지의 범위에서 지방자치단체의 조례로 정한다.
사무취급기관	도시개발채권의 매출 및 상환업무의 사무취급기관은 해당 시·도지사가 지정하는 은행 또는 「자본시장과 금융투자업에 관한 법률」에 따라 설립된 한국예탁결제원으로 한다.
보관·제시	매입필증을 제출받는 자는 매입자로부터 제출받은 매입필증을 5년간 따로 보관하여야 하며, 지방자치단체의 장이나 도시개발채권 사무취급기관 그 밖에 관계기관의 요구가 있는 때에는 이를 제시하여야 한다.

2 도시개발채권의 매입 제21회, 제32회

(1) 의무적 매입대상자

다음의 어느 하나에 해당하는 자는 도시개발채권을 매입하여야 한다.

> ① 수용 또는 사용방식으로 시행하는 도시개발사업의 경우 공공사업시행자(국가나 지방자치단체, 공공기관, 정부출연기관, 지방공사)와 공사의 도급계약을 체결하는 자
> ② 공공사업시행자(국가나 지방자치단체, 공공기관, 정부출연기관, 지방공사) 외에 도시개발사업을 시행하는 자
> ③ 「국토의 계획 및 이용에 관한 법률」에 따른 허가를 받은 자 중 토지의 형질변경허가를 받은 자

(2) 도시개발채권의 중도상환

도시개발채권은 다음의 어느 하나에 해당하는 경우를 제외하고는 중도에 상환할 수 없다.

> ① 도시개발채권의 매입사유가 된 허가 또는 인가가 매입자의 귀책사유 없이 취소된 경우
> ② 위 (1)의 ①에 해당하는 자의 귀책사유 없이 해당 도급계약이 취소된 경우
> ③ 도시개발채권의 매입의무자가 아닌 자가 착오로 도시개발채권을 매입한 경우
> ④ 도시개발채권의 매입의무자가 매입하여야 할 금액을 초과하여 도시개발채권을 매입한 경우

3 비용부담 등 제27회, 제31회

(1) 도시개발구역의 시설 설치 및 비용부담

① 도시개발구역의 시설의 설치
  ㉠ 도로와 상하수도시설의 설치는 지방자치단체
  ㉡ 전기시설·가스공급시설 또는 지역 난방시설의 설치는 해당 지역에 전기·가스 또는 난방을 공급하는 자
  ㉢ 통신시설의 설치는 해당 지역에 통신서비스를 제공하는 자
② 시설의 설치비용
  ㉠ 시설의 설치비용은 그 설치의무자가 이를 부담한다.
  ㉡ 시설 중 도시개발구역 안의 전기시설을 사업시행자가 지중선로로 설치할 것을 요청하는 경우에는 전기를 공급하는 자와 지중에 설치할 것을 요청하는 자가 각각 2분의 1의 비율로 그 설치비용을 부담(전부 환지방식으로 도시개발사업을 시행하는 경우에는 전기시설을 공급하는 자가 3분의 2, 지중에 설치할 것을 요청하는 자가 3분의 1의 비율로 부담)한다.
  ㉢ 시설의 설치는 특별한 사유가 없으면 준공검사 신청일(지정권자가 시행자인 경우에는 도시개발사업의 공사를 끝내는 날)까지 끝내야 한다.

(2) 비용부담 특례

지정권자가 시행자인 경우	① 지정권자가 시행자인 경우 그 시행자는 그가 시행한 도시개발사업으로 이익을 얻는 시·도 또는 시·군·구가 있으면 대통령령으로 정하는 바에 따라 그 도시개발사업에 든 비용의 일부를 그 이익을 얻는 시·도 또는 시·군·구에 부담시킬 수 있다. ② 국토교통부장관은 행정안전부장관과 협의하여야 하고, 시·도지사 또는 대도시 시장은 관할 외의 시·군·구에 비용을 부담시키려면 그 시·군·구를 관할하는 시·도지사와 협의하여야 하며, 시·도지사 간 또는 대도시 시장과 시·도지사 간의 협의가 성립되지 아니하는 경우에는 행정안전부장관의 결정에 따른다.
시장·군수·구청장이 시행자인 경우	① 시장(대도시 시장은 제외)·군수 또는 구청장은 그가 시행한 도시개발사업으로 이익을 얻는 다른 지방자치단체가 있으면 대통령령으로 정하는 바에 따라 그 도시개발사업에 든 비용의 일부를 그 이익을 얻는 다른 지방자치단체와 협의하여 그 지방자치단체에 부담시킬 수 있다. ② 협의가 성립되지 아니하면 관할 시·도지사의 결정에 따르며, 그 시·군·구를 관할하는 시·도지사가 서로 다른 경우에는 행정안전부장관의 결정에 따른다.
공공시설 관리자의 비용부담	시행자는 공동구를 설치하는 경우에는 다른 법률에 따라 그 공동구에 수용될 시설을 설치할 의무가 있는 자에게 공동구의 설치에 드는 비용을 부담시킬 수 있다.
보조 또는 융자	도시개발사업의 시행에 드는 비용은 대통령령으로 정하는 바에 따라 그 비용의 전부 또는 일부를 국고에서 보조하거나 융자할 수 있다. 다만, 시행자가 행정청이면 전부를 보조하거나 융자할 수 있다.

기본문제와 완성문제로 단단기출

01 도시개발법령상 도시개발채권에 관한 설명으로 **틀린** 것은? 제28회

① 도시개발채권의 상환은 2년부터 10년까지의 범위에서 지방자치단체의 조례로 정한다.
② 도시개발채권의 소멸시효는 상환일부터 기산하여 원금은 5년, 이자는 2년으로 한다.
③ 수용 또는 사용방식으로 시행하는 도시개발사업의 경우 한국토지주택공사와 공사도급계약을 체결하는 자는 도시개발채권을 매입하여야 한다.
④ 도시개발채권은 무기명으로 발행할 수 있다.
⑤ 도시개발채권을 매입의무자가 매입하여야 할 금액을 초과하여 도시개발채권을 매입한 경우 중도상환을 신청할 수 있다.

> 키워드 › 도시개발채권의 발행
> 난이도 ›
> 해설 › 도시개발채권의 상환은 5년부터 10년까지의 범위에서 지방자치단체의 조례로 정한다.

02 도시개발법령상 도시개발채권에 관한 설명으로 옳은 것은? 제29회

① 도시개발채권의 매입의무자가 아닌 자가 착오로 도시개발채권을 매입한 경우에는 도시개발채권을 중도에 상환할 수 있다.
② 시·도지사는 도시개발채권을 발행하려는 경우 채권의 발행총액에 대하여 국토교통부장관의 승인을 받아야 한다.
③ 도시개발채권의 상환은 3년부터 10년까지의 범위에서 지방자치단체의 조례로 정한다.
④ 도시개발채권의 소멸시효는 상환일부터 기산하여 원금은 3년, 이자는 2년으로 한다.
⑤ 도시개발채권 매입필증을 제출받은 자는 매입필증을 3년간 보관하여야 한다.

> 키워드 › 도시개발채권의 매입
> 난이도 ›
> 해설 › ② 시·도지사는 도시개발채권을 발행하려는 경우 채권의 발행총액에 대하여 행정안전부장관의 승인을 받아야 한다.
> ③ 도시개발채권의 상환은 5년부터 10년까지의 범위에서 지방자치단체의 조례로 정한다.
> ④ 도시개발채권의 소멸시효는 상환일부터 기산하여 원금은 5년, 이자는 2년으로 한다.
> ⑤ 도시개발채권 매입필증을 제출받은 자는 매입필증을 5년간 보관하여야 한다.

정답 01 ① 02 ①

03 도시개발법령상 토지상환채권 및 도시개발채권에 관한 설명으로 옳은 것은? 제24회

① 도시개발조합은 도시·군계획시설사업에 필요한 자금을 조달하기 위하여 도시개발채권을 발행할 수 있다.
② 토지상환채권을 질권의 목적으로 할 수 없다.
③ 도시개발채권은 무기명으로 발행할 수 없다.
④ 시·도지사가 도시개발채권을 발행하는 경우 상환방법 및 절차에 대하여 행정안전부장관의 승인을 받아야 한다.
⑤ 도시개발채권의 소멸시효는 상환일부터 기산하여 원금은 3년, 이자는 2년으로 한다.

키워드 도시개발채권의 발행

난이도

해설 ① 지방자치단체의 장(시·도지사)은 도시·군계획시설사업에 필요한 자금을 조달하기 위하여 도시개발채권을 발행할 수 있다.
② 토지상환채권을 질권의 목적으로 할 수 있다.
③ 도시개발채권은 「주식·사채 등의 전자등록에 관한 법률」에 따라 전자등록하여 발행하거나 무기명으로 발행할 수 있으며, 발행방법에 필요한 세부적인 사항은 시·도의 조례로 정한다.
⑤ 도시개발채권의 소멸시효는 상환일부터 기산하여 원금은 5년, 이자는 2년으로 한다.

04 도시개발법령상 도시개발사업의 비용부담 등에 관한 설명으로 옳은 것을 모두 고른 것은? 제31회

㉠ 지정권자가 시행자가 아닌 경우 도시개발구역의 통신시설의 설치는 특별한 사유가 없으면 준공검사 신청일까지 끝내야 한다.
㉡ 전부 환지방식으로 사업을 시행하는 경우 전기시설의 지중선로설치를 요청한 사업시행자와 전기공급자는 각각 2분의 1의 비율로 그 설치비용을 부담한다.
㉢ 지정권자인 시행자는 그가 시행한 사업으로 이익을 얻는 시·도에 비용의 전부 또는 일부를 부담시킬 수 있다.

① ㉠　　　　　　　② ㉡　　　　　　　③ ㉠, ㉢
④ ㉡, ㉢　　　　　⑤ ㉠, ㉡, ㉢

키워드 도시개발사업의 비용부담

난이도

해설 ㉡ 설치비용은 설치의무자가 부담하지만, 전기시설·가스공급시설 또는 지역 난방시설 중 도시개발구역 안의 전기시설을 사업시행자가 지중선로로 설치할 것을 요청하는 경우에는 전기를 공급하는 자와 지중에 설치할 것을 요청하는 자가 각각 2분의 1의 비율로 그 설치비용을 부담한다. 다만, 전부 환지방식으로 도시개발사업을 시행하는 경우에는 전기시설을 공급하는 자가 3분의 2, 지중에 설치할 것을 요청하는 자가 3분의 1의 비율로 부담한다.
㉢ 지정권자인 시행자는 그가 시행한 사업으로 이익을 얻는 시·도에 도시개발사업에 든 비용의 일부를 부담시킬 수 있다.

정답 03 ④ 04 ①

PART 03

도시 및 주거환경 정비법

최근 5개년 출제비중 및 학습전략

PART 03 14.5%

「도시 및 주거환경정비법」은 6문제 정도가 출제되며 수험생들이 어렵게 느끼는 PART이기 때문에 3개만 맞힌다는 생각으로 학습하여야 합니다. 특히 정비사업의 시행에 대해서는 기출내용을 바탕으로 깊이 있게 학습하여야 하며, 기본계획 수립, 정비구역 지정, 안전진단, 용어정의 등의 중요내용 위주로 학습하면 됩니다.

편 부동산공법

THEME 19　용어정의
THEME 20　기본계획 수립 및 정비구역 지정
THEME 21　정비사업의 시행방법 및 시행자
THEME 22　조합설립추진위원회 및 조합
THEME 23　사업시행계획 및 정비사업시행을 위한 조치
THEME 24　정비사업시행 절차

THEME 19 용어정의

| THEME 키워드 |
정비사업의 종류별 용어정의, 정비사업의 내용별 용어정의, 정비기반시설

기본으로 알아야 하는 대표기출

기출분석
- **기출회차:** 제32회
- **키워드:** 정비사업의 종류별 용어정의
- **난이도:**

도시 및 주거환경정비법령상 다음 설명에 해당하는 정비사업은?

> 도시저소득 주민이 집단거주하는 지역으로서 정비기반시설이 극히 열악하고 노후·불량건축물이 과도하게 밀집한 지역의 주거환경을 개선하거나 단독주택 및 다세대주택이 밀집한 지역에서 정비기반시설과 공동이용시설 확충을 통하여 주거환경을 보전·정비·개량하기 위한 사업

① 주거환경개선사업
② 재건축사업
③ 공공재건축사업
④ 재개발사업
⑤ 공공재개발사업

함정을 피하는 TIP
- 정비사업의 종류별 키워드를 학습했다면 바로 정답을 찾을 수 있는 문제이다.

해설
주거환경개선사업에 대한 설명이다.

정답 ①

단단하게 정리하는 핵심이론

1 정비사업의 종류별 용어정의

(1) 정비사업

'정비사업'이란 이 법에서 정한 절차에 따라 도시기능을 회복하기 위하여 정비구역에서 정비기반시설을 정비하거나 주택 등 건축물을 개량 또는 건설하는 주거환경개선사업, 재개발사업, 재건축사업을 말한다.

(2) 정비사업의 종류 제15회, 제17회, 제18회, 제23회, 제27회, 제32회

주거환경 개선사업	도시저소득 주민이 집단거주하는 지역으로서 정비기반시설이 극히 열악하고 노후·불량건축물이 과도하게 밀집한 지역의 주거환경을 개선하거나 단독주택 및 다세대주택이 밀집한 지역에서 정비기반시설과 공동이용시설 확충을 통하여 주거환경을 보전·정비·개량하기 위한 사업
재개발 사업	정비기반시설이 열악하고 노후·불량건축물이 밀집한 지역에서 주거환경을 개선하거나, 상업지역·공업지역 등에서 도시기능의 회복 및 상권활성화 등을 위하여 도시환경을 개선하기 위한 사업
재건축 사업	정비기반시설은 양호하나 노후·불량건축물에 해당하는 공동주택이 밀집한 지역에서 주거환경을 개선하기 위한 사업

2 정비사업의 내용별 용어정의

(1) 노후·불량건축물 제17회, 제23회

① 건축물이 훼손되거나 일부가 멸실되어 붕괴 그 밖의 안전사고의 우려가 있는 건축물
② 내진성능이 확보되지 아니한 건축물 중 중대한 기능적 결함 또는 부실 설계·시공으로 인한 구조적 결함 등이 있는 건축물로서 대통령령으로 정하는 건축물
③ 다음의 요건을 모두 충족하는 건축물로서 대통령령으로 정하는 바에 따라 특별시·광역시·특별자치시·도·특별자치도 또는 「지방자치법」에 따른 서울특별시·광역시 및 특별자치시를 제외한 인구 50만 이상 대도시의 시·도조례로 정하는 건축물

> ㉠ 주변 토지의 이용상황 등에 비추어 주거환경이 불량한 곳에 위치할 것
> ㉡ 건축물을 철거하고 새로운 건축물을 건설하는 경우 건설에 드는 비용과 비교하여 효용의 현저한 증가가 예상될 것
> ㉢ 시·도조례로 정하는 건축물 중 다음의 어느 하나에 해당할 것
>   ⓐ 「건축법」에 따라 해당 지방자치단체의 조례로 정하는 면적에 미치지 못하거나 「국토의 계획 및 이용에 관한 법률」에 따른 도시·군계획시설 등의 설치로 인하여 효용을 다할 수 없게 된 대지에 있는 건축물
>   ⓑ 공장의 매연·소음 등으로 인하여 위해를 초래할 우려가 있는 지역에 있는 건축물

> ⓒ 해당 건축물을 준공일 기준으로 40년까지 사용하기 위하여 보수·보강하는 데 드는 비용이 철거 후 새로운 건축물을 건설하는 데 드는 비용보다 클 것으로 예상되는 건축물

④ 도시미관을 저해하거나 노후화된 건축물로서 다음의 대통령령으로 정하는 바에 따라 시·도조례로 정하는 건축물

> ㉠ 준공된 후 20년 이상 30년 이하의 범위에서 시·도조례로 정하는 기간이 지난 건축물
> ㉡ 「국토의 계획 및 이용에 관한 법률」에 따른 도시·군기본계획의 경관에 관한 사항에 어긋나는 건축물

(2) 정비기반시설과 공동이용시설 제15회, 제17회, 제23회, 제24회, 제28회, 제34회

정비기반시설	도로·상하수도·구거(溝渠; 도랑)·공원·공용주차장·공동구(「국토의 계획 및 이용에 관한 법률」에 따른 공동구), 그 밖에 주민의 생활에 필요한 열·가스 등의 공급시설로서 대통령령으로 정하는 시설(녹지, 하천, 공공공지, 광장, 소방용수시설, 비상대피시설, 가스공급시설, 지역난방시설)을 말한다.
공동이용시설	주민이 공동으로 사용하는 놀이터·마을회관·공동작업장·구판장·세탁장·화장실 및 수도, 탁아소·어린이집·경로당 등 노유자시설을 말한다.

(3) 대지 제15회, 제17회

정비사업으로 조성된 토지를 말한다.

(4) 주택단지

주택 및 부대시설·복리시설을 건설하거나 대지로 조성되는 일단의 토지로서 다음의 어느 하나에 해당하는 일단의 토지를 말한다.

> ① 「주택법」에 따른 사업계획승인을 받아 주택 및 부대시설·복리시설을 건설한 일단의 토지
> ② 「건축법」에 따라 건축허가를 받아 아파트 또는 연립주택을 건설한 일단의 토지

(5) 토지등소유자 제15회, 제17회, 제20회, 제23회, 제25회

주거환경개선사업, 재개발사업	정비구역에 위치한 토지 또는 건축물의 소유자 또는 그 지상권자
재건축사업	정비구역에 위치한 건축물 및 그 부속토지의 소유자

(6) 토지주택공사등

「한국토지주택공사법」에 따라 설립된 한국토지주택공사 또는 「지방공기업법」에 따라 주택사업을 수행하기 위하여 설립된 지방공사를 말한다.

기본문제와 완성문제로 **단단기출**

01 〔기본 기출〕 도시 및 주거환경정비법령상 정비기반시설에 해당하지 않는 것은? (단, 주거환경개선사업을 위하여 지정·고시된 정비구역이 아님) 제34회

① 녹지
② 공공공지
③ 공용주차장
④ 소방용수시설
⑤ 공동으로 사용하는 구판장

키워드 정비기반시설

난이도 ■■□□□

해설 공동으로 사용하는 구판장은 공동이용시설에 해당한다.

02 〔기본 기출〕 도시 및 주거환경정비법령상 주민이 공동으로 사용하는 시설로서 공동이용시설에 해당하지 않는 것은? (단, 조례는 고려하지 않으며, 각 시설은 단독주택, 공동주택 및 제1종 근린생활시설에 해당하지 않음) 제29회

① 유치원
② 경로당
③ 탁아소
④ 놀이터
⑤ 어린이집

키워드 정비사업의 내용별 용어정의

난이도 ■■□□□

해설 ① 유치원은 공동이용시설에 해당하지 않으며, 교육연구시설에 해당한다.
②③④⑤ 주민이 공동으로 사용하는 공동이용시설에 해당한다.

정답 01 ⑤ 02 ①

03 도시 및 주거환경정비법령상의 용어 및 내용에 대한 설명으로 옳은 것은? 제17회

① 재개발사업은 정비기반시설이 열악하고 노후·불량건축물이 밀집한 지역에서 주거환경을 개선하거나 상업지역·공업지역 등에서 도시기능의 회복 및 상권활성화 등을 위하여 도시환경을 개선하기 위한 사업이다.
② '공동이용시설'이란 도로·상하수도·공원·공용주차장·공동구(「국토의 계획 및 이용에 관한 법률」에 따른 공동구를 말한다), 그 밖에 주민의 생활에 필요한 열·가스 등의 공급시설로서 대통령령으로 정하는 시설을 말한다.
③ 해당 건축물을 준공일 기준으로 30년까지 사용하기 위하여 보수·보강하는 데 드는 비용이 철거 후 새로운 건축물을 건설하는 데 드는 비용보다 클 것으로 예상되는 건축물은 노후·불량건축물에 해당된다.
④ '대지'라 함은 재개발사업에 의하여 조성된 토지를 말한다.
⑤ 재개발사업에 있어서 토지등소유자는 토지 및 건축물의 소유자와 임차권자이다.

키워드 정비사업의 종류별 용어정의

해설 ② '정비기반시설'이란 도로·상하수도·구거(도랑)·공원·공용주차장·공동구(「국토의 계획 및 이용에 관한 법률」에 따른 공동구를 말한다), 그 밖에 주민의 생활에 필요한 열·가스 등의 공급시설로서 대통령령으로 정하는 시설을 말한다.
③ 해당 건축물을 준공일 기준으로 40년까지 사용하기 위하여 보수·보강하는 데 드는 비용이 철거 후 새로운 건축물을 건설하는 데 드는 비용보다 클 것으로 예상되는 건축물은 노후·불량건축물에 해당된다.
④ '대지'라 함은 정비사업으로 조성된 토지를 말한다.
⑤ 재개발사업에 있어서 토지등소유자는 정비구역에 위치한 토지 또는 건축물의 소유자 또는 그 지상권자이다.

정답 03 ①

04 도시 및 주거환경정비법령상 용어의 정의에 관한 설명으로 <u>틀린</u> 것은? 제23회

완성 기출

① 건축물이 훼손되었거나 일부가 멸실되어 붕괴 그 밖의 안전사고의 우려가 있는 건축물은 노후·불량건축물에 해당한다.
② '주거환경개선사업'이라 함은 정비기반시설은 양호하나 노후·불량건축물에 해당하는 공동주택이 밀집한 지역에서 주거환경을 개선하기 위하여 시행하는 사업을 말한다.
③ 도로, 상하수도, 공원, 공용주차장은 정비기반시설에 해당한다.
④ 재개발사업의 정비구역에 소재한 토지의 지상권자는 토지등소유자에 해당한다.
⑤ '공동이용시설'이란 주민이 공동으로 사용하는 놀이터·마을회관·공동작업장 그 밖에 대통령령으로 정하는 시설을 말한다.

키워드 〉 정비사업의 종류별 용어정의

난이도 〉

해설 〉 '재건축사업'이라 함은 정비기반시설은 양호하나 노후·불량건축물이 밀집한 지역에서 주거환경을 개선하기 위하여 시행하는 사업을 말한다. '주거환경개선사업'이란 도시저소득 주민이 집단거주하는 지역으로서 정비기반시설이 극히 열악하고 노후·불량건축물이 과도하게 밀집한 지역의 주거환경을 개선하거나 단독주택 및 다세대주택이 밀집한 지역에서 정비기반시설과 공동이용시설 확충을 통하여 주거환경을 보전·정비·개량하기 위한 사업을 말한다.

정답 04 ②

THEME 20
기본계획 수립 및 정비구역 지정

| THEME 키워드 |
도시·주거환경정비기본계획, 정비계획의 입안, 정비구역의 해제

기출분석
- **기출회차**: 제30회
- **키워드**: 도시·주거환경정비기본계획
- **난이도**: ■■■□□

함정을 피하는 TIP
- 기본계획의 수립 시 필요한 내용과 정비구역 지정 시 필요한 내용을 명확하게 알고 있어야 한다.

기본으로 알아야 하는 대표기출

도시 및 주거환경정비법령상 도시·주거환경정비기본계획의 수립 및 정비구역의 지정에 관한 설명으로 틀린 것은?

① 기본계획의 수립권자는 기본계획을 수립하려는 경우에는 14일 이상 주민에게 공람하여 의견을 들어야 한다.
② 기본계획의 수립권자는 기본계획을 수립한 때에는 지체 없이 이를 해당 지방자치단체의 공보에 고시하고 일반인이 열람할 수 있도록 하여야 한다.
③ 정비구역의 지정권자는 정비구역의 진입로 설치를 위하여 필요한 경우에는 진입로 지역과 그 인접지역을 포함하여 정비구역을 지정할 수 있다.
④ 정비구역에서는 「주택법」에 따른 지역주택조합의 조합원을 모집해서는 아니 된다.
⑤ 정비구역에서 이동이 쉽지 아니한 물건을 14일 동안 쌓아두기 위해서는 시장·군수등의 허가를 받아야 한다.

해설
정비구역에서 이동이 쉽지 아니한 물건을 1월 이상 쌓아놓는 행위를 하려는 자는 시장·군수등의 허가를 받아야 한다. 허가받은 사항을 변경하려는 때에도 또한 같다.

정답 ⑤

단단하게 정리하는 **핵심이론**

1 도시·주거환경정비기본계획(기본계획)

(1) 도시·주거환경정비 기본방침

국토교통부장관은 도시 및 주거환경을 개선하기 위하여 10년마다 다음의 사항을 포함한 기본방침을 정하고, 5년마다 타당성을 검토하여 그 결과를 기본방침에 반영하여야 한다.

> ① 도시 및 주거환경정비를 위한 국가 정책 방향
> ② 도시·주거환경정비기본계획의 수립 방향
> ③ 노후·불량 주거지 조사 및 개선계획의 수립
> ④ 도시 및 주거환경 개선에 필요한 재정지원계획
> ⑤ 그 밖에 도시 및 주거환경 개선을 위하여 필요한 사항으로서 대통령령으로 정하는 사항

(2) 기본계획의 수립 제19회, 제22회, 제26회, 제27회, 제29회

① 수립권자

원칙	특별시장·광역시장·특별자치시장·특별자치도지사 또는 시장은 관할 구역에 대하여 도시·주거환경정비기본계획(이하 '기본계획')을 10년 단위로 수립하여야 한다.
예외	도지사가 대도시가 아닌 시로서 기본계획을 수립할 필요가 없다고 인정하는 시에 대하여는 기본계획을 수립하지 아니할 수 있다.

② 타당성 검토: 특별시장·광역시장·특별자치시장·특별자치도지사 또는 시장(이하 '기본계획의 수립권자')은 기본계획에 대하여 5년마다 타당성을 검토하여 그 결과를 기본계획에 반영하여야 한다.

(3) 기본계획의 내용 제19회, 제22회, 제27회, 제29회

기본계획의 포함사항	① 정비사업의 기본방향 ② 정비사업의 계획기간 ③ 인구·건축물·토지이용·정비기반시설·지형 및 환경 등의 현황 ④ 주거지 관리계획 ⑤ 토지이용계획·정비기반시설계획·공동이용시설설치계획 및 교통계획 ⑥ 녹지·조경·에너지공급·폐기물처리 등에 관한 환경계획 ⑦ 사회복지시설 및 주민문화시설 등의 설치계획 ⑧ 도시의 광역적 재정비를 위한 기본방향 ⑨ 정비구역으로 지정할 예정인 구역(이하 '정비예정구역')의 개략적 범위 ⑩ 단계별 정비사업 추진계획(정비예정구역별 정비계획의 수립시기가 포함되어야 함) ⑪ 건폐율·용적률 등에 관한 건축물의 밀도계획 ⑫ 세입자에 대한 주거안정대책

기본계획의 포함사항 중 생략사항	기본계획의 수립권자는 기본계획에 다음의 사항을 포함하는 경우에는 앞의 ⑨ 정비예정구역의 개략적 범위 및 ⑩ 단계별 정비사업 추진계획의 사항을 생략할 수 있다. ① 생활권의 설정, 생활권별 기반시설설치계획 및 주택수급계획 ② 생활권별 주거지의 정비·보전·관리의 방향
기본계획의 작성기준	기본계획의 작성기준 및 작성방법은 국토교통부장관이 정하여 고시한다.

(4) 기본계획 수립절차 제19회, 제20회, 제22회, 제26회, 제27회, 제29회, 제30회

① 의견청취

주민 의견청취 (공람)	기본계획의 수립권자는 기본계획을 수립하거나 변경하려는 경우에는 14일 이상 주민에게 공람하여 의견을 들어야 하며, 제시된 의견이 타당하다고 인정되면 이를 기본계획에 반영하여야 한다.
지방의회 의견청취	기본계획의 수립권자는 공람과 함께 지방의회의 의견을 들어야 한다. 이 경우 지방의회는 기본계획의 수립권자가 기본계획을 통지한 날부터 60일 이내에 의견을 제시하여야 하며, 의견제시 없이 60일이 지난 경우 이의가 없는 것으로 본다.
생략사유	대통령령으로 정하는 경미한 사항을 변경하는 경우에는 주민공람과 지방의회의 의견청취절차를 거치지 아니할 수 있다.

> **보충**
>
> **대통령령으로 정하는 경미한 사항을 변경하는 경우**
> 1. 정비기반시설의 규모를 확대하거나 그 면적을 10% 미만의 범위에서 축소하는 경우
> 2. 정비사업의 계획기간을 단축하는 경우
> 3. 공동이용시설에 대한 설치계획을 변경하는 경우
> 4. 사회복지시설 및 주민문화시설 등에 대한 설치계획을 변경하는 경우
> 5. 구체적으로 면적이 명시된 정비예정구역의 면적을 20% 미만의 범위에서 변경하는 경우
> 6. 단계별 정비사업 추진계획을 변경하는 경우
> 7. 건폐율 및 용적률을 각 20% 미만의 범위에서 변경하는 경우
> 8. 정비사업의 시행을 위하여 필요한 재원조달에 관한 사항을 변경하는 경우
> 9. 「국토의 계획 및 이용에 관한 법률」에 따른 도시·군기본계획의 변경에 따라 기본계획을 변경하는 경우

② 기본계획의 확정 및 승인

확정	㉠ 기본계획의 수립권자(특별시장·광역시장·특별자치시장·특별자치도지사 또는 대도시의 시장)는 기본계획을 수립하거나 변경하려면 관계 행정기관의 장과 협의한 후 「국토의 계획 및 이용에 관한 법률」에 따른 지방도시계획위원회의 심의를 거쳐서 직접 확정한다. ㉡ 대통령령으로 정하는 경미한 사항을 변경하는 경우에는 관계 행정기관의 장과의 협의 및 지방도시계획위원회의 심의를 거치지 아니한다.
승인	㉠ 대도시의 시장이 아닌 시장은 기본계획을 수립하거나 변경하려면 도지사의 승인을 받아야 하며, 도지사가 이를 승인하려면 관계 행정기관의 장과 협의한 후 지방도시계획위원회의 심의를 거쳐야 한다. ㉡ 대통령령으로 정하는 경미한 사항을 변경하는 경우에는 도지사의 승인을 받지 아니할 수 있다.

③ 기본계획의 고시 및 보고

고시	기본계획의 수립권자는 기본계획을 수립하거나 변경한 때에는 지체 없이 이를 해당 지방자치단체의 공보에 고시하고 일반인이 열람할 수 있도록 하여야 한다.
보고	기본계획의 수립권자는 기본계획을 고시한 때에는 국토교통부령으로 정하는 방법 및 절차에 따라 국토교통부장관에게 보고하여야 한다.

2 정비계획의 입안

(1) 정비계획의 입안권자 및 작성기준

입안권자	정비계획을 입안하는 특별자치시장, 특별자치도지사, 시장, 군수 또는 구청장등이 생활권의 설정, 생활권별 기반시설설치계획 및 주택수급계획, 생활권별 주거지의 정비·보전·관리의 방향을 포함하여 기본계획을 수립한 지역에서 정비계획을 입안하는 경우에는 그 정비구역을 포함한 해당 생활권에 대하여 세부계획을 입안할 수 있다.
작성기준	정비계획의 작성기준 및 작성방법은 국토교통부장관이 정하여 고시한다.

(2) 정비계획의 포함사항 제18회, 제22회

① 정비사업의 명칭
② 정비구역 및 그 면적
③ 토지등소유자별 분담금 추산액 및 산출근거
④ 도시·군계획시설의 설치에 관한 계획
⑤ 공동이용시설 설치계획
⑥ 건축물의 주용도·건폐율·용적률·높이에 관한 계획
⑦ 환경보전 및 재난방지에 관한 계획
⑧ 정비구역 주변의 교육환경 보호에 관한 계획
⑨ 세입자 주거대책
⑩ 정비사업시행 예정시기
⑪ 「국토의 계획 및 이용에 관한 법률」상 지구단위계획에 관한 계획(필요한 경우로 한정)
⑫ 그 밖에 정비사업의 시행을 위하여 필요한 사항으로서 대통령령으로 정하는 사항(건축물의 건축선에 관한 계획 등)

(3) 재건축사업 정비계획 입안을 위한 안전진단 제19회, 제21회, 제22회, 제25회, 제28회

① 안전진단의 실시

원칙	정비계획의 입안권자는 재건축사업 정비계획의 입안을 위하여 정비예정구역별 정비계획의 수립시기가 도래한 때에 안전진단을 실시하여야 한다.
예외	정비계획의 입안권자는 위 원칙에도 불구하고 다음의 어느 하나에 해당하는 경우에는 안전진단을 실시하여야 한다. 이 경우 정비계획의 입안권자는 안전진단에 드는 비용을 해당 안전진단의 실시를 요청하는 자에게 부담하게 할 수 있다. ㉠ 정비계획의 입안을 제안하려는 자가 입안을 제안하기 전에 해당 정비예정구역에 위치한 건축물 및 그 부속토지의 소유자 10분의 1 이상의 동의를 받아 안전진단의 실시를 요청하는 경우 ㉡ 정비예정구역을 지정하지 아니한 지역에서 재건축사업을 하려는 자가 사업예정구역에 있는 건축물 및 그 부속토지의 소유자 10분의 1 이상의 동의를 받아 안전진단의 실시를 요청하는 경우

② 안전진단의 대상

대상	재건축사업의 안전진단은 주택단지의 건축물을 대상으로 한다. 다만, 다음에 해당하는 주택단지의 건축물인 경우에는 안전진단 대상에서 제외할 수 있다. ㉠ 정비계획의 입안권자가 천재지변 등으로 주택이 붕괴되어 신속히 재건축을 추진할 필요가 있다고 인정하는 것 ㉡ 주택의 구조안전상 사용금지가 필요하다고 정비계획의 입안권자가 인정하는 것 ㉢ 노후·불량건축물 수에 관한 기준을 충족한 경우 잔여 건축물

	② 정비계획의 입안권자가 진입도로 등 기반시설 설치를 위하여 불가피하게 정비구역에 포함된 것으로 인정하는 건축물 ⑩ 「시설물의 안전 및 유지관리에 관한 특별법」의 시설물로서 지정받은 안전등급이 D(미흡) 또는 E(불량)인 건축물
실시 여부의 통보	정비계획의 입안권자(특별자치시장, 특별자치도지사, 시장, 군수 또는 자치구의 구청장 등)은 안전진단의 요청이 있는 때에는 요청일부터 30일 이내에 국토교통부장관이 정하는 바에 따라 안전진단의 실시 여부를 결정하여 요청인에게 통보하여야 한다.
실시 여부의 결정·의뢰	정비계획의 입안권자는 현지조사 등을 통하여 해당 건축물의 구조안전성, 건축마감, 설비노후도 및 주거환경 적합성 등을 심사하여 안전진단의 실시 여부를 결정하여야 하며, 안전진단의 실시가 필요하다고 결정한 경우에는 다음에 해당하는 안전진단기관에 안전진단을 의뢰하여야 한다. ㉠ 「과학기술분야 정부출연연구기관 등의 설립·운영 및 육성에 관한 법률」에 따른 한국건설기술연구원 ㉡ 「시설물의 안전 및 유지관리에 관한 특별법」에 따른 안전진단전문기관 ㉢ 「국토안전관리원법」에 따른 국토안전관리원

③ 입안 여부의 결정: 정비계획의 입안권자는 안전진단의 결과와 도시계획 및 지역여건 등을 종합적으로 검토하여 정비계획의 입안 여부를 결정하여야 한다.

④ 입안 여부의 결정 후 결과보고서 제출

보고서 제출	정비계획의 입안권자(특별자치시장 및 특별자치도지사는 제외)는 정비계획의 입안 여부를 결정한 경우에는 지체 없이 특별시장·광역시장·도지사에게 결정내용과 해당 안전진단 결과보고서를 제출하여야 한다.
안전진단결과 적정성의 검토 의뢰	특별시장·광역시장·특별자치시장·도지사·특별자치도지사(이하 '시·도지사')는 필요한 경우 국토안전관리원 또는 한국건설기술연구원에 안전진단결과의 적정성에 대한 검토를 의뢰할 수 있다.
보고서 요청	국토교통부장관은 시·도지사에게 안전진단결과보고서의 제출을 요청할 수 있으며, 필요한 경우 시·도지사에게 안전진단결과의 적정성에 대한 검토를 요청할 수 있다.
입안결정의 취소 요청	시·도지사는 검토결과에 따라 정비계획의 입안권자에게 정비계획 입안결정의 취소 등 필요한 조치를 요청할 수 있으며, 정비계획의 입안권자는 특별한 사유가 없으면 그 요청에 따라야 한다. 다만, 특별자치시장 및 특별자치도지사는 직접 정비계획의 입안결정의 취소 등 필요한 조치를 할 수 있다.

(4) 정비계획 입안을 위한 의견청취 제22회

주민의 의견청취	정비계획의 입안권자는 정비계획을 입안하거나 변경하려면 주민에게 서면으로 통보한 후 주민설명회 및 30일 이상 주민에게 공람하여 의견을 들어야 하며, 제시된 의견이 타당하다고 인정되면 이를 정비계획에 반영하여야 한다.

지방의회의 의견청취	정비계획의 입안권자는 주민공람과 함께 지방의회의 의견을 들어야 한다. 이 경우 지방의회는 정비계획의 입안권자가 정비계획을 통지한 날부터 60일 이내에 의견을 제시하여야 하며, 의견제시 없이 60일이 지난 경우 이의가 없는 것으로 본다.

3 정비구역의 지정 및 해제

(1) 정비구역의 지정권자 제20회, 제30회

① 특별시장·광역시장·특별자치시장·특별자치도지사·시장 또는 군수(광역시의 군수는 제외)는 기본계획에 적합한 범위에서 노후·불량건축물이 밀집하는 등 대통령령으로 정하는 요건에 해당하는 구역에 대하여 정비계획을 결정하여 정비구역을 지정(변경지정을 포함)할 수 있다.

② 정비구역의 지정권자는 정비구역의 진입로 설치를 위하여 필요한 경우에는 진입로 지역과 그 인접 지역을 포함하여 정비구역을 지정할 수 있다.

(2) 지정권자의 정비계획 입안

① 정비구역의 지정권자는 정비구역 지정을 위하여 직접 정비계획을 입안할 수 있다.

② 자치구의 구청장 또는 광역시의 군수(이하 '구청장등')는 정비계획을 입안하여 특별시장·광역시장에게 정비구역 지정을 신청하여야 한다. 이 경우 지방의회의 의견을 첨부하여야 한다.

(3) 정비구역등의 의무해제 제24회

정비구역의 지정권자는 다음의 어느 하나에 해당하는 경우에는 정비구역등을 해제하여야 한다.

① 정비예정구역에 대하여 기본계획에서 정한 정비구역 지정 예정일부터 3년이 되는 날까지 특별자치시장, 특별자치도지사, 시장 또는 군수가 정비구역을 지정하지 아니하거나 구청장등이 정비구역의 지정을 신청하지 아니하는 경우

② 재개발사업·재건축사업(조합이 시행하는 경우로 한정)이 다음의 어느 하나에 해당하는 경우

> ⊙ 토지등소유자가 정비구역으로 지정·고시된 날부터 2년이 되는 날까지 조합설립추진위원회의 승인을 신청하지 아니하는 경우
> ⓒ 토지등소유자가 정비구역으로 지정·고시된 날부터 3년이 되는 날까지 조합설립인가를 신청하지 아니하는 경우(추진위원회를 구성하지 아니하는 경우로 한정)
> ⓒ 추진위원회가 추진위원회 승인일부터 2년이 되는 날까지 조합설립인가를 신청하지 아니하는 경우
> ⓔ 조합이 조합설립인가를 받은 날부터 3년이 되는 날까지 사업시행계획인가를 신청하지 아니하는 경우

③ 토지등소유자가 시행하는 재개발사업으로서 토지등소유자가 정비구역으로 지정·고시된 날부터 5년이 되는 날까지 사업시행계획인가를 신청하지 아니하는 경우

4 정비구역에서의 행위제한 제20회, 제21회, 제22회, 제25회, 제30회

① 정비구역에서 다음의 어느 하나에 해당하는 행위를 하려는 자는 시장·군수등의 허가를 받아야 한다. 허가받은 사항을 변경하려는 때에도 또한 같다.

건축물의 건축	「건축법」에 따른 건축물(가설건축물을 포함)의 건축, 용도변경
공작물의 설치	인공을 가하여 제작한 시설물(「건축법」에 따른 건축물을 제외)의 설치 ⚠ 농림수산물의 생산에 직접 이용되는 것으로서 비닐하우스·탈곡장·종묘배양장·버섯재배사 등의 간이공작물의 설치는 제외
토지의 형질변경	절토(땅깎기)·성토(흙쌓기)·정지(땅고르기)·포장 등의 방법으로 토지의 형상을 변경하는 행위, 토지의 굴착 또는 공유수면의 매립 ⚠ 경작을 위한 토지의 형질변경은 제외
토석의 채취	흙·모래·자갈·바위 등의 토석을 채취하는 행위
토지분할	–
물건을 쌓아 놓는 행위	이동이 쉽지 아니한 물건을 1개월 이상 쌓아놓는 행위 ⚠ 정비구역에 존치하기로 결정된 대지에 물건을 쌓아놓는 행위는 제외
죽목의 벌채 및 식재	관상용 죽목의 임시식재는 제외 → 경작지에서의 임시식재는 허가 대상

② 시장·군수 등은 개발행위에 대한 허가를 하려는 경우로서 사업시행자가 있는 경우에는 미리 그 사업시행자의 의견을 들어야 한다.

기본문제와 완성문제로 단단기출

01 도시 및 주거환경정비법령상 도시·주거환경정비기본계획(이하 '기본계획'이라 함)의 수립에 관한 설명으로 틀린 것은? 제29회

[기본 기출]

① 도지사가 대도시가 아닌 시로서 기본계획을 수립할 필요가 없다고 인정하는 시에 대하여는 기본계획을 수립하지 아니할 수 있다.
② 국토교통부장관은 기본계획에 대하여 5년마다 타당성 여부를 검토하여 그 결과를 기본계획에 반영하여야 한다.
③ 기본계획의 수립권자는 기본계획을 수립하려는 경우 14일 이상 주민에게 공람하여 의견을 들어야 한다.
④ 기본계획에는 사회복지시설 및 주민문화시설 등의 설치계획이 포함되어야 한다.
⑤ 대도시의 시장이 아닌 시장은 기본계획의 내용 중 정비사업의 계획기간을 단축하는 경우 도지사의 변경승인을 받지 아니할 수 있다.

키워드 도시·주거환경정비기본계획

난이도

해설 특별시장·광역시장·특별자치시장·특별자치도지사 또는 시장(기본계획의 수립권자)은 기본계획에 대하여 5년마다 타당성 여부를 검토하여 그 결과를 기본계획에 반영하여야 한다.

정답 01 ②

02 기본 기출

도시 및 주거환경정비법령상 재건축사업의 안전진단에 관한 설명으로 틀린 것은? 제28회

① 정비계획의 입안권자는 재건축사업 정비계획의 입안을 위하여 정비예정구역별 정비계획의 수립시기가 도래한 때에 안전진단을 실시하여야 한다.
② 정비계획의 입안권자는 안전진단의 결과와 도시계획 및 지역여건 등을 종합적으로 검토하여 정비계획의 입안 여부를 결정하여야 한다.
③ 정비계획의 입안권자는 현지조사 등을 통하여 해당 건축물의 구조안전성, 건축마감, 설비노후도 및 주거환경 적합성 등을 심사하여 안전진단의 실시 여부를 결정하여야 한다.
④ 특별시장·광역시장·특별자치시장·도지사·특별자치도지사는 필요한 경우 국토안전관리원 또는 한국건설기술연구원에 안전진단결과의 적정성 여부에 대한 검토를 의뢰할 수 있다.
⑤ 정비계획의 입안권자(특별자치시장 및 특별자치도지사는 제외한다)는 정비계획의 입안 여부를 결정한 경우에는 지체 없이 국토교통부장관에게 결정내용과 해당 안전진단결과보고서를 제출하여야 한다.

키워드 › 정비계획의 입안

난이도 ›

해설 › 정비계획의 입안권자(특별자치시장 및 특별자치도지사는 제외한다)는 정비계획의 입안 여부를 결정한 경우에는 지체 없이 특별시장·광역시장·도지사에게 결정내용과 해당 안전진단결과보고서를 제출하여야 한다.

정답 02 ⑤

03 완성 기출

도시 및 주거환경정비법령상 도시·주거환경정비기본계획을 변경할 때 지방의회의 의견청취를 생략할 수 있는 경우가 아닌 것은? 제30회

① 공동이용시설에 대한 설치계획을 변경하는 경우
② 정비사업의 계획기간을 단축하는 경우
③ 사회복지시설 및 주민문화시설 등에 대한 설치계획을 변경하는 경우
④ 구체적으로 명시된 정비예정구역 면적의 25%를 변경하는 경우
⑤ 정비사업의 시행을 위하여 필요한 재원조달에 관한 사항을 변경하는 경우

키워드 도시·주거환경정비기본계획
난이도
해설 구체적으로 명시된 정비예정구역의 면적을 20% 미만의 범위에서 변경하는 경우에 지방의회의 의견청취를 생략할 수 있다.

04 완성 기출

도시 및 주거환경정비법령상 정비구역의 지정권자가 정비구역 등을 해제하여야 하는 사유로서 바르지 못한 것은? 제24회

① 재개발사업에서 토지등소유자가 정비구역으로 지정·고시된 날부터 2년이 되는 날까지 조합설립추진위원회의 승인을 신청하지 아니하는 경우
② 재개발사업에서 토지등소유자가 정비구역으로 지정·고시된 날부터 3년이 되는 날까지 조합설립인가를 신청하지 아니하는 경우(제31조 제4항에 따라 추진위원회를 구성하지 아니하는 경우로 한정한다)
③ 재건축사업에서 조합이 조합설립인가를 받은 날부터 3년이 되는 날까지 사업시행계획인가를 신청하지 아니하는 경우
④ 정비예정구역에 대하여 기본계획에서 정한 정비구역 지정 예정일부터 3년이 되는 날까지 특별자치시장, 특별자치도지사, 시장 또는 군수가 정비구역을 지정하지 아니하거나 구청장등이 정비구역의 지정을 신청하지 아니하는 경우
⑤ 토지등소유자가 시행하는 재개발사업으로서 토지등소유자가 정비구역으로 지정·고시된 날부터 3년이 되는 날까지 사업시행계획인가를 신청하지 아니하는 경우

키워드 정비구역의 해제
난이도
해설 토지등소유자가 시행하는 재개발사업으로서 토지등소유자가 정비구역으로 지정·고시된 날부터 5년이 되는 날까지 사업시행계획인가를 신청하지 아니하는 경우에는 지정권자가 정비구역 등을 해제하여야 한다.

정답 03 ④ 04 ⑤

05 도시 및 주거환경정비법령상 도시·주거환경정비기본계획(이하 '기본계획') 및 정비계획에 관한 설명으로 옳은 것은?　　　　　　　　　　　　　　　　　　　　　　　　　　　　제22회

① 정비계획에 대한 주민공람의 대상에서 세입자는 제외된다.
② 건축물의 건축선에 관한 계획은 기본계획에 포함되어야 한다.
③ 시·군은 기본계획을 5년 단위로 수립하여야 한다.
④ 건폐율·용적률 등에 관한 건축물의 밀도계획은 기본계획에 포함되지 않는다.
⑤ 기본계획의 내용 중 공동이용시설에 대한 설치계획을 변경하는 경우에는 지방도시계획위원회의 심의를 거치지 않아도 된다.

> 키워드　도시·주거환경정비기본계획
> 난이도
> 해설　① 정비계획에 대한 주민공람의 대상에서 세입자도 포함된다.
> 　　　② 건축물의 건축선에 관한 계획은 정비계획에 포함되어야 한다.
> 　　　③ 특별시장·광역시장·특별자치시장·특별자치도지사 또는 시장은 관할 구역에 대하여 도시·주거환경정비기본계획을 10년 단위로 수립하여야 한다. 하지만 군은 기본계획의 수립대상에 해당하지 않는다.
> 　　　④ 건폐율·용적률 등에 관한 건축물의 밀도계획은 기본계획에 포함된다.

정답 05 ⑤

THEME 21 정비사업의 시행방법 및 시행자

| THEME 키워드 |
정비사업의 시행방법, 주거환경개선사업, 정비사업의 사업시행자 및 시공자

기출분석
- **기출회차:** 제29회
- **키워드:** 정비사업의 시행방법
- **난이도:** ■■□

기본으로 알아야 하는 대표기출

도시 및 주거환경정비법령상 정비사업의 시행방법으로 옳은 것만을 모두 고른 것은?

> ㉠ 주거환경개선사업: 사업시행자가 환지로 공급하는 방법
> ㉡ 주거환경개선사업: 사업시행자가 정비구역에서 인가받은 관리처분계획에 따라 주택, 부대시설·복리시설 및 오피스텔을 건설하여 공급하는 방법
> ㉢ 재개발사업: 정비구역에서 인가받은 관리처분계획에 따라 건축물을 건설하여 공급하는 방법

① ㉠
② ㉡
③ ㉠, ㉢
④ ㉡, ㉢
⑤ ㉠, ㉡, ㉢

함정을 피하는 TIP
- 정비사업의 시행방법에 대한 내용을 정확하게 알고 있어야 정답을 찾을 수 있다.

해설
㉡ 사업시행자가 정비구역에서 인가받은 관리처분계획에 따라 주택, 부대시설·복리시설 및 오피스텔을 건설하여 공급하는 방법은 '재건축사업'의 시행방법이다.

정답 ③

단단하게 정리하는 **핵심이론**

1 정비사업의 시행방법 제20회, 제28회, 제29회, 제30회, 제33회

정비사업	시행방법	
주거환경개선사업	주거환경개선사업은 다음의 어느 하나에 해당하는 방법 또는 이를 혼용하는 방법으로 한다.	
	① 사업시행자가 정비구역에서 정비기반시설 및 공동이용시설을 새로 설치하거나 확대하고 토지등소유자가 스스로 주택을 보전·정비하거나 개량하는 방법	현지 개량방법
	② 사업시행자가 정비구역의 전부 또는 일부를 수용하여 주택을 건설한 후 토지등소유자에게 우선 공급하거나 대지를 토지등소유자 또는 토지등소유자 외의 자에게 공급하는 방법	수용방법
	③ 사업시행자가 환지로 공급하는 방법	환지방법
	④ 사업시행자가 정비구역에서 인가받은 관리처분계획에 따라 주택 및 부대시설·복리시설을 건설하여 공급하는 방법	관리처분방법
재개발사업	정비구역에서 인가받은 관리처분계획에 따라 건축물을 건설하여 공급하거나 환지로 공급하는 방법으로 한다.	관리처분방법, 환지방법
재건축사업	정비구역에서 인가받은 관리처분계획에 따라 주택, 부대시설·복리시설 및 오피스텔을 건설하여 공급하는 방법으로 한다(단, 주택단지에 있지 아니하는 건축물의 경우에는 지형여건·주변의 환경으로 보아 사업 시행상 불가피한 경우로서 정비구역으로 보는 사업에 한정).	관리처분방법

> **보충**
>
> **재건축사업의 오피스텔 건설**
> 1. 오피스텔을 건설하여 공급하는 경우에는 「국토의 계획 및 이용에 관한 법률」에 따른 준주거지역 및 상업지역에서만 건설할 수 있다.
> 2. 오피스텔의 연면적은 전체 건축물 연면적의 100분의 30 이하이어야 한다.

2 정비사업의 사업시행자 및 시공자

(1) 주거환경개선사업의 시행자 제16회, 제19회, 제26회, 제28회, 제32회

① 시행자: 시장·군수등, 토지주택공사등, 공익법인

② 시행방법에 따른 시행자

현지 개량방법	시장·군수등이 직접 시행하되, 토지주택공사등을 사업시행자로 지정하여 시행하게 하려는 경우에는 정비계획에 따른 공람공고일 현재 토지등소유자의 과반수의 동의를 받아야 한다.
수용방법· 환지방법· 관리처분방법	⊙ 직접 시행: 시장·군수등이 직접 시행할 수 있다. ⓒ 사업시행자의 지정: 시장·군수등이 다음의 어느 하나에 해당하는 자를 사업시행자로 지정하여 시행하게 할 수 있다. 　ⓐ 토지주택공사등 　ⓑ 주거환경개선사업을 시행하기 위하여 국가, 지방자치단체, 토지주택공사등 또는 「공공기관의 운영에 관한 법률」에 따른 공공기관이 총지분의 100분의 50을 초과하는 출자로 설립한 법인 ⓒ 공동시행자의 지정: 시장·군수등이 위 ⓒ에 해당하는 자와 다음의 어느 하나에 해당하는 자를 공동시행자로 지정하여 시행하게 할 수 있다. 　ⓐ 「건설산업기본법」에 따른 건설업자 　ⓑ 「주택법」에 따라 건설업자로 보는 등록사업자 ⓔ 해당 방법에 따라 시행하려는 경우 동의요건 　ⓐ 정비계획에 따른 공람공고일 현재 해당 정비예정구역의 토지 또는 건축물의 소유자 또는 지상권자의 3분의 2 이상의 동의와 세입자 세대수의 과반수의 동의를 각각 받아야 한다. 　ⓑ 세입자의 세대수가 토지등소유자의 2분의 1 이하인 경우 등 대통령령으로 정하는 사유가 있는 경우에는 세입자의 동의절차를 거치지 아니할 수 있다.

(2) 재개발사업·재건축사업의 시행자 제16회, 제18회, 제26회, 제30회, 제32회

① 재개발사업·재건축사업의 원칙적 시행자

정비사업		사업시행자
재개발 사업	조합	⊙ 조합이 시행하는 방법 ⓒ 조합이 조합원의 과반수의 동의를 받아 시장·군수등, 토지주택공사등, 건설업자, 등록사업자 또는 대통령령으로 정하는 요건을 갖춘 자(신탁업자, 한국부동산원)와 공동으로 시행하는 방법
	토지등소유자 (20인 미만)	⊙ 토지등소유자가 시행하는 방법 ⓒ 토지등소유자가 토지등소유자의 과반수의 동의를 받아 시장·군수등, 토지주택공사등, 건설업자, 등록사업자 또는 대통령령으로 정하는 요건을 갖춘 자와 공동으로 시행하는 방법
재건축 사업	조합	⊙ 조합이 시행하는 방법 ⓒ 조합이 조합원의 과반수의 동의를 받아 시장·군수등, 토지주택공사등, 건설업자 또는 등록사업자와 공동으로 시행하는 방법

② 재개발사업·재건축사업의 공공시행자

　㉠ 시장·군수등의 직접 시행 또는 사업시행자의 지정: 시장·군수등은 재개발사업 및 재건축사업이 다음의 어느 하나에 해당하는 때에는 앞 ①의 원칙에도 불구하고 직접 정비사업을 시행하거나 토지주택공사등(토지주택공사등이 건설업자 또는 등록사업자와 공동으로 시행하는 경우를 포함)을 사업시행자로 지정하여 정비사업을 시행하게 할 수 있다.

> ⓐ 천재지변,「재난 및 안전관리 기본법」또는「시설물의 안전 및 유지관리에 관한 특별법」에 따른 사용제한·사용금지 그 밖의 불가피한 사유로 긴급하게 정비사업을 시행할 필요가 있다고 인정하는 때
> ⓑ 고시된 정비계획에서 정한 정비사업시행 예정일부터 2년 이내에 사업시행계획인가를 신청하지 아니하거나 사업시행계획인가를 신청한 내용이 위법 또는 부당하다고 인정하는 때(재건축사업의 경우는 제외)
> ⓒ 추진위원회가 시장·군수등의 구성승인을 받은 날부터 3년 이내에 조합설립인가를 신청하지 아니하거나 조합이 조합설립인가를 받은 날부터 3년 이내에 사업시행계획인가를 신청하지 아니한 때
> ⓓ 지방자치단체의 장이 시행하는「국토의 계획 및 이용에 관한 법률」에 따른 도시·군계획사업과 병행하여 정비사업을 시행할 필요가 있다고 인정하는 때
> ⓔ 순환정비방식으로 정비사업을 시행할 필요가 있다고 인정하는 때
> ⓕ 사업시행계획인가가 취소된 때
> ⓖ 해당 정비구역의 국·공유지 면적 또는 국·공유지와 토지주택공사등이 소유한 토지를 합한 면적이 전체 토지면적의 2분의 1 이상으로서 토지등소유자의 과반수가 시장·군수등 또는 토지주택공사등을 사업시행자로 지정하는 것에 동의하는 때
> ⓗ 해당 정비구역의 토지면적 2분의 1 이상의 토지소유자와 토지등소유자의 3분의 2 이상에 해당하는 자가 시장·군수등 또는 토지주택공사등을 사업시행자로 지정할 것을 요청하는 때

　㉡ 조합설립인가 후 시장·군수등이 직접 정비사업을 시행하거나 토지주택공사등을 사업시행자로 지정·고시한 때에는 그 고시일 다음 날에 추진위원회의 구성승인 또는 조합설립인가가 취소된 것으로 본다. 이 경우 시장·군수등은 해당 지방자치단체의 공보에 해당 내용을 고시하여야 한다.

(3) 시공자 선정 제16회, 제22회, 제26회

① 조합은 조합설립인가를 받은 후 조합총회에서 경쟁입찰 또는 수의계약(2회 이상 경쟁입찰이 유찰된 경우로 한정)의 방법으로 건설업자 또는 등록사업자를 시공자로 선정하여야 한다. 다만, 대통령령(조합원 100명 이하인 정비사업)으로 정하는 규모 이하의 정비사업은 조합총회에서 정관으로 정하는 바에 따라 선정할 수 있다.

② 토지등소유자가 재개발사업을 시행하는 경우에는 사업시행계획인가를 받은 후 규약에 따라 건설업자 또는 등록사업자를 시공자로 선정하여야 한다.

③ 시장·군수등이 직접 정비사업을 시행하거나 토지주택공사등 또는 지정개발자를 사업시행자로 지정한 경우 사업시행자는 사업시행자 지정·고시 후 경쟁입찰 또는 수의계약의 방법으로 건설업자 또는 등록사업자를 시공자로 선정하여야 한다.

④ 사업시행자(사업대행자를 포함)는 선정된 시공자와 공사에 관한 계약을 체결할 때에는 기존 건축물의 철거 공사(「석면안전관리법」에 따른 석면 조사·해체·제거를 포함)에 관한 사항을 포함시켜야 한다.

기본문제와 완성문제로 단단기출

01 도시 및 주거환경정비법령상 주거환경개선사업에 관한 설명으로 옳은 것만을 모두 고른 것은?

기본 기출

제28회

> ㉠ 시장·군수등은 세입자의 세대수가 토지등소유자의 2분의 1인 경우 세입자의 동의절차 없이 토지주택공사등을 사업시행자로 지정할 수 있다.
> ㉡ 사업시행자는 '정비구역 안에서 정비기반시설을 새로이 설치하거나 확대하고 토지등소유자가 스스로 주택을 개량하는 방법' 및 '환지로 공급하는 방법'을 혼용할 수 있다.
> ㉢ 사업시행자는 사업의 시행으로 철거되는 주택의 소유자 또는 세입자에게 해당 정비구역 안과 밖에 위치한 임대주택 등의 시설에 임시로 거주하게 하거나 주택자금의 융자를 알선하는 등 임시거주에 상응하는 조치를 하여야 한다.

① ㉠
② ㉠, ㉡
③ ㉠, ㉢
④ ㉡, ㉢
⑤ ㉠, ㉡, ㉢

키워드 주거환경개선사업

난이도 ■■■□□

해설 ㉠㉡㉢ 모두 주거환경개선사업에 대한 옳은 설명이다.
주거환경개선사업은 토지등소유자가 스스로 주택을 보전·정비하거나 개량하는 방법, 정비구역의 전부 또는 일부를 수용하여 공급하는 방법, 인가받은 관리처분계획에 따라 주택 및 부대·복리시설을 건설하여 공급하는 방법, 환지로 공급하는 방법 또는 이를 혼용하는 방법으로 하는 정비사업의 시행방식이다.

정답 01 ⑤

02 기본 기출
도시 및 주거환경정비법령상 재개발사업의 시공자 선정에 관한 설명으로 틀린 것은? 제26회

① 토지등소유자가 사업을 시행하는 경우에는 경쟁입찰의 방법으로 시공자를 선정해야 한다.
② 시장·군수등이 직접 정비사업을 시행하는 경우 사업시행자 지정·고시 후 경쟁입찰 또는 수의계약의 방법으로 건설업자 또는 등록사업자를 시공자로 선정하여야 한다.
③ 조합은 조합설립인가를 받은 후 조합총회에서 경쟁입찰 또는 수의계약(2회 이상 경쟁입찰이 유찰된 경우로 한정한다)의 방법으로 건설업자 또는 등록사업자를 시공자로 선정하여야 한다.
④ 조합원 100명 이하인 정비사업의 경우 조합총회에서 정관으로 정하는 바에 따라 시공자를 선정할 수 있다.
⑤ 사업시행자는 선정된 시공자와 공사에 관한 계약을 체결할 때에는 기존 건축물의 철거공사에 관한 사항을 포함하여야 한다.

키워드 정비사업의 사업시행자 및 시공자
난이도
해설 토지등소유자가 재개발사업을 시행하는 경우에는 사업시행계획인가를 받은 후 규약에 따라 건설업자 또는 등록사업자를 시공자로 선정하여야 한다.

03 완성 기출
도시 및 주거환경정비법령상 군수가 직접 재개발사업을 시행할 수 있는 사유에 해당하지 않는 것은? 제26회

① 해당 정비구역의 토지면적 2분의 1 이상의 토지소유자와 토지등소유자의 3분의 2 이상에 해당하는 자가 군수의 직접 시행을 요청하는 때
② 해당 정비구역 안의 국·공유지 면적이 전체 토지 면적의 3분의 1 이상으로서 토지등소유자의 과반수가 군수의 직접 시행에 동의하는 때
③ 순환정비방식으로 정비사업을 시행할 필요가 있다고 인정하는 때
④ 천재지변 그 밖의 불가피한 사유로 긴급하게 정비사업을 시행할 필요가 있다고 인정하는 때
⑤ 고시된 정비계획에서 정한 정비사업시행 예정일부터 2년 이내에 사업시행계획인가를 신청하지 아니한 때

키워드 정비사업의 사업시행자 및 시공자
난이도
해설 해당 정비구역 안의 국·공유지 면적이 전체 토지 면적의 2분의 1 이상으로서 토지등소유자의 과반수가 군수의 직접 시행에 동의하는 때에는 군수가 직접 재개발사업을 시행할 수 있다.

정답 02 ① 03 ②

04 도시 및 주거환경정비법령상 정비사업시행에 관한 설명 중 틀린 것은? 제16회

① 재건축사업은 조합이 시행하거나 조합이 조합원의 과반수의 동의를 받아 시장·군수등, 토지주택공사등, 건설업자 또는 등록사업자와 공동으로 시행할 수 있다.
② 시장·군수등은 고시된 정비계획에서 정한 정비사업시행 예정일부터 2년 이내에 사업시행계획인가를 신청하지 아니한 경우 재개발사업을 직접 시행할 수 있다.
③ 시장·군수등이 직접 정비사업을 시행하는 때에는 정비구역의 위치 및 면적 등과 같이 토지등소유자에게 알릴 필요가 있는 사항은 당해 지방자치단체의 공보에 고시하여야 한다.
④ 환지로 공급하는 방법에 의한 주거환경개선사업은 토지등소유자 과반수의 동의를 얻어 시장·군수등이 직접 시행할 수 있다.
⑤ 재건축사업조합은 조합설립인가를 받은 후 조합총회에서 경쟁입찰 또는 수의계약(2회 이상 경쟁입찰이 유찰된 경우로 한정한다)의 방법으로 건설업자 또는 등록사업자를 시공자로 선정하여야 한다.

| 키워드 | 정비사업의 사업시행자 및 시공자 |

| 해설 | 환지로 공급하는 방법에 의한 주거환경개선사업은 정비구역 지정을 위한 공람공고일 현재 해당 정비예정구역 안의 토지 또는 건축물의 소유자 또는 지상권자의 3분의 2 이상의 동의와 세입자 세대수 과반수의 동의를 얻어 시장·군수등이 직접 시행할 수 있다.

정답 04 ④

THEME 22
조합설립추진위원회 및 조합

| THEME 키워드 |
조합설립추진위원회, 조합, 조합의 임원, 조합의 정관 변경, 주민대표회의

□ 1회독 □ 2회독

▶ 기출분석
- **기출회차:** 제26회
- **키워드:** 조합설립추진위원회
- **난이도:**

기본으로 알아야 하는 대표기출

도시 및 주거환경정비법령상 조합의 설립에 관한 설명으로 옳은 것은?

① 조합설립인가를 받은 경우에는 따로 등기를 하지 않아도 조합이 성립된다.
② 조합임원은 같은 목적의 정비사업을 하는 다른 조합의 임원을 겸할 수 있다.
③ 재건축사업은 조합을 설립하지 않고 토지등소유자가 직접 시행할 수 있다.
④ 추진위원회의 구성에 동의한 토지등소유자는 조합의 설립에 동의한 것으로 본다.
⑤ 조합임원이 결격사유에 해당하여 퇴임한 경우 그 임원이 퇴임 전에 관여한 행위는 효력을 잃는다.

해설
① 조합은 조합설립인가를 받은 날부터 30일 이내에 주된 사무소의 소재지에서 대통령령으로 정하는 사항을 등기하는 때에 성립한다.
② 조합임원은 같은 목적의 정비사업을 하는 다른 조합의 임원 또는 직원을 겸할 수 없다.
③ 재건축사업은 조합이 시행하거나 조합이 조합원의 과반수의 동의를 받아 시장·군수등, 토지주택공사등, 건설업자 또는 등록사업자와 공동으로 시행할 수 있다.
⑤ 조합임원이 결격사유에 해당하여 퇴임한 경우 그 임원이 퇴임 전에 관여한 행위는 그 효력을 잃지 아니한다.

정답 ④

▶ 함정을 피하는 TIP
- 조합의 설립에 관한 전반적인 내용을 알아야 한다.

단단하게 정리하는 핵심이론

1 조합설립추진위원회

(1) **추진위원회의 구성 및 승인, 동의** 제16회, 제18회, 제26회, 제32회

구성 및 승인	① 조합을 설립하려는 경우에는 정비구역 지정·고시 후 다음의 사항에 대하여 토지등소유자 과반수의 동의를 받아 조합설립을 위한 추진위원회를 구성하여 국토교통부령으로 정하는 방법과 절차에 따라 시장·군수등의 승인을 받아야 한다. ㉠ 추진위원회 위원장(이하 '추진위원장')을 포함한 5명 이상의 추진위원회 위원(이하 '추진위원') ㉡ 추진위원회의 운영규정 ② 추진위원회는 추진위원회를 대표하는 추진위원장 1명과 감사를 두어야 한다.
동의	추진위원회의 구성에 동의한 토지등소유자(이하 '추진위원회 동의자')는 조합의 설립에 동의한 것으로 본다. 다만, 조합설립인가를 신청하기 전에 시장·군수등 및 추진위원회에 조합설립에 대한 반대의 의사표시를 한 추진위원회 동의자의 경우에는 그러하지 아니하다.

(2) **추진위원회의 업무** 제18회, 제23회

① 정비사업전문관리업자의 선정 및 변경
② 설계자의 선정 및 변경
③ 개략적인 정비사업 시행계획서의 작성
④ 조합설립인가를 받기 위한 준비업무
⑤ 그 밖에 조합설립을 추진하기 위하여 대통령령으로 정하는 업무
 ㉠ 추진위원회 운영규정의 작성
 ㉡ 토지등소유자의 동의서의 접수
 ㉢ 조합의 설립을 위한 창립총회의 개최
 ㉣ 조합 정관의 초안 작성

2 조합

(1) **조합설립의무** 제27회

① 시장·군수등, 토지주택공사등 또는 지정개발자가 아닌 자가 정비사업을 시행하려는 경우에는 토지등소유자로 구성된 조합을 설립하여야 한다.
② 토지등소유자가 20인 미만인 경우에 토지등소유자가 재개발사업을 시행하려는 경우에는 조합을 설립하지 아니할 수 있다.

(2) 조합설립인가 시 동의요건 제21회, 제24회, 제25회, 제27회, 제29회, 제31회

재개발 사업		재개발사업의 추진위원회(추진위원회를 구성하지 아니하는 경우에는 토지등소유자)가 조합을 설립하려면 **토지등소유자의 4분의 3 이상** 및 **토지면적의 2분의 1 이상**의 토지 소유자의 동의를 받아 시장·군수등의 인가를 받아야 한다.
재건축 사업	주택단지인 경우	재건축사업의 추진위원회(추진위원회를 구성하지 아니하는 경우에는 토지등소유자)가 조합을 설립하려는 때에는 주택단지의 공동주택의 각 동별 구분소유자의 과반수 동의와 주택단지의 **전체 구분소유자의 4분의 3 이상** 및 **토지면적의 4분의 3 이상**의 토지 소유자의 동의를 받아 정관등을 첨부하여 시장·군수등의 인가를 받아야 한다.
	주택단지가 아닌 경우	주택단지가 아닌 지역이 정비구역에 포함된 때에는 주택단지가 아닌 지역의 **토지 또는 건축물 소유자의 4분의 3 이상** 및 **토지면적의 3분의 2 이상**의 토지 소유자의 동의를 받아야 한다.

(3) 토지등소유자의 동의방법 제17회, 제21회, 제23회, 제24회, 제25회

① **동의방법**: 다음에 대한 동의(동의한 사항의 철회 또는 반대의 의사표시를 포함)는 서면동의서에 토지등소유자가 성명을 적고 지장(指章)을 날인하는 방법으로 하며, 주민등록증, 여권 등 신원을 확인할 수 있는 신분증명서의 사본을 첨부하여야 한다.

> ㉠ 정비구역등 해제의 연장을 요청하는 경우
> ㉡ 정비구역의 해제에 동의하는 경우
> ㉢ 주거환경개선사업의 시행자를 토지주택공사등으로 지정하는 경우
> ㉣ 토지등소유자가 재개발사업을 시행하려는 경우
> ㉤ 재개발사업·재건축사업의 공공시행자 또는 지정개발자를 지정하는 경우
> ㉥ 조합설립을 위한 추진위원회를 구성하는 경우
> ㉦ 추진위원회의 업무가 토지등소유자의 비용부담을 수반하거나 권리·의무에 변동을 가져오는 경우
> ㉧ 조합을 설립하는 경우
> ㉨ 주민대표회의를 구성하는 경우
> ㉩ 사업시행계획인가를 신청하는 경우
> ㉪ 사업시행자가 사업시행계획서를 작성하려는 경우

② 동의자 수의 산정방법

주거환경개선사업, 재개발사업	㉠ 1필지의 토지 또는 하나의 건축물을 여럿이서 공유할 때에는 그 여럿을 대표하는 1인을 토지등소유자로 산정할 것 ㉡ 토지에 지상권이 설정되어 있는 경우 토지의 소유자와 해당 토지의 지상권자를 대표하는 1인을 토지등소유자로 산정할 것 ㉢ 1인이 다수 필지의 토지 또는 다수의 건축물을 소유하고 있는 경우에는 필지나 건축물의 수에 관계없이 토지등소유자를 1인으로 산정할 것 ㉣ 둘 이상의 토지 또는 건축물을 소유한 공유자가 동일한 경우에는 그 공유자 여럿을 대표하는 1인을 토지등소유자로 산정할 것

재건축사업	⊙ 소유권 또는 구분소유권을 여럿이서 공유하는 경우에는 그 여럿을 대표하는 1인을 토지등소유자로 산정할 것 ⓒ 1인이 둘 이상의 소유권 또는 구분소유권을 소유하고 있는 경우에는 소유권 또는 구분소유권의 수에 관계없이 토지등소유자를 1인으로 산정할 것 ⓒ 둘 이상의 소유권 또는 구분소유권을 소유한 공유자가 동일한 경우에는 그 공유자 여럿을 대표하는 1인을 토지등소유자로 할 것

③ 동의철회 또는 반대의사표시
  ⊙ 의사표시의 기한: 동의의 철회 또는 반대의사의 표시는 해당 동의에 따른 인·허가 등을 신청하기 전까지 할 수 있다.
  ⓒ 효력발생시기: 동의의 철회나 반대의 의사표시는 철회서가 동의의 상대방에게 도달한 때 또는 시장·군수등이 동의의 상대방에게 철회서가 접수된 사실을 통지한 때 중 빠른 때에 효력이 발생한다.

(4) 조합의 법인격 등 제26회, 제30회

법적 성격	조합은 법인으로 한다.
성립시기	조합은 조합설립인가를 받은 날부터 30일 이내에 주된 사무소의 소재지에서 대통령령으로 정하는 사항을 등기하는 때에 성립한다.
조합의 명칭	조합은 명칭에 '정비사업조합'이라는 문자를 사용하여야 한다.
「민법」의 준용	조합에 관하여는 이 법에 규정된 사항을 제외하고는 「민법」 중 사단법인에 관한 규정을 준용한다.

(5) 조합원의 자격 제18회, 제25회

① 정비사업의 조합원(사업시행자가 신탁업자인 경우에는 위탁자)은 토지등소유자(재건축사업의 경우에는 재건축사업에 동의한 자만 해당)로 하되, 여러 명의 공유에 속하는 때에는 여러 명을 대표하는 1명을 조합원으로 본다.
②「지방자치분권 및 지방균형발전에 관한 특별법」에 따른 공공기관지방이전 및 혁신도시 활성화를 위한 시책 등에 따라 이전하는 공공기관이 소유한 토지 또는 건축물을 양수한 경우 양수한 자(공유의 경우 대표자 1명)를 조합원으로 본다.

(6) 조합의 임원 제18회, 제20회, 제23회, 제24회, 제26회, 제27회, 제30회, 제33회, 제34회

① 조합임원의 구성

임원의 조건	조합은 조합장 1명과 이사, 감사를 임원으로 둔다.
임원의 수	조합에 두는 이사의 수는 3명 이상으로 하고, 감사의 수는 1명 이상 3명 이하로 한다. 다만, 토지등소유자의 수가 100인을 초과하는 경우에는 이사의 수를 5명 이상으로 한다.
임원의 임기	조합임원의 임기는 3년 이하의 범위에서 정관으로 정하되, 연임할 수 있다.

② 조합임원의 직무

> ㉠ 조합장은 조합을 대표하고, 그 사무를 총괄하며, 총회 또는 대의원회의 의장이 된다.
> ㉡ 조합장 또는 이사가 자기를 위하여 조합과 계약이나 소송을 할 때에는 감사가 조합을 대표한다.
> ㉢ 조합임원은 같은 목적의 정비사업을 하는 다른 조합의 임원 또는 직원을 겸할 수 없다.

③ 조합임원의 결격사유 및 퇴임

결격사유	다음의 어느 하나에 해당하는 자는 조합임원 또는 전문조합관리인이 될 수 없다. ㉠ 미성년자·피성년후견인 또는 피한정후견인 ㉡ 파산선고를 받고 복권되지 아니한 자 ㉢ 금고 이상의 실형을 선고받고 그 집행이 종료(종료된 것으로 보는 경우를 포함) 되거나 집행이 면제된 날부터 2년이 지나지 아니한 자 ㉣ 금고 이상의 형의 집행유예를 받고 그 유예기간 중에 있는 자 ㉤ 이 법을 위반하여 벌금 100만원 이상의 형을 선고받고 10년이 지나지 아니한 자 ㉥ 법 제35조에 따른 조합설립인가권자에 해당하는 지방자치단체의 장, 지방의회의원 또는 그 배우자·직계존속
퇴임	조합임원이 다음의 어느 하나에 해당하는 경우에는 당연 퇴임한다. ㉠ 조합임원이 결격사유에 해당하게 되거나 선임 당시 그에 해당하는 자였음이 밝혀진 경우 ㉡ 조합임원이 자격요건을 갖추지 못한 경우
퇴임 전 행위의 효력	퇴임된 임원이 퇴임 전에 관여한 행위는 그 효력을 잃지 아니한다.
전문조합관리인 선정효과	시장·군수등이 전문조합관리인을 선정한 경우 전문조합관리인의 업무를 대행한 임원은 당연퇴임한다.

(7) 정관의 작성 및 변경 제25회, 제26회, 제28회, 제29회, 제30회, 제34회

① 정관의 기재사항: 조합의 정관에는 다음의 사항이 포함되어야 한다.

> **보충**
>
> 정관으로 정하는 사항
> 1. 조합의 명칭 및 사무소의 소재지
> 2. 조합원의 자격
> 3. 조합원의 제명·탈퇴 및 교체
> 4. 정비구역의 위치 및 면적
> 5. 조합임원의 수 및 업무의 범위
> 6. 조합임원의 권리·의무·보수·선임방법·변경 및 해임
> 7. 대의원의 수, 선임방법, 선임절차 및 대의원회의 의결방법
> 8. 조합의 비용부담 및 조합의 회계
> 9. 정비사업의 시행연도 및 시행방법

10. 총회의 소집 절차·시기 및 의결방법
11. 총회의 개최 및 조합원의 총회소집 요구
12. 기간을 넘겨서 소송재결을 신청하거나 매도청구소송을 제기한 경우에는 지연일수에 따른 이자 지급
13. 정비사업비의 부담 시기 및 절차
14. 정비사업이 종결된 때의 청산절차
15. 청산금의 징수·지급의 방법 및 절차
16. 시공자·설계자의 선정 및 계약서에 포함될 내용
17. 정관의 변경절차

② **정관의 변경**: 조합이 정관을 변경하려는 경우에는 총회를 개최하여 조합원 과반수의 찬성으로 시장·군수등의 인가를 받아야 한다. 다만, 다음의 경우에는 조합원 3분의 2 이상의 찬성으로 한다.

> ㉠ 조합원의 자격
> ㉡ 조합원의 제명·탈퇴 및 교체
> ㉢ 정비구역의 위치 및 면적
> ㉣ 조합의 비용부담 및 조합의 회계
> ㉤ 정비사업비의 부담 시기 및 절차
> ㉥ 시공자·설계자의 선정 및 계약서에 포함될 내용

(8) 총회의 개최 및 의결사항 제24회, 제25회, 제27회, 제30회, 제34회

총회의 소집	① 조합에는 조합원으로 구성되는 총회를 둔다. ② 총회는 조합장이 직권으로 소집하거나 조합원 **5분의 1 이상**(정관의 기재사항 중 조합임원의 권리·의무·보수·선임방법·변경 및 해임에 관한 사항을 변경하기 위한 총회의 경우는 **10분의 1 이상**) 또는 대의원 **3분의 2 이상**의 요구로 조합장이 소집한다. ③ 조합원 또는 대의원의 요구로 총회를 소집하는 경우 조합은 소집을 요구하는 자가 본인인지 여부를 대통령령으로 정하는 기준에 따라 정관으로 정하는 방법으로 확인하여야 한다. ④ 조합임원의 사임, 해임 또는 임기만료 후 6개월 이상 조합임원이 선임되지 아니한 경우에는 시장·군수등이 조합임원 선출을 위한 총회를 소집할 수 있다. ⑤ 총회를 소집하려는 자는 총회가 개최되기 7일 전까지 회의 목적·안건·일시 및 장소와 서면의결권의 행사기간 및 장소 등 서면의결권 행사에 필요한 사항을 정하여 조합원에게 통지하여야 한다.
총회의 의결사항	다음의 사항은 총회의 의결을 거쳐야 한다. ① 정관의 변경(경미한 사항의 변경은 이 법 또는 정관에서 총회의결사항으로 정한 경우로 한정) ② 자금의 차입과 그 방법·이자율 및 상환방법 ③ 정비사업비의 세부 항목별 사용계획이 포함된 예산안 및 예산의 사용내역 ④ 예산으로 정한 사항 외에 조합원에게 부담이 되는 계약

	⑤ 시공자·설계자 및 감정평가법인등(시장·군수등이 선정·계약하는 감정평가법인등은 제외)의 선정 및 변경. 다만, 감정평가법인등 선정 및 변경은 총회의 의결을 거쳐 시장·군수등에게 위탁할 수 있다. ⑥ 정비사업전문관리업자의 선정 및 변경 ⑦ 조합임원의 선임 및 해임 ⑧ 정비사업비의 조합원별 분담내역 ⑨ 사업시행계획서의 작성 및 변경(정비사업의 중지 또는 폐지에 관한 사항을 포함하며, 경미한 변경은 제외) ⑩ 관리처분계획의 수립 및 변경(경미한 변경은 제외) ⑪ 조합의 해산과 조합 해산 시의 회계보고 ⑫ 청산금의 징수·지급(분할징수·분할지급을 포함) ⑬ 시행자가 부과하는 부과금에 따른 비용의 금액 및 징수방법
총회의 의결정족수	총회의 의결은 이 법 또는 정관에 다른 규정이 없으면 조합원 과반수의 출석과 출석 조합원의 과반수 찬성으로 한다. 사업시행계획서의 작성 및 변경 그리고 관리처분계획의 수립 및 변경의 경우에는 조합원 과반수의 찬성으로 의결한다. 다만, 정비사업비가 100분의 10(생산자물가상승률분, 분양신청을 하지 아니한 자에 따른 손실보상 금액은 제외) 이상 늘어나는 경우에는 조합원 3분의 2 이상의 찬성으로 의결하여야 한다.
총회의 직접 출석 정족수	총회의 의결은 조합원의 100분의 10 이상이 직접 출석(대리인을 통하여 의결권을 행사하는 경우 직접 출석한 것으로 봄)하여야 한다. 다만, 시공자의 선정을 의결하는 총회의 경우에는 조합원 과반수가 직접 출석하여야 하고, 창립총회, 시공자 선정 취소를 위한 총회, 사업시행계획서의 작성 및 변경, 관리처분계획의 수립 및 변경을 의결하는 총회 등 대통령령으로 정하는 총회의 경우에는 조합원의 100분의 20 이상이 직접 출석하여야 한다.

(9) 대의원회 제20회, 제23회, 제24회, 제25회, 제27회, 제32회, 제33회, 제34회

설치조건	① 조합원의 수가 100명 이상인 조합은 대의원회를 두어야 한다. ② 대의원회는 조합원의 10분의 1 이상으로 구성한다. 다만, 조합원의 10분의 1이 100명을 넘는 경우에는 조합원의 10분의 1의 범위에서 100명 이상으로 구성할 수 있다.
자격 및 권한	① 대의원은 조합원 중에서 선출한다. ② 조합장이 아닌 조합임원은 대의원이 될 수 없다. ③ 대의원회는 총회의 의결사항 중 대통령령으로 정하는 사항 외에는 총회의 권한을 대행할 수 있다.

> **보충**
>
> **대의원회가 총회의 권한을 대행할 수 없는 사항**
> 1. 정관의 변경에 관한 사항(경미한 사항의 변경은 법 또는 정관에서 총회의결사항으로 정한 경우로 한정)
> 2. 자금의 차입과 그 방법·이자율 및 상환방법에 관한 사항

3. 예산으로 정한 사항 외에 조합원에게 부담이 되는 계약에 관한 사항
4. 시공자·설계자 또는 감정평가법인등(시장·군수등이 선정·계약하는 감정평가법인등은 제외)의 선정 및 변경에 관한 사항
5. 정비사업전문관리업자의 선정 및 변경에 관한 사항
6. 조합임원의 선임 및 해임과 대의원의 선임 및 해임에 관한 사항. 다만, 정관으로 정하는 바에 따라 임기 중 궐위된 자(조합장은 제외)를 보궐선임하는 경우를 제외한다.
7. 사업시행계획서의 작성 및 변경에 관한 사항(정비사업의 중지 또는 폐지에 관한 사항을 포함하며, 경미한 변경은 제외)
8. 관리처분계획의 수립 및 변경에 관한 사항(경미한 변경은 제외)
9. 총회에 상정하여야 하는 사항
10. 조합의 합병 또는 해산에 관한 사항(단, 사업완료로 인한 해산의 경우는 제외)
11. 건설되는 건축물의 설계 개요의 변경에 관한 사항
12. 정비사업비의 변경에 관한 사항

3 주민대표회의 제31회, 제32회

(1) 구성의무

토지등소유자가 시장·군수등 또는 토지주택공사등의 사업시행을 원하는 경우에는 정비구역 지정·고시 후 주민대표기구(이하 '주민대표회의')를 구성하여야 한다.

(2) 구성원 및 동의

① 구성원
  ㉠ 주민대표회의는 위원장을 포함하여 5명 이상 25명 이하로 구성한다.
  ㉡ 주민대표회의에는 위원장과 부위원장 각 1명과 1명 이상 3명 이하의 감사를 둔다.
② 동의: 주민대표회의는 토지등소유자의 과반수의 동의를 받아 구성하며, 국토교통부령으로 정하는 방법 및 절차에 따라 시장·군수등의 승인을 받아야 한다.

(3) 의견제시

주민대표회의 또는 세입자(상가세입자를 포함)는 사업시행자가 다음의 사항에 관하여 시행규정을 정하는 때에 의견을 제시할 수 있다.

① 건축물의 철거
② 주민의 이주(세입자의 퇴거에 관한 사항을 포함)
③ 토지 및 건축물의 보상(세입자에 대한 주거이전비 등 보상에 관한 사항을 포함)
④ 정비사업비의 부담
⑤ 세입자에 대한 임대주택의 공급 및 입주자격
⑥ 그 밖에 정비사업의 시행을 위하여 필요한 사항으로서 대통령령으로 정하는 사항

기본문제와 완성문제로 단단기출

01 도시 및 주거환경정비법령상 재개발사업조합의 설립을 위한 동의자 수 산정 시, 다음에서 산정되는 **기본 기출** 토지등소유자의 수는? (단, 권리관계는 제시된 것만 고려하며, 토지는 정비구역 안에 소재함) 제25회

- A, B, C 3인이 공유한 1필의 토지에 하나의 주택을 단독 소유한 D
- 3필지의 나대지를 단독 소유한 E
- 1필지의 나대지를 단독 소유한 F와 그 나대지에 대한 지상권자 G

① 3명
② 4명
③ 5명
④ 7명
⑤ 9명

키워드 조합

난이도

해설
- A, B, C 3인이 공유한 1필의 토지에 하나의 주택을 단독 소유한 D: 2명
- 3필지의 나대지를 단독 소유한 E: 1명
- 1필지의 나대지를 단독 소유한 F와 그 나대지에 대한 지상권자 G: 1명

따라서 토지등소유자는 4명이다.

정답 01 ②

02 도시 및 주거환경정비법령상 조합설립인가를 받기 위한 동의에 관하여 ( )에 들어갈 내용을 바르게 나열한 것은?

제31회

- 재개발사업의 추진위원회가 조합을 설립하려면 토지등소유자의 (㉠) 이상 및 토지면적의 (㉡) 이상의 토지 소유자의 동의를 받아야 한다.
- 재건축사업의 추진위원회가 조합을 설립하려는 경우 주택단지가 아닌 지역이 정비구역에 포함된 때에는 주택단지가 아닌 지역의 토지 또는 건축물 소유자의 (㉢) 이상 및 토지면적의 (㉣) 이상의 토지 소유자의 동의를 받아야 한다.

	㉠	㉡	㉢	㉣
①	4분의 3	2분의 1	4분의 3	3분의 2
②	4분의 3	3분의 1	4분의 3	2분의 1
③	4분의 3	2분의 1	3분의 2	2분의 1
④	2분의 1	3분의 1	2분의 1	3분의 2
⑤	2분의 1	3분의 1	4분의 3	2분의 1

키워드 › 조합

해설 ›
- 재개발사업의 추진위원회(추진위원회를 구성하지 아니하는 경우에는 토지등소유자)가 조합을 설립하려면 토지등소유자의 (㉠ 4분의 3) 이상 및 토지면적의 (㉡ 2분의 1) 이상의 토지 소유자의 동의를 받아 일정한 서류를 첨부하여 시장·군수등의 인가를 받아야 한다.
- 재건축사업의 추진위원회가 조합을 설립하려는 경우 주택단지가 아닌 지역이 정비구역에 포함된 때에는 주택단지가 아닌 지역의 토지 또는 건축물 소유자의 (㉢ 4분의 3) 이상 및 토지면적의 (㉣ 3분의 2) 이상의 토지 소유자의 동의를 받아야 한다.

03 도시 및 주거환경정비법령상 조합의 임원에 관한 설명으로 틀린 것은?

제33회

① 토지등소유자의 수가 100인을 초과하는 경우 조합에 두는 이사의 수는 5명 이상으로 한다.
② 조합임원의 임기는 3년 이하의 범위에서 정관으로 정하되, 연임할 수 있다.
③ 조합장이 아닌 조합임원은 대의원이 될 수 있다.
④ 조합임원은 같은 목적의 정비사업을 하는 다른 조합의 임원 또는 직원을 겸할 수 없다.
⑤ 시장·군수등이 전문조합관리인을 선정한 경우 전문조합관리인이 업무를 대행할 임원은 당연 퇴임한다.

키워드 › 조합

해설 › 조합장이 아닌 조합임원은 대의원이 될 수 없다.

정답 02 ① 03 ③

04 도시 및 주거환경정비법령상 조합의 임원에 관한 설명으로 틀린 것은? 제34회

① 조합임원의 임기만료 후 6개월 이상 조합임원이 선임되지 아니한 경우에는 시장·군수등이 조합임원 선출을 위한 총회를 소집할 수 있다.
② 조합임원이 결격사유에 해당하게 되어 당연 퇴임한 경우 그가 퇴임 전에 관여한 행위는 그 효력을 잃는다.
③ 총회에서 요청하여 시장·군수등이 전문조합관리인을 선정한 경우 전문조합관리인이 업무를 대행할 임원은 당연 퇴임한다.
④ 조합장이 아닌 조합임원은 대의원이 될 수 없다.
⑤ 대의원회는 임기 중 궐위된 조합장을 보궐 선임할 수 없다.

키워드 조합의 임원
난이도
해설 ② 조합임원이 결격사유에 해당하게 되어 당연 퇴임한 경우 그가 퇴임 전에 관여한 행위는 그 효력을 잃지 않는다.
① 법 제44조 제3항

05 도시 및 주거환경정비법령상 조합의 정관을 변경하기 위하여 총회에서 조합원 3분의 2 이상의 찬성을 요하는 사항이 아닌 것은? 제34회

① 정비구역의 위치 및 면적
② 조합의 비용부담 및 조합의 회계
③ 정비사업비의 부담 시기 및 절차
④ 청산금의 징수·지급의 방법 및 절차
⑤ 시공자·설계자의 선정 및 계약서에 포함될 내용

키워드 조합의 정관 변경
난이도
해설 조합의 정관을 변경하기 위하여 총회에서 조합원 3분의 2 이상의 찬성을 요하는 사항에 해당하지 않는다. 정관의 기재사항 중 청산금의 징수·지급의 방법 및 절차에 관한 사항을 변경하려는 경우에는 총회를 개최하여 조합원 과반수의 찬성으로 시장·군수등의 인가를 받아야 한다.

정답 04 ② 05 ④

06 도시 및 주거환경정비법령상 조합의 정관으로 정할 수 <u>없는</u> 것은? 제28회

① 대의원 수
② 대의원 선임방법
③ 대의원회 법정 의결정족수의 완화
④ 청산금 분할징수 여부의 결정
⑤ 조합 상근임원 보수에 관한 사항

키워드 〉 조합

난이도 〉

해설 대의원회 법정 의결정족수의 완화에 관한 사항은 정관의 내용에 해당하지 않는다.

---

07 도시 및 주거환경정비법령상 조합총회의 소집에 관한 규정내용이다. ( )에 들어갈 숫자를 바르게 나열한 것은? 제30회

- 정관의 기재사항 중 조합임원의 권리·의무·보수·선임방법·변경 및 해임에 관한 사항을 변경하기 위한 총회의 경우는 조합원 (㉠)분의 1 이상의 요구로 조합장이 소집한다.
- 총회를 소집하려는 자는 총회가 개최되기 (㉡)일 전까지 회의 목적·안건·일시 및 장소를 정하여 조합원에게 통지하여야 한다.

	㉠	㉡
①	3	7
②	5	7
③	5	10
④	10	7
⑤	10	10

키워드 〉 조합

난이도 〉

해설
- 정관의 기재사항 중 조합임원의 권리·의무·보수·선임방법·변경 및 해임에 관한 사항을 변경하기 위한 총회의 경우는 조합원 (㉠ 10)분의 1 이상 또는 대의원 3분의 2 이상의 요구로 조합장이 소집한다.
- 총회를 소집하려는 자는 총회가 개최되기 (㉡ 7)일 전까지 회의 목적·안건·일시 및 장소를 정하여 조합원에게 통지하여야 한다.

정답 06 ③ 07 ④

08 도시 및 주거환경정비법령상 정비사업의 시행에 관한 설명으로 옳은 것은? 제30회

① 조합의 정관에는 정비구역의 위치 및 면적이 포함되어야 한다.
② 조합설립인가 후 시장·군수등이 토지주택공사등을 사업시행자로 지정·고시한 때에는 그 고시일에 조합설립인가가 취소된 것으로 본다.
③ 조합은 명칭에 '정비사업조합'이라는 문자를 사용하지 않아도 된다.
④ 조합장이 자기를 위하여 조합과 소송을 할 때에는 이사가 조합을 대표한다.
⑤ 재건축사업을 하는 정비구역에서 오피스텔을 건설하여 공급하는 경우에는 「국토의 계획 및 이용에 관한 법률」에 따른 준주거지역 및 상업지역 이외의 지역에서 오피스텔을 건설할 수 있다.

| 키워드 | 조합, 정비사업의 시행방법 |

| 난이도 |

| 해설 | ② 조합설립인가 후 시장·군수등이 토지주택공사등을 사업시행자로 지정·고시한 때에는 그 고시일 다음 날에 조합설립인가가 취소된 것으로 본다.
③ 조합은 명칭에 '정비사업조합'이라는 문자를 사용하여야 한다.
④ 조합장이 자기를 위하여 조합과 소송을 할 때에는 감사가 조합을 대표한다.
⑤ 재건축사업을 하는 정비구역에서 오피스텔을 건설하여 공급하는 경우에는 「국토의 계획 및 이용에 관한 법률」에 따른 준주거지역 및 상업지역에서만 오피스텔을 건설할 수 있다.

정답 08 ①

09 도시 및 주거환경정비법령상 조합에 관한 설명으로 옳은 것은? 제27회

① 토지등소유자가 재개발사업을 시행하고자 하는 경우에는 토지등소유자로 구성된 조합을 설립하여야만 한다.
② 토지등소유자가 100명 이하인 조합에는 2명 이하의 이사를 둔다.
③ 재건축사업의 추진위원회가 주택단지가 아닌 지역이 포함된 정비구역에서 조합을 설립하고자 하는 때에는 주택단지가 아닌 지역 안의 토지면적의 4분의 3 이상의 토지 소유자의 동의를 얻어야 한다.
④ 정비사업비가 100분의 10(생산자물가상승률분, 제73조에 따른 손실보상 금액은 제외한다) 이상 늘어나는 경우에는 조합원 과반수의 찬성으로 의결하여야 한다.
⑤ 대의원회는 임기 중 궐위된 조합장을 보궐선임할 수 없다.

> 키워드 조합
> 난이도
> 해설 ① 토지등소유자가 재개발사업을 시행하고자 하는 경우에는 토지등소유자로 구성된 조합을 설립하지 않고 토지등소유자가 사업을 시행할 수 있다.
> ② 토지등소유자가 100명 이하인 조합에는 3명 이상의 이사를 두며, 토지등소유자의 수가 100인을 초과하는 경우에는 이사의 수를 5명 이상으로 한다.
> ③ 재건축사업의 추진위원회가 주택단지가 아닌 지역이 포함된 정비구역에서 조합을 설립하고자 하는 때에는 주택단지가 아닌 지역 안의 토지 또는 건축물 소유자의 4분의 3 이상 및 토지면적의 3분의 2 이상의 토지 소유자의 동의를 얻어야 한다.
> ④ 정비사업비가 100분의 10(생산자물가상승률분, 제73조에 따른 손실보상 금액은 제외한다) 이상 늘어나는 경우에는 조합원 3분의 2 이상의 찬성으로 의결하여야 한다.

10 도시 및 주거환경정비법령상 주민대표회의 등에 관한 설명으로 틀린 것은? 제31회

① 토지등소유자가 시장·군수등 또는 토지주택공사등의 사업시행을 원하는 경우에는 정비구역 지정·고시 후 주민대표회의를 구성하여야 한다.
② 주민대표회의는 위원장을 포함하여 5명 이상 25명 이하로 구성한다.
③ 주민대표회의는 토지등소유자의 과반수의 동의를 받아 구성한다.
④ 주민대표회의에는 위원장과 부위원장 각 1명과 1명 이상 3명 이하의 감사를 둔다.
⑤ 상가세입자는 사업시행자가 건축물의 철거의 사항에 관하여 시행규정을 정하는 때에 의견을 제시할 수 없다.

> 키워드 주민대표회의
> 난이도
> 해설 상가세입자는 사업시행자가 건축물 철거의 사항에 관하여 시행규정을 정하는 때에 의견을 제시할 수 있다.

정답 09 ⑤ 10 ⑤

THEME 23 사업시행계획 및 정비사업 시행을 위한 조치

| THEME 키워드 |
사업시행계획서, 사업시행계획인가, 임시거주시설의 설치

기출분석
- 기출회차: 제31회
- 키워드: 사업시행계획서
- 난이도: ■■□

기본으로 알아야 하는 대표기출

도시 및 주거환경정비법령상 재건축사업의 사업시행자가 작성하여야 하는 사업시행계획에 포함되어야 하는 사항이 <u>아닌</u> 것은? (단, 조례는 고려하지 않음)

① 토지이용계획(건축물배치계획을 포함한다)
② 정비기반시설 및 공동이용시설의 설치계획
③ 「도시 및 주거환경정비법」 제10조(임대주택 및 주택규모별 건설비율)에 따른 임대주택의 건설계획
④ 세입자의 주거 및 이주 대책
⑤ 임시거주시설을 포함한 주민이주대책

해설

재개발·재건축사업의 사업시행자는 정비계획에 따라 '토지이용계획, 정비기반시설 및 공동이용시설의 설치계획, 임시거주시설을 포함한 주민이주대책, 세입자의 주거 및 이주대책, 사업시행기간 동안 정비구역 내 가로등 설치, 폐쇄회로 텔레비전 설치 등 범죄예방대책, 건축물의 높이 및 용적률 등에 관한 건축계획, 교육시설의 교육환경 보호에 관한 계획' 등을 작성하여 사업시행계획에 포함하여야 한다. 임대주택의 건설계획은 재개발사업의 사업시행계획서에는 포함되지만, 재건축사업의 사업시행계획서에는 포함되지 않는다.

정답 ③

함정을 피하는 TIP
- 정비사업시행계획 등에 관한 전반적인 내용을 파악하여야 정답을 찾을 수 있다.

단단하게 정리하는 핵심이론

1 사업시행계획서의 작성 및 동의

(1) 사업시행계획서의 작성 제22회, 제25회, 제31회

사업시행자는 정비계획에 따라 다음의 사항을 포함하는 사업시행계획서를 작성하여야 한다.

① 토지이용계획(건축물배치계획을 포함)
② 정비기반시설 및 공동이용시설의 설치계획
③ 임시거주시설을 포함한 주민이주대책
④ 세입자의 주거 및 이주대책
⑤ 사업시행기간 동안 정비구역 내 가로등 설치, 폐쇄회로 텔레비전 설치 등 범죄예방대책
⑥ 임대주택의 건설계획(재건축사업의 경우는 제외)
⑦ 국민주택규모 주택의 건설계획(주거환경개선사업의 경우는 제외)
⑧ 공공지원민간임대주택 또는 임대관리 위탁주택의 건설계획(필요한 경우로 한정)
⑨ 건축물의 높이 및 용적률 등에 관한 건축계획
⑩ 정비사업의 시행과정에서 발생하는 폐기물의 처리계획
⑪ 교육시설의 교육환경 보호에 관한 계획(정비구역부터 200m 이내에 교육시설이 설치되어 있는 경우로 한정)
⑫ 정비사업비
⑬ 그 밖에 사업시행을 위한 사항으로서 대통령령으로 정하는 바에 따라 시·도조례로 정하는 사항

(2) 사업시행계획의 동의 제20회

시행자	동의요건
조합	사업시행자(시장·군수등 또는 토지주택공사등은 제외)는 사업시행계획인가를 신청하기 전에 미리 총회의 의결을 거쳐야 하며, 인가받은 사항을 변경하거나 정비사업을 중지 또는 폐지하려는 경우에도 또한 같다. 다만, 경미한 사항의 변경은 총회의 의결을 필요로 하지 아니한다.
토지등소유자	토지등소유자가 재개발사업을 시행하려는 경우에는 사업시행계획인가를 신청하기 전에 사업시행계획서에 대하여 토지등소유자의 4분의 3 이상 및 토지면적의 2분의 1 이상의 토지 소유자의 동의를 받아야 한다. 다만, 인가받은 사항을 변경하려는 경우에는 규약으로 정하는 바에 따라 토지등소유자의 과반수의 동의를 받아야 하며, 경미한 사항의 변경인 경우에는 토지등소유자의 동의를 필요로 하지 아니한다.
지정개발자	지정개발자가 정비사업을 시행하려는 경우에는 사업시행계획인가를 신청하기 전에 토지등소유자의 과반수의 동의 및 토지면적의 2분의 1 이상의 토지 소유자의 동의를 받아야 한다. 다만, 경미한 사항의 변경인 경우에는 토지등소유자의 동의를 필요로 하지 아니한다.

> **보충**
>
> **지정개발자의 정비사업비의 예치**
> 1. 시장·군수등은 재개발사업의 사업시행계획인가를 하는 경우 해당 정비사업의 사업시행자가 지정개발자(지정개발자가 토지등소유자인 경우로 한정)인 때에는 정비사업비의 100분의 20의 범위에서 시·도조례로 정하는 금액을 예치하게 할 수 있다.
> 2. 예치금은 청산금의 지급이 완료된 때에 반환한다.

2 사업시행계획인가

(1) 인가절차 제25회

① **인가신청**: 사업시행자(공동시행의 경우를 포함하되, 사업시행자가 시장·군수등인 경우는 제외)는 정비사업을 시행하려는 경우에는 사업시행계획서에 정관등과 그 밖에 국토교통부령으로 정하는 서류를 첨부하여 시장·군수등에게 제출하고 사업시행계획인가를 받아야 하며, 인가받은 사항을 변경하거나 정비사업을 중지 또는 폐지하려는 경우에도 또한 같다. 다만, 대통령령으로 정하는 경미한 사항을 변경하려는 때에는 시장·군수등에게 신고하여야 한다.

> **보충**
>
> **대통령령으로 정하는 경미한 사항의 변경**
> 1. 정비사업비를 10%의 범위에서 변경하거나 관리처분계획의 인가에 따라 변경하는 때. 다만, 「주택법」에 따른 국민주택을 건설하는 사업인 경우에는 「주택도시기금법」에 따른 주택도시기금의 지원금액이 증가되지 아니하는 경우만 해당한다.
> 2. 건축물이 아닌 부대시설·복리시설의 설치규모를 확대하는 때(위치가 변경되는 경우는 제외)
> 3. 대지면적을 10%의 범위에서 변경하는 때
> 4. 세대수와 세대당 주거전용면적을 변경하지 않고 세대당 주거전용면적의 10%의 범위에서 세대 내부 구조의 위치 또는 면적을 변경하는 때
> 5. 내장재료 또는 외장재료를 변경하는 때
> 6. 사업시행계획인가의 조건으로 부과된 사항의 이행에 따라 변경하는 때
> 7. 건축물의 설계와 용도별 위치를 변경하지 아니하는 범위에서 건축물의 배치 및 주택단지 안의 도로선형을 변경하는 때
> 8. 사업시행자의 명칭 또는 사무소 소재지를 변경하는 때
> 9. 정비구역 또는 정비계획의 변경에 따라 사업시행계획서를 변경하는 때
> 10. 조합설립변경인가에 따라 사업시행계획서를 변경하는 때

② **통보**: 시장·군수등은 특별한 사유가 없으면 사업시행계획서의 제출이 있은 날부터 60일 이내에 인가 여부를 결정하여 사업시행자에게 통보하여야 한다.

③ **공람**: 시장·군수등은 사업시행계획인가를 하거나 사업시행계획서를 작성하려는 경우에는 대통령령으로 정하는 방법 및 절차에 따라 관계 서류의 사본을 14일 이상 일반인이 공람할 수 있게 하여야 한다. 다만, 경미한 사항을 변경하려는 경우에는 그러하지 아니하다.

④ **의견제출**: 토지등소유자 또는 조합원, 그 밖에 정비사업과 관련하여 이해관계를 가지는 자는 공람기간 이내에 시장·군수등에게 서면으로 의견을 제출할 수 있다.

⑤ **의견채택**: 시장·군수등은 제출된 의견을 심사하여 채택할 필요가 있다고 인정하는 때에는 이를 채택하고, 그러하지 아니한 경우에는 의견을 제출한 자에게 그 사유를 알려주어야 한다.

⑥ **인가고시**: 시장·군수등은 사업시행계획인가(시장·군수등이 사업시행계획서를 작성한 경우를 포함)를 하거나 정비사업을 변경·중지 또는 폐지하는 경우에는 국토교통부령으로 정하는 방법 및 절차에 따라 그 내용을 해당 지방자치단체의 공보에 고시하여야 한다. 다만, 경미한 사항을 변경하려는 경우에는 그러하지 아니하다.

> **보충**
>
> **교육감·교육장과 협의**
> 1. 시장·군수등은 사업시행계획인가(시장·군수등이 사업시행계획서를 작성한 경우를 포함)를 하려는 경우 정비구역부터 200m 이내에 교육시설이 설치되어 있는 때에는 해당 지방자치단체의 교육감 또는 교육장과 협의하여야 하며, 인가받은 사항을 변경하는 경우에도 또한 같다.
> 2. 시장·군수등은 천재지변이나 그 밖의 불가피한 사유로 긴급히 정비사업을 시행할 필요가 있다고 인정하는 때에는 관계 행정기관의 장 및 교육감 또는 교육장과 협의를 마치기 전에 사업시행계획인가를 할 수 있다.

(2) 사업시행계획인가의 특례 제25회

① 사업시행자는 일부 건축물의 존치 또는 리모델링에 관한 내용이 포함된 사업시행계획서를 작성하여 사업시행계획인가를 신청할 수 있다.

② 시장·군수등은 존치 또는 리모델링하는 건축물 및 건축물이 있는 토지가 「주택법」 및 「건축법」에 따른 다음의 건축 관련 기준에 적합하지 아니하더라도 대통령령으로 정하는 기준에 따라 사업시행계획인가를 할 수 있다.

> ㉠ 「주택법」에 따른 주택단지의 범위
> ㉡ 「주택법」에 따른 부대시설 및 복리시설의 설치기준
> ㉢ 「건축법」에 따른 대지와 도로의 관계
> ㉣ 「건축법」에 따른 건축선의 지정
> ㉤ 「건축법」에 따른 일조 등의 확보를 위한 건축물의 높이제한

3 임시거주시설·임시상가의 설치

(1) 임시거주시설의 설치 제19회, 제20회, 제22회, 제25회, 제28회

설치의무	① 사업시행자는 주거환경개선사업 및 재개발사업의 시행으로 철거되는 주택의 소유자 또는 세입자에게 해당 정비구역 안과 밖에 위치한 임대주택 등의 시설에 임시로 거주하게 하거나 주택자금의 융자를 알선하는 등 임시거주에 상응하는 조치를 하여야 한다. ② 사업시행자는 임시거주시설의 설치 등을 위하여 필요한 때에는 국가·지방자치단체 그 밖의 공공단체 또는 개인의 시설이나 토지를 일시 사용할 수 있다.
국·공유지의 무상사용	국가 또는 지방자치단체는 사업시행자로부터 임시거주시설에 필요한 건축물이나 토지의 사용신청을 받은 때에는 다음에서 정하는 사유가 없으면 이를 거절하지 못한다. 이 경우 사용료 또는 대부료는 면제한다. ① 임시거주시설의 설치를 위하여 필요한 건축물이나 토지에 대하여 제3자와 이미 매매계약을 체결한 경우 ② 사용신청 이전에 임시거주시설의 설치를 위하여 필요한 건축물이나 토지에 대한 사용계획이 확정된 경우 ③ 제3자에게 이미 임시거주시설의 설치를 위하여 필요한 건축물이나 토지에 대한 사용허가를 한 경우
원상회복	사업시행자는 정비사업의 공사를 완료한 때에는 완료한 날부터 30일 이내에 임시거주시설을 철거하고, 사용한 건축물이나 토지를 원상회복하여야 한다.

(2) 임시상가의 설치 제25회

재개발사업의 사업시행자는 사업시행으로 이주하는 상가세입자가 사용할 수 있도록 정비구역 또는 정비구역 인근에 임시상가를 설치할 수 있다.

4 주거환경개선사업의 특례 제19회

(1) 국민주택채권의 매입면제

주거환경개선사업에 따른 건축허가를 받은 때와 부동산등기(소유권 보존등기 또는 이전등기로 한정)를 하는 때에는 「주택도시기금법」의 국민주택채권의 매입에 관한 규정을 적용하지 아니한다.

(2) 도시·군계획시설 설치기준

주거환경개선구역에서 「국토의 계획 및 이용에 관한 법률」에 따른 도시·군계획시설의 결정·구조 및 설치의 기준 등에 필요한 사항은 국토교통부령으로 정하는 바에 따른다.

기본문제와 완성문제로 단단기출

01 도시 및 주거환경정비법령상 사업시행자 등에 관한 설명으로 <u>틀린</u> 것은? 제22회

기본 기출

① 정비사업의 사업대행자는 사업시행자에게 청구할 수 있는 보수에 대한 권리로서 사업시행자에게 귀속될 건축물을 압류할 수 있다.
② 시장·군수등이 아닌 사업대행자는 사업시행자에게 재산상의 부담을 가하는 행위를 하고자 하는 때에는 미리 시장·군수등의 승인을 얻어야 한다.
③ 주거환경개선사업의 사업시행자가 임시수용을 위하여 지방자치단체의 건축물을 일시 사용하고자 신청한 경우, 그 지방자치단체는 제3자와 이미 매매계약을 체결하였더라도 이를 거절할 수 없다.
④ 사업시행자는 선정된 시공자와 공사에 관한 계약을 체결할 때에는 기존 건축물의 철거 공사에 관한 사항을 포함하여야 한다.
⑤ 사업시행자는 정비사업의 공사를 완료한 때에는 완료한 날부터 30일 이내에 임시거주시설을 철거하고, 사용한 건축물이나 토지를 원상회복하여야 한다.

키워드 > 임시거주시설의 설치, 정비사업의 사업시행자 등
난이도 >
해설 > 주거환경개선사업의 사업시행자가 임시수용을 위하여 지방자치단체의 건축물을 일시 사용하고자 신청한 경우, 그 지방자치단체가 제3자와 이미 매매계약을 체결되어 있는 때에는 이를 거절할 수 있다.

정답 01 ③

02 도시 및 주거환경정비법령상 사업시행계획 등에 관한 설명으로 틀린 것은? 제25회

① 시장·군수등은 재개발사업의 사업시행계획인가를 하는 경우 해당 정비사업의 사업시행자가 지정개발자인 때에는 정비사업비의 100분의 30의 범위에서 시·도조례로 정하는 금액을 예치하게 할 수 있다.
② 사업시행계획서에는 사업시행기간 동안의 정비구역 내 가로등 설치, 폐쇄회로 텔레비전 설치 등 범죄예방대책이 포함되어야 한다.
③ 시장·군수등은 사업시행계획인가를 하려는 경우 정비구역부터 200m 이내에 교육시설이 설치되어 있는 때에는 해당 지방자치단체의 교육감 또는 교육장과 협의하여야 한다.
④ 시장·군수등은 사업시행계획인가를 하려는 경우에는 관계 서류의 사본을 14일 이상 일반인이 공람할 수 있게 하여야 한다.
⑤ 사업시행자가 사업시행인가를 받은 후 대지면적을 10%의 범위 안에서 변경하는 경우 시장·군수등에게 신고하여야 한다.

키워드 사업시행계획서, 사업시행계획인가

난이도

해설 시장·군수등은 재개발사업의 사업시행계획인가를 하는 경우 해당 정비사업의 사업시행자가 지정개발자(지정개발자가 토지등소유자인 경우로 한정)인 때에는 정비사업비의 100분의 20의 범위에서 시·도조례로 정하는 금액을 예치하게 할 수 있다.

03 도시 및 주거환경정비법령상 조합에 의한 재개발사업의 시행에 관한 설명으로 틀린 것은? 제25회

① 사업을 시행하고자 하는 경우 시장·군수등에게 사업시행인가를 받아야 한다.
② 사업시행계획서에는 일부 건축물의 존치 또는 리모델링에 관한 내용이 포함될 수 있다.
③ 인가받은 사업시행계획 중 건축물이 아닌 부대·복리시설의 위치를 변경하고자 하는 경우에는 변경인가를 받아야 한다.
④ 사업시행으로 철거되는 주택의 소유자 또는 세입자를 위하여 사업시행자가 지방자치단체의 건축물을 임시수용시설로 사용하는 경우 사용료 또는 대부료는 면제된다.
⑤ 조합이 시·도지사 또는 토지주택공사등에게 재개발사업의 시행으로 건설된 임대주택의 인수를 요청하는 경우 토지주택공사등이 우선하여 인수하여야 한다.

키워드 사업시행계획인가, 임시거주시설의 설치

난이도

해설 조합이 시·도지사 또는 토지주택공사등에게 재개발사업의 시행으로 건설된 임대주택의 인수를 요청하는 경우 시·도지사가 우선하여 인수하여야 한다.

정답 02 ① 03 ⑤

THEME 24 정비사업시행 절차

□ 1회독 □ 2회독

| THEME 키워드 |
분양공고, 분양신청의 통지 및 분양공고, 관리처분계획에 따른 처분, 관리처분계획 고시의 효과, 재개발사업의 시행절차, 토지임대부 분양주택, 공사완료에 따른 정비사업의 준공인가, 소유권 이전고시 등, 청산금

기본으로 알아야 하는 대표기출

> 기출분석
- 기출회차: 제28회
- 키워드: 관리처분계획에 따른 처분
- 난이도: ■■□

도시 및 주거환경정비법령상 주택의 공급 등에 관한 설명으로 옳은 것은?

① 주거환경개선사업의 사업시행자는 정비사업의 시행으로 건설된 건축물을 인가된 사업시행계획에 따라 토지등소유자에게 공급하여야 한다.
② 국토교통부장관은 조합이 요청하는 경우 재건축사업의 시행으로 건설된 임대주택을 인수하여야 한다.
③ 시·도지사의 요청이 있는 경우 국토교통부장관은 인수한 임대주택의 일부를 「주택법」에 따른 토지임대부 분양주택으로 전환하여 공급하여야 한다.
④ 사업시행자는 정비사업의 시행으로 임대주택을 건설하는 경우 공급대상자에게 주택을 공급하고 남은 주택에 대하여 공급대상자 외의 자에게 공급할 수 있다.
⑤ 관리처분계획상 분양대상자별 종전의 토지 또는 건축물의 명세에서 종전 주택의 주거전용면적이 $60m^2$를 넘지 않는 경우 2주택을 공급할 수 없다.

해설
① 인가된 관리처분계획에 따라 토지등소유자에게 공급하여야 한다.
② 국토교통부장관, 시·도지사, 시장·군수, 구청장 또는 토지주택공사등은 조합이 요청하는 경우 재개발사업의 시행으로 건설된 임대주택을 인수하여야 한다.
③ '정비구역에 세입자와 면적 $90m^2$ 미만의 토지를 소유한 자로서 건축물을 소유하지 아니한 자'의 요청이 있는 경우 국토교통부장관은 인수한 임대주택의 일부를 「주택법」에 따른 토지임대부 분양주택으로 전환하여 공급하여야 한다.
⑤ 종전 주택의 주거전용면적이 $60m^2$를 넘지 않는 경우 2주택을 공급할 수 있다.

정답 ④

> 함정을 피하는 TIP
- 주택의 공급에 대한 전반적인 내용을 파악하여야 정답을 찾을 수 있다.

단단하게 정리하는 **핵심이론**

01 분양통지 및 공고, 분양신청

1 분양통지 및 공고 제30회, 제34회

(1) 분양통지

사업시행자는 사업시행계획인가의 고시가 있은 날(사업시행계획인가 이후 시공자를 선정한 경우에는 시공자와 계약을 체결한 날)부터 120일 이내에 다음의 사항을 토지등소유자에게 통지한다.

> ① 분양대상자별 종전의 토지 또는 건축물의 명세 및 사업시행계획인가의 고시가 있은 날을 기준으로 한 가격
>   (사업시행계획인가 전에 철거된 건축물은 시장·군수등에게 허가를 받은 날을 기준으로 한 가격)
> ② 분양대상자별 분담금의 추산액
> ③ 분양신청기간
> ④ 분양신청서
> ⑤ 그 밖에 대통령령으로 정하는 사항

(2) 분양공고

통지 후 분양의 대상이 되는 대지 또는 건축물의 내역 등 대통령령으로 정하는 사항을 해당 지역에서 발간되는 일간신문에 공고하여야 한다. 다만, 토지등소유자 1인이 시행하는 재개발사업의 경우에는 그러하지 아니하다.

> **보충**
>
> **대통령령으로 정하는 사항**(분양공고에 포함될 사항)
> 1. 사업시행인가의 내용
> 2. 정비사업의 종류·명칭 및 정비구역의 위치·면적
> 3. 분양신청기간 및 장소
> 4. 분양대상 대지 또는 건축물의 내역
> 5. 분양신청자격
> 6. 분양신청방법
> 7. 분양을 신청하지 아니한 자에 대한 조치
> 8. 토지등소유자 외의 권리자의 권리신고방법
> 9. 그 밖에 시·도조례로 정하는 사항

2 분양신청 제16회, 제21회, 제32회, 제33회

(1) 분양신청기간

① 분양신청기간은 통지한 날부터 30일 이상 60일 이내로 하여야 한다. 다만, 사업시행자는 관리처분계획의 수립에 지장이 없다고 판단하는 경우에는 분양신청기간을 20일의 범위에서 한 차례만 연장할 수 있다.

② 투기과열지구의 정비사업에서 관리처분계획에 따라 분양대상자 및 그 세대에 속한 자는 분양대상자 선정일(조합원 분양분의 분양대상자는 최초 관리처분계획 인가일)부터 5년 이내에는 투기과열지구에서 분양신청을 할 수 없다. 다만, 상속·결혼·이혼으로 조합원 자격을 취득한 경우에는 분양신청을 할 수 있다.

(2) 분양신청을 하지 아니한 자 등에 대한 조치

① 사업시행자는 관리처분계획이 인가·고시된 다음 날부터 90일 이내에 다음에서 정하는 자와 토지, 건축물 또는 그 밖의 권리의 손실보상에 관한 협의를 하여야 한다. 다만, 사업시행자는 분양신청기간 종료일의 다음 날부터 협의를 시작할 수 있다.

> ⊙ 분양신청을 하지 아니한 자
> ⓒ 분양신청기간 종료 이전에 분양신청을 철회한 자
> ⓒ 분양대상자 선정일부터 5년 이내에는 투기과열지구에서 분양신청을 할 수 없는 자
> ⓔ 인가된 관리처분계획에 따라 분양대상에서 제외된 자

② 사업시행자는 협의가 성립되지 아니하면 그 기간의 만료일 다음 날부터 60일 이내에 수용재결을 신청하거나 매도청구소송을 제기하여야 한다.

02 관리처분계획

1 관리처분계획의 수립

(1) 관리처분계획의 내용 제21회, 제22회, 제29회

사업시행자는 분양신청기간이 종료된 때에는 분양신청의 현황을 기초로 다음의 사항이 포함된 관리처분계획을 수립하여 시장·군수등의 인가를 받아야 하며, 관리처분계획을 변경·중지 또는 폐지하려는 경우에도 또한 같다. 다만, 대통령령으로 정하는 경미한 사항을 변경하려는 경우에는 시장·군수등에게 신고하여야 한다.

> **보충**
>
> **대통령령으로 정하는 경미한 사항의 변경**
> 1. 계산착오·오기·누락 등에 따른 조서의 단순정정인 경우(불이익을 받는 자가 없는 경우에만 해당)
> 2. 정관 및 사업시행계획인가의 변경에 따라 관리처분계획을 변경하는 경우
> 3. 매도청구에 대한 판결에 따라 관리처분계획을 변경하는 경우
> 4. 권리·의무의 변동이 있는 경우로서 분양설계의 변경을 수반하지 아니하는 경우
> 5. 주택분양에 관한 권리를 포기하는 토지등소유자에 대한 임대주택의 공급에 따라 관리처분계획을 변경하는 경우
> 6. 「민간임대주택에 관한 특별법」에 따른 임대사업자의 주소(법인인 경우에는 법인의 소재지와 대표자의 성명 및 주소)를 변경하는 경우

---

① 분양설계
② 분양대상자의 주소 및 성명
③ 분양대상자별 분양예정인 대지 또는 건축물의 추산액(임대관리 위탁주택에 관한 내용을 포함)
④ 다음에 해당하는 보류지 등의 명세와 추산액 및 처분방법: 다만, ⓒ의 경우에는 선정된 임대사업자의 성명 및 주소(법인인 경우에는 법인의 명칭 및 소재지와 대표자의 성명 및 주소)를 포함한다.
  ㉠ 일반 분양분
  ㉡ 공공지원민간임대주택
  ㉢ 임대주택
  ㉣ 그 밖에 부대시설·복리시설 등
⑤ 분양대상자별 종전의 토지 또는 건축물 명세 및 사업시행계획인가 고시가 있은 날을 기준으로 한 가격(사업시행계획인가 전에 철거된 건축물은 시장·군수등에게 허가를 받은 날을 기준으로 한 가격)
⑥ 정비사업비의 추산액(재건축사업의 경우에는 「재건축초과이익 환수에 관한 법률」에 따른 재건축부담금에 관한 사항을 포함) 및 그에 따른 조합원 분담규모 및 분담시기
⑦ 분양대상자의 종전 토지 또는 건축물에 관한 소유권 외의 권리명세
⑧ 세입자별 손실보상을 위한 권리명세 및 그 평가액
⑨ 그 밖에 정비사업과 관련한 권리 등에 관하여 대통령령으로 정하는 사항

(2) 관리처분계획의 수립기준 제16회, 제17회, 제22회, 제23회, 제28회, 제32회

① 작성기준

> ㉠ 종전의 토지 또는 건축물의 면적·이용상황·환경 그 밖의 사항을 종합적으로 고려하여 대지 또는 건축물이 균형 있게 분양신청자에게 배분되고 합리적으로 이용되도록 한다.
> ㉡ 지나치게 좁거나 넓은 토지 또는 건축물은 넓히거나 좁혀 대지 또는 건축물이 적정 규모가 되도록 한다.
> ㉢ 너무 좁은 토지 또는 건축물이나 정비구역 지정 후 분할된 토지를 취득한 자에게는 현금으로 청산할 수 있다.
> ㉣ 재해 또는 위생상의 위해를 방지하기 위하여 토지의 규모를 조정할 특별한 필요가 있는 때에는 너무 좁은 토지를 넓혀 토지를 갈음하여 보상을 하거나 건축물의 일부와 그 건축물이 있는 대지의 공유지분을 교부할 수 있다.
> ㉤ 분양설계에 관한 계획은 분양신청기간이 만료하는 날을 기준으로 하여 수립한다.

② 주택공급기준
　㉠ 원칙: 1세대 또는 1명이 하나 이상의 주택 또는 토지를 소유한 경우 1주택을 공급하고, 같은 세대에 속하지 아니하는 2명 이상이 1주택 또는 1토지를 공유한 경우에는 1주택만 공급한다.
　㉡ 예외: 다음의 경우에는 다음의 방법에 따라 주택을 공급할 수 있다.

조례로 주택공급	2명 이상이 1토지를 공유한 경우로서 시·도조례로 주택공급을 따로 정하고 있는 경우에는 시·도조례로 정하는 바에 따라 주택을 공급할 수 있다.
2주택 공급	분양대상자별 종전의 토지 또는 건축물 명세 및 사업시행계획인가 고시가 있는 날을 기준으로 한 가격에 따른 가격의 범위 또는 종전 주택의 주거전용면적의 범위에서 2주택을 공급할 수 있고, 이 중 1주택은 주거전용면적을 $60m^2$ 이하로 한다.
3주택까지 공급	과밀억제권역에 위치한 재건축사업의 경우에는 토지등소유자가 소유한 주택 수의 범위에서 3주택까지 공급할 수 있다. 다만, 투기과열지구 또는 조정대상지역에서 최초 사업시행계획인가를 신청하는 재건축사업의 경우에는 그러하지 아니하다.
소유한 주택 수만큼 공급	ⓐ 과밀억제권역에 위치하지 아니한 재건축사업의 토지등소유자(단, 투기과열지구 또는 「주택법」에 따라 지정된 조정대상지역에서 최초 사업시행계획인가를 신청하는 재건축사업의 토지등소유자는 제외) ⓑ ⓐ의 단서에도 불구하고 과밀억제권역 외의 조정대상지역 또는 투기과열지구에서 조정대상지역 또는 투기과열지구로 지정되기 전에 1명의 토지등소유자로부터 토지 또는 건축물의 소유권을 양수하여 여러 명이 소유하게 된 경우에는 양도인과 양수인에게 각각 1주택을 공급할 수 있다. ⓒ 근로자(공무원인 근로자를 포함) 숙소, 기숙사 용도로 주택을 소유하고 있는 토지등소유자 ⓓ 국가, 지방자치단체 및 토지주택공사등 ⓔ 「지방자치분권 및 지역균형발전에 관한 특별법」에 따른 공공기관지방이전 및 혁신도시 활성화를 위한 시책 등에 따라 이전하는 공공기관이 소유한 주택을 양수한 자

(3) 주택 등 건축물을 분양받을 권리의 산정 기준일 제23회

정비사업을 통하여 분양받을 건축물이 다음의 어느 하나에 해당하는 경우에는 정비구역 지정·고시가 있은 날 또는 시·도지사가 투기를 억제하기 위하여 기본계획 수립 후 정비구역 지정·고시 전에 따로 정하는 날(이하 '기준일')의 다음 날을 기준으로 건축물을 분양받을 권리를 산정한다.

> ① 1필지의 토지가 여러 개의 필지로 분할되는 경우
> ② 단독주택 또는 다가구주택이 다세대주택으로 전환되는 경우
> ③ 하나의 대지 범위에 속하는 동일인 소유의 토지와 주택 등 건축물을 토지와 주택 등 건축물로 각각 분리하여 소유하는 경우
> ④ 나대지에 건축물을 새로 건축하거나 기존 건축물을 철거하고 다세대주택 그 밖의 공동주택을 건축하여 토지등소유자의 수가 증가하는 경우

2 관리처분계획의 인가

(1) 공람 및 의견청취

① 사업시행자는 관리처분계획인가를 신청하기 전에 관계 서류의 사본을 30일 이상 토지등소유자에게 공람하게 하고 의견을 들어야 한다.

② 대통령령으로 정하는 경미한 사항을 변경하려는 경우에는 토지등소유자의 공람 및 의견청취절차를 거치지 아니할 수 있다.

(2) 인가 여부의 통보 및 고시 제27회

통보	시장·군수등은 사업시행자의 관리처분계획인가의 신청이 있는 날부터 30일 이내에 인가 여부를 결정하여 사업시행자에게 통보하여야 한다. 다만, 시장·군수등은 관리처분계획의 타당성 검증을 요청하는 경우에는 관리처분계획인가의 신청을 받은 날부터 60일 이내에 인가 여부를 결정하여 사업시행자에게 통지하여야 한다.
타당성 검증 요청	시장·군수등은 다음의 어느 하나에 해당하는 경우에는 대통령령으로 정하는 공공기관에 관리처분계획의 타당성 검증을 요청하여야 한다. ① 정비사업비가 정비사업비 기준으로 100분의 10 이상으로서 대통령령으로 정하는 비율(100분의 10) 이상 늘어나는 경우 ② 조합원 분담규모가 분양대상자별 분담금의 추산액 총액 기준으로 100분의 20 이상으로서 대통령령으로 정하는 비율(100분의 20) 이상 늘어나는 경우 ③ 조합원 5분의 1 이상이 관리처분계획인가 신청이 있은 날부터 15일 이내에 시장·군수등에게 타당성 검증을 요청한 경우
고시	시장·군수등이 관리처분계획을 인가하는 때에는 그 내용을 해당 지방자치단체의 공보에 고시하여야 한다.
통지	사업시행자는 공람을 실시하려거나 시장·군수등의 고시가 있은 때에는 대통령령으로 정하는 방법과 절차에 따라 토지등소유자에게는 공람계획을 통지하고, 분양신청을 한 자에게는 관리처분계획인가의 내용 등을 통지하여야 한다.

3 관리처분계획에 따른 처분

(1) 관리처분의 방법 및 기준 제21회, 제22회, 제27회

① 주거환경개선사업과 재개발사업의 경우

> ㉠ 시·도조례로 분양주택의 규모를 제한하는 경우에는 그 규모 이하로 주택을 공급할 것
> ㉡ 1개의 건축물의 대지는 1필지의 토지가 되도록 정할 것. 다만, 주택단지의 경우에는 그러하지 아니하다.
> ㉢ 정비구역의 토지등소유자(지상권자는 제외)에게 분양할 것(단, 공동주택을 분양하는 경우 시·도조례로 정하는 금액·규모·취득시기 또는 유형에 대한 기준에 부합하지 아니하는 토지등소유자는 시·도조례로 정하는 바에 따라 분양대상에서 제외할 수 있음)

② 재건축사업의 경우: 관리처분은 다음의 방법에 따른다. 다만, 조합이 조합원 전원의 동의를 받아 그 기준을 따로 정하는 경우에는 그에 따른다.

> ㉠ 분양대상자가 공동으로 취득하게 되는 건축물의 공용부분은 각 권리자의 공유로 하되, 해당 공용부분에 대한 각 권리자의 지분비율은 그가 취득하게 되는 부분의 위치 및 바닥면적 등의 사항을 고려하여 정할 것
> ㉡ 1필지의 대지 위에 2인 이상에게 분양될 건축물이 설치된 경우에는 건축물의 분양면적의 비율에 따라 그 대지소유권이 주어지도록 할 것(주택과 그 밖의 용도의 건축물이 함께 설치된 경우에는 건축물의 용도 및 규모 등을 고려하여 대지지분이 합리적으로 배분될 수 있도록 함). 이 경우 토지의 소유관계는 공유로 한다.

(2) 조성된 대지 등의 처분 제21회, 제28회, 제31회

① 정비사업의 시행으로 조성된 대지 및 건축물은 관리처분계획에 따라 처분 또는 관리하여야 한다.
② 사업시행자는 정비사업의 시행으로 건설된 건축물을 인가받은 관리처분계획에 따라 토지등소유자에게 공급하여야 한다.
③ 사업시행자(대지를 공급받아 주택을 건설하는 자를 포함)는 정비구역에 주택을 건설하는 경우에는 입주자 모집 조건·방법·절차, 입주금(계약금·중도금 및 잔금을 말함)의 납부 방법·시기·절차, 주택공급 방법·절차 등에 관하여 「주택법」에도 불구하고 대통령령으로 정하는 범위에서 시장·군수등의 승인을 받아 따로 정할 수 있다.

(3) 잔여분에 대한 처리 제28회, 제31회

① 사업시행자는 분양신청을 받은 후 잔여분이 있는 경우에는 정관등 또는 사업시행계획으로 정하는 목적을 위하여 그 잔여분을 보류지(건축물을 포함)로 정하거나 조합원 또는 토지등소유자 이외의 자에게 분양할 수 있다. 이 경우 분양공고와 분양신청절차 등에 필요한 사항은 대통령령으로 정한다.
② 사업시행자는 공급대상자에게 주택을 공급하고 남은 주택을 공급대상자 외의 자에게 공급할 수 있다.

(4) 임대주택 인수의무 제25회, 제28회, 제31회, 제34회

① 국토교통부장관, 시·도지사, 시장, 군수, 구청장 또는 토지주택공사등은 조합이 요청하는 경우 재개발사업의 시행으로 건설된 임대주택을 인수하여야 한다. 이 경우 재개발임대주택의 인수 절차 및 방법, 인수 가격 등에 필요한 사항은 대통령령으로 정한다.

② 조합이 재개발사업의 시행으로 건설된 임대주택(이하 '재개발임대주택')의 인수를 요청하는 경우 시·도지사 또는 시장, 군수, 구청장이 우선하여 인수하여야 하며, 시·도지사 또는 시장, 군수, 구청장이 예산·관리인력의 부족 등 부득이한 사정으로 인수하기 어려운 경우에는 국토교통부장관에게 토지주택공사등을 인수자로 지정할 것을 요청할 수 있다.

③ 국토교통부장관, 시·도지사, 시장, 군수, 구청장 또는 토지주택공사등은 정비구역에 세입자와 대통령령으로 정하는 면적 이하의 토지 또는 주택을 소유한 자의 요청이 있는 경우에는 인수한 임대주택의 일부를 「주택법」에 따른 토지임대부 분양주택으로 전환하여 공급하여야 한다.

> **보충**
>
> **대통령령으로 정하는 면적 이하의 토지 또는 주택을 소유한 자**
> 1. 면적이 $90m^2$ 미만의 토지를 소유한 자로서 건축물을 소유하지 아니한 자
> 2. 바닥면적이 $40m^2$ 미만의 사실상 주거를 위하여 사용하는 건축물을 소유한 자로서 토지를 소유하지 아니한 자

4 관리처분계획 고시의 효과

(1) 건축물 등의 사용·수익의 중지 제22회, 제27회

종전의 토지 또는 건축물의 소유자·지상권자·전세권자·임차권자 등 권리자는 관리처분계획인가의 고시가 있은 때에는 이전고시가 있는 날까지 종전의 토지 또는 건축물을 사용하거나 수익할 수 없다. 다만, 다음의 어느 하나에 해당하는 경우에는 그러하지 아니하다.

> ① 사업시행자의 동의를 받은 경우
> ② 「공익사업을 위한 토지 등의 취득 및 보상에 관한 법률」에 따른 손실보상이 완료되지 아니한 경우

(2) 건축물의 철거 제16회, 제27회

① 원칙: 사업시행자는 관리처분계획인가를 받은 후 기존의 건축물을 철거하여야 한다.

② 예외: 사업시행자는 다음의 어느 하나에 해당하는 경우에는 위 ①에도 불구하고 기존 건축물 소유자의 동의 및 시장·군수등의 허가를 받아 해당 건축물을 철거할 수 있다. 이 경우 건축물의 철거는 토지등소유자로서의 권리·의무에 영향을 주지 아니한다.

> ㉠ 「재난 및 안전관리 기본법」, 「주택법」, 「건축법」 등 관계 법령에서 정하는 기존 건축물의 붕괴 등 안전사고의 우려가 있는 경우
> ㉡ 폐공가(廢空家)의 밀집으로 범죄발생의 우려가 있는 경우

5 공사완료에 따른 정비사업의 준공인가 제19회, 제21회, 제29회, 제31회

(1) 준공인가 신청 및 준공검사

준공인가 신청	시장·군수등이 아닌 사업시행자가 정비사업 공사를 완료한 때에는 대통령령으로 정하는 방법 및 절차에 따라 시장·군수등의 준공인가를 받아야 한다.
준공검사	준공인가 신청을 받은 시장·군수등은 지체 없이 준공검사를 실시하여야 한다. 이 경우 시장·군수등은 효율적인 준공검사를 위하여 필요한 때에는 관계 행정기관·공공기관·연구기관 그 밖의 전문기관 또는 단체에게 준공검사의 실시를 의뢰할 수 있다.

(2) 준공인가 및 공사완료고시

준공인가	시장·군수등은 준공검사를 실시한 결과 정비사업이 인가받은 사업시행계획대로 완료되었다고 인정되는 때에는 준공인가를 하고 공사의 완료를 해당 지방자치단체의 공보에 고시하여야 한다.
공사완료 고시	시장·군수등은 직접 시행하는 정비사업에 관한 공사가 완료된 때에는 그 완료를 해당 지방자치단체의 공보에 고시하여야 한다.

(3) 준공인가 전 사용허가

① 시장·군수등은 준공인가를 하기 전이라도 완공된 건축물이 사용에 지장이 없는 등 대통령령으로 정하는 기준에 적합한 경우에는 입주예정자가 완공된 건축물을 사용할 수 있도록 사업시행자에게 허가할 수 있다. 다만, 시장·군수등이 사업시행자인 경우에는 허가를 받지 아니하고 입주예정자가 완공된 건축물을 사용하게 할 수 있다.
② 시장·군수등은 사용허가를 하는 때에는 동별·세대별 또는 구획별로 사용허가를 할 수 있다.

(4) 준공인가 등에 따른 정비구역의 해제

해제시점	정비구역의 지정은 준공인가의 고시가 있은 날(관리처분계획을 수립하는 경우에는 이전고시가 있은 때)의 다음 날에 해제된 것으로 본다. 이 경우 지방자치단체는 해당 지역을 「국토의 계획 및 이용에 관한 법률」에 따른 지구단위계획으로 관리하여야 한다.
해제의 효력	정비구역의 해제는 조합의 존속에 영향을 주지 아니한다.

6 소유권 이전고시 등 제27회, 제31회

(1) 소유권 이전절차

사업시행자는 공사완료 및 준공인가 고시가 있은 때에는 지체 없이 ① 대지확정측량을 하고, ② 토지의 분할절차를 거쳐, ③ 관리처분계획에서 정한 사항을 분양받을 자에게 통지하고, ④ 대지 또는 건축물의 소유권을 이전하여야 한다. 다만, 정비사업의 효율적인 추진을 위하여 필요한 경우에는 해당 정비사업에 관한 공사가 전부 완료되기 전이라도 완공된 부분은 준공인가를 받아 대지 또는 건축물별로 분양받을 자에게 소유권을 이전할 수 있다.

(2) 소유권 이전고시와 소유권 취득 제21회, 제29회

사업시행자는 대지 및 건축물의 소유권을 이전하려는 때에는 그 내용을 해당 지방자치단체의 공보에 고시한 후 시장·군수등에게 보고하여야 한다. 이 경우 대지 또는 건축물을 분양받을 자는 고시가 있은 날의 다음 날에 그 대지 또는 건축물의 소유권을 취득한다.

(3) 지상권 등의 권리이전 제21회

대지 또는 건축물을 분양받을 자에게 소유권을 이전한 경우 종전의 토지 또는 건축물에 설정된 지상권·전세권·저당권·임차권·가등기담보권·가압류 등 등기된 권리 및 「주택임대차보호법」의 요건을 갖춘 임차권은 소유권을 이전받은 대지 또는 건축물에 설정된 것으로 본다.

(4) 등기절차 및 권리변동의 제한 제31회

① 사업시행자는 이전고시가 있은 때에는 지체 없이 대지 및 건축물에 관한 등기를 지방법원지원 또는 등기소에 촉탁 또는 신청하여야 한다.
② 등기에 필요한 사항은 대법원규칙으로 정한다.
③ 정비사업에 관하여 소유권이전고시가 있은 날부터 ①에 따른 등기가 있을 때까지는 저당권 등의 다른 등기를 하지 못한다.

7 청산금

(1) 청산금의 대상자

원칙	대지 또는 건축물을 분양받은 자가 종전에 소유하고 있던 토지 또는 건축물의 가격과 분양받은 대지 또는 건축물의 가격 사이에 차이가 있는 경우 사업시행자는 이전고시가 있은 후에 그 차액에 상당하는 금액(이하 '청산금')을 분양받은 자로부터 징수하거나 분양받은 자에게 지급하여야 한다.
예외	위 원칙에도 불구하고 사업시행자는 정관등에서 분할징수 및 분할지급을 정하고 있거나 총회의 의결을 거쳐 따로 정한 경우에는 관리처분계획인가 후부터 이전고시가 있는 날까지 일정 기간별로 분할징수하거나 분할지급할 수 있다.

(2) 청산금의 징수 및 지급방법 등

산정기준	사업시행자는 종전에 소유하고 있던 토지 또는 건축물의 가격과 분양받은 대지 또는 건축물의 가격을 평가하는 경우 그 토지 또는 건축물의 규모·위치·용도·이용상황·정비사업비 등을 참작하여 평가하여야 한다.
강제징수 및 징수위탁	시장·군수등인 사업시행자는 청산금을 납부할 자가 이를 납부하지 아니하는 경우 지방세 체납처분의 예에 따라 징수(분할징수를 포함)할 수 있으며, 시장·군수등이 아닌 사업시행자는 시장·군수등에게 청산금의 징수를 위탁할 수 있다.
청산금의 공탁	청산금을 지급받을 자가 받을 수 없거나 받기를 거부한 때에는 사업시행자는 그 청산금을 공탁할 수 있다.
청산금의 소멸시효	청산금을 지급(분할지급을 포함)받을 권리 또는 이를 징수할 권리는 이전고시일의 다음 날부터 5년간 행사하지 아니하면 소멸한다.

(3) 저당권의 물상대위

정비구역에 있는 토지 또는 건축물에 저당권을 설정한 권리자는 사업시행자가 저당권이 설정된 토지 또는 건축물의 소유자에게 청산금을 지급하기 전에 압류절차를 거쳐 저당권을 행사할 수 있다.

기본문제와 완성문제로 단단기출

01 도시 및 주거환경정비법령상 분양공고에 포함되어야 할 사항으로 명시되지 <u>않은</u> 것은? (단, 토지등소유자 1인이 시행하는 재개발사업은 제외하고, 조례는 고려하지 않음) 제30회

① 분양신청자격
② 분양신청방법
③ 분양신청기간 및 장소
④ 분양대상자별 분담금의 추산액
⑤ 분양대상 대지 또는 건축물의 내역

키워드 분양공고

난이도

해설 '사업시행인가의 내용, 정비사업의 종류·명칭 및 정비구역의 위치·면적, 분양신청기간 및 장소, 분양대상 대지 또는 건축물의 내역, 분양신청자격, 분양신청방법, 토지등소유자 외의 권리자의 권리신고방법, 분양을 신청하지 아니한 자에 대한 조치, 그 밖에 시·도조례로 정하는 사항'은 분양공고에 포함되어야 할 사항이지만, 분양대상별 분담금의 추산액은 토지등소유자에게 분양통지 시 포함되어야 할 사항에 해당된다.

정답 01 ④

02 도시 및 주거환경정비법령상 관리처분계획 등에 관한 설명으로 옳은 것은? 제27회

① 재개발사업의 관리처분은 정비구역 안의 지상권자에 대한 분양을 포함하여야 한다.
② 재건축사업의 관리처분의 기준은 조합원 전원의 동의를 받더라도 법령상 정하여진 관리처분의 기준과 달리 정할 수 없다.
③ 사업시행자는 폐공가의 밀집으로 범죄발생의 우려가 있는 경우 기존 건축물의 소유자의 동의 및 시장·군수등의 허가를 얻어 해당 건축물을 철거할 수 있다.
④ 관리처분계획의 인가·고시가 있은 때에는 종전의 토지의 임차권자는 사업시행자의 동의를 받더라도 소유권의 이전고시가 있는 날까지 종전의 토지를 사용할 수 없다.
⑤ 시장·군수등은 사업시행자의 관리처분계획인가의 신청이 있는 날부터 60일 이내에 인가 여부를 결정하여 사업시행자에게 통보하여야 한다.

키워드 관리처분계획 고시의 효과
난이도
해설
① 재개발사업의 관리처분은 정비구역 안의 지상권자에 대한 분양을 포함하지 않는다.
② 재건축사업의 관리처분의 기준은 조합원 전원의 동의를 받아 법령상 정하여진 관리처분의 기준과 달리 정할 수 있다.
④ 관리처분계획의 인가·고시가 있은 때에는 종전의 토지의 임차권자는 사업시행자의 동의를 받은 경우에는 소유권의 이전고시가 있는 날까지 종전의 토지를 사용할 수 있다.
⑤ 시장·군수등은 사업시행자의 관리처분계획인가의 신청이 있는 날부터 30일 이내에 인가 여부를 결정하여 사업시행자에게 통보하여야 한다.

03 도시 및 주거환경정비법령상 재개발사업을 시행하는 절차를 시행순서에 따라 나열한 것은? 제16회

㉠ 사업시행인가
㉡ 정비계획 수립 및 정비구역 지정
㉢ 도시·주거환경정비기본계획 수립
㉣ 준공인가
㉤ 관리처분계획인가

① ㉠－㉢－㉡－㉤－㉣
② ㉡－㉢－㉠－㉤－㉣
③ ㉢－㉡－㉤－㉠－㉣
④ ㉢－㉡－㉠－㉤－㉣
⑤ ㉢－㉠－㉤－㉡－㉣

키워드 재개발사업의 시행절차
난이도
해설 재개발사업의 시행절차는 도시·주거환경정비기본방침의 수립 → 도시·주거환경정비기본계획의 수립 → 정비계획의 수립 및 정비구역의 지정 → 사업시행인가 → 관리처분계획인가 → 준공인가 → 소유권이전고시 순으로 시행하게 된다.

정답 02 ③ 03 ④

04 도시 및 주거환경정비법령상 소규모 토지 등의 소유자에 대한 토지임대부 분양주택 공급에 관한 내용이다. ( )에 들어갈 숫자로 옳은 것은? (단, 조례는 고려하지 않음) 제34회

기본 기출

> 국토교통부장관, 시·도지사, 시장, 군수, 구청장 또는 토지주택공사등은 정비구역에 세입자와 다음의 어느 하나에 해당하는 자의 요청이 있는 경우에는 인수한 재개발임대주택의 일부를 「주택법」에 따른 토지임대부 분양주택으로 전환하여 공급하여야 한다.
> 1. 면적이 (㉠)m² 미만의 토지를 소유한 자로서 건축물을 소유하지 아니한 자
> 2. 바닥면적이 (㉡)m² 미만의 사실상 주거를 위하여 사용하는 건축물을 소유한 자로서 토지를 소유하지 아니한 자

	㉠	㉡
①	90	40
②	90	50
③	90	60
④	100	40
⑤	100	50

키워드 〉 토지임대부 분양주택

난이도 〉

해설 〉 국토교통부장관, 시·도지사, 시장, 군수, 구청장 또는 토지주택공사등은 정비구역에 세입자와 다음의 어느 하나에 해당하는 자의 요청이 있는 경우에는 인수한 재개발임대주택의 일부를 「주택법」에 따른 토지임대부 분양주택으로 전환하여 공급하여야 한다.
1. 면적이 (㉠ 90)m² 미만의 토지를 소유한 자로서 건축물을 소유하지 아니한 자
2. 바닥면적이 (㉡ 40)m² 미만의 사실상 주거를 위하여 사용하는 건축물을 소유한 자로서 토지를 소유하지 아니한 자

정답 04 ①

05 도시 및 주거환경정비법령상 사업시행인가를 받은 정비사업의 공사완료에 따른 조치 등에 관한 다음 절차를 진행순서에 따라 옳게 나열한 것은? (단, 관리처분계획인가를 받은 사업이고, 공사의 전부 완료를 전제로 함)

제27회

> ㉠ 준공인가
> ㉡ 관리처분계획에 정한 사항을 분양받을 자에게 통지
> ㉢ 토지의 분할절차
> ㉣ 대지 또는 건축물의 소유권 이전고시

① ㉠－㉢－㉡－㉣
② ㉠－㉣－㉢－㉡
③ ㉡－㉠－㉢－㉣
④ ㉡－㉢－㉣－㉠
⑤ ㉢－㉣－㉠－㉡

키워드 공사완료에 따른 정비사업의 준공인가

난이도

해설 사업시행자는 준공인가(㉠) 및 공사완료의 고시가 있은 때에는 지체 없이 대지확정측량을 하고 토지의 분할절차(㉢)를 거쳐 관리처분계획에서 정한 사항을 분양받을 자에게 통지(㉡)하고 대지 또는 건축물의 소유권을 이전(㉣)하여야 한다.

06 도시 및 주거환경정비법령상 청산금에 관한 설명으로 틀린 것은?

제26회

① 조합 총회의 의결을 거쳐 정한 경우에는 관리처분계획인가 후부터 소유권 이전의 고시일까지 청산금을 분할징수할 수 있다.
② 종전에 소유하고 있던 토지의 가격과 분양받은 대지의 가격은 그 토지의 규모·위치·용도·이용상황·정비사업비 등을 참작하여 평가하여야 한다.
③ 청산금을 납부할 자가 이를 납부하지 아니하는 경우에 시장·군수등이 아닌 사업시행자는 시장·군수등에게 청산금의 징수를 위탁할 수 있다.
④ 청산금을 징수할 권리는 소유권 이전의 고시일로부터 5년간 이를 행사하지 아니하면 소멸한다.
⑤ 정비사업의 시행지역 안에 있는 건축물에 저당권을 설정한 권리자는 그 건축물의 소유자가 지급받을 청산금에 대하여 청산금을 지급하기 전에 압류절차를 거쳐 저당권을 행사할 수 있다.

키워드 청산금

난이도

해설 청산금을 지급받을 권리 또는 이를 징수할 권리는 소유권 이전의 고시일의 다음 날부터 5년간 이를 행사하지 아니하면 소멸한다.

정답 05 ① 06 ④

07 완성 기출

도시 및 주거환경정비법령상 토지등소유자에 대한 분양신청의 통지 및 분양공고 양자에 공통으로 포함되어야 할 사항을 모두 고른 것은? (단, 토지등소유자 1인이 시행하는 재개발사업은 제외하고, 조례는 고려하지 않음)

제34회

> ㉠ 분양을 신청하지 아니한 자에 대한 조치
> ㉡ 토지등소유자 외의 권리자의 권리신고방법
> ㉢ 분양신청서
> ㉣ 분양대상자별 분담금의 추산액

① ㉠　　　　② ㉠, ㉡　　　　③ ㉡, ㉢
④ ㉢, ㉣　　　⑤ ㉠, ㉡, ㉣

키워드 분양신청의 통지 및 분양공고

난이도

해설 ㉠ 분양신청의 통지와 분양공고에 공통으로 포함 사항
㉡ 분양공고에만 포함 사항
㉢ 분양신청의 통지에만 포함 사항
㉣ 분양신청의 통지에만 포함 사항

보충 분양신청

> 법 제72조(분양공고 및 분양신청) ① 사업시행자는 제50조 제9항에 따른 사업시행계획인가의 고시가 있은 날(사업시행계획인가 이후 시공자를 선정한 경우에는 시공자와 계약을 체결한 날)부터 120일 이내에 다음 각 호의 사항을 토지등소유자에게 통지하고, 분양의 대상이 되는 대지 또는 건축물의 내역 등 대통령령으로 정하는 사항을 해당 지역에서 발간되는 일간신문에 공고하여야 한다. 다만, 토지등소유자 1인이 시행하는 재개발사업의 경우에는 그러하지 아니하다.
> 1. 분양대상별 종전의 토지 또는 건축물의 명세 및 사업시행계획인가의 고시가 있은 날을 기준으로 한 가격(사업시행계획인가 전에 제81조 제3항에 따라 철거된 건축물은 시장·군수등에게 허가를 받은 날을 기준으로 한 가격)
> 2. 분양대상자별 분담금의 추산액
> 3. 분양신청기간
> 4. 그 밖에 대통령령으로 정하는 사항
>
> 영 제59조(분양신청의 절차 등) ① 법 제72조 제1항 각 호 외의 부분 본문에서 '분양의 대상이 되는 대지 또는 건축물의 내역 등 대통령령으로 정하는 사항'이란 다음 각 호의 사항을 말한다.
> 1. 사업시행인가의 내용
> 2. 정비사업의 종류·명칭 및 정비구역의 위치·면적
> 3. 분양신청기간 및 장소
> 4. 분양대상 대지 또는 건축물의 내역
> 5. 분양신청자격
> 6. 분양신청방법
> 7. 토지등소유자외의 권리자의 권리신고방법
> 8. 분양을 신청하지 아니한 자에 대한 조치
> 9. 그 밖에 시·도조례로 정하는 사항
> ② 법 제72조 제1항 제4호에서 '대통령령으로 정하는 사항'이란 다음 각 호의 사항을 말한다.
> 1. 제1항 제1호부터 제6호까지 및 제8호의 사항
> 2. 분양신청서
> 3. 그 밖에 시·도조례로 정하는 사항

정답 07 ①

08 도시 및 주거환경정비법령상 관리처분계획에 따른 처분 등에 관한 설명으로 **틀린** 것은? 제31회

① 정비사업의 시행으로 조성된 대지 및 건축물은 관리처분계획에 따라 처분 또는 관리하여야 한다.
② 사업시행자는 정비사업의 시행으로 건설된 건축물을 관리처분계획에 따라 토지등소유자에게 공급하여야 한다.
③ 환지를 공급하는 방법으로 시행하는 주거환경개선사업의 사업시행자가 정비구역에 주택을 건설하는 경우 주택의 공급방법에 관하여 「주택법」에도 불구하고 시장·군수등의 승인을 받아 따로 정할 수 있다.
④ 사업시행자는 분양신청을 받은 후 잔여분이 있는 경우에는 사업시행계획으로 정하는 목적을 위하여 그 잔여분을 조합원 또는 토지등소유자 이외의 자에게 분양할 수 있다.
⑤ 조합이 재개발임대주택의 인수를 요청하는 경우 국토교통부장관이 우선하여 인수하여야 한다.

키워드 관리처분계획에 따른 처분

난이도

해설 조합이 재개발사업의 시행으로 건설된 재개발임대주택의 인수를 요청하는 경우 시·도지사 또는 시장, 군수, 구청장이 우선하여 인수하여야 하며, 시·도지사 또는 시장, 군수, 구청장이 예산·관리인력의 부족 등 부득이한 사정으로 인수하기 어려운 경우에는 국토교통부장관에게 토지주택공사등을 인수자로 지정할 것을 요청할 수 있다.

정답 08 ⑤

09 도시 및 주거환경정비법령상 정비사업의 준공인가 및 이전고시에 관한 설명으로 옳은 것은? 제21회

① 정비사업의 시행자가 시장·군수등인 경우에는 정비사업에 관한 공사를 완료한 때에 준공인가를 받아야 한다.
② 시장·군수등은 준공인가 이전에는 입주예정자에게 완공된 건축물을 사용할 것을 사업시행자에게 허가할 수 없다.
③ 건축물을 분양받을 자는 사업시행자가 소유권 이전에 관한 내용을 공보에 고시한 날에 건축물에 대한 소유권을 취득한다.
④ 정비사업에 의하여 건축물을 분양받을 자에게 소유권을 이전한 경우 종전의 건축물에 설정된 저당권 등 등기된 권리는 소유권을 이전받은 건축물에 설정된 것으로 본다.
⑤ 토지주택공사등인 사업시행자가 다른 법률에 의하여 자체적으로 준공인가를 처리한 경우에도 시장·군수등이 필요하다고 인정하면 준공검사를 다시 실시할 수 있다.

| 키워드 | 소유권 이전고시 등 |
| 난이도 |  |
| 해설 | ① 정비사업의 시행자가 시장·군수등이 아닌 경우에는 정비사업에 관한 공사를 완료한 때에 시장·군수등의 준공인가를 받아야 한다.
② 시장·군수등은 준공인가를 하기 전이라도 완공된 건축물이 사용에 지장이 없는 등 대통령령이 정하는 기준에 적합한 경우에는 입주예정자가 완공된 건축물을 사용할 수 있도록 사업시행자에 대하여 허가할 수 있다.
③ 건축물을 분양받을 자는 사업시행자가 소유권 이전에 관한 내용을 공보에 고시한 날의 다음 날에 건축물에 대한 소유권을 취득한다.
⑤ 토지주택공사등인 사업시행자가 다른 법률에 의하여 자체적으로 준공인가를 처리한 경우에는 별도의 준공검사 없이 준공인가를 받은 것으로 보며, 이 경우 토지주택공사등인 사업시행자는 그 내용을 지체 없이 시장·군수등에게 통보하여야 한다.

정답 09 ④

PART 04

건축법

최근 5개년 출제비중 및 학습전략

PART 04 17.5%

「건축법」은 7문제 정도가 출제되며 출제 비중이 높은 PART이기 때문에 반드시 4개 이상은 맞힌다는 생각으로 학습하여야 합니다. 특히 총칙, 건축물의 건축, 지역 및 지구 안의 건축물, 건축물의 대지와 도로를 중점적으로 학습하여야 합니다.

PART 부동산공법

THEME 25	용어정의
THEME 26	건축허가 및 신고
THEME 27	사용승인 및 용도변경
THEME 28	건축물의 대지와 도로
THEME 29	건축물의 구조 및 재료
THEME 30	지역 및 지구 안의 건축물
THEME 31	특별건축구역·건축협정 및 이행강제금

THEME 25

용어정의

| THEME 키워드 |
건축물에 관한 용어, 건축 및 대수선에 관한 용어, 신고대상 공작물, 「건축법」의 적용 여부, 건축물의 종류, 전문위원회

기본으로 알아야 하는 대표기출

> **기출분석**
> - **기출회차:** 제31회
> - **키워드:** 건축 및 대수선에 관한 용어
> - **난이도:** ■■□

건축법령상 용어에 관한 설명으로 옳은 것은?

① 건축물을 이전하는 것은 건축에 해당한다.
② 고층 건축물에 해당하려면 건축물의 층수가 30층 이상이고 높이가 120m 이상이어야 한다.
③ 건축물이 천재지변으로 멸실된 경우 그 대지에 종전 규모보다 연면적의 합계를 늘려 건축물을 다시 축조하는 것은 재축에 해당한다.
④ 건축물의 내력벽을 해체하여 같은 대지의 다른 위치로 옮기는 것은 이전에 해당한다.
⑤ 기존 건축물이 있는 대지에서 건축물의 내력벽을 증설하여 건축면적을 늘리는 것은 대수선에 해당한다.

해설

② 고층 건축물에 해당하려면 건축물의 층수가 30층 이상이거나 높이가 120m 이상이어야 한다.
③ 건축물이 천재지변으로 멸실된 경우 그 대지에 종전 규모보다 연면적의 합계를 늘려 건축물을 다시 축조하는 것은 신축에 해당한다. 재축은 연면적의 합계를 종전 규모 이하로 하여야 한다.
④ 건축물의 내력벽을 해체하지 않고 같은 대지의 다른 위치로 옮기는 것은 이전에 해당한다.
⑤ 기존 건축물이 있는 대지에서 건축물의 내력벽을 증설하여 건축면적을 늘리는 것은 증축에 해당한다.

정답 ①

> **함정을 피하는 TIP**
> - 용어에 대한 정의를 학습하면 바로 정답을 찾을 수 있는 문제이다.

단단하게 정리하는 **핵심이론**

1 건축물에 관한 용어 제20회, 제23회, 제24회, 제26회, 제27회, 제28회, 제29회, 제31회, 제32회

주요 구조부	① 정의: 내력벽(耐力壁), 기둥, 바닥, 보, 지붕틀 및 주계단(主階段)을 말한다. ② 제외: 사이 기둥, 최하층 바닥, 작은 보, 차양, 옥외 계단 그 밖에 이와 유사한 것으로 건축물의 구조상 중요하지 아니한 부분은 제외한다.
건축물	① 토지에 정착(定着)하는 공작물 중 지붕과 기둥 또는 벽이 있는 것과 이에 딸린 시설물(담장, 대문 등)을 말한다. ② 지하나 고가(高架)의 공작물에 설치하는 사무소·공연장·점포·차고·창고 그 밖에 대통령령으로 정하는 것을 말한다.
고층 건축물	층수가 30층 이상이거나 높이가 120m 이상인 건축물을 말한다.
초고층 건축물	층수가 50층 이상이거나 높이가 200m 이상인 건축물을 말한다.

다중이용 건축물	다음의 어느 하나에 해당하는 건축물을 말한다.
	① 다음의 어느 하나에 해당하는 용도로 쓰는 바닥면적의 합계가 5천m^2 이상인 건축물
	   ㉠ 숙박시설 중 관광숙박시설
	   ㉡ 판매시설
	   ㉢ 문화 및 집회시설(동물원 및 식물원은 제외)
	   ㉣ 종교시설
	   ㉤ 의료시설 중 종합병원
	   ㉥ 운수시설 중 여객용 시설
	② 16층 이상인 건축물

특수구조 건축물	① 한쪽 끝은 고정되고 다른 끝은 지지(支持)되지 아니한 구조로 된 보·차양 등이 외벽(외벽이 없는 경우에는 외곽 기둥을 말함)의 중심선으로부터 3m 이상 돌출된 건축물 ② 기둥과 기둥 사이의 거리가 20m 이상인 건축물 ③ 특수한 설계·시공·공법 등이 필요한 건축물로서 국토교통부장관이 정하여 고시하는 구조로 된 건축물
지하층	건축물의 바닥이 지표면 아래에 있는 층으로서 바닥에서 지표면까지 평균 높이가 해당 층 높이의 2분의 1 이상인 것을 말한다.
설계도서	건축물의 건축등에 관한 공사용 도면, 구조 계산서, 시방서(示方書) 그 밖에 국토교통부령으로 정하는 공사에 필요한 서류를 말한다.
도로	① 보행과 자동차 통행이 가능한 너비 4m 이상의 도로나 그 예정도로를 말한다. ② 막다른 도로의 구조와 너비는 막다른 도로에 해당하는지 여부를 판단하는 기준이 된다.

2 건축 및 대수선에 관한 용어

(1) 건축 제18회, 제20회, 제23회, 제25회, 제31회

① 정의: 건축물을 신축·증축·개축·재축(再築)하거나 건축물을 이전하는 것을 말한다.

② 건축행위

신축	㉠ 건축물이 없는 대지(기존 건축물이 해체되거나 멸실된 대지를 포함)에 새로 건축물을 축조하는 것을 말한다. ㉡ 부속건축물만 있는 대지에 새로 주된 건축물을 축조하는 것도 신축에 포함되며, 개축 또는 재축하는 것은 신축에서 제외한다.
증축	기존 건축물이 있는 대지에서 건축물의 건축면적, 연면적, 층수 또는 높이를 늘리는 것을 말한다.
개축	기존 건축물의 전부 또는 일부(내력벽, 기둥, 보, 지붕틀 중 셋 이상이 포함되는 경우)를 해체하고 그 대지에 종전과 같은 규모의 범위에서 건축물을 다시 축조하는 것을 말한다.
재축	건축물이 천재지변이나 그 밖의 재해(災害)로 멸실된 경우 그 대지에 다음의 요건을 모두 갖추어 다시 축조하는 것을 말한다. ㉠ 연면적 합계는 종전 규모 이하로 할 것 ㉡ 동(棟)수, 층수 및 높이는 다음의 어느 하나에 해당할 것 　ⓐ 동수, 층수 및 높이가 모두 종전 규모 이하일 것 　ⓑ 동수, 층수 또는 높이의 어느 하나가 종전 규모를 초과하는 경우에는 해당 동수, 층수 및 높이가 「건축법」, 「건축법 시행령」 또는 건축조례에 모두 적합할 것
이전	건축물의 주요 구조부를 해체하지 아니하고 같은 대지의 다른 위치로 옮기는 것을 말한다.

(2) 대수선 제16회, 제20회, 제28회

정의	건축물의 기둥, 보, 내력벽, 주계단 등의 구조나 외부 형태를 수선·변경하거나 증설하는 것으로서 대통령령으로 정하는 것을 말한다.
대수선의 범위	다음의 어느 하나에 해당하는 것으로서 증축·개축 또는 재축에 해당하지 아니하는 것을 말한다. ① 내력벽을 증설 또는 해체하거나 그 벽면적을 $30m^2$ 이상 수선 또는 변경하는 것 ② 기둥을 증설 또는 해체하거나 세 개 이상 수선 또는 변경하는 것 ③ 보를 증설 또는 해체하거나 세 개 이상 수선 또는 변경하는 것 ④ 지붕틀(한옥의 경우에는 지붕틀의 범위에서 서까래는 제외)을 증설 또는 해체하거나 세 개 이상 수선 또는 변경하는 것 ⑤ 방화벽 또는 방화구획을 위한 바닥 또는 벽을 증설 또는 해체하거나 수선 또는 변경하는 것 ⑥ 주계단·피난계단 또는 특별피난계단을 증설 또는 해체하거나 수선 또는 변경하는 것

⑦ 다가구주택의 가구 간 경계벽 또는 다세대주택의 세대 간 경계벽을 증설 또는 해체하거나 수선 또는 변경하는 것
⑧ 건축물의 외벽에 사용하는 마감재료를 증설 또는 해체하거나 벽면적 30m² 이상 수선 또는 변경하는 것

3 신고대상 공작물 제27회, 제30회

대지를 조성하기 위한 옹벽, 굴뚝, 광고탑, 고가수조(高架水槽), 지하 대피호 그 밖에 이와 유사한 것으로서 다음의 공작물을 축조하려는 자는 특별자치시장·특별자치도지사 또는 시장·군수·구청장에게 신고하여야 한다.

신고대상 규모	신고대상 공작물의 종류
높이 2m를 넘는	옹벽 또는 담장
높이 4m를 넘는	장식탑, 기념탑, 첨탑, 광고탑, 광고판 그 밖에 이와 비슷한 것
높이 5m를 넘는	태양에너지를 이용하는 발전설비와 그 밖에 이와 비슷한 것
높이 6m를 넘는	① 굴뚝 ② 골프연습장 등의 운동시설을 위한 철탑, 주거지역·상업지역에 설치하는 통신용 철탑 그 밖에 이와 비슷한 것
높이 8m를 넘는	고가수조나 그 밖에 이와 비슷한 것
높이 8m 이하 (위험을 방지하기 위한 난간의 높이는 제외)	기계식 주차장 및 철골 조립식 주차장(바닥면이 조립식이 아닌 것을 포함)으로서 외벽이 없는 것
바닥면적 30m²를 넘는	지하대피호

4 「건축법」의 적용 여부 제15회, 제22회, 제26회, 제28회, 제30회

| 「건축법」 전부를 적용하지 않는 건축물 | ①「문화재보호법」에 따른 지정문화재나 임시지정문화재 또는「자연유산의 보존 및 활용에 관한 법률」에 따라 지정된 명승이나 임시지정 명승
② 철도나 궤도의 선로 부지에 있는 다음의 시설
  ㉠ 운전보안시설
  ㉡ 철도 선로의 위나 아래를 가로지르는 보행시설
  ㉢ 플랫폼
  ㉣ 해당 철도 또는 궤도사업용 급수(給水)·급탄(給炭) 및 급유(給油) 시설
③ 고속도로 통행료 징수시설 |

	④ 컨테이너를 이용한 간이창고(「산업집적활성화 및 공장설립에 관한 법률」에 따른 공장의 용도로만 사용되는 건축물의 대지 안에 설치하는 것으로서 이동이 쉬운 것만 해당) ⑤ 「하천법」에 따른 하천구역 내의 수문조작실
「건축법」 일부를 적용하지 않는 지역	「국토의 계획 및 이용에 관한 법률」에 따른 도시지역 및 도시지역 외의 지구단위계획구역 외의 지역으로서 동이나 읍(동이나 읍에 속하는 섬의 경우에는 인구가 500명 이상인 경우만 해당)이 아닌 지역은 다음의 「건축법」 일부 규정을 적용하지 아니한다. ① 대지와 도로의 관계 ② 도로의 지정·폐지 또는 변경 ③ 건축선의 지정 ④ 건축선에 따른 건축제한 ⑤ 방화지구 안의 건축물 ⑥ 대지의 분할제한

5 용도별 건축물의 종류 제15회, 제17회, 제19회, 제33회

용도	건축물의 종류
단독주택	단독주택, 다중주택, 다가구주택, 공관
공동주택	아파트, 연립주택, 다세대주택, 기숙사
제1종 근린생활시설	일용품을 판매하는 소매점, 산후조리원, 마을회관, 바닥면적 합계가 $30m^2$ 미만인 부동산중개사무소
제2종 근린생활시설	일반음식점, 노래연습장, 안마시술소, 바닥면적 합계가 $500m^2$ 미만인 테니스장·골프연습장·부동산중개사무소, 바닥면적 합계가 $1,000m^2$ 미만인 자동차영업소
문화 및 집회시설	동·식물원
운수시설	공항시설, 항만시설
수련시설	유스호스텔
업무시설	오피스텔
위락시설	무도장, 무도학원, 카지노영업소
위험물 저장 및 처리시설	주유소
자동차 관련 시설	운전학원, 정비학원
관광휴게시설	어린이회관, 야외음악당, 야외극장

6 건축위원회 및 전문위원회

(1) 건축위원회 제30회

건축위원회의 심의사항	국토교통부장관, 시·도지사 및 시장·군수·구청장은 다음의 사항을 조사·심의·조정 또는 재정(이하 '심의등')하기 위하여 각각 건축위원회를 두어야 한다. ① 「건축법」과 조례의 제정·개정 및 시행에 관한 중요 사항 ② 건축물의 건축등과 관련된 분쟁의 조정 또는 재정에 관한 사항(단, 시·도지사 및 시장·군수·구청장이 두는 건축위원회는 제외) ③ 건축물의 건축등과 관련된 민원에 관한 사항(단, 국토교통부장관이 두는 건축위원회는 제외) ④ 건축물의 건축 또는 대수선에 관한 사항 ⑤ 다른 법령에서 건축위원회의 심의를 받도록 규정한 사항
전문위원회의 설치·운영	국토교통부장관, 시·도지사 및 시장·군수·구청장은 건축위원회의 심의등을 효율적으로 수행하기 위하여 필요하면 자신이 설치하는 건축위원회에 다음의 전문위원회를 두어 운영할 수 있다. ① 건축분쟁전문위원회(국토교통부에 설치하는 건축위원회에 한정) ② 건축민원전문위원회(시·도 및 시·군·구에 설치하는 건축위원회에 한정) ③ 건축계획·건축구조·건축설비 등 분야별 전문위원회

(2) 건축분쟁전문위원회 제17회, 제28회, 제32회

설치 목적	건축등과 관련된 다음의 분쟁(「건설산업기본법」에 따른 조정의 대상이 되는 분쟁은 제외)의 조정(調停) 및 재정(裁定)을 하기 위하여 국토교통부에 건축분쟁전문위원회(이하 '분쟁위원회')를 둔다. ① 건축관계자와 해당 건축물의 건축등으로 피해를 입은 인근주민 간의 분쟁 ② 관계전문기술자와 인근주민 간의 분쟁 ③ 건축관계자와 관계전문기술자 간의 분쟁 ④ 건축관계자 간의 분쟁 ⑤ 인근주민 간의 분쟁 ⑥ 관계전문기술자 간의 분쟁 ⑦ 그 밖에 대통령령으로 정하는 사항
구성	분쟁위원회는 위원장과 부위원장 각 1명을 포함한 15명 이내의 위원으로 구성한다.
조정위원회와 재정위원회	조정은 3명의 위원으로 구성되는 조정위원회에서 하고, 재정은 5명의 위원으로 구성되는 재정위원회에서 한다.
조정등의 신청	① 건축물의 건축등과 관련된 분쟁의 조정 또는 재정(이하 '조정등')을 신청하려는 자는 분쟁위원회에 조정등의 신청서를 제출하여야 한다. ② 조정 신청은 해당 사건의 당사자 중 1명 이상이 하며, 재정신청은 해당 사건 당사자 간의 합의로 한다.

조정의 효력	당사자가 조정안을 수락하고 조정서에 기명날인하면 조정서의 내용은 재판상 화해와 동일한 효력을 갖는다. 다만, 당사자가 임의로 처분할 수 없는 사항에 관한 것은 그러하지 아니하다.

(3) 건축민원전문위원회 제30회

설치 목적	건축민원전문위원회는 건축물의 건축등과 관련된 다음의 민원[허가권자(특별시장·광역시장·특별자치시장·특별자치도지사 또는 시장·군수·구청장)의 처분이 완료되기 전의 것으로 한정하며, 이하 '질의민원'이라 함]을 심의하며, 시·도지사가 설치하는 건축민원전문위원회(이하 '광역지방건축민원전문위원회')와 시장·군수·구청장이 설치하는 건축민원전문위원회(이하 '기초지방건축민원전문위원회')로 구분한다. ① 건축법령의 운영 및 집행에 관한 민원 ② 건축물의 건축등과 복합된 사항으로서 제11조 제5항 각 호에 해당하는 법률 규정의 운영 및 집행에 관한 민원 ③ 그 밖에 대통령령으로 정하는 민원

질의민원 심의의 신청	① **신청방법**: 건축물의 건축등과 관련된 질의민원의 심의를 신청하려는 자는 관할 건축민원전문위원회에 심의 신청서를 제출하여야 한다.
	② **기재사항**: 심의를 신청하고자 하는 자는 다음의 사항을 기재하여 문서로 신청하여야 한다. 다만, 문서에 의할 수 없는 특별한 사정이 있는 경우에는 구술로 신청할 수 있다.
	  ㉠ 신청인의 이름과 주소
	  ㉡ 신청의 취지·이유와 민원신청의 원인이 된 사실내용
	  ㉢ 그 밖에 행정기관의 명칭 등 대통령령으로 정하는 사항

심의를 위한 조사 및 의견청취	① 건축민원전문위원회는 심의에 필요하다고 인정하면 위원 또는 사무국의 소속 공무원에게 관계 서류를 열람하게 하거나 관계 사업장에 출입하여 조사하게 할 수 있다. ② 건축민원전문위원회는 필요하다고 인정하면 신청인, 허가권자의 업무담당자, 이해관계자 또는 참고인을 위원회에 출석하게 하여 의견을 들을 수 있다.

기본문제와 완성문제로 단단기출

01 건축법령상 '주요 구조부'에 해당하지 <u>않는</u> 것만을 모두 고른 것은? 　　제27회

기본 기출

| ㉠ 지붕틀 | ㉡ 주계단 |
| ㉢ 사이 기둥 | ㉣ 최하층 바닥 |

① ㉡
② ㉠, ㉢
③ ㉢, ㉣
④ ㉠, ㉡, ㉣
⑤ ㉠, ㉡, ㉢, ㉣

키워드 건축물에 관한 용어

난이도 ■■□

해설 '주요 구조부'란 내력벽(耐力壁), 기둥, 바닥, 보, 지붕틀 및 주계단(主階段)을 말한다. 다만, 사이 기둥, 최하층 바닥, 작은 보, 차양, 옥외 계단 그 밖에 이와 유사한 것으로 건축물의 구조상 중요하지 아니한 부분은 제외한다.

02 건축법령상 다중이용 건축물에 해당하는 용도가 <u>아닌</u> 것은? (단, 16층 이상의 건축물은 제외하고, 해당 용도로 쓰는 바닥면적의 합계는 5천㎡ 이상임) 　　제29회

기본 기출

① 관광휴게시설
② 판매시설
③ 운수시설 중 여객용 시설
④ 종교시설
⑤ 의료시설 중 종합병원

키워드 건축물에 관한 용어

난이도 ■■□

해설 '다중이용 건축물'이란 불특정한 다수의 사람들이 이용하는 건축물로서 16층 이상인 건축물이거나 '문화 및 집회시설(동물원·식물원은 제외), 종교시설, 판매시설, 운수시설 중 여객용 시설, 의료시설 중 종합병원, 숙박시설 중 관광숙박시설'에 해당하는 용도로 쓰는 바닥면적의 합계가 5천㎡ 이상인 건축물을 말한다.

정답 01 ③ 02 ①

03 건축법령상 '건축'에 해당하는 것을 모두 고른 것은?
기본 기출   제25회

㉠ 건축물이 없던 나대지에 새로 건축물을 축조하는 것
㉡ 기존 5층의 건축물이 있는 대지에서 건축물의 층수를 7층으로 늘리는 것
㉢ 태풍으로 멸실된 건축물을 그 대지에 종전과 같은 규모의 범위에서 다시 축조하는 것
㉣ 건축물의 주요 구조부를 해체하지 아니하고 같은 대지에서 옆으로 5m 옮기는 것

① ㉠, ㉡
② ㉢, ㉣
③ ㉠, ㉡, ㉢
④ ㉡, ㉢, ㉣
⑤ ㉠, ㉡, ㉢, ㉣

키워드 건축 및 대수선에 관한 용어

난이도

해설 건축법령상 '건축'이란 건축물을 신축·증축·개축·재축 또는 이전하는 것을 말한다. 따라서 ㉠㉡㉢㉣ 모두 건축에 해당한다.
㉠ 건축물이 없던 나대지에 새로 건축물을 축조하는 것: 신축
㉡ 기존 5층의 건축물이 있는 대지에서 건축물의 층수를 7층으로 늘리는 것: 증축
㉢ 태풍으로 멸실된 건축물을 그 대지에 종전과 같은 규모의 범위에서 다시 축조하는 것: 재축
㉣ 건축물의 주요 구조부를 해체하지 아니하고 같은 대지에서 옆으로 5m 옮기는 것: 이전

04 건축법령상 특별자치시장·특별자치도지사 또는 시장·군수·구청장에게 신고하고 축조하여야 하는 공작물에 해당하는 것은? (단, 건축물과 분리하여 축조하는 경우이며, 공용건축물에 대한 특례는 고려하지 않음)
기본 기출   제27회 수정

① 높이 3m의 기념탑
② 높이 7m의 고가수조(高架水槽)
③ 높이 3m의 광고탑
④ 높이 3m의 담장
⑤ 바닥면적 25m²의 지하대피호

키워드 신고대상 공작물

난이도

해설 ① 높이 4m를 넘는 기념탑이 신고대상 공작물에 해당한다.
② 높이 8m를 넘는 고가수조(高架水槽)가 신고대상 공작물에 해당한다.
③ 높이 4m를 넘는 광고탑이 신고대상 공작물에 해당한다.
⑤ 바닥면적 30m²를 넘는 지하대피호가 신고대상 공작물에 해당한다.

정답 03 ⑤ 04 ④

05 건축법령상 철도의 선로 부지(敷地)에 있는 시설로서, 「건축법」의 적용을 받지 않는 건축물만을 모두 고른 것은? (단, 건축법령 이외의 특례는 고려하지 않음) 제30회

> ㉠ 플랫폼
> ㉡ 운전보안시설
> ㉢ 철도 선로의 아래를 가로지르는 보행시설
> ㉣ 해당 철도사업용 급수(給水) 급탄(給炭) 및 급유(給油) 시설

① ㉠, ㉡, ㉢
② ㉠, ㉡, ㉣
③ ㉠, ㉢, ㉣
④ ㉡, ㉢, ㉣
⑤ ㉠, ㉡, ㉢, ㉣

키워드 「건축법」의 적용 여부

난이도

해설 철도나 궤도의 선로 부지(敷地)에 있는 운전보안시설, 철도 선로의 위나 아래를 가로지르는 보행시설, 플랫폼, 해당 철도 또는 궤도사업용 급수(給水)·급탄(給炭) 및 급유(給油) 시설에는 「건축법」을 적용하지 아니한다. 그밖에 「문화재보호법」에 따른 지정문화재나 임시지정문화재, 또는 「자연유산의 보존 및 활용에 관한 법률」에 따라 지정된 명승이나 임시지정 명승, 고속도로 통행료 징수시설, 컨테이너를 이용한 간이창고, 「하천법」에 따른 하천구역 내의 수문조작실에 해당하는 건축물에도 「건축법」을 적용하지 아니한다.

06 건축법령상 제1종 근린생활시설에 해당하는 것은? (단, 동일한 건축물 안에서 당해 용도에 쓰이는 바닥면적의 합계는 1천㎡임) 제33회

① 극장
② 서점
③ 탁구장
④ 파출소
⑤ 산후조리원

키워드 건축물의 종류

난이도

해설 ① 극장은 500㎡ 미만인 경우에는 제2종 근린생활시설에 해당하고, 그 외에는 문화 및 집회시설에 해당한다(영 제3조의5 별표 1). 1천㎡의 극장은 문화 및 집회시설에 해당한다.
② 서점은 1천㎡ 미만인 경우에 제1종 근린생활시설에 해당하고, 그 외에는 제2종 근린생활시설에 해당한다(영 제3조의5 별표 1). 1천㎡의 서점은 제2종 근린생활시설에 해당한다.
③ 탁구장은 500㎡ 미만인 경우에는 제1종 근린생활시설에 해당한다. 1천㎡의 탁구장은 운동시설에 해당한다.
④ 파출소는 바닥면적의 합계가 1천㎡ 미만인 경우에 제1종 근린생활시설에 해당한다. 1천㎡의 파출소는 공공업무시설에 해당한다.

정답 05 ⑤ 06 ⑤

07 건축법령상 용어에 관한 설명으로 틀린 것은? 제28회

① 내력벽을 수선하더라도 수선되는 벽면적의 합계가 30m² 미만인 경우는 '대수선'에 포함되지 않는다.
② 지하의 공작물에 설치하는 점포는 '건축물'에 해당하지 않는다.
③ 구조 계산서와 시방서는 '설계도서'에 해당한다.
④ '막다른 도로'의 구조와 너비는 '막다른 도로'가 '도로'에 해당하는지 여부를 판단하는 기준이 된다.
⑤ '고층 건축물'이란 층수가 30층 이상이거나 높이가 120m 이상인 건축물을 말한다.

키워드 〉 건축물에 관한 용어
난이도 〉
해설 〉 지하나 고가(高架)의 공작물에 설치하는 사무소·공연장·점포·차고·창고는 '건축물'에 해당한다.

08 건축법령상 건축민원전문위원회에 관한 설명으로 틀린 것은? (단, 조례는 고려하지 않음) 제30회

① 도지사는 건축위원회의 심의등을 효율적으로 수행하기 위하여 필요하면 자신이 설치하는 건축위원회에 건축민원전문위원회를 두어 운영할 수 있다.
② 건축민원전문위원회가 위원회에 출석하게 하여 의견을 들을 수 있는 자는 신청인과 허가권자에 한한다.
③ 건축민원전문위원회에 질의민원의 심의를 신청하려는 자는 문서에 의할 수 없는 특별한 사정이 있는 경우에는 구술로도 신청할 수 있다.
④ 건축민원전문위원회는 심의에 필요하다고 인정하면 위원 또는 사무국의 소속 공무원에게 관계 서류를 열람하게 하거나 관계 사업장에 출입하여 조사하게 할 수 있다.
⑤ 건축민원전문위원회는 건축법령의 운영 및 집행에 관한 민원을 심의할 수 있다.

키워드 〉 전문위원회
난이도 〉
해설 〉 건축민원전문위원회가 위원회에 출석하게 하여 의견을 들을 수 있는 자는 신청인, 허가권자의 업무담당자, 이해관계자 또는 참고인이다.

정답 07 ② 08 ②

09 건축법령상 건축등과 관련된 분쟁으로서 건축분쟁전문위원회의 조정 및 재정의 대상이 되는 것은?
(단, 「건설산업기본법」 제69조에 따른 조정의 대상이 되는 분쟁은 고려하지 않음)   제32회

① '건축주'와 '건축신고수리자' 간의 분쟁
② '공사시공자'와 '건축지도원' 간의 분쟁
③ '건축허가권자'와 '공사감리자' 간의 분쟁
④ '관계전문기술자'와 '해당 건축물의 건축등으로 피해를 입은 인근주민' 간의 분쟁
⑤ '건축허가권자'와 '해당 건축물의 건축등으로 피해를 입은 인근주민' 간의 분쟁

키워드 전문위원회

난이도

해설 건축등과 관련된 '건축관계자와 해당 건축물의 건축등으로 피해를 입은 인근주민 간의 분쟁, 관계전문기술자와 인근주민 간의 분쟁, 건축관계자와 관계전문기술자 간의 분쟁, 건축관계자 간의 분쟁, 인근주민 간의 분쟁, 관계전문기술자 간의 분쟁 등의 분쟁의 조정(調停) 및 재정(裁定)을 하기 위하여 국토교통부에 건축분쟁전문위원회를 둔다.

정답 09 ④

THEME 26 건축허가 및 신고

| THEME 키워드 |
건축허가권자, 건축허가 신청 전 필요사항, 건축허가의 제한, 신고대상 건축물, 가설건축물, 허가에 따른 의제사항 및 변경사항

> 기출분석
- **기출회차:** 제25회
- **키워드:** 건축허가권자
- **난이도:** ■■□

기본으로 알아야 하는 대표기출

건축법령상 건축허가 및 건축신고 등에 관한 설명으로 **틀린** 것은? (단, 조례는 고려하지 않음)

① 바닥면적이 각 80m²인 3층의 건축물을 신축하고자 하는 자는 건축허가의 신청 전에 허가권자에게 그 건축의 허용성에 대한 사전결정을 신청할 수 있다.
② 연면적의 10분의 3을 증축하여 연면적의 합계가 10만m²가 되는 창고를 광역시에 건축하고자 하는 자는 광역시장의 허가를 받아야 한다.
③ 건축물의 건축허가를 받으면 「국토의 계획 및 이용에 관한 법률」에 따른 개발행위허가를 받은 것으로 본다.
④ 연면적의 합계가 200m²인 건축물의 높이를 2m 증축할 경우 건축신고를 하면 건축허가를 받은 것으로 본다.
⑤ 건축신고를 한 자가 신고일부터 1년 이내에 공사에 착수하지 아니하면 그 신고의 효력은 없어진다.

> 함정을 피하는 TIP
- 건축허가 및 건축신고에 관한 전반적인 내용을 학습한 경우에만 정답을 찾을 수 있다.

해설
공장이나 창고는 특별시장이나 광역시장의 허가를 받지 아니한다.

정답 ②

단단하게 정리하는 핵심이론

1 건축허가권자 제17회, 제19회, 제21회, 제22회, 제23회, 제24회, 제25회, 제31회

원칙	건축물을 건축하거나 대수선하려는 자는 **특별자치시장·특별자치도지사 또는 시장·군수·구청장**의 허가를 받아야 한다.
예외	**층수가 21층 이상**이거나 **연면적의 합계가 10만m² 이상**인 건축물(연면적의 10분의 3 이상을 증축하여 층수가 21층 이상으로 되거나 연면적의 합계가 10만m² 이상으로 되는 경우를 포함)을 특별시나 광역시에 건축하려면 특별시장이나 광역시장의 허가를 받아야 한다. 다만, 다음의 어느 하나에 해당하는 건축물의 건축은 제외한다. ① 공장 ② 창고 ③ 지방건축위원회의 심의를 거친 건축물(특별시 또는 광역시의 건축조례로 정하는 바에 따라 해당 지방건축위원회의 심의사항으로 할 수 있는 건축물에 한정하며, 초고층 건축물은 제외)
도지사의 사전승인	시장·군수는 다음의 어느 하나에 해당하는 건축물의 건축을 허가하려면 미리 건축계획서와 국토교통부령으로 정하는 건축물의 용도, 규모 및 형태가 표시된 기본설계도서를 첨부하여 도지사의 승인을 받아야 한다. ① **층수가 21층 이상**이거나 **연면적의 합계가 10만m² 이상**인 건축물(연면적의 10분의 3 이상을 증축하여 층수가 21층 이상으로 되거나 연면적의 합계가 10만m² 이상으로 되는 경우를 포함). 다만, 공장, 창고, 지방건축위원회의 심의를 거친 건축물과 도시환경, 광역교통 등을 고려하여 해당 도의 조례로 정하는 건축물은 제외한다. ② 자연환경이나 수질을 보호하기 위하여 도지사가 지정·공고한 구역에 건축하는 **3층 이상** 또는 **연면적의 합계가 1천m² 이상**인 건축물로서 위락시설과 숙박시설 등 대통령령으로 정하는 용도(공동주택, 제2종 근린생활시설 중 일반음식점, 업무시설 중 일반업무시설)에 해당하는 건축물 ③ 주거환경이나 교육환경 등 주변 환경을 보호하기 위하여 필요하다고 인정하여 도지사가 지정·공고한 구역에 건축하는 위락시설 및 숙박시설에 해당하는 건축물

2 건축허가 신청 전 필요사항

(1) 대지의 소유권 확보 제28회

건축허가를 받으려는 자는 해당 대지의 소유권을 확보하여야 한다. 다만, 다음의 어느 하나에 해당하는 경우에는 그러하지 아니하다.

> ① 건축주가 대지의 소유권을 확보하지 못하였으나 그 대지를 사용할 수 있는 권원을 확보한 경우(단, 분양을 목적으로 하는 공동주택은 제외)
> ② 건축주가 건축물의 노후화 또는 구조안전 문제 등 대통령령으로 정하는 사유로 건축물을 신축·개축·재축 및 리모델링을 하기 위하여 건축물 및 해당 대지의 공유자 수의 100분의 80 이상의 동의를 얻고 동의한 공유자의 지분 합계가 전체 지분의 100분의 80 이상인 경우
> ③ 건축주가 건축허가를 받아 주택과 주택 외의 시설을 동일 건축물로 건축하기 위하여 「주택법」 제21조를 준용한 대지 소유 등의 권리 관계를 증명한 경우(단, 「주택법」 제15조 제1항 각 호 외의 부분 본문에 따른 대통령령으로 정하는 호수 이상으로 건설·공급하는 경우에 한정)
> ④ 건축하려는 대지에 포함된 국유지 또는 공유지에 대하여 허가권자가 해당 토지의 관리청이 해당 토지를 건축주에게 매각하거나 양여할 것을 확인한 경우
> ⑤ 건축주가 집합건물의 공용부분을 변경하기 위하여 「집합건물의 소유 및 관리에 관한 법률」 제15조 제1항에 따른 결의가 있었음을 증명한 경우
> ⑥ 건축주가 집합건물을 재건축하기 위하여 「집합건물의 소유 및 관리에 관한 법률」 제47조에 따른 결의가 있었음을 증명한 경우

(2) 사전결정신청 제20회, 제25회, 제28회, 제30회, 제33회

대상	건축허가대상 건축물을 건축하려는 자는 건축허가를 신청하기 전에 허가권자에게 그 건축물의 건축에 관한 다음의 사항에 대한 사전결정을 신청할 수 있다. ① 해당 대지에 건축하는 것이 이 법이나 관계 법령에서 허용되는지 여부 ② 이 법 또는 관계 법령에 따른 건축기준 및 건축제한, 그 완화에 관한 사항 등을 고려하여 해당 대지에 건축 가능한 건축물의 규모 ③ 건축허가를 받기 위하여 신청자가 고려하여야 할 사항
동시신청	사전결정을 신청하는 자(이하 '사전결정신청자')는 건축위원회 심의와 「도시교통정비 촉진법」에 따른 교통영향평가서의 검토를 동시에 신청할 수 있다.
협의	허가권자는 사전결정이 신청된 건축물의 대지면적이 「환경영향평가법」에 따른 소규모 환경영향평가 대상사업인 경우 환경부장관이나 지방환경관서의 장과 소규모 환경영향평가에 관한 협의를 하여야 한다.
사전결정 통지	허가권자는 신청을 받으면 입지, 건축물의 규모, 용도 등을 사전결정한 후 사전결정일부터 7일 이내에 사전결정신청자에게 알려야 한다.

통지의 효과	① 통지의 효과: 사전결정 통지를 받은 경우에는 다음의 허가를 받거나 신고 또는 협의를 한 것으로 본다. 　㉠ 「국토의 계획 및 이용에 관한 법률」에 따른 개발행위허가 　㉡ 「산지관리법」에 따른 산지전용허가와 산지전용신고, 산지 일시 사용허가·신고(단, 보전산지인 경우에는 도시지역만 해당) 　㉢ 「농지법」에 따른 농지전용허가·신고 및 협의 　㉣ 「하천법」에 따른 하천점용허가 ② 사전결정 전 협의: 허가권자는 위의 ①의 어느 하나에 해당되는 내용이 포함된 사전결정을 하려면 미리 관계 행정기관의 장과 협의하여야 하며, 협의를 요청받은 관계 행정기관의 장은 요청받은 날부터 15일 이내에 의견을 제출하여야 한다.
효력상실	사전결정신청자는 사전결정을 통지받은 날부터 2년 이내에 건축허가를 신청하여야 하며, 이 기간에 건축허가를 신청하지 아니하면 사전결정의 효력이 상실된다.

3 건축허가의 거부·취소·제한

(1) 건축허가의 거부 제17회, 제22회

① 한국건축규정의 준수 여부 확인: 건축허가를 하고자 하는 때에 「건축기본법」에 따른 한국건축규정의 준수 여부를 확인하여야 한다.

② 건축허가의 거부사유: 허가권자는 다음의 어느 하나에 해당하는 경우에는 이 법이나 다른 법률에도 불구하고 건축위원회의 심의를 거쳐 건축허가를 하지 아니할 수 있다.

> ㉠ 위락시설이나 숙박시설에 해당하는 건축물의 건축을 허가하는 경우 해당 대지에 건축하려는 건축물의 용도·규모 또는 형태가 주거환경이나 교육환경 등 주변 환경을 고려할 때 부적합하다고 인정되는 경우
> ㉡ 「국토의 계획 및 이용에 관한 법률」에 따른 방재지구 및 「자연재해대책법」에 따른 자연재해위험개선지구 등 상습적으로 침수되거나 침수가 우려되는 지역에 건축하려는 건축물에 대하여 지하층 등 일부 공간을 주거용으로 사용하거나 거실을 설치하는 것이 부적합하다고 인정되는 경우

(2) 건축허가의 취소 제17회, 제19회

허가권자는 허가를 받은 자가 다음의 어느 하나에 해당하면 허가를 취소하여야 한다. 다만, ①에 해당하는 경우로서 정당한 사유가 있다고 인정되면 1년의 범위에서 공사의 착수기간을 연장할 수 있다.

> ① 허가를 받은 날부터 2년(「산업집적활성화 및 공장설립에 관한 법률」에 따라 공장의 신설·증설 또는 업종변경의 승인을 받은 공장은 3년) 이내에 공사에 착수하지 아니한 경우
> ② 허가를 받은 날로부터 착공기간 이내에 공사에 착수하였으나 공사의 완료가 불가능하다고 인정되는 경우
> ③ 착공신고 전에 경매 또는 공매 등으로 건축주가 대지의 소유권을 상실한 때부터 6개월이 지난 이후 공사의 착수가 불가능하다고 판단되는 경우

(3) **건축허가 및 착공제한** 제17회, 제18회, 제19회, 제21회, 제22회, 제23회, 제24회, 제26회, 제31회, 제32회

제한권자	국토교통부 장관	국토교통부장관은 국토관리를 위하여 특히 필요하다고 인정하거나 주무부장관이 국방, 「국가유산기본법」에 따른 국가유산의 보존, 환경보전 또는 국민경제를 위하여 특히 필요하다고 인정하여 요청하면 허가권자의 건축허가나 허가를 받은 건축물의 착공을 제한할 수 있다.
	특별시장, 광역시장, 도지사	① 특별시장·광역시장·도지사는 지역계획이나 도시·군계획에 특히 필요하다고 인정하면 시장·군수·구청장의 건축허가나 허가를 받은 건축물의 착공을 제한할 수 있다. ② 특별시장·광역시장·도지사는 위의 ①에 따라 시장·군수·구청장의 건축허가나 건축물의 착공을 제한한 경우 즉시 국토교통부장관에게 보고하여야 하며, 보고를 받은 국토교통부장관은 제한내용이 지나치다고 인정하면 해제를 명할 수 있다.
제한절차		① 의견청취 및 심의: 국토교통부장관이나 시·도지사는 건축허가나 건축허가를 받은 건축물의 착공을 제한하려는 경우에는 「토지이용규제 기본법」에 따라 주민의견을 청취한 후 건축위원회의 심의를 거쳐야 한다. ② 통보 및 공고: 국토교통부장관이나 특별시장·광역시장·도지사는 건축허가나 건축물의 착공을 제한하는 경우 제한 목적·기간, 대상 건축물의 용도와 대상 구역의 위치·면적·경계 등을 상세하게 정하여 허가권자에게 통보하여야 하며, 통보를 받은 허가권자는 지체 없이 이를 공고하여야 한다.
제한기간		건축허가나 건축물의 착공을 제한하는 경우 제한기간은 ==2년 이내==로 한다. 다만, 1회에 한하여 ==1년 이내==의 범위에서 제한기간을 연장할 수 있다.

4 신고대상 건축물 및 공용건축물

(1) **건축신고** 제17회, 제22회, 제23회, 제24회, 제25회, 제29회, 제32회

신고대상 건축물	허가대상 건축물이라 하더라도 다음의 어느 하나에 해당하는 경우에는 미리 특별자치시장·특별자치도지사 또는 시장·군수·구청장에게 국토교통부령으로 정하는 바에 따라 신고를 하면 건축허가를 받은 것으로 본다.
신고수리 여부 통지	특별자치시장·특별자치도지사 또는 시장·군수·구청장은 신고를 받은 날부터 5일 이내에 신고수리 여부 또는 민원 처리 관련 법령에 따른 처리기간의 연장 여부를 신고인에게 통지하여야 한다. 다만, 이 법 또는 다른 법령에 따라 심의, 동의, 협의, 확인 등이 필요한 경우에는 20일 이내에 통지하여야 한다.
신고 효력의 실효	신고를 한 자가 신고일부터 1년 이내에 공사에 착수하지 아니하면 그 신고의 효력은 없어진다. 다만, 건축주의 요청에 따라 허가권자가 정당한 사유가 있다고 인정하면 1년의 범위에서 착수기한을 연장할 수 있다.

보충

신고대상 건축물
1. 바닥면적의 합계가 85m² 이내의 증축·개축 또는 재축(단, 3층 이상 건축물인 경우에는 증축·개축 또는 재축하려는 부분의 바닥면적의 합계가 건축물 연면적의 10분의 1 이내인 경우로 한정)
2. 「국토의 계획 및 이용에 관한 법률」에 따른 관리지역, 농림지역 또는 자연환경보전지역에서 연면적이 200m² 미만이고 3층 미만인 건축물의 건축(단, 다음의 어느 하나에 해당하는 구역에서의 건축은 제외)
    ① 지구단위계획구역
    ② 「국토의 계획 및 이용에 관한 법률」에 따라 지정된 방재지구(防災地區)
    ③ 「급경사지 재해예방에 관한 법률」에 따라 지정된 붕괴위험지역
3. 연면적이 200m² 미만이고 3층 미만인 건축물의 대수선
4. 주요 구조부의 해체가 없는 등 다음의 어느 하나에 해당하는 대수선
    ① 내력벽의 면적을 30m² 이상 수선하는 것
    ② 기둥을 세 개 이상 수선하는 것
    ③ 보를 세 개 이상 수선하는 것
    ④ 지붕틀을 세 개 이상 수선하는 것
    ⑤ 방화벽 또는 방화구획을 위한 바닥 또는 벽을 수선하는 것
    ⑥ 주계단·피난계단 또는 특별피난계단을 수선하는 것
5. 그 밖에 소규모 건축물로서 다음의 어느 하나에 해당하는 건축물의 건축
    ① 연면적의 합계가 100m² 이하인 건축물
    ② 건축물의 높이를 3m 이하의 범위에서 증축하는 건축물
    ③ 표준설계도서에 따라 건축하는 건축물로서 그 용도 및 규모가 주위환경이나 미관에 지장이 없다고 인정하여 건축조례로 정하는 건축물
    ④ 「국토의 계획 및 이용에 관한 법률」에 따른 공업지역, 지구단위계획구역(산업·유통형만 해당) 및 「산업입지 및 개발에 관한 법률」에 따른 산업단지에서 건축하는 2층 이하인 건축물로서 연면적 합계 500m² 이하인 공장(제조업소 등 물품의 제조·가공을 위한 시설을 포함)
    ⑤ 농업이나 수산업을 경영하기 위하여 읍·면지역(특별자치시장·특별자치도지사·시장·군수가 지역계획 또는 도시·군계획에 지장이 있다고 지정·공고한 구역은 제외)에서 건축하는 연면적 200m² 이하의 창고 및 연면적 400m² 이하의 축사, 작물재배사(作物栽培舍), 종묘배양시설, 화초 및 분재 등의 온실

(2) 공용건축물에 대한 특례 제22회, 제30회

협의	국가나 지방자치단체는 건축물을 건축·대수선·용도변경하거나 가설건축물을 건축하거나 공작물을 축조하려는 경우에는 대통령령으로 정하는 바에 따라 미리 건축물의 소재지를 관할하는 허가권자와 협의하여야 한다.
의제	국가나 지방자치단체가 건축물의 소재지를 관할하는 허가권자와 협의한 경우에는 허가를 받았거나 신고한 것으로 본다.

5 가설건축물

(1) 허가대상 가설건축물 제21회

허가대상 및 허가권자	도시·군계획시설 및 도시·군계획시설예정지에서 가설건축물을 건축하려는 자는 특별자치시장·특별자치도지사 또는 시장·군수·구청장의 허가를 받아야 한다.

허가 제외사유	특별자치시장·특별자치도지사 또는 시장·군수·구청장은 해당 가설건축물의 건축이 다음의 어느 하나에 해당하는 경우가 아니면 허가를 하여야 한다.
	① 「국토의 계획 및 이용에 관한 법률」 제64조(개발행위허가)에 위배되는 경우
	② 4층 이상인 경우
	③ 구조, 존치기간, 설치 목적 및 다른 시설 설치 필요성 등에 관하여 다음의 범위에서 조례로 정하는 바에 따르지 아니한 경우
	  ㉠ 철근콘크리트조 또는 철골철근콘크리트조가 아닐 것
	  ㉡ 존치기간은 3년 이내일 것. 다만, 도시·군계획사업이 시행될 때까지 그 기간을 연장할 수 있다.
	  ㉢ 전기·수도·가스 등 새로운 간선 공급설비의 설치를 필요로 하지 아니할 것
	  ㉣ 공동주택·판매시설·운수시설 등으로서 분양을 목적으로 건축하는 건축물이 아닐 것

(2) 신고대상 가설건축물 제28회, 제31회

신고대상	허가대상 가설건축물 외에 재해복구, 흥행, 전람회, 공사용 가설건축물 등 대통령령으로 정하는 용도의 가설건축물을 축조하려는 자는 대통령령으로 정하는 존치기간, 설치 기준 및 절차에 따라 특별자치시장·특별자치도지사 또는 시장·군수·구청장에게 신고한 후 착공하여야 한다.
존치기간	신고해야 하는 가설건축물의 존치기간은 3년 이내로 하며, 존치기간의 연장이 필요한 경우에는 횟수별 3년의 범위에서 위 신고대상의 가설건축물별로 건축조례로 정하는 횟수만큼 존치기간을 연장할 수 있다. 다만, 공사용 가설건축물 및 공작물의 경우에는 해당 공사의 완료일까지의 기간으로 한다.

> **보충**
>
> **대통령령으로 정하는 용도의 가설건축물**
> 1. 재해가 발생한 구역 또는 그 인접구역으로서 특별자치시장·특별자치도지사 또는 시장·군수·구청장이 지정하는 구역에서 일시 사용을 위하여 건축하는 것
> 2. 특별자치시장·특별자치도지사 또는 시장·군수·구청장이 도시미관이나 교통소통에 지장이 없다고 인정하는 가설흥행장, 가설전람회장, 농·수·축산물 직거래용 가설점포 그 밖에 이와 비슷한 것
> 3. 공사에 필요한 규모의 공사용 가설건축물 및 공작물
> 4. 전시를 위한 견본주택이나 그 밖에 이와 비슷한 것
> 5. 특별자치시장·특별자치도지사 또는 시장·군수·구청장이 도로변 등의 미관정비를 위하여 지정·공고하는 구역에서 축조하는 가설점포(물건 등의 판매를 목적으로 하는 것)로서 안전·방화 및 위생에 지장이 없는 것
> 6. 조립식 구조로 된 경비용으로 쓰는 가설건축물로서 연면적이 10m² 이하인 것

7. 조립식 경량구조로 된 외벽이 없는 임시 자동차 차고
8. 컨테이너 또는 이와 비슷한 것으로 된 가설건축물로서 임시사무실·임시창고 또는 임시숙소로 사용되는 것(건축물의 옥상에 축조하는 것은 제외)
9. 도시지역 중 주거지역·상업지역 또는 공업지역에 설치하는 농업·어업용 비닐하우스로서 연면적이 100m² 이상인 것
10. 연면적이 100m² 이상인 간이축사용, 가축분뇨처리용, 가축운동용, 가축의 비가림용 비닐하우스 또는 천막(벽 또는 지붕이 합성수지 재질로 된 것과 지붕면적의 2분의 1 이하가 합성강판으로 된 것을 포함)구조 건축물
11. 농업·어업용 고정식 온실 및 간이작업장, 가축양육실
12. 물품저장용, 간이포장용, 간이수선작업용 등으로 쓰기 위하여 공장 또는 창고시설에 설치하거나 인접 대지에 설치하는 천막(벽 또는 지붕이 합성수지 재질로 된 것을 포함), 그 밖에 이와 비슷한 것
13. 유원지, 종합휴양업 사업지역 등에서 한시적인 관광·문화행사 등을 목적으로 천막 또는 경량구조로 설치하는 것
14. 야외전시시설 및 촬영시설
15. 야외흡연실 용도로 쓰는 가설건축물로서 연면적이 50m² 이하인 것

6 허가에 따른 의제사항 및 변경사항

(1) 허가(신고)에 따른 인·허가등의 의제사항 제20회, 제23회, 제25회, 제31회

건축허가를 받으면 다음의 허가 등을 받거나 신고를 한 것으로 보며, 공장건축물의 경우에는 「산업집적활성화 및 공장설립에 관한 법률」에 따라 관련 법률의 인·허가등이나 허가등을 받은 것으로 본다.

① 공사용 가설건축물의 축조신고
② 공작물의 축조신고
③ 「국토의 계획 및 이용에 관한 법률」에 따른 개발행위허가
④ 「대기환경보전법」에 따른 대기오염물질 배출시설설치의 허가나 신고 외 19항목

(2) 허가와 신고사항의 변경 제23회, 제31회, 제32회

건축주가 허가를 받았거나 신고한 사항을 변경하려면 변경하기 전에 다음의 구분에 따라 허가권자의 허가를 받거나 특별자치시장·특별자치도지사 또는 시장·군수·구청장에게 신고하여야 한다. 다만, 신축·증축·개축·재축·이전·대수선 또는 용도변경에 해당하지 아니하는 변경은 그러하지 아니하다.

① 바닥면적의 합계가 85m²를 초과하는 부분에 대한 신축·증축·개축에 해당하는 변경인 경우에는 허가를 받고, 그 밖의 경우에는 신고할 것
② 신고로써 허가를 갈음하는 건축물에 대하여는 변경 후 건축물의 연면적을 각각 신고로써 허가를 갈음할 수 있는 규모에서 변경하는 경우에는 위 ①에도 불구하고 신고할 것
③ 건축주·설계자·공사시공자 또는 공사감리자를 변경하는 경우에는 신고할 것

기본문제와 완성문제로 **단단기출**

01 건축법령상 시장·군수가 건축허가를 하기 위해 도지사의 사전승인을 받아야 하는 건축물은? 제21회

기본 기출
① 연면적의 10분의 2를 증축하여 층수가 21층이 되는 공장
② 연면적의 합계가 10만m^2인 창고
③ 자연환경을 보호하기 위하여 도지사가 지정·공고한 구역에 건축하는 연면적의 합계가 900m^2인 2층의 위락시설
④ 주거환경 등 주변 환경을 보호하기 위하여 도지사가 지정·공고한 구역에 건축하는 숙박시설
⑤ 수질을 보호하기 위하여 도지사가 지정·공고한 구역에 건축하는 연면적의 합계가 900m^2인 2층의 숙박시설

키워드 〉 건축허가권자

난이도 〉

해설 〉 ① 공장은 도지사의 사전승인을 받아야 하는 건축물이 아니다.
② 창고는 도지사의 사전승인을 받아야 하는 건축물이 아니다.
③ 자연환경을 보호하기 위하여 도지사가 지정·공고한 구역에 건축하는 연면적의 합계가 1천m^2 이상 또는 3층 이상의 위락시설이 도지사의 사전승인을 받아야 하는 건축물에 해당한다.
⑤ 수질을 보호하기 위하여 도지사가 지정·공고한 구역에 건축하는 연면적의 합계가 1천m^2 이상 또는 3층 이상의 숙박시설이 도지사의 사전승인을 받아야 하는 건축물에 해당한다.

정답 01 ④

02 건축법령상 건축허가의 사전결정에 관한 설명으로 **틀린** 것은? 제28회

기본 기출

① 사전결정을 할 수 있는 자는 건축허가권자이다.
② 사전결정 신청사항에는 건축허가를 받기 위하여 신청자가 고려하여야 할 사항이 포함될 수 있다.
③ 사전결정의 통지로써 「국토의 계획 및 이용에 관한 법률」에 따른 개발행위허가가 의제되는 경우 허가권자는 사전결정을 하기에 앞서 관계 행정기관의 장과 협의하여야 한다.
④ 사전결정신청자는 건축위원회 심의와 「도시교통정비 촉진법」에 따른 교통영향평가서의 검토를 동시에 신청할 수 있다.
⑤ 사전결정신청자는 사전결정을 통지받은 날부터 2년 이내에 착공신고를 하여야 하며, 이 기간에 착공신고를 하지 아니하면 사전결정의 효력이 상실된다.

| 키워드 | 건축허가 신청 전 필요사항
| 난이도 |
| 해설 | 사전결정신청자는 사전결정을 통지받은 날부터 2년 이내에 건축허가를 신청하여야 하며, 이 기간에 건축허가를 신청하지 아니하면 사전결정의 효력이 상실된다.

03 건축법령상 건축허가대상 건축물을 건축하려는 자가 건축 관련 입지와 규모의 사전결정 통지를 받은 경우에 허가를 받은 것으로 볼 수 있는 것을 모두 고른 것은? (단, 미리 관계 행정기관의 장과 사전결정에 관하여 협의한 것을 전제로 함) 제33회

기본 기출

> ㉠ 「농지법」 제34조에 따른 농지전용허가
> ㉡ 「하천법」 제33조에 따른 하천점용허가
> ㉢ 「국토의 계획 및 이용에 관한 법률」 제56조에 따른 개발행위허가
> ㉣ 도시지역 외의 지역에서 「산지관리법」 제14조에 따른 보전산지에 대한 산지전용허가

① ㉠, ㉡   ② ㉢, ㉣
③ ㉠, ㉡, ㉢   ④ ㉡, ㉢, ㉣
⑤ ㉠, ㉡, ㉢, ㉣

| 키워드 | 건축허가 신청 전 필요사항
| 난이도 |
| 해설 | 사전결정 통지를 받은 경우에는 다음의 허가를 받거나 신고 또는 협의를 한 것으로 본다.

> 1. 「국토의 계획 및 이용에 관한 법률」 제56조에 따른 개발행위허가
> 2. 「산지관리법」 제14조와 제15조에 따른 산지전용허가와 산지전용신고, 같은 법 제15조의2에 따른 산지 일시 사용허가·신고. 다만, 보전산지인 경우에는 도시지역만 해당된다.
> 3. 「농지법」 제34조, 제35조 및 제43조에 따른 농지전용허가·신고 및 협의
> 4. 「하천법」 제33조에 따른 하천점용허가

정답 02 ⑤ 03 ③

04 건축법령상 건축허가 제한에 관한 설명으로 옳은 것은? 제32회 수정

① 국방, 「국가유산기본법」에 따른 국가유산의 보존 또는 국민경제를 위하여 특히 필요한 경우 주무부장관은 허가권자의 건축허가를 제한할 수 있다.
② 지역계획을 위하여 특히 필요한 경우 도지사는 특별자치시장의 건축허가를 제한할 수 있다.
③ 건축허가를 제한하는 경우 건축허가 제한기간은 2년 이내로 하며, 1회에 한하여 1년 이내의 범위에서 제한기간을 연장할 수 있다.
④ 시·도지사가 건축허가를 제한하는 경우에는 「토지이용규제 기본법」에 따라 주민의견을 청취하거나 건축위원회의 심의를 거쳐야 한다.
⑤ 국토교통부장관은 건축허가를 제한하는 경우 제한 목적·기간, 대상 건축물의 용도와 대상 구역의 위치·면적·경계를 지체 없이 공고하여야 한다.

키워드 〉 건축허가의 제한
난이도 〉
해설 〉 ① 국방, 「국가유산기본법」에 따른 국가유산의 보존 또는 국민경제를 위하여 특히 필요한 경우 주무부장관이 요청하면 국토교통부장관은 허가권자의 건축허가를 제한할 수 있다.
② 지역계획을 위하여 특히 필요한 경우 도지사는 시장·군수·구청장의 건축허가를 제한할 수 있다.
④ 시·도지사가 건축허가를 제한하는 경우에는 「토지이용규제 기본법」에 따라 주민의견을 청취한 후 건축위원회의 심의를 거쳐야 한다.
⑤ 국토교통부장관은 건축허가를 제한하는 경우 제한 목적·기간, 대상 건축물의 용도와 대상 구역의 위치·면적·경계 등을 상세하게 정하여 허가권자에게 통보하여야 하며, 통보를 받은 허가권자는 지체 없이 이를 공고하여야 한다.

05 건축법령상 건축신고를 하면 건축허가를 받은 것으로 볼 수 있는 경우에 해당하지 않는 것은? 제29회

① 연면적 150m²인 3층 건축물의 피난계단 증설
② 연면적 180m²인 2층 건축물의 대수선
③ 연면적 270m²인 3층 건축물의 방화벽 수선
④ 1층의 바닥면적 50m², 2층의 바닥면적 30m²인 2층 건축물의 신축
⑤ 바닥면적 100m²인 단층 건축물의 신축

키워드 〉 신고대상 건축물
난이도 〉
해설 〉 연면적이 200m² 미만이고 3층 미만인 건축물의 피난계단을 증설하는 경우에는 신고대상에 해당하고, 그렇지 않으면 허가대상에 해당한다.

정답 04 ③ 05 ①

06 건축주 甲은 A도 B시에서 연면적이 100m²이고 2층인 건축물을 대수선하고자 「건축법」 제14조에 따른 신고(이하 '건축신고')를 하려고 한다. 건축법령상 이에 관한 설명으로 옳은 것은? (단, 건축법령상 특례 및 조례는 고려하지 않음) 제32회

① 甲이 대수선을 하기 전에 B시장에게 건축신고를 하면 건축허가를 받은 것으로 본다.
② 건축신고를 한 甲이 공사시공자를 변경하려면 B시장에게 허가를 받아야 한다.
③ B시장은 건축신고의 수리 전에 건축물 안전영향평가를 실시하여야 한다.
④ 건축신고를 한 甲이 신고일부터 6개월 이내에 공사에 착수하지 아니하면 그 신고의 효력은 없어진다.
⑤ 건축신고를 한 甲은 건축물의 공사가 끝난 후 사용승인 신청 없이 건축물을 사용할 수 있다.

키워드 신고대상 건축물
난이도
해설 ② 건축신고를 한 甲이 공사시공자를 변경하려면 B시장에게 신고를 하여야 한다.
③ 안전영향평가 대상은 허가대상 건축물 중 초고층 건축물 또는 연면적이 10만m² 이상이고, 16층 이상인 건축물이 해당되므로, 신고대상 건축물은 안전영향평가를 실시할 필요가 없다.
④ 건축신고를 한 甲이 신고일부터 1년 이내에 공사에 착수하지 아니하면 그 신고의 효력은 없어진다.
⑤ 건축신고를 한 甲은 건축물의 공사가 끝난 후 사용승인을 받은 후에 건축물을 사용할 수 있다.

07 甲은 A광역시 B구에서 20층 연면적 합계가 5만m²인 허가대상 건축물을 신축하려고 한다. 건축법령상 이에 관한 설명으로 틀린 것은? (단, 건축법령상 특례규정은 고려하지 않음) 제31회

① 甲은 B구청장에게 건축허가를 받아야 한다.
② 甲이 건축허가를 받은 경우에도 해당 대지를 조성하기 위해 높이 5m의 옹벽을 축조하려면 따로 공작물 축조신고를 하여야 한다.
③ 甲이 건축허가를 받은 이후에 공사시공자를 변경하는 경우에는 B구청장에게 신고하여야 한다.
④ 甲이 건축허가를 받은 경우에도 A광역시장은 지역계획에 특히 필요하다고 인정하면 甲의 건축물 착공을 제한할 수 있다.
⑤ 공사감리자는 필요하다고 인정하면 공사시공자에게 상세시공도면을 작성하도록 요청할 수 있다.

키워드 허가에 따른 의제사항 및 변경사항
난이도
해설 甲이 건축허가를 받은 경우에는 해당 대지를 조성하기 위해 높이 5m의 옹벽을 축조하려면 따로 공작물 축조신고를 하지 않아도 신고한 것으로 본다.

정답 06 ① 07 ②

08 건축법령상 신고대상 가설건축물인 전시를 위한 견본주택을 축조하는 경우에 관한 설명으로 옳은 것을 모두 고른 것은? (단, 건축법령상 특례규정은 고려하지 않음) 제31회

> ㉠ 「건축법」 제44조(대지와 도로의 관계)는 적용된다.
> ㉡ 견본주택의 존치기간은 해당 주택의 분양완료일까지이다.
> ㉢ 견본주택이 2층 이상인 경우 공사감리자를 지정하여야 한다.

① ㉠
② ㉢
③ ㉠, ㉡
④ ㉡, ㉢
⑤ ㉠, ㉡, ㉢

키워드 〉 가설건축물

난이도 〉

해설 〉 ㉡ 견본주택의 존치기간은 가설건축물로서 3년 이내이고, 공사용 가설건축물의 경우가 공사완료일까지 이다.
㉢ 견본주택은 층수에 상관없이 공사감리자를 지정하지 않는다.

정답 08 ①

THEME 27 사용승인 및 용도변경

| THEME 키워드 |
사용승인, 용도변경

기출분석
- 기출회차: 제31회
- 키워드: 용도변경
- 난이도:

기본으로 알아야 하는 대표기출

甲은 A도 B군에서 숙박시설로 사용승인을 받은 바닥면적의 합계가 3천m^2인 건축물의 용도를 변경하려고 한다. 건축법령상 이에 관한 설명으로 틀린 것은?

① 의료시설로 용도를 변경하려는 경우에는 용도변경신고를 하여야 한다.
② 종교시설로 용도를 변경하려는 경우에는 용도변경허가를 받아야 한다.
③ 甲이 바닥면적의 합계 1천m^2의 부분에 대해서만 업무시설로 용도를 변경하는 경우에는 사용승인을 받지 않아도 된다.
④ A도지사는 도시·군계획에 특히 필요하다고 인정하면 B군수의 용도변경허가를 제한할 수 있다.
⑤ B군수는 甲이 판매시설과 위락시설의 복수 용도로 용도변경신청을 한 경우 지방건축위원회의 심의를 거쳐 이를 허용할 수 있다.

> 해설
신고대상 중 바닥면적의 합계가 100m^2 이상인 경우에는 사용승인에 관한 규정을 적용하게 되므로, 甲이 바닥면적의 합계 1천m^2의 부분에 대해서만 숙박시설에서 업무시설로 용도를 변경하는 경우에도 신고대상에 해당하므로 사용승인을 받아야 된다.

정답 ③

함정을 피하는 TIP
- 용도변경에 관한 전반적인 내용을 학습하여야 한다.

단단하게 정리하는 **핵심이론**

1 건축공사현장 안전관리예치금 제18회, 제30회

(1) 대상조건

목적	건축허가를 받은 자는 건축물의 건축공사를 중단하고 장기간 공사현장을 방치할 경우 공사현장의 미관 개선과 안전관리 등 필요한 조치를 하여야 한다.
예치금의 예치	허가권자는 연면적이 1천m^2 이상인 건축물로서 해당 지방자치단체의 조례로 정하는 건축물에 대하여는 착공신고를 하는 건축주(「한국토지주택공사법」에 따른 한국토지주택공사 또는 「지방공기업법」에 따라 건축사업을 수행하기 위하여 설립된 지방공사는 제외)에게 장기간 건축물의 공사현장이 방치되는 것에 대비하여 미리 미관 개선과 안전관리에 필요한 비용(대통령령으로 정하는 보증서를 포함하며, 이하 '예치금')을 건축공사비의 1%의 범위에서 예치하게 할 수 있다.
예치금의 반환	허가권자가 예치금을 반환할 때에는 대통령령으로 정하는 이율로 산정한 이자를 포함하여 반환하여야 한다. 다만, 보증서를 예치한 경우에는 그러하지 아니하다.

(2) 개선명령 및 행정대집행

개선명령	허가권자는 공사현장이 방치되어 도시미관을 저해하고 안전을 위해한다고 판단되면 건축허가를 받은 자에게 건축물 공사현장의 미관과 안전관리를 위한 다음의 개선을 명할 수 있다. ① 안전울타리 설치 등 안전조치 ② 공사재개 또는 해체 등 정비
행정대집행	허가권자는 개선명령을 받은 자가 개선을 하지 아니하면 「행정대집행법」으로 정하는 바에 따라 대집행을 할 수 있다. 이 경우 건축주가 예치한 예치금을 행정대집행에 필요한 비용에 사용할 수 있으며, 행정대집행에 필요한 비용이 이미 납부한 예치금보다 많을 때에는 「행정대집행법」에 따라 그 차액을 추가로 징수할 수 있다.

2 사용승인 제20회

(1) 사용승인의 신청

건축주가 허가를 받았거나 신고를 한 건축물의 건축공사를 완료(하나의 대지에 둘 이상의 건축물을 건축하는 경우 동별 공사를 완료한 경우를 포함)한 후 그 건축물을 사용하려면 공사감리자가 작성한 감리완료보고서(공사감리자를 지정한 경우만 해당)와 국토교통부령으로 정하는 공사완료도서를 첨부하여 허가권자에게 사용승인을 신청하여야 한다.

(2) 사용승인서의 교부

허가권자는 사용승인신청을 받은 경우 그 신청서를 받은 날부터 7일 이내에 다음의 사항에 대한 검사를 실시하고, 검사에 합격된 건축물에 대하여는 사용승인서를 내주어야 한다. 다만, 해당 지방자치단체의 조례로 정하는 건축물은 사용승인을 위한 검사를 실시하지 아니하고 사용승인서를 내줄 수 있다.

> ① 사용승인을 신청한 건축물이 이 법에 따라 허가 또는 신고한 설계도서대로 시공되었는지의 여부
> ② 감리완료보고서, 공사완료도서 등의 서류 및 도서가 적합하게 작성되었는지의 여부

(3) 임시사용승인

임시사용승인의 기간은 2년 이내로 한다. 다만, 허가권자는 대형 건축물 또는 암반공사 등으로 인하여 공사기간이 긴 건축물에 대하여는 그 기간을 연장할 수 있다.

(4) 건축물의 사용

건축주는 사용승인을 받은 후가 아니면 건축물을 사용하거나 사용하게 할 수 없다. 다만, 다음의 어느 하나에 해당하는 경우에는 그러하지 아니하다.

> ① 허가권자가 법령이 정한 기간 내에 사용승인서를 교부하지 아니한 경우
> ② 사용승인서를 교부받기 전에 공사가 완료된 부분이 건폐율, 용적률, 설비, 피난·방화 등 국토교통부령으로 정하는 기준에 적합한 경우로서 기간을 정하여 대통령령으로 정하는 바에 따라 임시로 사용의 승인을 한 경우

(5) 사용승인의 효과

건축주가 사용승인을 받은 경우에는 다음에 따른 사용승인·준공검사 또는 등록신청 등을 받거나 한 것으로 보며, 공장건축물의 경우에는 「산업집적활성화 및 공장설립에 관한 법률」에 따라 관련 법률의 검사 등을 받은 것으로 본다.

> ① 「하수도법」에 따른 배수설비(排水設備)의 준공검사 및 개인하수처리시설의 준공검사
> ② 「공간정보의 구축 및 관리 등에 관한 법률」에 따른 지적공부(地籍公簿)의 변동사항 등록신청
> ③ 「국토의 계획 및 이용에 관한 법률」에 따른 개발행위의 준공검사
> ④ 「대기환경보전법」에 따른 대기오염물질 배출시설의 가동개시의 신고

3 용도변경 제17회, 제20회, 제22회, 제23회, 제24회, 제25회, 제29회, 제31회, 제34회

(1) 용도변경의 정의 및 변경기준

정의	'용도변경'이란 사용승인을 받은 건축물의 용도를 필요에 의하여 다른 용도로 변경하는 행위를 말한다.
변경기준	건축물의 용도변경은 변경하려는 용도의 건축기준에 맞게 하여야 한다.

(2) 건축물 용도변경과 관련된 시설군(施設群)과 세부용도

시설군	건축물의 세부용도	허가	신고
① 자동차 관련 시설군	자동차 관련 시설	↑	↓
② 산업 등 시설군	운수시설, 창고시설, 공장, 위험물저장 및 처리시설, 자원순환 관련 시설, 묘지 관련 시설, 장례시설		
③ 전기통신시설군	방송통신시설, 발전시설		
④ 문화 및 집회시설군	문화 및 집회시설, 종교시설, 위락시설, 관광휴게시설		
⑤ 영업시설군	판매시설, 운동시설, 숙박시설, 제2종 근린생활시설 중 다중생활시설		
⑥ 교육 및 복지시설군	의료시설, 교육연구시설, 노유자시설, 수련시설, 야영장시설		
⑦ 근린생활시설군	제1종 근린생활시설, 제2종 근린생활시설(다중생활시설은 제외)		
⑧ 주거업무시설군	단독주택, 공동주택, 업무시설, 교정시설, 국방·군사시설		
⑨ 그 밖의 시설군	동물 및 식물 관련 시설		

(3) 용도변경에 따른 대상

사용승인을 받은 건축물의 용도를 변경하려는 자는 다음의 구분에 따라 국토교통부령으로 정하는 바에 따라 특별자치시장·특별자치도지사 또는 시장·군수·구청장의 허가를 받거나 신고 또는 건축물대장 기재내용의 변경을 신청하여야 한다.

허가대상		각 시설군에 속하는 건축물의 용도를 상위군에 해당하는 용도로 변경하는 경우
신고대상		각 시설군에 속하는 건축물의 용도를 하위군에 해당하는 용도로 변경하는 경우
건축물대장 기재내용 변경신청 대상	변경신청 ○	같은 시설군 안에서 용도를 변경하려는 자
	변경신청 ×	① 같은 시설군 중 같은 용도에 속하는 건축물 상호간의 용도변경 ②「국토의 계획 및 이용에 관한 법률」이나 그 밖의 관계 법령에서 정하는 용도제한에 적합한 범위에서 제1종 근린생활시설과 제2종 근린생활시설 상호간의 용도변경 → 목욕장, 의원, 공연장, 안마시술소, 노래연습장 등은 건축물대장 기재내용 변경신청도 하지 않아도 되는 경우에서 제외

(4) 용도변경 시 건축기준의 준용

사용승인	허가나 신고대상인 경우로서 용도변경하려는 부분의 바닥면적의 합계가 100㎡ 이상인 경우의 사용승인에 관하여는 건축물의 사용승인에 관한 규정을 준용한다. 다만, 용도변경하려는 부분의 바닥면적의 합계가 500㎡ 미만으로서 대수선에 해당되는 공사를 수반하지 아니하는 경우에는 그러하지 아니하다.
건축사 설계	허가대상인 경우로서 용도변경하려는 부분의 바닥면적의 합계가 500㎡ 이상인 용도변경(대통령령으로 정하는 경우는 제외)의 설계에 관하여는 건축사가 설계를 하여야 하는 규정을 준용한다.

(5) 복수 용도의 인정

① 건축주는 건축물의 용도를 복수로 하여 건축허가, 건축신고 및 용도변경 허가·신고 또는 건축물대장 기재내용의 변경신청을 할 수 있다.

② 허가권자는 신청한 복수의 용도가 이 법 및 관계 법령에서 정한 건축기준과 입지기준 등에 모두 적합한 경우에 한정하여 국토교통부령으로 정하는 바에 따라 복수 용도를 허용할 수 있다.

기본문제와 완성문제로 단단기출

01 건축법령상 사용승인에 관한 설명으로 옳은 것은? 제20회

기본 기출

① 건축주가 건축공사 완료 후 그 건축물을 사용하려면 건축공사 완료 이전에 공사감리자에게 그 건축물 전체의 사용승인을 신청하여야 한다.
② 건축주가 사용승인을 받은 경우에는 「대기환경보전법」에 따른 대기오염물질 배출시설의 가동개시 신고를 한 것으로 본다.
③ 허가권자가 법령이 정한 기간 내에 사용승인서를 교부하지 않은 경우 건축주는 그 건축물을 사용하거나 사용하게 할 수 없다.
④ 건축물의 사용승인 신청을 위해서는 공사시공자가 작성한 감리중간보고서와 공사예정도서를 첨부하여야 한다.
⑤ 사용승인서의 교부 전에 공사가 완료된 부분이 건폐율, 용적률 등의 법적 기준에 적합한 경우 허가권자는 임시사용을 승인할 수 있으며 그 기간은 1년 이내로 하여야 한다.

키워드 사용승인

난이도

해설 ① 건축주가 건축공사 완료 후 그 건축물을 사용하려면 건축공사 완료 후에 허가권자에게 그 건축물 전체의 사용승인을 신청하여야 한다.
③ 허가권자가 법령이 정한 기간 내에 사용승인서를 교부하지 않은 경우 건축주는 그 건축물을 사용하거나 사용하게 할 수 있다.
④ 건축물의 사용승인 신청을 위해서는 공사감리자가 작성한 감리완료보고서와 공사완료도서를 첨부하여야 한다.
⑤ 사용승인서의 교부 전에 공사가 완료된 부분이 건폐율, 용적률 등의 법적 기준에 적합한 경우 허가권자는 임시사용을 승인할 수 있으며 그 기간은 2년 이내로 하여야 한다.

정답 01 ②

02 기본 기출

건축법령상 사용승인을 받은 건축물의 용도변경에 관한 설명으로 **틀린** 것은? 제24회

① 단독주택을 다가구주택으로 변경하는 경우에는 건축물대장 기재내용의 변경을 신청하지 않아도 된다.
② 제1종 근린생활시설을 의료시설로 변경하는 경우에는 허가를 받아야 한다.
③ 숙박시설을 수련시설로 변경하는 경우에는 신고를 하여야 한다.
④ 교육연구시설을 판매시설로 변경하는 경우에는 허가를 받아야 한다.
⑤ 공장을 자동차 관련 시설로 변경하는 경우에는 신고를 하여야 한다.

키워드 › 용도변경

난이도 ›

해설 › 공장을 자동차 관련 시설로 변경하는 경우에는 허가를 받아야 한다.

03 기본 기출

건축법령상 사용승인을 받은 건축물의 용도변경이 신고대상인 경우만을 모두 고른 것은? 제25회

번호	용도변경 전	용도변경 후
㉠	판매시설	창고시설
㉡	숙박시설	위락시설
㉢	장례시설	종교시설
㉣	의료시설	교육연구시설
㉤	제1종 근린생활시설	업무시설

① ㉠, ㉡
② ㉠, ㉢
③ ㉡, ㉣
④ ㉢, ㉤
⑤ ㉣, ㉤

키워드 › 용도변경

난이도 ›

해설 › ㉠과 ㉡은 허가대상, ㉢과 ㉤은 신고대상, ㉣은 건축물대장 기재내용 변경신청대상에 해당된다.

정답 02 ⑤ 03 ④

04 건축법령상 사용승인을 받은 건축물의 용도변경에 관한 설명으로 옳은 것은? (단, 조례는 고려하지 않음)

제22회, 제23회

① 특별시나 광역시에 소재하는 건축물인 경우에는 특별시장이나 광역시장의 허가를 받거나 신고하여야 한다.
② 영업시설군에서 문화 및 집회시설군으로 용도변경하는 경우에는 허가를 받아야 한다.
③ 교육 및 복지시설군에서 전기통신시설군으로 용도변경하는 경우에는 신고를 하여야 한다.
④ 같은 시설군 안에서 용도를 변경하려는 경우에는 신고를 하여야 한다.
⑤ 용도변경하려는 부분의 바닥면적의 합계가 $100m^2$ 이상인 경우라도 신고대상인 용도변경을 하는 경우에는 건축물의 사용승인을 받을 필요가 없다.

> 키워드 용도변경
> 난이도
> 해설 ① 특별시나 광역시에 소재하는 건축물인 경우에는 관할 구청장의 허가를 받거나 신고하여야 한다.
> ③ 교육 및 복지시설군에서 전기통신시설군으로 용도변경하는 경우에는 허가를 받아야 한다.
> ④ 같은 시설군 안에서 용도를 변경하는 경우에는 건축물대장 기재내용의 변경신청을 하여야 한다.
> ⑤ 용도변경하려는 부분의 바닥면적의 합계가 $100m^2$ 이상인 경우 신고대상인 용도변경을 하는 경우에는 건축물의 사용승인을 받아야 한다.

정답 04 ②

05 甲은 A도 B시에 소재하는 자동차영업소로만 쓰는 건축물(사용승인을 받은 건축물로서 같은 건축물에 해당 용도로 쓰는 바닥면적의 합계가 500㎡임)의 용도를 전부 노래연습장으로 용도변경하려고 한다. 건축법령상 이에 관한 설명으로 옳은 것은? (단, 제시된 조건 이외이 다른 조건이나 제한, 건축법령상 특례 및 조례는 고려하지 않음)   제34회

① 甲은 건축물의 용도변경에 관하여 B시장의 허가를 받아야 한다.
② 甲은 B시장에게 건축물 용도변경에 관하여 신고를 하여야 한다.
③ 甲은 용도변경한 건축물을 사용하려면 B시장의 사용승인을 받아야 한다.
④ 甲은 B시장에게 건축물대장 기재내용의 변경을 신청하여야 한다.
⑤ 甲의 건축물에 대한 용도변경을 위한 설계는 건축사가 아니면 할 수 없다.

> 키워드 › 용도변경
> 난이도 ›
> 해설 › ④ 같은 시설군 중 같은 용도에 속하는 건축물 상호간의 용도변경의 경우는 건축물대장 기재내용의 변경을 신청하지 않아도 되지만, 이 경우에도 노래연습장으로 변경하는 경우에는 건축물대장 기재내용의 변경을 신청하여야 한다(법 제19조 제3항 단서, 영 제14조 제4항 단서, 별표1 제4호 러목).
> ①② 해당 용도로 쓰는 바닥면적의 합계가 500㎡인 자동차영업소(1,000㎡ 미만)는 제2종 근린생활시설에 해당하고 노래연습장도 제2종 근린생활시설에 해당한다. 500㎡인 자동차영업소를 노래연습장으로 변경하는 경우는 제2종 근린생활시설을 제2종 근린생활시설로 변경하는 경우이므로 이는 같은 시설군 중 같은 용도에 속하는 건축물 상호간의 용도변경에 해당한다. 따라서 허가대상도 아니고 신고대상도 아니다.
> ③ 甲은 용도변경한 건축물을 사용하려면 B시장의 사용승인을 받지 않아도 된다. 허가나 신고대상인 경우로서 용도변경하려는 부분의 바닥면적의 합계가 100㎡ 이상인 경우의 사용승인에 관하여는 제22조(건축물의 사용승인)를 준용한다. 사례의 경우는 허가대상도 아니고 신고대상도 아니므로 사용승인을 받지 않아도 된다.
> ⑤ 甲의 건축물에 대한 용도변경을 위한 설계는 건축사가 아니어도 할 수 있다. 허가 대상인 경우로서 용도변경하려는 부분의 바닥면적의 합계가 500㎡ 이상인 용도변경의 설계에 관하여는 제23조(건축사의 설계)를 준용한다. 사례의 경우는 허가대상이 아니므로 용도변경을 위한 설계를 건축사가 아니어도 할 수 있다.

정답 05 ④

THEME 28 건축물의 대지와 도로

| THEME 키워드 |
대지의 조경, 공개공지등의 확보, 공개공지 또는 공개공간, 대지와 도로의 관계, 건축선과 대지, 건축선

기본으로 알아야 하는 대표기출

> **기출분석**
> - 기출회차: 제25회
> - 키워드: 대지와 도로의 관계
> - 난이도:

건축법령상 도시지역에 건축하는 건축물의 대지와 도로 등에 관한 설명으로 틀린 것은?

① 연면적의 합계가 2천m^2인 공장의 대지는 너비 6m 이상의 도로에 4m 이상 접하여야 한다.
② 쓰레기로 매립된 토지에 건축물을 건축하는 경우 성토, 지반 개량 등 필요한 조치를 하여야 한다.
③ 군수는 건축물의 위치나 환경을 정비하게 위하여 필요하다고 인정되면 4m 이하의 범위에서 건축선을 따로 지정할 수 있다.
④ 담장의 지표 위 부분은 건축선의 수직면을 넘어서는 아니 된다.
⑤ 공장의 주변에 허가권자가 인정한 공지인 광장이 있는 경우 연면적의 합계가 1천m^2인 공장의 대지는 도로에 2m 이상 접하지 않아도 된다.

> **함정을 피하는 TIP**
> - 건축물의 대지와 도로에 관한 전체적인 내용을 학습하여야만 정답을 찾을 수 있는 문제이다.

해설
연면적의 합계가 3천m^2 이상인 공장의 대지는 너비 6m 이상의 도로에 4m 이상 접하여야 한다.

정답 ①

단단하게 정리하는 핵심이론

1 대지의 안전 등 제22회, 제23회, 제25회

대지의 높이	대지는 인접한 도로면보다 낮아서는 아니 된다. 다만, 대지의 배수에 지장이 없거나 건축물의 용도상 방습(防濕)의 필요가 없는 경우에는 인접한 도로면보다 낮아도 된다.
지반의 개량	습한 토지, 물이 나올 우려가 많은 토지, 쓰레기 그 밖에 이와 유사한 것으로 매립된 토지에 건축물을 건축하는 경우에는 성토(盛土), 지반 개량 등 필요한 조치를 하여야 한다.
옹벽의 설치	손궤(損潰; 무너져 내림)의 우려가 있는 토지에 대지를 조성하려면 국토교통부령으로 정하는 바에 따라 옹벽을 설치하거나 그 밖에 필요한 조치를 하여야 한다. ① 옹벽의 높이가 2m 이상인 경우에는 이를 콘크리트구조로 할 것 ② 옹벽의 외벽면에는 이의 지지 또는 배수를 위한 시설 외의 구조물이 밖으로 튀어 나오지 아니하게 할 것

2 대지의 조경 제22회, 제23회, 제25회, 제27회, 제31회

원칙	면적이 200m² 이상인 대지에 건축을 하는 건축주는 용도지역 및 건축물의 규모에 따라 해당 지방자치단체의 조례로 정하는 기준에 따라 대지에 조경이나 그 밖에 필요한 조치를 하여야 한다.
예외	조경이 필요하지 아니한 건축물로서 다음의 건축물에 대하여는 조경 등의 조치를 하지 아니할 수 있다. ① 녹지지역에 건축하는 건축물 ② 면적 5천m² 미만인 대지에 건축하는 공장 ③ 연면적의 합계가 1,500m² 미만인 공장 ④ 「산업집적활성화 및 공장설립에 관한 법률」에 따른 산업단지의 공장 ⑤ 대지에 염분이 함유되어 있는 경우 또는 건축물 용도의 특성상 조경 등의 조치를 하기가 곤란하거나 조경 등의 조치를 하는 것이 불합리한 경우로서 건축조례로 정하는 건축물 ⑥ 축사 ⑦ 가설건축물 ⑧ 연면적의 합계가 1,500m² 미만인 물류시설(주거지역 또는 상업지역에 건축하는 것은 제외)로서 국토교통부령으로 정하는 것 ⑨ 「국토의 계획 및 이용에 관한 법률」에 따라 지정된 자연환경보전지역·농림지역 또는 관리지역(지구단위계획구역으로 지정된 지역은 제외)의 건축물

3 공개공지등의 확보 제22회, 제23회, 제24회, 제25회, 제26회, 제27회, 제34회

설치대상 지역	다음의 어느 하나에 해당하는 지역의 환경을 쾌적하게 조성하기 위하여 대통령령으로 정하는 용도와 규모의 건축물은 일반이 사용할 수 있도록 대통령령으로 정하는 기준에 따라 소규모 휴식시설 등의 공개공지(空地; 공터) 또는 공개공간(이하 '공개공지등')을 설치하여야 한다. ① 일반주거지역, 준주거지역 ② 상업지역 ③ 준공업지역 ④ 특별자치시장·특별자치도지사 또는 시장·군수·구청장이 도시화의 가능성이 크거나 노후 산업단지의 정비가 필요하다고 인정하여 지정·공고하는 지역
설치대상 건축물	다음의 어느 하나에 해당하는 건축물의 대지에는 공개공지등을 설치해야 한다. 이 경우 공개공지는 필로티의 구조로 설치할 수 있다. ① 문화 및 집회시설, 종교시설, 판매시설(「농수산물 유통 및 가격안정에 관한 법률」에 따른 농수산물유통시설은 제외), 운수시설(여객용 시설만 해당), 업무시설 및 숙박시설로서 해당 용도로 쓰는 바닥면적의 합계가 5천m² 이상인 건축물 ② 그 밖에 다중이 이용하는 시설로서 건축조례로 정하는 건축물
설치면적	공개공지등의 면적은 대지면적의 100분의 10 이하의 범위에서 건축조례로 정한다.
기준의 완화적용	건축물에 공개공지등을 설치하는 경우에는 법 제43조 제2항(건축물의 건폐율·용적률·높이제한의 완화)에 따라 다음의 범위에서 대지면적에 대한 공개공지등 면적 비율에 따라 법 제56조(건축물의 용적률) 및 제60조(건축물의 높이제한)를 완화하여 적용한다. ① 건축물의 용적률은 해당 지역에 적용하는 용적률의 1.2배 이하 ② 건축물의 높이제한은 해당 건축물에 적용하는 높이기준의 1.2배 이하

4 대지와 도로의 관계 제22회, 제23회, 제25회

원칙	일반	건축물의 대지는 2m 이상이 도로(자동차만의 통행에 사용되는 도로는 제외)에 접하여야 한다.
	강화	연면적의 합계가 2천m²(공장인 경우에는 3천m²) 이상인 건축물의 대지는 너비 6m 이상의 도로에 4m 이상 접하여야 한다.
예외		다음의 어느 하나에 해당하면 그러하지 아니하다. ① 해당 건축물의 출입에 지장이 없다고 인정되는 경우 ② 건축물의 주변에 광장, 공원, 유원지 그 밖에 관계 법령에 따라 건축이 금지되고 공중의 통행에 지장이 없는 공지로서 허가권자가 인정한 공지가 있는 경우 ③ 「농지법」에 따른 농막을 건축하는 경우

5 건축선

(1) 건축선의 지정방법 제21회, 제25회, 제34회

① 원칙: 도로와 접한 부분에 건축물을 건축할 수 있는 선(이하 '건축선')은 대지와 도로의 경계선으로 한다.

② 예외

㉠ 소요 너비에 미달되는 너비의 도로

도로 양쪽에 대지가 있는 경우	소요 너비에 못 미치는 너비의 도로인 경우에는 그 중심선으로부터 그 소요 너비의 2분의 1의 수평거리만큼 물러난 선을 건축선으로 한다.
도로의 반대쪽에 경사지 등이 있는 경우	소요 너비에 못 미치는 너비의 도로인 경우에는 그 도로의 반대쪽에 경사지, 하천, 철도, 선로 부지 그 밖에 이와 유사한 것이 있는 경우에는 그 경사지 등이 있는 쪽의 도로경계선에서 소요 너비에 해당하는 수평거리의 선을 건축선으로 한다.
도로모퉁이의 경우	너비 8m 미만인 도로의 모퉁이에 위치한 대지의 도로모퉁이 부분의 건축선은 그 대지에 접한 도로경계선의 교차점으로부터 도로경계선에 따라 다음의 표에 따른 거리를 각각 후퇴한 두 점을 연결한 선으로 한다.

도로의 교차각	해당 도로의 너비		교차되는 도로의 너비
	6m 이상 8m 미만	4m 이상 6m 미만	
90° 미만	4m	3m	6m 이상 8m 미만
	3m	2m	4m 이상 6m 미만
90° 이상 120° 미만	3m	2m	6m 이상 8m 미만
	2m	2m	4m 이상 6m 미만

㉡ 지정건축선: 특별자치시장·특별자치도지사 또는 시장·군수·구청장은 시가지 안에서 건축물의 위치나 환경을 정비하기 위하여 필요하다고 인정하면 도시지역에는 4m 이하의 범위에서 건축선을 따로 지정할 수 있다.

(2) 건축선에 따른 건축제한 제22회, 제23회, 제25회

① 건축물과 담장은 건축선의 수직면(垂直面)을 넘어서는 아니 된다. 다만, 지표(地表) 아래 부분은 그러하지 아니하다.

② 도로면으로부터 높이 4.5m 이하에 있는 출입구, 창문 그 밖에 이와 유사한 구조물은 열고 닫을 때 건축선의 수직면을 넘지 아니하는 구조로 하여야 한다.

기본문제와 완성문제로 **단단기출**

01 건축법령상 건축물의 대지에 조경을 하지 않아도 되는 건축물에 해당하는 것을 모두 고른 것은?
기본 기출 (단, 건축협정은 고려하지 않음) 제27회

> ㉠ 면적 5,000m² 미만인 대지에 건축하는 공장
> ㉡ 연면적의 합계가 1,500m² 미만인 공장
> ㉢ 「산업집적활성화 및 공장설립에 관한 법률」에 따른 산업단지의 공장

① ㉠ ② ㉢ ③ ㉠, ㉡
④ ㉡, ㉢ ⑤ ㉠, ㉡, ㉢

키워드 › 대지의 조경
난이도 ›
해설 › ㉠, ㉡, ㉢ 건축물의 대지에 조경을 하지 않아도 되는 건축물이다.

02 건축법령상 대지의 조경 및 공개공지등의 설치에 관한 설명으로 옳은 것은? (단, 「건축법」 제73조
기본 기출 에 따른 적용 특례 및 조례는 고려하지 않음) 제25회

① 도시·군계획시설에서 건축하는 연면적의 합계가 1,500m² 이상인 가설건축물에 대하여는 조경 등의 조치를 하여야 한다.
② 면적 5천m² 미만인 대지에 건축하는 공장에 대하여는 조경 등의 조치를 하지 아니할 수 있다.
③ 녹지지역에 건축하는 창고에 대해서는 조경 등의 조치를 하여야 한다.
④ 상업지역의 건축물에 설치하는 공개공지등의 면적은 대지면적의 100분의 10을 넘어야 한다.
⑤ 공개공지등을 설치하는 경우 건축물의 건폐율은 완화하여 적용할 수 있으나, 건축물의 높이제한은 완화하여 적용할 수 없다.

키워드 › 대지의 조경
난이도 ›
해설 › ① 도시·군계획시설에서 건축하는 연면적의 합계가 1,500m² 이상인 가설건축물에 대하여는 조경 등의 조치를 아니할 수 있다.
③ 녹지지역에 건축하는 창고에 대해서는 조경 등의 조치를 아니할 수 있다.
④ 상업지역의 건축물에 설치하는 공개공지등의 면적은 대지면적의 100분의 10 이하의 범위에서 건축조례로 정한다.
⑤ 공개공지등을 설치하는 경우 건축물의 건폐율과 건축물의 높이제한은 완화하여 적용할 수 있다.

정답 01 ⑤ 02 ②

03 기본 기출

건축법령상 건축물에 공개공지 또는 공개공간을 설치하여야 하는 대상지역에 해당하는 것은? (단, 지방자치단체장이 별도로 지정·공고하는 지역은 고려하지 않음) 제27회

① 전용주거지역 ② 일반주거지역 ③ 전용공업지역
④ 일반공업지역 ⑤ 보전녹지지역

키워드 공개공지등의 확보

난이도

해설 공개공지 또는 공개공간을 설치하여야 하는 지역은 '일반주거지역, 준주거지역, 상업지역, 준공업지역'이다.

04 기본 기출

건축법령상 대지에 공개공지 또는 공개공간을 설치하여야 하는 건축물은? (단, 건축물의 용도로 쓰는 바닥면적의 합계는 5천m² 이상이며, 건축법령상 특례 및 조례는 고려하지 않음) 제34회

① 일반주거지역에 있는 초등학교
② 준주거지역에 있는 「농수산물 유통 및 가격안정에 관한 법률」에 따른 농수산물유통시설
③ 일반상업지역에 있는 관망탑
④ 자연녹지지역에 있는 「청소년활동진흥법」에 따른 유스호스텔
⑤ 준공업지역에 있는 여객용 운수시설

키워드 공개공지 또는 공개공간

난이도

해설 ① 초등학교는 교육연구시설에 해당하고, 교육연구시설은 공개공지등을 설치하여야 하는 건축물에 해당하지 않는다.
② 판매시설은 공개공지등을 설치하여야 하는 건축물에 해당하지만, 판매시설 중 「농수산물 유통 및 가격안정에 관한 법률」에 따른 농수산물유통시설은 공개공지등을 설치하여야 하는 건축물에 해당하지 않는다.
③ 관망탑은 관광휴게시설에 해당하고, 관광휴게시설은 공개공지등을 설치하여야 하는 건축물에 해당하지 않는다.
④ 「청소년활동진흥법」에 따른 유스호스텔은 수련시설에 해당하고, 수련시설은 공개공지등을 설치하여야 하는 건축물에 해당하지 않는다.

보충 공개공지등의 확보
일반주거지역, 준주거지역, 상업지역, 준공업지역의 환경을 쾌적하게 조성하기 위하여 문화 및 집회시설, 종교시설, 판매시설(「농수산물 유통 및 가격안정에 관한 법률」에 따른 농수산물유통시설은 제외), 운수시설(여객용 시설만 해당), 업무시설 및 숙박시설로서 해당 용도로 쓰는 바닥면적의 합계가 5천m² 이상인 건축물은 일반이 사용할 수 있도록 소규모 휴식시설 등의 공개 공지(空地: 공터) 또는 공개 공간(공개공지등)을 설치하여야 한다.

정답 03 ② 04 ⑤

05 건축법령상 건축물의 대지와 도로에 관한 설명으로 옳은 것은? (단, 「건축법」 제3조에 따른 적용제외 및 조례는 고려하지 않음)

기본 기출   제23회

① 손궤의 우려가 있는 토지에 대지를 조성하면서 설치한 옹벽의 외벽면에는 옹벽의 지지 또는 배수를 위한 시설물이 밖으로 튀어 나오게 해서는 아니 된다.
② 건축물의 대지는 6m 이상이 보행과 자동차의 통행이 가능한 도로에 접하여야 한다.
③ 도시·군계획시설에서 건축하는 가설건축물의 경우에는 대지에 대한 조경의무가 있다.
④ 바닥면적의 합계가 5천m^2 이상인 「농수산물유통 및 가격안정에 관한 법률」에 따른 농수산물 유통시설의 경우에는 공개공지를 설치하여야 한다.
⑤ 건축물의 지표 아래 부분은 건축선의 수직면을 넘을 수 있다.

키워드 대지와 도로의 관계

난이도

해설 ① 손궤의 우려가 있는 토지에 대지를 조성하면서 설치한 옹벽의 외벽면에는 옹벽의 지지 또는 배수를 위한 시설 외의 구조물이 밖으로 튀어 나오게 해서는 아니 된다.
② 건축물의 대지는 2m 이상이 보행과 자동차의 통행이 가능한 도로에 접하여야 한다.
③ 도시·군계획시설에서 건축하는 가설건축물의 경우에는 대지에 대한 조경의무가 없다.
④ 판매시설 중 농수산물유통시설은 공개공지의 설치의무 대상이 아니다.

정답 05 ⑤

06 건축법령상 건축선과 대지의 면적에 관한 설명이다. (   )에 들어갈 내용으로 옳은 것은? (단, 허가권자의 건축선의 별도지정, 「건축법」 제3조에 따른 적용제외, 건축법령상 특례 및 조례는 고려하지 않음)

제34회

> 「건축법」 제2조 제1항 제11호에 따른 소요너비에 못 미치는 너비의 도로인 경우에는 그 중심선으로부터 그 (㉠)을 건축선으로 하되, 그 도로의 반대쪽에 하천이 있는 경우에는 그 하천이 있는 쪽의 도로경계선에서 (㉡)을 건축선으로 하며, 그 건축선과 도로 사이의 대지면적은 건축물의 대지면적 산정 시 (㉢)한다.

	㉠	㉡	㉢
①	소요너비에 해당하는 수평거리만큼 물러난 선	소요너비에 해당하는 수평거리의 선	제외
②	소요너비의 2분의 1의 수평거리만큼 물러난 선	소요너비의 2분의 1의 수평거리의 선	제외
③	소요너비의 2분의 1의 수평거리만큼 물러난 선	소요너비에 해당하는 수평거리의 선	제외
④	소요너비의 2분의 1의 수평거리만큼 물러난 선	소요너비에 해당하는 수평거리의 선	포함
⑤	소요너비에 해당하는 수평거리만큼 물러난 선	소요너비의 2분의 1의 수평거리의 선	포함

키워드 건축선과 대지

난이도

해설 「건축법」 제2조 제1항 제11호에 따른 소요너비에 못 미치는 너비의 도로인 경우에는 그 중심선으로부터 그 (㉠ 소요너비의 2분의 1의 수평거리만큼 물러난 선)을 건축선으로 하되, 그 도로의 반대쪽에 하천이 있는 경우에는 그 하천이 있는 쪽의 도로경계선에서 (㉡ 소요너비에 해당하는 수평거리의 선)을 건축선으로 하며, 그 건축선과 도로 사이의 대지면적은 건축물의 대지면적 산정 시 (㉢ 제외)한다.

정답 06 ③

07

건축법령상 대지면적이 2천m²인 대지에 건축하는 경우 조경 등의 조치를 하여야 하는 건축물은? (단, 건축법령상 특례규정 및 조례는 고려하지 않음) 제31회

① 상업지역에 건축하는 물류시설
② 2층의 공장
③ 도시·군계획시설에서 허가를 받아 건축하는 가설건축물
④ 녹지지역에서 건축하는 기숙사
⑤ 연면적의 합계가 1천m²인 축사

키워드 대지의 조경

난이도

해설 연면적의 합계가 1,500m² 미만의 물류시설은 조경 등의 조치를 하지 않지만, 주거지역과 상업지역에서는 규모에 관계없이 무조건 조경 등의 조치를 하여야 한다.

08

건축법령상 공개공지등을 확보하여야 하는 건축물의 공개공지등에 관한 설명으로 (　)에 알맞은 것을 바르게 나열한 것은? 제24회

- 공개공지등의 면적은 대지면적의 (㉠) 이하의 범위에서 건축조례로 정한다.
- 대지에 공개공지등을 확보하여야 하는 건축물의 경우 공개공지등을 설치하는 때에는 해당 지역에 적용하는 용적률의 (㉡) 이하의 범위에서 건축조례로 정하는 바에 따라 용적률을 완화하여 적용할 수 있다.

	㉠	㉡
①	100분의 10	1.1배
②	100분의 10	1.2배
③	100분의 10	1.5배
④	100분의 20	1.1배
⑤	100분의 20	1.2배

키워드 공개공지등의 확보

난이도

해설
- 공개공지등의 면적은 대지면적의 (㉠ 100분의 10) 이하의 범위에서 건축조례로 정한다.
- 대지에 공개공지등을 확보하여야 하는 건축물의 경우 공개공지등을 설치하는 때에는 해당 지역에 적용하는 용적률의 (㉡ 1.2배) 이하의 범위에서 건축조례로 정하는 바에 따라 용적률을 완화하여 적용할 수 있다.

정답 07 ① 08 ②

09 甲은 대지에 높이 4m, 연면적의 합계가 90m²인 건축물을 신축하려고 한다. 건축법령상 건축규제에 위반되는 것은? (단, 조례는 고려하지 않음) 제22회

① 甲은 건축을 위해 건축신고를 하였다.
② 甲의 대지는 인접한 도로면보다 낮으나, 대지의 배수에 지장이 없고 건축물의 용도상 방습의 필요가 없다.
③ 甲은 공개공지 또는 공개공간을 확보하지 않았다.
④ 甲의 대지는 보행과 자동차통행이 가능한 도로에 3m 접하고 있다.
⑤ 甲의 건축물은 창문을 열었을 때 건축선의 수직면을 넘어서는 구조로 되어 있다.

| 키워드 | 건축선 |

| 난이도 | |

| 해설 | 도로면으로부터 높이 4.5m 이하에 있는 출입구, 창문 그 밖에 이와 유사한 구조물은 열고 닫을 때 건축선의 수직면을 넘지 아니하는 구조로 하여야 하며, 넘어서는 구조가 되면 건축규제에 위반된다.

10 건축법령상 대지 A의 건축선을 고려한 대지면적은? (다만, 도로는 보행과 자동차 통행이 가능한 통과도로로서 법률상 도로이며, 대지 A는 도시지역이다) 제21회

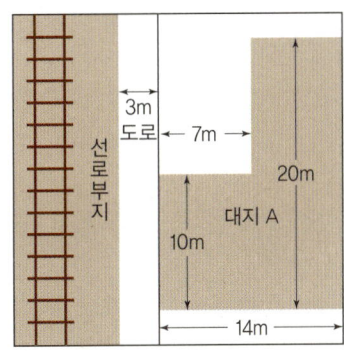

① 170m² ② 180m² ③ 200m²
④ 205m² ⑤ 210m²

| 키워드 | 건축선 |

| 난이도 | |

| 해설 | • 도로의 반대쪽에 선로 부지가 있는 경우, 선로 부지가 있는 쪽의 도로경계선에서 소요 너비(4m)에 해당하는 수평거리의 선을 건축선으로 한다.
• 소요 너비 미달도로와 도로모퉁이의 건축선인 경우, 해당 대지의 대지면적을 산정할 때에는 도로와 건축선 사이의 면적을 '제외'한다.
∴ A 대지면적 = (6m × 10m) + (7m × 20m) = 200m²

정답 09 ⑤ 10 ③

THEME 29 건축물의 구조 및 재료

| THEME 키워드 |
건축물의 구조안전 확인, 구조안전 확인 서류의 제출이 필요한 대상 건축물, 건축물의 용도 제한

> **기출분석**
> - **기출회차:** 제29회
> - **키워드:** 건축물의 구조안전 확인
> - **난이도:** ■■□□□

기본으로 알아야 하는 대표기출

건축법령상 구조안전 확인 건축물 중 건축주가 착공신고 시 구조안전 확인 서류를 제출하여야 하는 건축물이 아닌 것은? (단, 「건축법」상 적용 제외 및 특례는 고려하지 않음)

① 단독주택
② 처마높이가 10m인 건축물
③ 기둥과 기둥 사이의 거리가 10m인 건축물
④ 연면적이 330m^2인 2층의 목구조 건축물
⑤ 다세대주택

> **함정을 피하는 TIP**
> - 구조안전 확인 서류를 암기했다면 바로 정답을 찾을 수 있는 문제이다.

해설
목구조 건축물의 경우 건축주가 착공신고 시 구조안전 확인 서류를 제출하여야 하는 건축물은 3층 이상인 건축물 또는 연면적이 500m^2 이상인 건축물이다.

정답 ④

단단하게 정리하는 **핵심이론**

1 건축물의 구조안전 확인 제19회, 제29회, 제34회

(1) 구조안전 확인 건축물

건축물을 건축하거나 대수선하는 경우 해당 건축물의 설계자는 국토교통부령으로 정하는 구조기준 등에 따라 그 구조의 안전을 확인하여야 한다.

(2) 구조안전 확인 서류의 제출

구조안전을 확인한 건축물 중 다음의 어느 하나에 해당하는 건축물의 건축주는 해당 건축물의 설계자로부터 구조안전의 확인 서류를 받아 착공신고를 하는 때에 그 확인 서류를 허가권자에게 제출하여야 한다. 다만, 표준설계도서에 따라 건축하는 건축물은 제외한다.

① 층수가 2층(주요 구조부인 기둥과 보를 설치하는 건축물로서 그 기둥과 보가 목재인 목구조 건축물의 경우에는 3층) 이상인 건축물
② 연면적이 200㎡(목구조 건축물의 경우에는 500㎡) 이상인 건축물(단, 창고, 축사, 작물 재배사는 제외)
③ 높이가 13m 이상인 건축물
④ 처마높이가 9m 이상인 건축물
⑤ 기둥과 기둥 사이의 거리가 10m 이상인 건축물
⑥ 건축물의 용도 및 규모를 고려한 중요도가 높은 건축물로서 국토교통부령으로 정하는 건축물
⑦ 국가적 문화유산으로 보존할 가치가 있는 건축물로서 국토교통부령으로 정하는 것
⑧ 한쪽 끝은 고정되고 다른 끝은 지지(支持)되지 아니한 구조로 된 보·차양 등이 외벽(외벽이 없는 경우에는 외곽 기둥)의 중심선으로부터 3m 이상 돌출된 건축물 및 특수한 설계·시공·공법 등이 필요한 건축물로서 국토교통부장관이 정하여 고시하는 구조로 된 건축물
⑨ 단독주택 및 공동주택

2 피난안전구역 제27회

초고층 건축물	피난층 또는 지상으로 통하는 직통계단과 직접 연결되는 피난안전구역을 지상층으로부터 최대 30개 층마다 1개소 이상 설치하여야 한다.
준초고층 건축물	피난층 또는 지상으로 통하는 직통계단과 직접 연결되는 피난안전구역을 해당 건축물 전체 층수의 2분의 1에 해당하는 층으로부터 상하 5개층 이내에 1개소 이상 설치하여야 한다. 다만, 국토교통부령으로 정하는 기준에 따라 피난층 또는 지상으로 통하는 직통계단을 설치하는 경우에는 그러하지 아니하다.

3 건축물의 용도제한

(1) 소음방지용 경계벽 및 바닥의 설치 제26회

소음방지용 경계벽	다음의 어느 하나에 해당하는 건축물의 경계벽은 국토교통부령으로 정하는 기준에 따라 설치해야 한다. ① 단독주택 중 다가구주택의 각 가구 간 또는 공동주택(기숙사는 제외)의 각 세대 간 경계벽(거실·침실 등의 용도로 쓰지 아니하는 발코니 부분은 제외) ② 공동주택 중 기숙사의 침실, 의료시설의 병실, 교육연구시설 중 학교의 교실 또는 숙박시설의 객실 간 경계벽 ③ 제1종 근린생활시설 중 산후조리원의 다음의 어느 하나에 해당하는 경계벽 　㉠ 임산부실 간 경계벽 　㉡ 신생아실 간 경계벽 　㉢ 임산부실과 신생아실 간 경계벽 ④ 제2종 근린생활시설 중 다중생활시설의 호실 간 경계벽 ⑤ 노유자시설 중 「노인복지법」에 따른 노인복지주택의 각 세대 간 경계벽 ⑥ 노유자시설 중 노인요양시설의 호실 간 경계벽
소음방지용 바닥	다음의 어느 하나에 해당하는 건축물의 층간바닥(화장실의 바닥은 제외)은 국토교통부령으로 정하는 기준에 따라 설치해야 한다. ① 단독주택 중 다가구주택 ② 공동주택(「주택법」에 따른 주택건설사업계획승인 대상은 제외) ③ 업무시설 중 오피스텔 ④ 제2종 근린생활시설 중 다중생활시설 ⑤ 숙박시설 중 다중생활시설

(2) 건축물의 범죄예방 제29회

다음의 건축물은 범죄예방 기준에 따라 건축하여야 한다.

> ① 다가구주택, 아파트, 연립주택 및 다세대주택
> ② 제1종 근린생활시설 중 일용품을 판매하는 소매점
> ③ 제2종 근린생활시설 중 다중생활시설
> ④ 문화 및 집회시설(동·식물원은 제외)
> ⑤ 교육연구시설(연구소 및 도서관은 제외)
> ⑥ 노유자시설
> ⑦ 수련시설
> ⑧ 업무시설 중 오피스텔
> ⑨ 숙박시설 중 다중생활시설

기본문제와 완성문제로 **단단기출**

01 건축법령상 구조안전을 확인한 건축물 중 건축주는 설계자로부터 구조안전의 확인 서류를 받아 허가권자에게 제출해야 하는바, 해당하지 않는 건축물은?

기본 기출 　　　　　　　　　　　　　　　　　　　　　　　　　　　　　　　　　제19회

① 층수가 5층인 건축물
② 처마높이가 12m인 건축물
③ 높이가 15m인 건축물
④ 연면적이 1,500m²인 건축물
⑤ 기둥과 기둥 사이의 거리가 8m인 건축물

키워드 〉 건축물의 구조안전 확인
난이도 〉
해설 〉 기둥과 기둥 사이의 거리가 10m 이상인 건축물이어야 한다.

02 건축법령상 건축허가를 받은 건축물의 착공신고 시 허가권자에 대하여 구조안전 확인 서류의 제출이 필요한 대상 건축물의 기준으로 옳은 것은? (단, 표준설계도서에 따라 건축하는 건축물이 아니며, 건축법령상 특례는 고려하지 않음)

기본 기출 　　　　　　　　　　　　　　　　　　　　　　　　　　　　　　　　　제34회

> ㉠ 건축물의 높이: 13m 이상
> ㉡ 건축물의 처마높이: 7m 이상
> ㉢ 건축물의 기둥과 기둥 사이의 거리: 10m 이상

① ㉠　　　　　　　　　　　　　　② ㉡
③ ㉠, ㉢　　　　　　　　　　　　④ ㉡, ㉢
⑤ ㉠, ㉡, ㉢

키워드 〉 구조안전 확인 서류의 제출이 필요한 건축물
난이도 〉
해설 〉 ㉡ 건축물의 처마높이: 9m 이상

정답 01 ⑤ 02 ③

THEME 29 건축물의 구조 및 재료

03 건축법령상 국토교통부장관이 정하여 고시하는 건축물, 건축설비 및 대지에 관한 범죄예방 기준에 따라 건축하여야 하는 건축물에 해당하지 않는 것은? 제29회

① 문화 및 집회시설 중 동·식물원
② 제1종 근린생활시설 중 일용품을 판매하는 소매점
③ 제2종 근린생활시설 중 다중생활시설
④ 숙박시설 중 다중생활시설
⑤ 아파트

키워드 〉 건축물의 용도제한

해설 〉 범죄예방 기준에 따라 건축해야 하는 건축물은 다가구주택·아파트·연립주택 및 다세대주택, 제1종 근린생활시설 중 일용품을 판매하는 소매점, 제2종 근린생활시설 중 다중생활시설, 문화 및 집회시설(동·식물원은 제외), 교육연구시설(연구소 및 도서관은 제외), 노유자시설, 수련시설, 업무시설 중 오피스텔, 숙박시설 중 다중생활시설이다.

정답 03 ①

THEME 30 지역 및 지구 안의 건축물

| THEME 키워드 |
대지가 지역·지구 또는 구역에 걸치는 경우, 건축물의 용적률, 건폐율 및 용적률의 제한, 대지의 분할제한, 바닥면적의 산정방법, 연면적의 산정방법, 건축물의 높이산정, 건축물의 높이제한

기출분석
- **기출회차:** 제26회
- **키워드:** 대지가 지역·지구 또는 구역에 걸치는 경우
- **난이도:** ■■□□□

기본으로 알아야 하는 대표기출

건축법령상 지역 및 지구의 건축물에 관한 설명으로 옳은 것은? (단, 조례 및 특별건축구역에 대한 특례는 고려하지 않음)

① 하나의 건축물이 방화벽을 경계로 방화지구와 그 밖의 구역에 속하는 부분으로 구획되는 경우, 건축물 전부에 대하여 방화지구 안의 건축물에 관한 「건축법」의 규정을 적용한다.

② 대지가 녹지지역과 그 밖의 지역·지구 또는 구역에 걸치는 경우에는 각 지역·지구 또는 구역 안의 건축물과 대지에 관한 이 법의 규정을 적용한다.

③ 대지가 녹지지역과 관리지역에 걸치면서 녹지지역 안의 건축물이 취락지구에 걸치는 경우에는 건축물과 대지 전부에 대해 취락지구에 관한 「건축법」의 규정을 적용한다.

④ 시장·군수는 도시의 관리를 위하여 필요하면 가로구역별 건축물의 높이를 시·군의 조례로 정할 수 있다.

⑤ 상업지역에서 높이 10m 이하인 건축물을 건축하는 경우에는 일조의 확보를 위하여 건축물을 정북방향으로의 인접 대지경계선으로부터 1.5m 이상 띄어 건축하여야 한다.

해설
① 그 밖의 구역에 속하는 부분은 방화지구 규정을 적용하지 않는다.
③ 대지가 녹지지역과 관리지역에 걸치면서 녹지지역 안의 건축물이 취락지구에 걸치는 경우에는 각 지역·지구 또는 구역 안의 건축물과 대지에 관한 이 법의 규정을 적용한다.
④ 특별시장이나 광역시장은 도시의 관리를 위하여 필요하면 가로구역별 건축물의 높이를 특별시나 광역시의 조례로 정할 수 있다.
⑤ 전용주거지역이나 일반주거지역에서 높이 10m 이하인 건축물을 건축하는 경우에는 일조의 확보를 위하여 건축물을 정북방향으로의 인접 대지경계선으로부터 1.5m 이상 띄어 건축하여야 한다.

정답 ②

함정을 피하는 TIP
- 대지가 지역·지구 또는 구역에 걸치는 경우와 높이제한에 관한 내용을 이해하면 바로 정답을 찾을 수 있다.

단단하게 정리하는 핵심이론

1 대지가 지역·지구 또는 구역에 걸치는 경우 제19회, 제22회, 제26회

(1) 원칙

대지가 이 법이나 다른 법률에 따른 지역·지구(녹지지역과 방화지구는 제외) 또는 구역에 걸치는 경우에는 대통령령으로 정하는 바에 따라 그 건축물과 대지의 전부에 대하여 대지의 과반(過半)이 속하는 지역·지구 또는 구역 안의 건축물 및 대지 등에 관한 이 법의 규정을 적용한다.

(2) 특례 제19회, 제22회, 제26회

건축물이 방화지구에 걸치는 경우	원칙	하나의 건축물이 방화지구와 그 밖의 구역에 걸치는 경우에는 그 전부에 대하여 방화지구 안의 건축물에 관한 이 법의 규정을 적용한다.
	예외	건축물의 방화지구에 속한 부분과 그 밖의 구역에 속한 부분의 경계가 방화벽으로 구획되는 경우 그 밖의 구역에 있는 부분에 대하여는 그러하지 아니하다.
대지가 녹지지역 등에 걸치는 경우		대지가 녹지지역과 그 밖의 지역·지구 또는 구역에 걸치는 경우에는 각 지역·지구 또는 구역 안의 건축물과 대지에 관한 이 법의 규정을 적용한다. 다만, 녹지지역 안의 건축물이 방화지구에 걸치는 경우에는 방화지구의 규정에 따른다.

2 건폐율 및 용적률의 제한 제15회, 제16회, 제18회, 제20회, 제22회, 제23회, 제24회, 제34회

건폐율	① 대지면적에 대한 건축면적(대지에 건축물이 둘 이상 있는 경우에는 이들 건축면적의 합계로 함)의 비율의 최대한도는 「국토의 계획 및 이용에 관한 법률」에 따른 건폐율의 기준에 따른다. $$건폐율 = \frac{건축면적}{대지면적} \times 100$$ ② 「건축법」에서 「국토의 계획 및 이용에 관한 법률」에 따른 건폐율의 기준을 완화하거나 강화하여 적용하도록 규정한 경우에는 그에 따른다.
용적률	① 대지면적에 대한 연면적(대지에 건축물이 둘 이상 있는 경우에는 이들 연면적의 합계로 함)의 비율의 최대한도는 「국토의 계획 및 이용에 관한 법률」에 따른 용적률의 기준에 따른다. $$용적률 = \frac{연면적}{대지면적} \times 100$$ ② 「건축법」에서 「국토의 계획 및 이용에 관한 법률」에 따른 용적률의 기준을 완화하거나 강화하여 적용하도록 규정한 경우에는 그에 따른다.

3 대지의 분할제한 제15회, 제23회, 제24회

(1) 용도지역별 최소 대지분할면적

건축물이 있는 대지는 다음에 해당하는 규모 이상의 범위에서 해당 지방자치단체의 조례로 정하는 면적에 못 미치게 분할할 수 없다.

용도지역	최소 면적
주거지역	60m² 이상
상업지역	150m² 이상
공업지역	150m² 이상
녹지지역	200m² 이상
그 밖의 지역	60m² 이상

(2) 대지분할 제한기준

건축물이 있는 대지는 다음의 기준에 못 미치게 분할할 수 없다.

① 대지와 도로의 관계
② 건축물의 건폐율
③ 건축물의 용적률
④ 대지 안의 공지
⑤ 건축물의 높이제한
⑥ 일조권 확보를 위한 건축물의 높이제한

4 바닥면적의 산정방법 제21회, 제24회, 제29회, 제31회, 제33회

바닥면적의 산정기준	① 건축물의 각 층 또는 그 일부로서 벽, 기둥 그 밖에 이와 비슷한 구획의 중심선으로 둘러싸인 부분의 수평투영면적으로 한다. ② 벽·기둥의 구획이 없는 건축물은 그 지붕 끝부분으로부터 수평거리 1m를 후퇴한 선으로 둘러싸인 수평투영면적으로 한다. ③ 건축물의 노대등의 바닥은 난간 등의 설치 여부에 관계없이 노대등의 면적(외벽의 중심선으로부터 노대등의 끝부분까지의 면적)에서 노대등이 접한 가장 긴 외벽에 접한 길이에 1.5m를 곱한 값을 뺀 면적을 바닥면적에 산입한다.

바닥면적에 산입하지 않는 부분	① 필로티나 그 밖에 이와 비슷한 구조(벽면적의 2분의 1 이상이 그 층의 바닥면에서 위층 바닥 아래면까지 공간으로 된 것만 해당)의 부분은 그 부분이 공중의 통행이나 차량의 통행 또는 주차에 전용되는 경우와 공동주택의 경우에는 바닥면적에 산입하지 아니한다.
	② 승강기탑(옥상 출입용 승강장을 포함), 계단탑, 장식탑, 다락[층고(層高)가 1.5m(경사진 형태의 지붕인 경우에는 1.8m) 이하인 것만 해당], 건축물의 내부에 설치하는 냉방설비 배기장치 전용 설치공간(각 세대나 실별로 외부 공기에 직접 닿는 곳에 설치하는 경우로서 $1m^2$ 이하로 한정), 건축물의 외부 또는 내부에 설치하는 굴뚝, 더스트슈트, 설비덕트 그 밖에 이와 비슷한 것과 옥상·옥외 또는 지하에 설치하는 물탱크, 기름탱크, 냉각탑, 정화조, 도시가스 정압기 그 밖에 이와 비슷한 것을 설치하기 위한 구조물과 건축물 간에 화물의 이동에 이용되는 컨베이어벨트만을 설치하기 위한 구조물은 바닥면적에 산입하지 않는다.
	③ 공동주택으로서 지상층에 설치한 ==기계실, 전기실, 어린이놀이터, 조경시설 및 생활폐기물 보관시설의 면적==은 바닥면적에 산입하지 않는다.
	④ 건축물을 리모델링하는 경우로서 미관 향상, 열의 손실 방지 등을 위하여 외벽에 부가하여 마감재 등을 설치하는 부분은 바닥면적에 산입하지 아니한다.
	⑤ 단열재를 구조체의 외기측에 설치하는 단열공법으로 건축된 건축물의 경우에는 단열재가 설치된 외벽 중 내측 내력벽의 중심선을 기준으로 산정한 면적을 바닥면적으로 한다.
	⑥ 지하주차장의 경사로(지상층에서 지하 1층으로 내려가는 부분으로 한정)는 바닥면적에 산입하지 않는다.
	⑦ 제46조 제5항 제3호 또는 제4호에 따른 구조 또는 시설(해당 세대 밖으로 대피할 수 있는 구조 또는 시설만 해당한다)을 같은 조 제4항 또는 같은 조 제5항 제4호에 따른 대체시설을 발코니(발코니의 외부에 접하는 경우를 포함한다)에 설치하는 경우에는 해당 구조 또는 시설이 설치되는 대피공간 또는 발코니의 면적 중 다음의 구분에 따른 면적까지를 바닥면적에 산입하지 않는다.
	  ⊙ 인접세대와 공동으로 설치하는 경우: $4m^2$
	  ⓒ 각 세대별로 설치하는 경우: $3m^2$

5 연면적의 산정방법 제16회, 제17회, 제22회, 제23회, 제24회, 제31회, 제33회

원칙	'연면적'이란 지하층을 포함하여 하나의 건축물의 각 층의 바닥면적의 합계를 말한다.
용적률 산정 시 연면적에서 제외되는 면적	① 지하층의 면적 ② 지상층의 주차용(해당 건축물의 부속용도인 경우만 해당)으로 쓰는 면적 ③ 초고층 건축물과 준초고층 건축물에 설치하는 피난안전구역의 면적 ④ 건축물의 경사지붕 아래에 설치하는 대피공간의 면적

6 건축물의 높이산정

(1) 건축물의 높이 제17회, 제31회

원칙	① 건축물의 높이는 지표면으로부터 그 건축물의 상단까지의 높이로 한다. ② 건축물의 1층 전체에 필로티(건축물을 사용하기 위한 경비실, 계단실, 승강기실 그 밖에 이와 비슷한 것을 포함)가 설치되어 있는 경우에는 법 제60조(건축물의 높이제한) 및 법 제61조 제2항(일조 등 확보를 위한 건축물의 높이제한)을 적용할 때 필로티의 층고를 제외한 높이로 한다.
특례	① 건축물의 옥상에 설치되는 승강기탑·계단탑·망루·장식탑·옥탑 등으로서 그 수평투영면적의 합계가 해당 건축물 건축면적의 8분의 1 이하인 경우로서 그 부분의 높이가 12m를 넘는 경우에는 그 넘는 부분만 해당 건축물의 높이에 산입한다. ② 지붕마루장식·굴뚝·방화벽의 옥상돌출부나 그 밖에 이와 비슷한 옥상돌출물과 난간벽(그 벽면적의 2분의 1 이상이 공간으로 되어 있는 것만 해당)은 그 건축물의 높이에 산입하지 아니한다.

(손글씨: 방의 바닥구조체 윗면으로부터 위층 바닥구조체의 윗면까지의 높이로 한다. 다만, 한 방에서 층의 높이가 다른 부분이 있는 경우에는 그 각 부분 높이에 따른 면적에 따라 가중평균한 높이로 한다.)

(2) 층수 제17회, 제21회, 제23회, 제24회, 제31회, 제33회

① 층의 구분이 명확하지 아니한 건축물은 그 건축물의 높이 4m마다 하나의 층으로 보고 그 층수를 산정한다.
② 건축물이 부분에 따라 그 층수가 다른 경우에는 그중 가장 많은 층수를 그 건축물의 층수로 본다.
③ 건축물의 층수에 산입하지 않는 것
　㉠ 지하층은 건축물의 층수에 산입하지 아니한다.
　㉡ 승강기탑(옥상 출입용 승강장을 포함), 계단탑, 망루, 장식탑, 옥탑 그 밖에 이와 비슷한 건축물의 옥상 부분으로서 그 수평투영면적의 합계가 해당 건축물 건축면적의 8분의 1 이하인 것은 건축물의 층수에 산입하지 아니한다.

7 가로구역에서의 높이제한 제18회, 제19회, 제25회, 제26회

(1) 지정권자

허가권자는 가로구역을 단위로 하여 다음의 사항을 고려하여 건축물의 높이를 지정·공고할 수 있다. 다만, 특별자치시장·특별자치도지사 또는 시장·군수·구청장은 가로구역의 높이를 완화하여 적용할 필요가 있다고 판단되는 대지에 대하여는 대통령령으로 정하는 바에 따라 건축위원회의 심의를 거쳐 높이를 완화하여 적용할 수 있다.

① 도시·군관리계획 등의 토지이용계획
② 해당 가로구역이 접하는 도로의 너비
③ 해당 가로구역의 상·하수도 등 간선시설의 수용능력
④ 도시미관 및 경관계획
⑤ 해당 도시의 장래 발전계획

(2) 지정방법

① 허가권자는 가로구역별 건축물의 높이를 지정하려면 지방건축위원회의 심의를 거쳐야 한다. 이 경우 주민의 의견청취 절차 등은 「토지이용규제 기본법」에 따른다.
② 허가권자는 같은 가로구역에서 건축물의 용도 및 형태에 따라 건축물의 높이를 다르게 정할 수 있다.
③ 특별시장이나 광역시장은 도시의 관리를 위하여 필요하면 가로구역별 건축물의 높이를 특별시나 광역시의 조례로 정할 수 있다.
④ 허가권자는 일조(日照)·통풍 등 주변 환경 및 도시미관에 미치는 영향이 크지 않다고 인정하는 경우에는 건축위원회의 심의를 거쳐 이 법 및 다른 법률에 따른 가로구역의 높이 완화에 관한 규정을 중첩하여 적용할 수 있다.

8 일조 등의 확보를 위한 높이제한 제15회, 제19회, 제25회, 제26회

(1) 전용주거지역·일반주거지역 안의 건축물

① **원칙**(정북방향으로의 높이제한): 전용주거지역과 일반주거지역 안에서 건축하는 건축물의 높이는 일조 등의 확보를 위하여 정북방향(正北方向)의 인접 대지경계선으로부터 다음의 범위에서 건축조례로 정하는 거리 이상을 띄어 건축하여야 한다.

건축물 높이	띄우는 거리
높이 10m 이하인 부분	인접 대지경계선으로부터 1.5m 이상
높이 10m를 초과하는 부분	인접 대지경계선으로부터 해당 건축물 각 부분 높이의 2분의 1 이상

⚠️ ①을 적용하지 아니하는 경우
1. 다음의 어느 하나에 해당하는 구역 안의 대지 상호간에 건축하는 건축물로서 해당 대지가 너비 20m 이상의 도로(자동차·보행자·자전거 전용도로를 포함하며, 도로에 공공공지, 녹지, 광장 그 밖에 건축미관에 지장이 없는 도시·군계획시설이 접한 경우 해당 시설을 포함)에 접한 경우
    • 「국토의 계획 및 이용에 관한 법률」 제51조에 따른 지구단위계획구역, 같은 법 제37조 제1항 제1호에 따른 경관지구
    • 「경관법」 제9조 제1항 제4호에 따른 중점경관관리구역
    • 법 제77조의2 제1항에 따른 특별가로구역
    • 도시미관 향상을 위하여 허가권자가 지정·공고하는 구역
2. 건축협정구역 안에서 대지 상호간에 건축하는 건축물(법 제77조의4 제1항에 따른 건축협정에 일정 거리 이상을 띄어 건축하는 내용이 포함된 경우만 해당)의 경우
3. 건축물의 정북 방향의 인접 대지가 전용주거지역이나 일반주거지역이 아닌 용도지역에 해당하는 경우

② **예외**(정남방향으로의 높이제한): 다음의 어느 하나에 해당하면 위 ①에도 불구하고 건축물의 높이를 정남(正南)방향의 인접 대지경계선으로부터의 거리에 따라 대통령령으로 정하는 높이 이하로 할 수 있다.

> ⊙ 정북방향으로 도로, 공원, 하천 등 건축이 금지된 공지에 접하는 대지인 경우
> ⊙ 「주택법」에 따른 대지조성사업지구인 경우
> ⊙ 「도시개발법」에 따른 도시개발구역인 경우
> ⊙ 「도시 및 주거환경정비법」에 따른 정비구역인 경우

(2) 공동주택에 대한 일조권 높이제한

다음의 어느 하나에 해당하는 공동주택(일반상업지역과 중심상업지역에 건축하는 것은 제외)은 채광 (採光) 등의 확보를 위하여 대통령령으로 정하는 높이 이하로 하여야 한다.

> ① 인접 대지경계선 등의 방향으로 채광을 위한 창문 등을 두는 경우
> ② 하나의 대지에 두 동(棟) 이상을 건축하는 경우

(3) 적용의 특례

2층 이하로서 높이가 8m 이하인 건축물에는 해당 지방자치단체의 조례로 정하는 바에 따라 앞의 (1)부터 (2)까지의 규정을 적용하지 아니할 수 있다.

기본문제와 완성문제로 단단기출

01 건축법령상 건폐율 및 용적률에 관한 설명으로 옳은 것은? 제23회
기본 기출
① 건폐율은 대지면적에 대한 건축물의 바닥면적의 비율이다.
② 용적률을 산정할 경우 연면적에는 지하층의 면적은 포함되지 않는다.
③ 「건축법」의 규정을 통하여 「국토의 계획 및 이용에 관한 법률」상 건폐율의 최대한도를 강화하여 적용할 수 있으나, 이를 완화하여 적용할 수 없다.
④ 하나의 대지에 건축물이 둘 이상 있는 경우 용적률의 제한은 건축물별로 각각 적용한다.
⑤ 도시지역에서 건축물이 있는 대지를 분할하는 경우에는 건폐율 기준에 못 미치게 분할하는 것도 가능하다.

키워드 건폐율 및 용적률의 제한
난이도
해설 ① 건폐율은 대지면적에 대한 건축면적의 비율이다.
③ 「건축법」의 규정을 통하여 「국토의 계획 및 이용에 관한 법률」상 건폐율의 최대한도를 강화 또는 완화하여 적용할 수 있다.
④ 하나의 대지에 건축물이 둘 이상 있는 경우 용적률의 제한은 대지 안에 있는 모든 건축물들의 연면적을 합하여 산정한다.
⑤ 도시지역에서 건축물이 있는 대지를 분할하는 경우에는 건폐율 및 용적률 등에 의한 기준에 미달되게 분할할 수 없다.

02 건축법령상 건축물이 있는 대지는 조례로 정하는 면적에 못 미치게 분할할 수 없다. 다음 중 조례로 정할 수 있는 최소 분할면적 기준이 가장 작은 용도지역은? (단, 「건축법」 제3조에 따른 적용 제외는 고려하지 않음)
기본 기출
제24회
① 제2종 전용주거지역
② 일반상업지역
③ 근린상업지역
④ 준공업지역
⑤ 생산녹지지역

키워드 대지의 분할제한
난이도
해설 ① 제2종 전용주거지역: 60m^2
② 일반상업지역: 150m^2
③ 근린상업지역: 150m^2
④ 준공업지역: 150m^2
⑤ 생산녹지지역: 200m^2

정답 01 ② 02 ①

03 건축법령상 건축물 바닥면적의 산정방법에 관한 설명으로 <u>틀린</u> 것은? 제29회

① 벽·기둥의 구획이 없는 건축물은 그 지붕 끝부분으로부터 수평거리 1m를 후퇴한 선으로 둘러싸인 수평투영면적으로 한다.
② 승강기탑은 바닥면적에 산입하지 아니한다.
③ 필로티 부분은 공동주택의 경우에는 바닥면적에 산입한다.
④ 공동주택으로서 지상층에 설치한 조경시설은 바닥면적에 산입하지 아니한다.
⑤ 건축물의 노대의 바닥은 난간 등의 설치 여부에 관계없이 노대의 면적에서 노대가 접한 가장 긴 외벽에 접한 길이에 1.5m를 곱한 값을 뺀 면적을 바닥면적에 산입한다.

키워드 › 바닥면적의 산정방법

해설 › 필로티나 그 밖에 이와 비슷한 구조의 부분은 그 부분이 공중의 통행이나 차량의 통행 또는 주차에 전용되는 경우와 공동주택의 경우에는 바닥면적에 산입하지 아니한다.

04 건축법령상 건축물의 면적 및 층수의 산정방법에 관한 설명으로 옳은 것을 모두 고른 것은? 제24회

㉠ 공동주택으로서 지상층에 설치한 전기실의 면적은 바닥면적에 산입하지 아니한다.
㉡ 용적률을 산정할 때에는 해당 건축물의 부속용도로서 지상층의 주차용으로 쓰는 면적은 연면적에 포함한다.
㉢ 건축물이 부분에 따라 그 층수가 다른 경우에는 그중 많은 층수를 그 건축물의 층수로 본다.
㉣ 건축물을 리모델링하는 경우로서 미관 향상, 열의 손실 방지 등을 위하여 외벽에 부가하여 마감재 등을 설치하는 부분은 바닥면적에 산입한다.

① ㉠, ㉡
② ㉠, ㉢
③ ㉡, ㉢
④ ㉡, ㉣
⑤ ㉢, ㉣

키워드 › 바닥면적의 산정방법, 건축물의 높이산정

해설 › ㉡ 용적률을 산정할 때에는 해당 건축물의 부속용도로서 지상층의 주차용으로 쓰는 면적은 연면적에 제외한다.
㉣ 건축물을 리모델링하는 경우로서 미관 향상, 열의 손실 방지 등을 위하여 외벽에 부가하여 마감재 등을 설치하는 부분은 바닥면적에 산입하지 아니한다.

정답 03 ③ 04 ②

05 건축법령상 건축물의 높이제한에 관한 설명으로 <u>틀린</u> 것은? (단, 「건축법」 제73조에 따른 적용 특례 및 조례는 고려하지 않음) 　　제25회

① 전용주거지역과 일반주거지역 안에서 건축하는 건축물에 대하여는 일조의 확보를 위한 높이제한이 적용된다.
② 일반상업지역에 건축하는 공동주택으로서 하나의 대지에 두 동(棟) 이상을 건축하는 경우에는 채광의 확보를 위한 높이제한이 적용된다.
③ 2층 이하로서 높이가 8m 이하인 건축물에 대하여는 해당 지방자치단체의 조례가 정하는 바에 의하여 일조권에 의한 높이제한을 적용하지 아니할 수 있다.
④ 허가권자는 같은 가로구역에서 건축물의 용도 및 형태에 따라 건축물의 높이를 다르게 정할 수 있다.
⑤ 허가권자는 가로구역별 건축물의 최고 높이를 지정하려면 지방건축위원회의 심의를 거쳐야 한다.

> 키워드 │ 건축물의 높이제한
> 난이도 │
> 해설 │ 중심상업지역과 일반상업지역에서 건축하는 공동주택으로서 하나의 대지에 두 동(棟) 이상을 건축하는 경우에는 채광의 확보를 위한 높이제한을 적용하지 아니한다.

06 건축법령상 지상 11층, 지하 3층인 하나의 건축물이 다음 조건을 갖추고 있는 경우 건축물의 용적률은? (단, 제시된 조건 이외의 다른 조건이나 제한 및 건축법령상 특례는 고려하지 않음) 　　제34회

- 대지면적은 1,500m^2임
- 각 층의 바닥면적은 1,000m^2로 동일함
- 지상 1층 중 500m^2는 건축물의 부속용도인 주차장으로, 나머지 500m^2는 제2종 근린생활시설로 사용함
- 지상 2층에서 11층까지는 업무시설로 사용함
- 지하 1층은 제1종 근린생활시설로, 지하 2층과 지하 3층은 주차장으로 사용함

① 660%　　　　　　　　　② 700%
③ 800%　　　　　　　　　④ 900%
⑤ 1,100%

정답 05 ② 06 ②

키워드 > 건축물의 용적률

난이도 >

해설 > • 용적률 산정시의 연면적에는 지하층의 면적과 지상층의 주차용으로 쓰는 면적은 제외한다. 따라서 사례의 경우 지상 1층 중 건축물의 부속용도인 주차장 면적 500m²와 지하 3개 층(지하 1층, 2층, 3층)의 면적은 연면적에서 제외되고, 지상 1층 중 제2종 근린생활시설로 사용하는 500m²와 업무시설로 사용하는 지상 10개 층만 연면적에 산입된다.
• 사례의 경우 연면적 = (제2종 근린생활시설 500m²) + (업무시설 10개 층×각 층의 바닥면적 1,000m²) = 10,500m²
• 용적률 = (연면적/대지면적)×100 = (10,500m²/1,500m²)×100 = 700%

07 건축법령상 건축물의 면적 등의 산정방법으로 옳은 것은? 제31회

① 공동주택으로서 지상층에 설치한 생활폐기물 보관시설의 면적은 바닥면적에 산입한다.
② 지하층에 설치한 기계실, 전기실의 면적은 용적률을 산정할 때 연면적에 산입한다.
③ 「건축법」상 건축물의 높이제한 규정을 적용할 때, 건축물의 1층 전체에 필로티가 설치되어 있는 경우 건축물의 높이는 필로티의 층고를 제외하고 산정한다.
④ 건축물의 층고는 방의 바닥구조체 윗면으로부터 위층 바닥구조체의 아랫면까지의 높이로 한다.
⑤ 건축물이 부분에 따라 그 층수가 다른 경우에는 그중 가장 많은 층수와 가장 적은 층수를 평균하여 반올림한 수를 그 건축물의 층수로 본다.

키워드 > 바닥면적의 산정방법

난이도 >

해설 > ① 공동주택으로서 지상층에 설치한 생활폐기물 보관시설의 면적은 바닥면적에 산입하지 않는다.
② 지하층에 설치한 기계실, 전기실의 면적은 용적률을 산정할 때 연면적에 산입하지 않는다.
④ 건축물의 층고는 방의 바닥구조체 윗면으로부터 위층 바닥구조체의 윗면까지의 높이로 한다.
⑤ 건축물이 부분에 따라 그 층수가 다른 경우에는 그중 가장 많은 층수를 그 건축물의 층수로 본다.

정답 07 ③

08 건축법령상 건축물의 면적 등의 산정방법에 관한 설명으로 <u>틀린</u> 것은? (단, 건축법령상 특례는 고려하지 않음)

제33회

① 공동주택으로서 지상층에 설치한 조경시설의 면적은 바닥면적에 산입하지 않는다.
② 지하주차장의 경사로의 면적은 건축면적에 산입한다.
③ 태양열을 주된 에너지원으로 이용하는 주택의 건축면적은 건축물의 외벽 중 내측 내력벽의 중심선을 기준으로 한다.
④ 용적률을 산정할 때에는 지하층의 면적은 연면적에 산입하지 않는다.
⑤ 층의 구분이 명확하지 아니한 건축물의 높이는 4m마다 하나의 층으로 보고 그 층수를 산정한다.

키워드 〉 바닥면적의 산정방법
난이도 〉
해설 〉 지하주차장의 경사로의 경우에는 건축면적에 산입하지 않는다.

09 건축법령상 1,000m²의 대지에 건축한 다음 건축물의 용적률은 얼마인가? (단, 제시된 조건 외에 다른 조건은 고려하지 않음)

제24회

- 하나의 건축물로서 지하 2개 층, 지상 5개 층으로 구성되어 있으며, 지붕은 평지붕임
- 건축면적은 500m²이고, 지하층 포함 각 층의 바닥면적은 480m²로 동일함
- 지하 2층은 전부 주차장, 지하 1층은 전부 제1종 근린생활시설로 사용됨
- 지상 5개 층은 전부 업무시설로 사용됨

① 240%
② 250%
③ 288%
④ 300%
⑤ 480%

키워드 〉 연면적의 산정방법
난이도 〉
해설 〉
- 용적률 산정 시 연면적에서 지하층은 제외된다.
  - 지상 5개 층의 연면적 = 480m² × 5 = 2,400m²
  - ∴ 용적률 = $\dfrac{연면적}{대지면적} \times 100 = \dfrac{2,400}{1,000} \times 100 = 240\%$

정답 08 ② 09 ①

THEME 31

특별건축구역·건축협정 및 이행강제금

| THEME 키워드 |
특별건축구역, 건축협정, 건축협정구역, 이행강제금

기출분석
- **기출회차**: 제31회
- **키워드**: 건축협정
- **난이도**: ■■■□□

함정을 피하는 TIP
- 건축협정의 세부적인 내용과 절차를 학습하여야 한다.

기본으로 알아야 하는 대표기출

건축법령상 건축협정에 관한 설명으로 옳은 것은? (단, 조례는 고려하지 않음)

① 해당 지역의 토지 또는 건축물의 소유자 전원이 합의하면 지상권자가 반대하는 경우에도 건축협정을 체결할 수 있다.
② 건축협정 체결대상 토지가 둘 이상의 시·군·구에 걸치는 경우에는 관할 시·도지사에게 건축협정의 인가를 받아야 한다.
③ 협정체결자는 인가받은 건축협정을 변경하려면 협정체결자 과반수의 동의를 받아 건축협정인가권자에게 신고하여야 한다.
④ 건축협정을 폐지하려면 협정체결자 전원의 동의를 받아 건축협정인가권자의 인가를 받아야 한다.
⑤ 건축협정에서 달리 정하지 않는 한, 건축협정이 공고된 후에 건축협정구역에 있는 토지에 관한 권리를 협정체결자로부터 이전받은 자도 건축협정에 따라야 한다.

해설
① 해당 지역의 토지 또는 건축물의 소유자·지상권자 전원이 합의를 해야 건축협정의 체결이 가능하며, 지상권자가 반대하면 체결이 불가능하다.
② 건축협정 체결대상 토지가 둘 이상의 특별자치시 또는 시·군·구에 걸치는 경우에는 건축협정 체결대상 토지면적의 과반(過半)이 속하는 건축협정인가권자에게 인가를 신청할 수 있다.
③ 협정체결자 또는 건축협정운영회의 대표자는 인가받은 사항을 변경하려면 국토교통부령으로 정하는 바에 따라 변경인가를 받아야 한다.
④ 협정체결자 또는 건축협정운영회의 대표자는 건축협정을 폐지하려는 경우에는 협정체결자 과반수의 동의를 받아 국토교통부령으로 정하는 바에 따라 건축협정인가권자의 인가를 받아야 한다.

정답 ⑤

단단하게 정리하는 핵심이론

1 특별건축구역 제19회, 제32회, 제33회

(1) 특별건축구역의 지정

① 원칙: 국토교통부장관 또는 시·도지사는 다음의 구분에 따라 도시나 지역의 일부가 특별건축구역으로 특례 적용이 필요하다고 인정하는 경우에는 특별건축구역을 지정할 수 있다.

국토교통부장관이 지정하는 경우	㉠ 국가가 국제행사 등을 개최하는 도시 또는 지역의 사업구역 ㉡ 관계법령에 따른 국가정책사업으로서 대통령령으로 정하는 사업구역
시·도지사가 지정하는 경우	㉠ 지방자치단체가 국제행사 등을 개최하는 도시 또는 지역의 사업구역 ㉡ 관계법령에 따른 도시개발·도시재정비 및 건축문화 진흥사업으로서 건축물 또는 공간환경을 조성하기 위하여 대통령령으로 정하는 사업구역

② 예외: 다음의 어느 하나에 해당하는 지역·구역 등에 대하여는 특별건축구역으로 지정할 수 없다.

> ㉠ 「개발제한구역의 지정 및 관리에 관한 특별조치법」에 따른 개발제한구역
> ㉡ 「자연공원법」에 따른 자연공원
> ㉢ 「도로법」에 따른 접도구역
> ㉣ 「산지관리법」에 따른 보전산지

③ 특별건축구역 지정 시 심의: 국토교통부장관 또는 특별시장·광역시장·도지사는 지정신청이 접수된 경우에는 특별건축구역 지정의 필요성, 타당성 및 공공성 등과 피난·방재 등의 사항을 검토하고, 지정 여부를 결정하기 위하여 지정신청을 받은 날부터 30일 이내에 국토교통부장관이 지정신청을 받은 경우에는 국토교통부장관이 두는 건축위원회(이하 '중앙건축위원회'), 특별시장·광역시장·도지사가 지정신청을 받은 경우에는 각각 특별시장·광역시장·도지사가 두는 건축위원회의 심의를 거쳐야 한다.

④ 지정의 효과: 특별건축구역을 지정하거나 변경한 경우에는 「국토의 계획 및 이용에 관한 법률」에 따른 도시·군관리계획의 결정(용도지역·지구·구역의 지정 및 변경은 제외)이 있는 것으로 본다.

(2) 특별건축구역에서 건축할 수 있는 건축물

특별건축구역에서 건축기준 등의 특례사항을 적용하여 건축할 수 있는 건축물은 다음의 어느 하나에 해당되어야 한다.

> ① 국가 또는 지방자치단체가 건축하는 건축물
> ② 「공공기관의 운영에 관한 법률」에 따른 공공기관 중 대통령령으로 정하는 공공기관이 건축하는 건축물
> ③ 그 밖에 대통령령으로 정하는 용도·규모의 건축물로서 도시경관의 창출, 건설기술 수준향상 및 건축 관련 제도개선을 위하여 특례 적용이 필요하다고 허가권자가 인정하는 건축물

(3) 특별건축구역 통합적용계획

특별건축구역에서는 다음의 관계 법령의 규정에 대하여는 개별 건축물마다 적용하지 아니하고 특별건축구역 전부 또는 일부를 대상으로 통합하여 적용할 수 있다.

> ① 「문화예술진흥법」에 따른 건축물에 대한 미술작품의 설치
> ② 「주차장법」에 따른 부설주차장의 설치
> ③ 「도시공원 및 녹지 등에 관한 법률」에 따른 공원의 설치

2 건축협정 제27회, 제28회, 제31회, 제34회

(1) 건축협정 대상자 및 대상지역

토지 또는 건축물의 소유자, 지상권자 등 대통령령으로 정하는 자(이하 '소유자등')는 전원의 합의로 다음의 어느 하나에 해당하는 지역 또는 구역에서 건축물의 건축·대수선 또는 리모델링에 관한 협정(이하 '건축협정')을 체결할 수 있으며, 이 경우 둘 이상의 토지를 소유한 자가 1인인 경우에도 그 토지 소유자는 해당 토지의 구역을 건축협정 대상지역으로 하는 건축협정을 정할 수 있다. 이 경우 그 토지 소유자 1인을 건축협정 체결자로 본다.

> ① 「국토의 계획 및 이용에 관한 법률」에 따라 지정된 지구단위계획구역
> ② 「도시 및 주거환경정비법」에 따른 주거환경개선사업을 시행하기 위하여 지정·고시된 정비구역
> ③ 「도시재정비 촉진을 위한 특별법」에 따른 존치지역
> ④ 「도시재생 활성화 및 지원에 관한 특별법」에 따른 도시재생활성화지역
> ⑤ 그 밖에 시·도지사 및 시장·군수·구청장이 도시 및 주거환경개선이 필요하다고 인정하여 해당 지방자치단체의 조례로 정하는 구역

(2) 건축협정의 체결내용

① 건축물의 건축·대수선 또는 리모델링에 관한 사항
② 건축물의 위치·용도·형태 및 부대시설에 관하여 대통령령으로 정하는 사항

(3) 건축협정의 인가

① 협정체결자 또는 건축협정운영회의 대표자는 건축협정서를 작성하여 국토교통부령으로 정하는 바에 따라 해당 건축협정인가권자의 인가를 받아야 한다. 이 경우 인가신청을 받은 건축협정인가권자는 인가를 하기 전에 건축협정인가권자가 두는 건축위원회의 심의를 거쳐야 한다.
② 건축협정 체결대상 토지가 둘 이상의 특별자치시 또는 시·군·구에 걸치는 경우 건축협정 체결대상 토지면적의 과반(過半)이 속하는 건축협정인가권자에게 인가를 신청할 수 있다.

(4) 건축협정의 폐지

협정체결자 또는 건축협정운영회의 대표자는 건축협정을 폐지하려는 경우에는 협정체결자 과반수의 동의를 받아 국토교통부령으로 정하는 바에 따라 건축협정인가권자의 인가를 받아야 한다. 다만, 특례를 적용하여 착공신고를 한 경우에는 착공신고를 한 날부터 20년이 지난 후에 건축협정의 폐지인가를 신청할 수 있다.

(5) 건축협정의 효력 및 승계

① 건축협정이 체결된 지역 또는 구역(이하 '건축협정구역')에서 건축물의 건축·대수선 또는 리모델링을 하거나 그 밖에 대통령령으로 정하는 행위를 하려는 소유자등은 인가·변경인가된 건축협정에 따라야 한다.

② 건축협정이 공고된 후 건축협정구역에 있는 토지나 건축물 등에 관한 권리를 협정체결자인 소유자 등으로부터 이전받거나 설정받은 자는 협정체결자로서의 지위를 승계한다. 다만, 건축협정에서 달리 정한 경우에는 그에 따른다.

(6) 건축협정에 따른 특례

① 건축협정 통합적용의 특례: 건축협정의 인가를 받은 건축협정구역에서 연접한 대지에 대하여는 다음의 관계 법령의 규정을 개별 건축물마다 적용하지 아니하고 건축협정구역의 전부 또는 일부를 대상으로 통합하여 적용할 수 있다.

> ㉠ 대지의 조경
> ㉡ 대지와 도로와의 관계
> ㉢ 지하층의 설치
> ㉣ 건폐율
> ㉤ 「주차장법」에 따른 부설주차장의 설치
> ㉥ 「하수도법」에 따른 개인하수처리시설의 설치

② 건축협정구역 완화적용 특례: 건축협정구역에 건축하는 건축물에 대하여는 대지의 조경, 건축물의 건폐율, 건축물의 용적률, 건축물의 높이제한, 일조 등의 확보를 위한 건축물의 높이제한, 대지 안의 공지와 「주택법」의 주택건설기준 등을 대통령령으로 정하는 바에 따라 완화하여 적용할 수 있다. 다만, 건축물의 용적률을 완화하여 적용하는 경우에는 건축위원회의 심의와 지방도시계획위원회의 심의를 통합하여 거쳐야 한다.

3 결합건축 제30회, 제33회

(1) 결합건축 대상지

① 다음의 어느 하나에 해당하는 지역에서 대지 간의 최단거리가 100m 이내의 범위에서 대통령령으로 정하는 범위에 있는 2개의 대지의 건축주가 서로 합의한 경우 2개의 대지를 대상으로 결합건축을 할 수 있다.

> ㉠ 「국토의 계획 및 이용에 관한 법률」에 따라 지정된 상업지역
> ㉡ 「역세권의 개발 및 이용에 관한 법률」에 따라 지정된 역세권개발구역
> ㉢ 「도시 및 주거환경정비법」에 따른 정비구역 중 주거환경개선사업의 시행을 위한 구역
> ㉣ 그 밖에 도시 및 주거환경 개선과 효율적인 토지이용이 필요하다고 대통령령으로 정하는 지역

② 도시경관의 형성, 기반시설 부족 등의 사유로 해당 지방자치단체의 조례로 정하는 지역 안에서는 결합건축을 할 수 없다.

③ 결합건축을 하려는 2개 이상의 대지를 소유한 자가 1명인 경우는 법 제77조의4 제2항(건축협정의 체결)을 준용한다.

(2) 결합건축의 절차

① **결합건축협정서의 첨부**: 결합건축을 하고자 하는 건축주는 건축허가를 신청하는 때에는 다음의 사항을 명시한 결합건축협정서를 첨부하여야 하며 국토교통부령으로 정하는 도서를 제출하여야 한다.

> ㉠ 결합건축 대상 대지의 위치 및 용도지역
> ㉡ 결합건축협정서를 체결하는 자(이하 '결합건축협정체결자')의 성명, 주소 및 생년월일(법인, 법인 아닌 사단이나 재단 및 외국인의 경우에는 「부동산등기법」에 따라 부여된 등록번호)
> ㉢ 「국토의 계획 및 이용에 관한 법률」에 따라 조례로 정한 용적률과 결합건축으로 조정되어 적용되는 대지별 용적률
> ㉣ 결합건축 대상 대지별 건축계획서

② 허가권자는 「국토의 계획 및 이용에 관한 법률」에 따른 도시·군계획사업에 편입된 대지가 있는 경우에는 결합건축을 포함한 건축허가를 아니할 수 있다.

③ 허가권자는 건축허가를 하기 전에 건축위원회의 심의를 거쳐야 한다. 다만, 결합건축으로 조정되어 적용되는 대지별 용적률이 「국토의 계획 및 이용에 관한 법률」에 따라 해당 대지에 적용되는 도시계획조례의 용적률의 100분의 20을 초과하는 경우에는 대통령령으로 정하는 바에 따라 건축위원회 심의와 도시계획위원회 심의를 공동으로 하여 거쳐야 한다.

4 이행강제금 제16회, 제29회

(1) 이행강제금의 목적

이행강제금은 종전의 과태료나 벌금이 가지는 일회성 처분에 대하여 보다 더 강한 처분을 하기 위하여 이행할 때까지 계속하여 부과·징수함으로써「건축법」위반자에게 심리적 압박을 통한 행정상 실효성을 확보하기 위한 제도이다.

(2) 이행강제금의 부과

원칙	허가권자는 시정명령을 받은 후 시정기간 내에 시정명령을 이행하지 아니한 건축주등에 대하여는 그 시정명령의 이행에 필요한 상당한 이행기한을 정하여 그 기한까지 시정명령을 이행하지 아니하면「지방세법」에 따라 해당 건축물에 적용되는 $1m^2$의 시가표준액의 100분의 50에 해당하는 금액에 위반면적을 곱한 금액 이하의 범위에서 위반내용에 따라 다음의 구분에 따른 비율을 곱한 금액의 이행강제금을 부과한다. ① 건폐율을 초과하여 건축한 경우: 100분의 80 ② 용적률을 초과하여 건축한 경우: 100분의 90 ③ 허가를 받지 아니하고 건축한 경우: 100분의 100 ④ 신고를 하지 아니하고 건축한 경우: 100분의 70
감경	연면적이 $60m^2$ 이하인 주거용 건축물인 경우에는 법정이행강제금의 2분의 1의 범위에서 해당 지방자치단체의 조례로 정하는 금액을 부과한다.
가중	허가권자는 영리 목적을 위한 위반이나 상습적 위반 등 대통령령으로 정하는 경우에 원칙에 따른 금액을 100분의 100의 범위에서 해당 지방자치단체의 조례로 정하는 바에 따라 가중하여야 한다.

(3) 이행강제금의 부과방법

사전계고	허가권자는 이행강제금을 부과하기 전에 이행강제금을 부과·징수한다는 뜻을 미리 문서로써 계고(戒告)하여야 한다.
부과횟수	허가권자는 최초의 시정명령이 있었던 날을 기준으로 하여 1년에 2회 이내의 범위에서 해당 지방자치단체의 조례로 정하는 횟수만큼 그 시정명령이 이행될 때까지 반복하여 이행강제금을 부과·징수할 수 있다.
부과중지	허가권자는 시정명령을 받은 자가 이를 이행하면 새로운 이행강제금의 부과를 즉시 중지하되, 이미 부과된 이행강제금은 징수하여야 한다.

기본문제와 완성문제로 단단기출

01 건축법령상 **특별건축구역**에 관한 설명으로 옳은 것은? 제32회

기본 기출

① 국토교통부장관은 지방자치단체가 국제행사 등을 개최하는 지역의 사업구역을 특별건축구역으로 지정할 수 있다.
② 「도로법」에 따른 접도구역은 특별건축구역으로 지정될 수 없다.
③ 특별건축구역에서의 건축기준의 특례사항은 지방자치단체가 건축하는 건축물에는 적용되지 않는다.
④ 특별건축구역에서 「주차장법」에 따른 부설주차장의 설치에 관한 규정은 개별 건축물마다 적용하여야 한다.
⑤ 특별건축구역을 지정한 경우에는 「국토의 계획 및 이용에 관한 법률」에 따른 용도지역·지구·구역의 지정이 있는 것으로 본다.

키워드 ▶ 특별건축구역

난이도 ▶

해설 ▶ ① 국토교통부장관은 국가가 국제행사 등을 개최하는 지역의 사업구역을 특별건축구역으로 지정할 수 있다.
③ 특별건축구역에서의 건축기준의 특례사항은 국가나 지방자치단체가 건축하는 건축물에 적용한다.
④ 특별건축구역에서는 공원의 설치, 부설주차장의 설치, 미술작품의 설치는 개별 건축물마다 적용하지 아니하고 특별건축구역 전부 또는 일부를 대상으로 통합하여 적용할 수 있다.
⑤ 특별건축구역을 지정한 경우에는 「국토의 계획 및 이용에 관한 법률」에 따른 도시·군관리계획의 결정(용도지역·지구·구역의 지정 및 변경은 제외)이 있는 것으로 본다.

정답 01 ②

02 건축법령상 건축협정에 관한 설명으로 틀린 것은?

제27회

기본 기출

① 건축물의 소유자등은 과반수의 동의로 건축물의 리모델링에 관한 건축협정을 체결할 수 있다.
② 협정체결자 또는 건축협정운영회의 대표자는 건축협정서를 작성하여 해당 건축협정인가권자의 인가를 받아야 한다.
③ 건축협정인가권자가 건축협정을 인가하였을 때에는 해당 지방자치단체의 공보에 그 내용을 공고하여야 한다.
④ 건축협정 체결대상 토지가 둘 이상의 특별자치시 또는 시·군·구에 걸치는 경우 건축협정 체결 토지면적의 과반이 속하는 건축협정인가권자에게 인가를 신청할 수 있다.
⑤ 협정체결자 또는 건축협정운영회의 대표자는 건축협정을 폐지하려는 경우 협정체결자 과반수의 동의를 받아 건축협정인가권자의 인가를 받아야 한다.

| 키워드 | 건축협정
| 난이도 |
| 해설 | 건축물의 소유자등은 전원의 합의로 건축물의 건축·대수선 또는 리모델링에 관한 건축협정을 체결할 수 있다.

03 건축법령상 이행강제금을 산정하기 위하여 위반내용에 따라 곱하는 비율을 높은 순서대로 나열한 것은? (단, 조례는 고려하지 않음)

제29회

기본 기출

㉠ 용적률을 초과하여 건축한 경우
㉡ 건폐율을 초과하여 건축한 경우
㉢ 신고를 하지 아니하고 건축한 경우
㉣ 허가를 받지 아니하고 건축한 경우

① ㉠-㉡-㉣-㉢
② ㉠-㉣-㉢-㉡
③ ㉡-㉠-㉣-㉢
④ ㉣-㉠-㉡-㉢
⑤ ㉣-㉢-㉡-㉠

| 키워드 | 이행강제금
| 난이도 |
| 해설 | ㉣ 허가를 받지 아니하고 건축한 경우: 100분의 100
㉠ 용적률을 초과하여 건축한 경우: 100분의 90
㉡ 건폐율을 초과하여 건축한 경우: 100분의 80
㉢ 신고를 하지 아니하고 건축한 경우: 100분의 70

정답 02 ① 03 ④

04 건축법령상 특별건축구역에 관한 설명으로 옳은 것은? 제19회

① 「도시 및 주거환경정비법」에 따른 정비구역에는 특별건축구역을 지정할 수 없다.
② 「개발제한구역의 지정 및 관리에 관한 특별조치법」에 따른 개발제한구역에는 특별건축구역을 지정할 수 있다.
③ 특별건축구역 지정신청이 접수된 경우 특별시장·광역시장·도지사는 지정신청을 받은 날부터 15일 이내에 특별시장·광역시장·도지사가 두는 건축위원회의 심의를 거쳐야 한다.
④ 특별건축구역에서는 「문화예술진흥법」에 따른 건축물에 대한 미술장식 관련 규정을 개별 건축물마다 적용하지 아니하고 특별건축구역 전부 또는 일부를 대상으로 통합하여 적용할 수 있다.
⑤ 특별건축구역을 지정하는 경우 「국토의 계획 및 이용에 관한 법률」에 따른 용도지역의 지정이 있는 것으로 본다.

키워드 특별건축구역

난이도

해설 ① 「도시 및 주거환경정비법」에 따른 정비구역에는 특별건축구역을 지정할 수 있다.
② 「개발제한구역의 지정 및 관리에 관한 특별조치법」에 따른 개발제한구역에는 특별건축구역을 지정할 수 없다.
③ 특별건축구역 지정신청이 접수된 경우 특별시장·광역시장·도지사는 지정신청을 받은 날부터 30일 이내에 특별시장·광역시장·도지사가 두는 건축위원회의 심의를 거쳐야 한다.
⑤ 특별건축구역을 지정하는 경우 「국토의 계획 및 이용에 관한 법률」에 따른 도시·군관리계획의 결정(용도지역·지구·구역의 지정 및 변경을 제외)이 있는 것으로 본다.

정답 04 ④

05 건축법령상 건축협정의 인가를 받은 건축협정구역에서 연접한 대지에 대하여 관계 법령의 규정을 개별 건축물마다 적용하지 아니하고 건축협정구역을 대상으로 통합하여 적용할 수 있는 것만을 모두 고른 것은?   제28회

⊙ 건폐율
ⓒ 계단의 설치
ⓒ 지하층의 설치
ⓔ 「주차장법」 제19조에 따른 부설주차장의 설치
ⓜ 「하수도법」 제34조에 따른 개인하수처리시설의 설치

① ㉠, ㉡, ㉣
② ㉠, ㉡, ㉢, ㉤
③ ㉠, ㉢, ㉣, ㉤
④ ㉡, ㉢, ㉣, ㉤
⑤ ㉠, ㉡, ㉢, ㉣, ㉤

키워드 > 건축협정
난이도 >
해설 > 건축협정의 인가를 받은 건축협정구역에서 연접한 대지에 대하여는 '제42조에 따른 대지의 조경, 제44조에 따른 대지와 도로와의 관계, 제53조에 따른 지하층의 설치, 제55조에 따른 건폐율, 「주차장법」 제19조에 따른 부설주차장의 설치, 「하수도법」 제34조에 따른 개인하수처리시설의 설치'의 관계 법령의 규정을 개별 건축물마다 적용하지 아니하고 건축협정구역의 전부 또는 일부를 대상으로 통합하여 적용할 수 있다.

06 건축법령상 건축협정구역에서 건축하는 건축물에 대하여 완화하여 적용할 수 있는 건축기준 중 건축위원회의 심의와 「국토의 계획 및 이용에 관한 법률」에 따른 지방도시계획위원회의 심의를 통합하여 거쳐야 하는 것은?   제34회

① 건축물의 용적률
② 건축물의 건폐율
③ 건축물의 높이제한
④ 대지의 조경면적
⑤ 일조 등의 확보를 위한 건축물의 높이제한

키워드 > 건축협정구역
난이도 >
해설 > 건축협정구역에 건축하는 건축물에 대하여는 제42조(대지의 조경), 제55조(건폐율), 제56조(용적률), 제58조(대지 안의 공지), 제60조(건축물의 높이제한) 및 제61조(일조 등의 확보를 위한 건축물의 높이 제한)와 「주택법」 제35조(주택건설기준)를 대통령령으로 정하는 바에 따라 완화하여 적용할 수 있다. 다만, 제56조(용적률)를 완화하여 적용하는 경우에는 건축위원회의 심의와 「국토의 계획 및 이용에 관한 법률」에 따른 지방도시계획위원회의 심의를 통합하여 거쳐야 한다(법 제77조의13 제6항).

정답 05 ③ 06 ①

에듀윌이
너를
지지할게

ENERGY

할 수 있다고 믿는
사람은 그렇게 되고

할 수 없다고 믿는
사람 역시 그렇게 된다.

– 샤를 드 골(Charles De Gaulle)

PART 05 주택법

최근 5개년 출제비중 및 학습전략

PART 05 **17.5%**

「주택법」은 「건축법」과 마찬가지로 7문제 정도가 출제되며 출제 비중이 높은 PART이기 때문에 반드시 4개 이상은 맞힌다는 생각으로 학습하여야 합니다. 특히 주택의 건설, 주택의 공급, 총칙을 중점적으로 학습하여야 합니다.

단타 부동산공법

THEME 32 용어정의

THEME 33 주택건설사업자

THEME 34 주택조합

THEME 35 주택건설사업의 시행

THEME 36 주택의 공급

THEME 37 투기과열지구 및 전매제한

THEME 38 리모델링 허가

THEME 32 용어정의

| THEME 키워드 |
주택에 관한 용어정의, 세대구분형 공동주택, 도시형 생활주택, 주택에 사용되는 토지에 관한 용어정의, 용어정의 종합

기본으로 알아야 하는 대표기출

> **기출분석**
> - 기출회차: 제34회
> - 키워드: 용어정의 종합
> - 난이도: ■■□□□

주택법령상 용어에 관한 설명으로 틀린 것은?

① 「건축법 시행령」에 따른 다세대주택은 공동주택에 해당한다.
② 「건축법 시행령」에 따른 오피스텔은 준주택에 해당한다.
③ 주택단지에 해당하는 토지가 폭 8m 이상인 도시계획예정도로로 분리된 경우, 분리된 토지를 각각 별개의 주택단지로 본다.
④ 주택에 딸린 자전거보관소는 복리시설에 해당한다.
⑤ 도로·상하수도·전기시설·가스시설·통신시설·지역난방시설은 기간시설(基幹施設)에 해당한다.

해설
주택에 딸린 자전거보관소는 부대시설에 해당한다(영 제6조 제1호).

정답 ④

> **함정을 피하는 TIP**
> - 용어에 대한 정의를 학습하면 바로 정답을 찾을 수 있는 문제이다.

단단하게 정리하는 **핵심이론**

1 주택에 관한 용어정의

(1) 주택의 정의 제30회

'주택'이란 세대(世帶)의 구성원이 장기간 독립된 주거생활을 할 수 있는 구조로 된 건축물의 전부 또는 일부 및 그 부속토지를 말하며, 단독주택과 공동주택으로 구분한다.

> **보충**
>
> **준주택** 제21회, 제29회, 제31회, 제34회
> 주택 외의 건축물과 그 부속토지로서 주거시설로 이용가능한 시설 등을 말하며, 그 범위와 종류는 대통령령으로 정한다.
> 1. 기숙사
> 2. 다중생활시설
> 3. 노인복지주택
> 4. 오피스텔

(2) 주택의 종류 제22회, 제29회, 제30회, 제31회, 제32회, 제33회, 제34회

① 주거형태에 따른 분류

㉠ 단독주택: 1세대가 하나의 건축물 안에서 독립된 주거생활을 할 수 있는 구조로 된 주택을 말하며, 그 종류와 범위는 대통령령으로 정한다.

단독주택	「건축법 시행령」 별표 1 제1호 가목에 따른 단독주택
다중주택	1개 동의 주택으로 쓰이는 바닥면적의 합계가 660m² 이하이고 주택으로 쓰는 층수가 3개층 이하일 것
다가구주택	1개 동의 주택으로 쓰이는 바닥면적의 합계가 660m² 이하이고 주택으로 쓰는 층수가 3개층 이하이며, 19세대 이하가 거주할 수 있을 것

㉡ 공동주택: 건축물의 벽·복도·계단이나 그 밖의 설비 등의 전부 또는 일부를 공동으로 사용하는 각 세대가 하나의 건축물 안에서 각각 독립된 주거생활을 할 수 있는 구조로 된 주택을 말하며, 그 종류와 범위는 대통령령으로 정한다.

아파트	주택으로 쓰는 층수가 5개층 이상인 주택
연립주택	주택으로 쓰는 1개동의 바닥면적 합계가 660m²를 초과하고, 층수가 4개층 이하인 주택
다세대주택	주택으로 쓰는 1개동의 바닥면적 합계가 660m² 이하이고, 층수가 4개층 이하인 주택

② 건설자금에 따른 분류   주거의 용도로만 쓰이는 면적(이하 '주거전용면적')이 1호(戶) 또는 1세대당 85m² 이하인 주택(「수도권 정비계획법」에 따른 수도권을 제외한 도시지역이 아닌 읍 또는 면 지역은 1호 또는 1세대당 주거전용면적이 100m² 이하인 주택)을 말한다. 이 경우 주거전용면적의 산정방법은 국토교통부령으로 정한다.

국민주택	다음의 어느 하나에 해당하는 주택으로서 <mark>국민주택규모</mark> 이하인 주택을 말한다. ㉠ 국가·지방자치단체, 「한국토지주택공사법」에 따른 한국토지주택공사 또는 「지방공기업법」에 따라 주택사업을 목적으로 설립된 지방공사가 건설하는 주택 ㉡ 국가·지방자치단체의 재정 또는 「주택도시기금법」에 따른 주택도시기금으로부터 자금을 지원받아 건설되거나 개량되는 주택
민영주택	국민주택을 제외한 주택을 말한다.

> **보충**
> **공동주택의 주거전용면적의 산정방법**
> 「주택법」에 따른 공동주택의 경우 주거전용면적은 외벽의 내부선을 기준으로 산정한 면적. 다만, 2세대 이상이 공동으로 사용하는 부분으로서 다음에 해당하는 공용면적은 제외하며, 이 경우 바닥면적에서 주거전용면적을 제외하고 남은 외벽면적은 공용면적에 가산한다.
> 1. 복도, 계단, 현관 등 공동주택의 지상층에 있는 공용면적
> 2. 1.의 공용면적을 제외한 지하층, 관리사무소 등 그 밖의 공용면적

(3) 세대구분형 공동주택 제27회, 제28회

정의	공동주택의 주택 내부 공간의 일부를 세대별로 구분하여 생활이 가능한 구조로 하되, 그 구분된 공간의 일부를 구분소유할 수 없는 주택으로서 대통령령으로 정하는 건설기준, 설치기준, 면적기준 등에 적합한 주택을 말한다.
건설	사업계획의 승인을 받아 건설하는 공동주택의 경우는 다음의 요건을 모두 충족하여야 한다. ① 세대별로 구분된 각각의 공간마다 별도의 욕실, 부엌과 현관을 설치할 것 ② 하나의 세대가 통합하여 사용할 수 있도록 세대 간에 연결문 또는 경량구조의 경계벽 등을 설치할 것 ③ 세대구분형 공동주택의 세대수가 해당 주택단지 안의 공동주택 전체 세대수의 3분의 1을 넘지 않을 것 ④ 세대별로 구분된 각각의 공간의 주거전용면적 합계가 해당 주택단지 전체 주거전용면적 합계의 3분의 1을 넘지 않는 등 국토교통부장관이 정하여 고시하는 주거전용면적의 비율에 관한 기준을 충족할 것
세대수 산정	세대구분형 공동주택의 규정에 따라 건설 또는 설치되는 주택과 관련하여 주택건설기준 등을 적용하는 경우 세대구분형 공동주택의 세대수는 그 구분된 공간의 세대수에 관계없이 하나의 세대로 산정한다.

> **보충**
>
> **「공동주택관리법」에 따라 허가·신고하고 설치하는 경우** 제34회
> 「공동주택관리법」에 따라 허가를 받거나 신고를 하고 설치하는 공동주택의 경우는 다음의 요건을 모두 충족하여야 한다.
> 1. 구분된 공간의 세대수는 기존 세대를 포함하여 2세대 이하일 것
> 2. 세대별로 구분된 각각의 공간마다 별도의 욕실, 부엌과 구분 출입문을 설치할 것
> 3. 세대구분형 공동주택의 세대수가 해당 주택단지 안의 공동주택 전체 세대수의 10분의 1과 해당 동의 전체 세대수의 3분의 1을 각각 넘지 않을 것. 다만, 특별자치시장, 특별자치도지사, 시장, 군수 또는 구청장(구청장은 자치구의 구청장을 말하며, 이하 '시장·군수·구청장'이라 함)이 부대시설의 규모 등 해당 주택단지의 여건을 고려하여 인정하는 범위에서 세대수의 기준을 넘을 수 있다.
> 4. 구조, 화재, 소방 및 피난안전 등 관계 법령에서 정하는 안전 기준을 충족할 것

(4) 도시형 생활주택 제22회, 제23회, 제28회, 제32회

① 정의 및 종류: '도시형 생활주택'이란 300세대 미만의 국민주택규모에 해당하는 주택으로서 다음의 주택을 말한다.

소형 주택	다음의 요건을 모두 갖춘 공동주택 ㉠ 세대별 주거전용면적은 $60m^2$ 이하일 것 ㉡ 세대별로 독립된 주거가 가능하도록 욕실 및 부엌을 설치할 것 ㉢ 주거전용면적이 $30m^2$ 미만인 경우에는 욕실 및 보일러실을 제외한 부분을 하나의 공간으로 구성할 것 ㉣ 주거전용면적이 $30m^2$ 이상인 경우에는 욕실 및 보일러실을 제외한 부분을 세 개 이하의 침실(각각의 면적이 $7m^2$ 이상인 것)과 그 밖의 공간으로 구성할 수 있으며, 침실이 두 개 이상인 세대수는 소형 주택 전체 세대수의 3분의 1(그 3분의 1을 초과하는 세대 중 세대당 주차대수를 0.7대 이상이 되도록 주차장을 설치하는 경우에는 해당 세대의 비율을 더하여 2분의 1까지로 한다)을 초과하지 않을 것 ㉤ 지하층에는 세대를 설치하지 아니할 것
단지형 연립주택	소형 주택이 아닌 연립주택. 다만, 「건축법」에 따른 건축위원회의 심의를 받은 경우에는 주택으로 쓰는 층수를 5개층까지 건축할 수 있다.
단지형 다세대주택	소형 주택이 아닌 다세대주택. 다만, 「건축법」에 따른 건축위원회의 심의를 받은 경우에는 주택으로 쓰는 층수를 5개층까지 건축할 수 있다.

② 건축의 제한
⊙ 하나의 건축물에는 도시형 생활주택과 그 밖의 주택을 함께 건축할 수 없다. 다만, 다음의 어느 하나에 해당하는 경우는 예외로 한다.

> ⓐ 소형 주택과 주거전용면적이 85m²를 초과하는 주택 1세대를 함께 건축하는 경우
> ⓑ 「국토의 계획 및 이용에 관한 법률 시행령」에 따른 준주거지역 또는 상업지역에서 소형 주택과 도시형 생활주택 외의 주택을 함께 건축하는 경우

ⓒ 하나의 건축물에는 단지형 연립주택 또는 단지형 다세대주택과 소형 주택을 함께 건축할 수 없다.

2 주택에 필요한 시설에 관한 용어정의

(1) **부대시설 및 복리시설** 제20회, 제22회, 제30회, 제31회, 제32회, 제34회

구분	정의	종류
부대시설	주택에 딸린 시설 또는 설비를 말한다.	주차장, 관리사무소, 담장 및 주택단지 안의 도로, 건축설비, 방범설비, 자전거보관소, 대통령령으로 정하는 시설 또는 설비
복리시설	주택단지의 입주자 등의 생활복리를 위한 공동시설을 말한다.	어린이놀이터, 근린생활시설, 유치원, 주민운동시설 및 경로당, 입주자 등의 생활복리를 위하여 대통령령으로 정하는 공동시설

(2) **기간시설 및 간선시설** 제17회, 제20회, 제31회, 제34회

기간시설 (基幹施設)	도로·상하수도·전기시설·가스시설·통신시설·지역난방시설 등을 말한다.	
간선시설 (幹線施設)	도로·상하수도·전기시설·가스시설·통신시설 및 지역난방시설 등 주택단지(둘 이상의 주택단지를 동시에 개발하는 경우에는 각각의 주택단지) 안의 **기간시설**을 그 주택단지 밖에 있는 같은 종류의 **기간시설**에 연결시키는 시설을 말한다. 다만, 가스시설·통신시설 및 지역난방시설의 경우에는 주택단지 안의 기간시설을 포함한다.	

(3) 리모델링 제25회, 제28회, 제31회

'리모델링'이란 건축물의 노후화 억제 또는 기능 향상 등을 위한 다음의 어느 하나에 해당하는 행위를 말한다.

> ① 대수선(大修繕): 사용검사일부터 10년 이상 경과한 공동주택
> ② 증축: 「주택법」에 따른 사용검사일(주택단지 안의 공동주택 전부에 대하여 임시 사용승인을 받은 경우에는 그 임시 사용승인일) 또는 「건축법」에 따른 사용승인일부터 15년이 지난 공동주택
>   ⊙ 각 세대의 주거전용면적의 30% 이내(세대의 주거전용면적이 85m^2 미만인 경우에는 40% 이내)에서 증축하는 행위. 이 경우 공동주택의 기능 향상 등을 위하여 공용부분에 대하여도 별도로 증축할 수 있다.
>   ⓒ 위의 ⊙에 따른 각 세대의 증축 가능 면적을 합산한 면적의 범위에서 기존 세대수의 15% 이내에서 세대수를 증가하는 증축 행위(이하 '세대수 증가형 리모델링'). 다만, 수직으로 증축하는 행위(이하 '수직증축형 리모델링')는 다음 요건을 모두 충족하는 경우로 한정한다.
>   ⓐ 최대 3개층 이하로서 다음의 범위에서 증축할 것
>
> | | |
> |---|---|
> | 수직증축형 리모델링의 대상이 되는 기존 건축물의 층수가 15층 이상인 경우 | 3개층까지 |
> | 수직증축형 리모델링의 대상이 되는 기존 건축물의 층수가 14층 이하인 경우 | 2개층까지 |
>
>   ⓑ 수직증축형 리모델링의 대상이 되는 기존 건축물의 신축 당시 구조도를 보유하고 있을 것

3 주택에 사용되는 토지에 관한 용어정의

(1) 공공택지 제16회, 제28회

'공공택지'란 다음의 어느 하나에 해당하는 공공사업에 의하여 개발·조성되는 공동주택이 건설되는 용지를 말한다.

> ① 국민주택건설사업 또는 대지조성사업
> ② 「택지개발촉진법」에 따른 택지개발사업(단, 주택건설등 사업자가 활용하는 택지는 제외)
> ③ 「산업입지 및 개발에 관한 법률」에 따른 산업단지개발사업
> ④ 「공공주택 특별법」에 따른 공공주택지구조성사업
> ⑤ 「민간임대주택에 관한 특별법」에 따른 공공지원민간임대주택 공급촉진지구 조성사업(시행자가 수용 또는 사용의 방식으로 시행하는 사업만 해당)
> ⑥ 「도시개발법」에 따른 도시개발사업(공공사업시행자 또는 국가, 지방자치단체 및 공공기관 등이 100분의 50을 초과하여 출자한 법인이 수용 또는 사용의 방식으로 시행하는 사업과 혼용방식 중 수용 또는 사용의 방식이 적용되는 구역에서 시행하는 사업만 해당)
> ⑦ 「경제자유구역의 지정 및 운영에 관한 특별법」에 따른 경제자유구역개발사업(수용 또는 사용의 방식으로 시행하는 사업과 혼용방식 중 수용 또는 사용의 방식이 적용되는 구역에서 시행하는 사업만 해당)
> ⑧ 「혁신도시 조성 및 발전에 관한 특별법」에 따른 혁신도시개발사업
> ⑨ 「신행정수도 후속대책을 위한 연기·공주지역 행정중심복합도시 건설을 위한 특별법」에 따른 행정중심복합도시건설사업
> ⑩ 「공익사업을 위한 토지 등의 취득 및 보상에 관한 법률」에 따른 공익사업으로서 대통령령으로 정하는 사업

(2) 주택단지 제21회, 제27회, 제28회, 제30회, 제32회, 제34회

'주택단지'란 주택건설사업계획 또는 대지조성사업계획의 승인을 받아 주택과 그 부대시설 및 복리시설을 건설하거나 대지를 조성하는 데 사용되는 일단(一團)의 토지를 말한다. 다만, 다음의 시설로 분리된 토지는 각각 별개의 주택단지로 본다.

> ① 철도·고속도로·자동차전용도로
> ② 폭 20m 이상인 일반도로
> ③ 폭 8m 이상인 도시계획예정도로
> ④ 「국토의 계획 및 이용에 관한 법률」에 따른 도시·군계획시설인 도로로서 국토교통부령으로 정하는 도로
> ⑤ 「도로법」에 따른 일반국도·특별시도·광역시도 또는 지방도

(3) 공구 제26회, 제28회, 제32회

'공구'란 하나의 주택단지에서 다음의 요건을 모두 충족하는 기준에 따라 둘 이상으로 구분되는 일단의 구역으로, 착공신고 및 사용검사를 별도로 수행할 수 있는 구역을 말한다.

① 다음의 어느 하나에 해당하는 시설을 설치하거나 공간을 조성하여 6m 이상의 너비로 공구 간 경계를 설정할 것

> ⊙ 「주택건설기준 등에 관한 규정」에 따른 주택단지 안의 도로
> ⓒ 주택단지 안의 지상에 설치되는 부설주차장
> ⓒ 주택단지 안의 옹벽 또는 축대
> ⓔ 식재·조경이 된 녹지
> ⓜ 그 밖에 어린이놀이터 등 부대시설이나 복리시설로서 사업계획 승인권자가 적합하다고 인정하는 시설

② 공구별 세대수는 300세대 이상으로 할 것
   └ 전체 세대수는 600세대 이상으로 할 것

보충

그 밖의 주택에 관한 용어정의

1. **에너지절약형 친환경주택**: 저에너지 건물 조성기술 등 대통령령으로 정하는 기술을 이용하여 에너지 사용량을 절감하거나 이산화탄소 배출량을 저감할 수 있도록 건설된 주택을 말하며, 그 종류와 범위는 대통령령으로 정한다.
2. **건강친화형 주택**: 건강하고 쾌적한 실내환경의 조성을 위하여 실내공기의 오염물질 등을 최소화할 수 있도록 대통령령으로 정하는 기준에 따라 건설된 주택을 말한다.
3. **장수명 주택**: 구조적으로 오랫동안 유지·관리될 수 있는 내구성을 갖추고, 입주자의 필요에 따라 내부 구조를 쉽게 변경할 수 있는 가변성과 수리 용이성 등이 우수한 주택을 말한다.

기본문제와 완성문제로 단단기출

01 주택법령상 도시형 생활주택으로서 소형 주택의 요건에 해당하는 것을 모두 고른 것은? 제33회

기본 기출

㉠ 세대별 주거전용면적은 60m² 이하일 것
㉡ 세대별로 독립된 주거가 가능하도록 욕실 및 부엌을 설치할 것
㉢ 주거전용면적이 30m² 미만인 경우에는 욕실 및 부엌을 제외한 부분을 하나의 공간으로 구성할 것
㉣ 지하층에는 세대를 설치하지 아니할 것

① ㉠
② ㉡, ㉢
③ ㉠, ㉡, ㉢
④ ㉠, ㉡, ㉣
⑤ ㉠, ㉡, ㉢, ㉣

키워드 도시형 생활주택

난이도

해설 ㉢ 욕실 및 부엌이 아니라 욕실 및 보일러실을 제외한다.

보충 '도시형 생활주택'이란 300세대 미만의 국민주택규모에 해당하는 주택으로서 대통령령으로 정하는 주택을 말한다. 여기서 '대통령령으로 정하는 주택'이란 「국토의 계획 및 이용에 관한 법률」에 따른 도시지역에 건설하는 다음의 주택을 말한다.

> 소형 주택은 다음의 요건을 모두 갖춘 공동주택을 말한다.
> 1. 세대별 주거전용면적은 60m² 이하일 것(㉠)
> 2. 세대별로 독립된 주거가 가능하도록 욕실 및 부엌을 설치할 것(㉡)
> 3. 주거전용면적이 30m² 미만인 경우에는 욕실 및 보일러실을 제외한 부분을 하나의 공간으로 구성할 것(㉢)
> 4. 주거전용면적이 30m² 이상인 경우에는 욕실 및 보일러실을 제외한 부분을 세 개 이하의 침실(각각의 면적이 7m² 이상인 것을 말함)과 그 밖의 공간으로 구성할 수 있으며, 침실이 두 개 이상인 세대 수는 소형 주택 전체 세대수(제2항 단서에 따라 소형 주택과 함께 건축하는 그 밖의 주택의 세대수를 포함)의 3분의 1을 초과하지 않을 것(그 3분의 1을 초과하는 세대 중 세대당 주차대수를 0.7대 이상이 되도록 주차장을 설치하는 경우에는 해당 세대의 비율을 더하여 2분의 1까지로 한다)
> 5. 지하층에는 세대를 설치하지 아니할 것(㉣)

정답 01 ④

02 주택법령상 사업계획의 승인을 받아 건설하는 공동주택으로서의 세대구분형 공동주택의 건설기준 등으로 틀린 것은? 제27회

① 세대별로 구분된 각각의 공간마다 별도의 욕실, 부엌과 현관을 설치할 것
② 세대구분형 공동주택의 세대별로 구분된 각각의 공간은 주거전용면적이 30m² 이상일 것
③ 하나의 세대가 통합하여 사용할 수 있도록 세대 간에 연결문 또는 경량구조의 경계벽 등을 설치할 것
④ 세대구분형 공동주택의 세대수가 해당 주택단지 안의 공동주택 전체 세대수의 3분의 1을 넘지 않을 것
⑤ 세대별로 구분된 각각의 공간의 주거전용면적(주거의 용도로만 쓰이는 면적) 합계가 해당 주택단지 전체 주거전용면적 합계의 3분의 1을 넘지 않는 등 국토교통부장관이 정하여 고시하는 주거전용면적의 비율에 관한 기준을 충족할 것

키워드 세대구분형 공동주택

난이도

해설 '세대구분형 공동주택'이란 공동주택의 주택 내부 공간의 일부를 세대별로 구분하여 생활이 가능한 구조로 하되, 그 구분된 공간의 일부를 구분소유할 수 없는 주택으로서 대통령령으로 정하는 요건을 모두 갖추어 건설된 공동주택을 말하며, 세대별로 구분된 각각의 공간에 대한 주거전용면적의 제한 규정은 별도로 없다.

03 주택법령상 용어의 정의에 따를 때 '주택'에 해당하지 않는 것을 모두 고른 것은? 제29회

㉠ 3층의 다가구주택
㉡ 2층의 공관
㉢ 4층의 다세대주택
㉣ 3층의 기숙사
㉤ 7층의 오피스텔

① ㉠, ㉡, ㉢
② ㉠, ㉣, ㉤
③ ㉡, ㉢, ㉣
④ ㉡, ㉣, ㉤
⑤ ㉢, ㉣, ㉤

키워드 주택에 관한 용어정의

난이도

해설 '주택'이란 세대(世帶)의 구성원이 장기간 독립된 주거생활을 할 수 있는 구조로 된 건축물 전부 또는 일부 및 그 부속토지를 말하며, 단독주택(단독주택, 다가구주택, 다중주택)과 공동주택(아파트, 다세대주택, 연립주택)으로 구분한다. ㉡ 2층의 공관은 「건축법」에 의한 단독주택에 해당하며, ㉣ 3층의 기숙사와 ㉤ 7층의 오피스텔은 준주택에 해당한다.

정답 02 ② 03 ④

04 주택법령상 용어에 관한 설명으로 옳은 것을 모두 고른 것은? 제32회

> ㉠ 주택에 딸린 「건축법」에 따른 건축설비는 복리시설에 해당한다.
> ㉡ 300세대인 국민주택규모의 단지형 다세대주택은 도시형 생활주택에 해당한다.
> ㉢ 민영주택은 국민주택을 제외한 주택을 말한다.

① ㉠
② ㉢
③ ㉠, ㉡
④ ㉡, ㉢
⑤ ㉠, ㉡, ㉢

키워드 〉 주택에 관한 용어정의
난이도 〉
해설 〉 ㉠ 주택에 딸린 「건축법」에 따른 건축설비는 부대시설에 해당한다.
㉡ 300세대 미만의 국민주택규모의 단지형 다세대주택은 도시형 생활주택에 해당한다.

05 주택법령상 주택단지가 일정한 시설로 분리된 토지는 각각 별개의 주택단지로 본다. 그 시설에 해당하지 <u>않는</u> 것은? 제32회

① 철도
② 폭 20m의 고속도로
③ 폭 10m의 일반도로
④ 폭 20m의 자동차전용도로
⑤ 폭 10m의 도시계획예정도로

키워드 〉 주택에 사용되는 토지에 관한 용어정의
난이도 〉
해설 〉 폭 20m 이상인 일반도로로 분리된 토지를 각각 별개의 주택단지로 본다.

정답 04 ② 05 ③

06 주택법령상 「공동주택관리법」에 따른 행위의 허가를 받거나 신고를 하고 설치하는 세대구분형 공동주택이 충족하여야 하는 요건에 해당하는 것을 모두 고른 것은? (단, 조례는 고려하지 않음) 제34회

> ㉠ 하나의 세대가 통합하여 사용할 수 있도록 세대 간에 연결문 또는 경량구조의 경계벽 등을 설치할 것
> ㉡ 구분된 공간의 세대수는 기존 세대를 포함하여 2세대 이하일 것
> ㉢ 세대별로 구분된 각각의 공간마다 별도의 욕실, 부엌과 구분 출입문을 설치할 것
> ㉣ 구조, 화재, 소방 및 피난안전 등 관계 법령에서 정하는 안전 기준을 충족할 것

① ㉠, ㉡, ㉢
② ㉠, ㉡, ㉣
③ ㉠, ㉢, ㉣
④ ㉡, ㉢, ㉣
⑤ ㉠, ㉡, ㉢, ㉣

키워드 세대구분형 공동주택

난이도

해설 ㉡㉢㉣ 「공동주택관리법」에 따른 행위의 허가를 받거나 신고를 하고 설치하는 세대구분형 공동주택이 충족하여야 하는 요건에 해당한다.
㉠ 「공동주택관리법」에 따른 행위의 허가를 받거나 신고를 하고 설치하는 세대구분형 공동주택이 충족하여야 하는 요건에는 해당하지 않는다.

---

07 주택법령상 국민주택 등에 관한 설명으로 옳은 것은? 제29회

① 민영주택이라도 국민주택규모 이하로 건축되는 경우 국민주택에 해당한다.
② 한국토지주택공사가 수도권에 건설한 주거전용면적이 1세대당 80m²인 아파트는 국민주택에 해당한다.
③ 지방자치단체의 재정으로부터 자금을 지원받아 건설되는 주택이 국민주택에 해당하려면 자금의 50% 이상을 지방자치단체로부터 지원받아야 한다.
④ 다세대주택의 경우 주거전용면적은 건축물 바닥면적에서 지하층 면적을 제외한 면적으로 한다.
⑤ 아파트의 경우 복도, 계단 등 아파트의 지상층에 있는 공용면적은 주거전용면적에 포함한다.

키워드 주택에 관한 용어정의

난이도

해설 ① 민영주택은 국민주택을 제외한 주택을 말한다.
③ 지방자치단체의 재정으로부터 자금을 지원받아 건설되는 주택이 국민주택에 해당할 경우에는 자금의 50% 이상을 지방자치단체로부터 지원받아야 한다는 규정을 별도로 적용하지 않아도 된다.
④ 다세대주택의 경우 주거전용면적은 건축물의 바닥면적에서 지하층 면적뿐만 아니라 지상층에 있는 공용면적과 관리사무소 등 그 밖의 공용면적 모두를 제외한 면적으로 한다.
⑤ 아파트의 경우 복도, 계단 등 아파트의 지상층에 있는 공용면적은 주거전용면적에 제외된다.

정답 06 ④ 07 ②

08 주택법령상 용어에 관한 설명으로 옳은 것은? 제31회

① 「건축법 시행령」에 따른 다중생활시설은 준주택에 해당하지 않는다.
② 주택도시기금으로부터 자금을 지원받아 건설되는 1세대당 주거전용면적 84m2인 주택은 국민주택에 해당한다.
③ '간선시설'이란 도로·상하수도·전기시설·가스시설·통신시설·지역난방시설 등을 말한다.
④ 방범설비는 복리시설에 해당한다.
⑤ 주민공동시설은 부대시설에 해당한다.

> 키워드 › 주택에 관한 용어정의
> 난이도 ›
> 해설 › ① 「건축법 시행령」에 따른 다중생활시설은 준주택에 해당한다.
> ③ '간선시설'이란 "도로·상하수도·전기시설·가스시설·통신시설·지역난방시설 등을 말한다."라는 표현은 잘못되었다. 주어진 지문에 해당하는 것은 '기간시설'이라 하며, 간선시설은 해당 시설 중에서 단지 안과 밖을 연결하는 시설을 말한다.
> ④ 방범설비는 부대시설에 해당한다.
> ⑤ 주민공동시설은 복리시설에 해당한다.

09 주택법령상 용어에 관한 설명으로 옳은 것은? 제30회

① '주택단지'에 해당하는 토지가 폭 8m 이상인 도시계획예정도로로 분리된 경우, 분리된 토지를 각각 별개의 주택단지로 본다.
② '단독주택'에는 「건축법 시행령」에 따른 다가구주택이 포함되지 않는다.
③ '공동주택'에는 「건축법 시행령」에 따른 아파트, 연립주택, 기숙사 등이 포함된다.
④ '주택'이란 세대의 구성원이 장기간 독립된 주거생활을 할 수 있는 구조로 된 건축물의 전부 또는 일부를 말하며, 그 부속토지는 제외한다.
⑤ 주택단지에 딸린 어린이놀이터, 근린생활시설, 유치원, 주민운동시설, 지역난방공급시설 등은 '부대시설'에 포함된다.

> 키워드 › 용어정의 종합
> 난이도 ›
> 해설 › ② '단독주택'에는 「건축법 시행령」에 따른 단독주택, 다중주택 및 다가구주택이 포함된다.
> ③ 기숙사는 준주택에 해당한다.
> ④ '주택'이란 세대의 구성원이 장기간 독립된 주거생활을 할 수 있는 구조로 된 건축물의 전부 또는 일부를 말하며, 그 부속토지를 포함한다.
> ⑤ 주택단지에 딸린 어린이놀이터, 근린생활시설, 유치원, 주민운동시설 등은 '복리시설'에 해당하며, 지역난방공급시설은 '기간시설'에 해당한다.

정답 08 ② 09 ①

10 주택법령상 용어에 관한 설명으로 옳은 것은? 제28회

① 폭 10m인 일반도로로 분리된 토지는 각각 별개의 주택단지이다.
② '공구'란 하나의 주택단지에서 둘 이상으로 구분되는 일단의 구역으로서 공구별 세대수는 200세대 이상으로 해야 한다.
③ '세대구분형 공동주택'이란 공동주택의 주택 내부 공간의 일부를 세대별로 구분하여 생활이 가능한 구조로 하되 그 구분된 공간의 일부를 구분 소유할 수 있는 주택이다.
④ 500세대인 국민주택규모의 소형 주택은 도시형 생활주택에 해당한다.
⑤ 「산업입지 및 개발에 관한 법률」에 따른 산업단지개발사업에 의하여 개발·조성되는 공동주택이 건설되는 용지는 공공택지에 해당한다.

| 키워드 | 용어정의 종합 |
| 난이도 | |
| 해설 | ① 폭 20m 이상인 일반도로로 분리된 토지는 각각 별개의 주택단지이다.
② '공구'란 하나의 주택단지에서 둘 이상으로 구분되는 일단의 구역으로서 공구별 세대수는 300세대 이상으로 해야 한다.
③ '세대구분형 공동주택'이란 공동주택의 주택 내부 공간의 일부를 세대별로 구분하여 생활이 가능한 구조로 하되, 그 구분된 공간의 일부를 구분 소유할 수 없는 주택이다.
④ 300세대 미만인 국민주택규모의 소형 주택은 도시형 생활주택에 해당한다.

정답 10 ⑤

THEME 33 주택건설사업자

| THEME 키워드 |
등록사업자, 주택건설사업자

기본으로 알아야 하는 대표기출

> **기출분석**
> - **기출회차:** 제26회
> - **키워드:** 등록사업자
> - **난이도:** ■■□□□

주택법령상 주택건설사업 등의 등록과 관련하여 (   ) 안에 들어갈 내용으로 옳게 연결된 것은? (단, 사업등록이 필요한 경우를 전제로 함)

> 연간 (㉠)호 이상의 단독주택 건설사업을 시행하려는 자 또는 연간 (㉡)m^2 이상의 대지조성사업을 시행하려는 자는 국토교통부장관에게 등록하여야 한다.

	㉠	㉡
①	10	10
②	20	1만
③	20	10만
④	30	1만
⑤	30	10만

해설

연간 단독주택의 경우에는 20호, 공동주택의 경우에는 20세대(도시형 생활주택의 경우와 도시형 생활주택 중 소형 주택과 주거전용면적이 85m^2를 초과하는 주택 1세대를 함께 건축하는 경우에는 30세대) 이상의 주택건설사업을 시행하려는 자 또는 연간 1만m^2 이상의 대지조성사업을 시행하려는 자는 국토교통부장관에게 등록하여야 한다.

정답 ②

> **함정을 피하는 TIP**
> - 주택건설사업의 등록대상과 관련된 기준을 암기하면 바로 정답을 찾을 수 있다.

단단하게 정리하는 **핵심이론**

1 사업주체

주택건설사업계획 또는 대지조성사업계획의 승인을 받아 그 사업을 시행하는 다음의 자를 말한다.

공공사업주체	국가, 지방자치단체, 한국토지주택공사, 지방공사
민간사업주체	등록사업자(등록한 주택건설사업자 또는 대지조성사업자), 주택건설사업을 목적으로 설립된 공익법인, 주택조합, 고용자, 토지 소유자

2 등록사업자 제18회, 제19회, 제22회, 제24회, 제25회, 제26회, 제31회, 제34회

(1) 사업의 등록대상

① 원칙: 연간 대통령령으로 정하는 호수(戶數) 이상의 주택건설사업을 시행하려는 자 또는 연간 대통령령으로 정하는 면적 이상의 대지조성사업을 시행하려는 자는 국토교통부장관에게 등록하여야 한다.

주택건설사업자	단독주택	연간 20호 이상
	공동주택	연간 20세대 이상(단, 도시형 생활주택은 30세대 이상)
대지조성사업자	연간 1만m² 이상	

② 예외: 다음에 해당하는 사업주체의 경우에는 국토교통부장관에게 등록하지 않아도 된다.

 ㉠ 국가·지방자치단체
 ㉡ 한국토지주택공사
 ㉢ 지방공사
 ㉣ 「공익법인의 설립·운영에 관한 법률」에 따라 주택건설사업을 목적으로 설립된 공익법인
 ㉤ 주택조합(등록사업자와 공동으로 주택건설사업을 하는 주택조합만 해당)
 ㉥ 근로자를 고용하는 자(등록사업자와 공동으로 주택건설사업을 시행하는 고용자만 해당)

(2) 등록사업자의 결격사유

다음의 어느 하나에 해당하는 자는 주택건설사업 등의 등록을 할 수 없다.

① 미성년자·피성년후견인 또는 피한정후견인
② 파산선고를 받은 자로서 복권되지 아니한 자
③ 「부정수표 단속법」 또는 「주택법」을 위반하여 금고 이상의 실형을 선고받고 그 집행이 끝나거나(집행이 끝난 것으로 보는 경우를 포함) 집행이 면제된 날부터 2년이 지나지 아니한 자
④ 「부정수표 단속법」 또는 「주택법」을 위반하여 금고 이상의 형의 집행유예를 선고받고 그 유예기간 중에 있는 자
⑤ 등록이 말소(위의 ① 및 ②에 해당하여 말소된 경우는 제외)된 후 2년이 지나지 아니한 자
⑥ 임원 중에 ①부터 ⑤까지의 규정 중 어느 하나에 해당하는 자가 있는 법인

(3) 등록사업자의 주택건설 규모

원칙	등록사업자가 건설할 수 있는 주택은 주택으로 쓰는 층수가 5개층 이하인 주택으로 한다. 다만, 각층 거실의 바닥면적 $300m^2$ 이내마다 1개소 이상의 직통계단을 설치한 경우에는 주택으로 쓰는 층수가 6개층인 주택을 건설할 수 있다.
예외	다음의 어느 하나에 해당하는 등록사업자는 주택으로 쓰는 층수가 6개층 이상인 주택을 건설할 수 있다. ① 주택으로 쓰는 층수가 6개층 이상인 아파트를 건설한 실적이 있는 자 ② 최근 3년간 300세대 이상의 공동주택을 건설한 실적이 있는 자

(4) 등록말소 처분 등을 받은 자의 사업 수행

① 등록말소 또는 영업정지 처분을 받은 등록사업자는 그 처분 전에 사업계획승인을 받은 사업은 계속 수행할 수 있다. 다만, 등록말소 처분을 받은 등록사업자가 그 사업을 계속 수행할 수 없는 중대하고 명백한 사유가 있을 경우에는 그러하지 아니하다.
② 국토교통부장관은 등록사업자가 타인에게 등록증을 대여한 경우에는 그 등록을 말소하여야 한다.

3 공동사업주체 제19회, 제22회, 제31회, 제34회

토지 소유자와 등록사업자 (임의적)	① 토지 소유자가 주택을 건설하는 경우에는 등록사업자와 공동으로 사업을 시행할 수 있다. ② 토지 소유자와 등록사업자를 공동사업주체로 본다.
주택조합과 등록사업자 (임의적)	① 주택조합(세대수를 증가하지 아니하는 리모델링주택조합은 제외)이 그 구성원의 주택을 건설하는 경우에는 대통령령으로 정하는 바에 따라 등록사업자(지방자치단체·한국토지주택공사 및 지방공사를 포함)와 공동으로 사업을 시행할 수 있다. ② 주택조합과 등록사업자를 공동사업주체로 본다.
고용자와 등록사업자 (의무적)	① 고용자가 그 근로자의 주택을 건설하는 경우에는 대통령령으로 정하는 바에 따라 등록사업자와 공동으로 사업을 시행하여야 한다. ② 고용자와 등록사업자를 공동사업주체로 본다.

기본문제와 완성문제로 단단기출

01 주택법령상 주택건설사업의 등록을 할 수 <u>없는</u> 자는? 제19회

기본 기출
① 피한정후견인의 선고가 취소된 후 2년이 경과되지 아니한 자
② 파산선고를 받은 자로서 복권된 후 2년이 경과되지 아니한 자
③ 「주택법」을 위반하여 자격정지 이상의 형의 선고를 받고 그 집행이 면제된 날부터 2년이 경과된 자
④ 「주택법」을 위반하여 금고 이상의 형의 집행유예선고를 받고 그 유예기간이 종료된 자
⑤ 거짓으로 주택건설사업을 등록하여 그 등록이 말소된 후 2년이 경과되지 아니한 자

키워드	등록사업자
난이도	
해설	등록이 말소된 후 2년이 지나지 아니한 자는 주택건설사업의 등록을 할 수 없다.
보충	다음의 어느 하나에 해당하는 자는 주택건설사업 등의 등록을 할 수 없다.

> 1. 미성년자·피성년후견인 또는 피한정후견인
> 2. 파산선고를 받은 자로서 복권되지 아니한 자
> 3. 「부정수표 단속법」 또는 이 법을 위반하여 금고 이상의 실형을 선고받고 그 집행이 끝나거나(집행이 끝난 것으로 보는 경우를 포함한다) 집행이 면제된 날부터 2년이 지나지 아니한 자
> 4. 「부정수표 단속법」 또는 이 법을 위반하여 금고 이상의 형의 집행유예를 선고받고 그 유예기간 중에 있는 자
> 5. 등록이 말소된 후 2년이 지나지 아니한 자
> 6. 임원 중에 1.부터 5.까지의 규정 중 어느 하나에 해당하는 자가 있는 법인

02 주택법령상 주택건설사업자 등에 관한 설명으로 옳은 것을 모두 고른 것은? 제31회

완성 기출

> ㉠ 한국토지주택공사가 연간 10만m² 이상의 대지조성사업을 시행하려는 경우에는 대지조성사업의 등록을 하여야 한다.
> ㉡ 세대수를 증가하는 리모델링주택조합이 그 구성원의 주택을 건설하는 경우에는 등록사업자와 공동으로 사업을 시행할 수 없다.
> ㉢ 주택건설공사를 시공할 수 있는 등록사업자가 최근 3년간 300세대 이상의 공동주택을 건설한 실적이 있는 경우에는 주택으로 쓰는 층수가 7개층인 주택을 건설할 수 있다.

① ㉠
② ㉢
③ ㉠, ㉡
④ ㉡, ㉢
⑤ ㉠, ㉡, ㉢

정답 01 ⑤ 02 ②

키워드 > 등록사업자

난이도 >

해설 > ㉠ 한국토지주택공사는 공공사업주체에 해당하므로 등록하지 않는 사업주체에 해당한다.
㉡ 주택조합(세대수를 증가하지 아니하는 리모델링주택조합은 제외한다)이 그 구성원의 주택을 건설하는 경우에는 대통령령으로 정하는 바에 따라 등록사업자(지방자치단체·한국토지주택공사 및 지방공사를 포함한다)와 공동으로 사업을 시행할 수 있다. 이 경우 주택조합과 등록사업자를 공동사업주체로 본다. 즉, 세대수를 증가하는 리모델링주택조합이 그 구성원의 주택을 건설하는 경우에는 등록사업자와 공동으로 사업을 시행할 수 있다.

03 주택법령상 주택건설사업자 등에 관한 설명으로 옳은 것은? 제34회

① 「공익법인의 설립·운영에 관한 법률」에 따라 주택건설사업을 목적으로 설립된 공익법인이 연간 20호 이상의 단독주택 건설사업을 시행하려는 경우 국토교통부장관에게 등록하여야 한다.
② 세대수를 증가하는 리모델링주택조합이 그 구성원의 주택을 건설하는 경우에는 국가와 공동으로 사업을 시행할 수 있다.
③ 고용자가 그 근로자의 주택을 건설하는 경우에는 대통령령으로 정하는 바에 따라 등록사업자와 공동으로 사업을 시행하여야 한다.
④ 국토교통부장관은 등록사업자가 타인에게 등록증을 대여한 경우에는 1년 이내의 기간을 정하여 영업의 정지를 명할 수 있다.
⑤ 영업정지 처분을 받은 등록사업자는 그 처분 전에 사업계획승인을 받은 사업을 계속 수행할 수 없다.

키워드 > 주택건설사업자

난이도 >

해설 > ① 「공익법인의 설립·운영에 관한 법률」에 따라 주택건설사업을 목적으로 설립된 공익법인이 연간 20호 이상의 단독주택 건설사업을 시행하려는 경우 국토교통부장관에게 등록하지 않아도 된다(법 제4조 제1항 단서, 제4호).
② 세대수를 증가하는 리모델링주택조합이 그 구성원의 주택을 건설하는 경우에는 등록사업자(지방자치단체·한국토지주택공사 및 지방공사를 포함)와 공동으로 사업을 시행할 수 있다. 이 경우 국가는 공동사업주체의 대상이 아니다(법 제5조 제2항).
④ 국토교통부장관은 등록사업자가 타인에게 등록증을 대여한 경우에는 등록을 말소하여야 한다(법 제8조 제1항 단서, 제5호).
⑤ 영업정지 처분을 받은 등록사업자는 그 처분 전에 사업계획승인을 받은 사업을 계속 수행할 수 있다(법 제9조).

정답 03 ③

THEME 34 주택조합

| THEME 키워드 |
주택조합의 설립, 조합원, 주택상환사채

기본으로 알아야 하는 대표기출

> **기출분석**
> - **기출회차:** 제27회
> - **키워드:** 주택조합의 설립
> - **난이도:** ■■■□

주택법령상 주택조합에 관한 설명으로 옳은 것은?

① 국민주택을 공급받기 위하여 설립한 직장주택조합을 해산하려면 관할 시장·군수·구청장의 인가를 받아야 한다.
② 지역주택조합은 임대주택으로 건설·공급하여야 하는 세대수를 포함하여 주택건설 예정 세대수의 50% 이상의 조합원으로 구성하여야 한다.
③ 리모델링주택조합의 경우 공동주택의 소유권이 수인의 공유에 속하는 경우에는 그 수인 모두를 조합원으로 본다.
④ 지역주택조합의 설립인가 후 조합원이 사망하였더라도 조합원 수가 주택건설 예정 세대수의 50% 이상을 유지하고 있다면 조합원을 충원할 수 없다.
⑤ 지역주택조합이 설립인가를 받은 후에 조합원을 추가모집한 경우에는 주택조합의 변경인가를 받아야 한다.

> **해설**
> ① 국민주택을 공급받기 위하여 직장주택조합을 설립하려는 자는 관할 시장·군수·구청장에게 신고하여야 한다. 신고한 내용을 변경하거나 해산하려는 경우에도 또한 같다.
> ② 주택건설 예정 세대수의 50% 이상의 조합원으로 구성하며, 주택건설 예정 세대수에서 임대주택으로 공급하는 세대수는 제외된다.
> ③ 공유의 경우 그 여러 명을 대표하는 1명을 조합원으로 본다.
> ④ 조합원의 사망으로 인한 결원의 경우 조합원 수가 주택건설 예정 세대수의 50% 이상을 유지하고 있더라도 충원은 가능하다.
>
> 정답 ⑤

> **함정을 피하는 TIP**
> - 주택조합에 대한 전반적인 내용을 학습하여야만 정답을 찾을 수 있는 문제이다.

단단하게 정리하는 **핵심이론**

1 주택조합의 정의 및 종류

(1) 정의

'주택조합'이란 많은 수의 구성원이 사업계획의 승인을 받아 주택을 마련하거나 리모델링하기 위하여 결성하는 조합을 말한다.

(2) 주택조합의 종류

구분	내용
지역주택조합	다음 지역에 거주하는 주민이 주택을 마련하기 위하여 설립한 조합을 말한다. ① 서울특별시·인천광역시 및 경기도 ② 대전광역시·충청남도 및 세종특별자치시 ③ 충청북도 ④ 광주광역시 및 전라남도 ⑤ 전라북도 ⑥ 대구광역시 및 경상북도 ⑦ 부산광역시·울산광역시 및 경상남도 ⑧ 강원특별자치도 ⑨ 제주특별자치도
직장주택조합	같은 직장의 근로자가 주택을 마련하기 위하여 설립한 조합을 말한다.
리모델링주택조합	공동주택의 소유자가 그 주택을 리모델링하기 위하여 설립한 조합을 말한다.

2 주택조합의 설립

(1) 주택조합의 설립인가(신고) 제19회, 제20회, 제22회, 제25회, 제27회, 제29회

설립인가	많은 수의 구성원이 주택을 마련하거나 리모델링하기 위하여 주택조합을 설립하려는 경우(신고대상 직장주택조합의 경우는 제외)에는 관할 시장·군수·구청장(특별자치시장, 특별자치도지사, 시장, 군수 또는 구청장)의 인가를 받아야 한다. 인가받은 내용을 변경하거나 주택조합을 해산하려는 경우에도 또한 같다.
설립신고	국민주택을 공급받기 위하여 직장주택조합을 설립하려는 자는 관할 시장·군수·구청장에게 신고하여야 한다. 신고한 내용을 변경하거나 직장주택조합을 해산하려는 경우에도 또한 같다.

(2) 설립인가요건 제26회, 제28회, 제30회

지역주택조합· 직장주택조합	지역주택조합 또는 직장주택조합의 설립·변경 또는 해산의 인가를 받으려는 자는 신청서에 다음의 구분에 따른 서류를 첨부하여 주택건설대지를 관할하는 시장·군수·구청장에게 제출해야 한다. ① 창립총회 회의록 ② 조합장선출동의서 ③ 조합원 전원이 자필로 연명(連名)한 조합규약 ④ 조합원 명부 ⑤ 사업계획서 ⑥ 해당 주택건설대지의 80% 이상에 해당하는 토지의 사용권원을 확보하였음을 증명하는 서류 ⑦ 해당 주택건설대지의 15% 이상에 해당하는 토지의 소유권을 확보하였음을 증명하는 서류 ⑧ 고용자가 확인한 근무확인서(직장주택조합의 경우만 해당) ⑨ 조합원 자격이 있는 자임을 확인하는 서류
리모델링 주택조합	리모델링주택조합의 설립·변경 또는 해산의 인가를 받으려는 자는 신청서에 다음의 구분에 따른 서류를 첨부하여 해당 주택의 소재지를 관할하는 시장·군수·구청장에게 제출해야 한다.

> **보충**
>
> **리모델링주택조합 설립인가 신청 시 첨부서류**
>
> 1. 일반서류
>   ① 창립총회 회의록
>   ② 조합장선출동의서
>   ③ 조합원 전원이 자필로 연명(連名)한 조합규약
>   ④ 조합원 명부
>   ⑤ 사업계획서
> 2. 결의를 증명하는 서류
>   ① 주택단지 전체를 리모델링하고자 하는 경우에는 주택단지 전체의 구분소유자와 의결권의 각 3분의 2 이상의 결의 및 각 동의 구분소유자와 의결권의 각 과반수의 결의
>   ② 동을 리모델링하고자 하는 경우에는 그 동의 구분소유자 및 의결권의 각 3분의 2 이상의 결의
>   ③ 건축기준의 완화 적용이 결정된 경우에는 그 증명서류
>   ④ 해당 주택이 사용검사일(주택단지 안의 공동주택 전부에 대하여 같은 조에 따라 임시 사용승인을 받은 경우에는 그 임시 사용승인일) 또는 「건축법」에 따른 사용승인일부터 다음의 구분에 따른 기간이 지났음을 증명하는 서류
>   - 대수선인 리모델링: 10년
>   - 증축인 리모델링: 15년

(3) 조합설립 시 내용 제19회, 제24회, 제28회, 제29회

등록사업자의 책임	주택조합과 등록사업자가 공동으로 사업을 시행하면서 시공할 경우 등록사업자는 시공자로서의 책임뿐만 아니라 자신의 귀책사유로 사업 추진이 불가능하게 되거나 지연됨으로 인하여 조합원에게 입힌 손해를 배상할 책임이 있다.
주택의 우선 공급	주택조합(리모델링주택조합은 제외)은 그 구성원을 위하여 건설하는 주택을 그 조합원에게 우선 공급할 수 있으며, 신고하고 설립한 직장주택조합에 대하여는 사업주체가 국민주택을 그 직장주택조합원에게 우선 공급할 수 있다.
조합의 탈퇴	조합원은 조합규약으로 정하는 바에 따라 조합에 탈퇴 의사를 알리고 탈퇴할 수 있다.
환급의 청구	탈퇴한 조합원(제명된 조합원을 포함)은 조합규약으로 정하는 바에 따라 부담한 비용의 환급을 청구할 수 있다.

3 조합원

(1) 조합원의 수 제20회, 제22회, 제27회, 제28회

주택조합(리모델링주택조합은 제외)은 주택조합설립인가를 받는 날부터 사용검사를 받는 날까지 계속하여 다음의 요건을 모두 충족해야 한다.

> ① **주택건설 예정 세대수**(설립인가 당시의 사업계획서상 주택건설 예정 세대수를 말하되, 임대주택으로 건설·공급하는 세대수는 제외)의 **50% 이상**의 **조합원으로 구성할 것**(다만, 사업계획승인 등의 과정에서 세대수가 변경된 경우에는 변경된 세대수를 기준으로 함)
> ② 조합원은 **20명 이상**일 것

(2) 조합원의 자격 제20회, 제24회, 제27회, 제28회

① 조합원의 자격요건: 주택조합의 조합원이 될 수 있는 사람은 다음의 구분에 따른 사람으로 한다. 다만, 조합원의 사망으로 그 지위를 상속받는 자는 다음의 요건에도 불구하고 조합원이 될 수 있다.

> **보충**
>
> **지역·직장·리모델링주택조합 조합원의 자격**
> 1. 지역주택조합 조합원: 다음의 요건을 모두 갖춘 사람
>   ① 조합설립인가 신청일(해당 주택건설대지가 투기과열지구 안에 있는 경우에는 조합설립인가 신청일 1년 전의 날을 말함)부터 해당 조합주택의 입주 가능일까지 주택을 소유하는지에 대하여 다음의 어느 하나에 해당할 것
>   • 국토교통부령으로 정하는 기준에 따라 세대주를 포함한 세대원 전원이 주택을 소유하고 있지 아니한 세대의 세대주일 것
>   • 국토교통부령으로 정하는 기준에 따라 세대주를 포함한 세대원 중 1명에 한정하여 주거전용면적 85m² 이하의 주택 1채를 소유한 세대의 세대주일 것
>   ② 조합설립인가 신청일 현재 지역주택조합의 지역에 6개월 이상 계속하여 거주해 온 사람일 것

2. **직장주택조합 조합원**: 다음의 요건을 모두 갖춘 사람

조합설립인가 신청일(해당 주택건설대지가 투기과열지구 안에 있는 경우에는 조합설립인가 신청일 1년 전의 날을 말함)부터 해당 조합주택의 입주 가능일까지 주택을 소유하는지에 대하여 다음의 어느 하나에 해당하여야 한다. 다만, 국민주택을 공급받기 위한 직장주택조합의 경우에는 ①에 해당하는 세대주로 한정한다.

① 국토교통부령으로 정하는 기준에 따라 세대주를 포함한 세대원 전원이 주택을 소유하고 있지 아니한 세대의 세대주일 것
② 국토교통부령으로 정하는 기준에 따라 세대주를 포함한 세대원 중 1명에 한정하여 주거전용면적 85m² 이하의 주택 1채를 소유한 세대의 세대주일 것

3. **리모델링주택조합 조합원**: 다음의 어느 하나에 해당하는 사람. 이 경우 해당 공동주택, 복리시설 또는 ③에 따른 공동주택 외의 시설의 소유권이 여러 명의 공유(共有)에 속할 때에는 그 여러 명을 대표하는 1명을 조합원으로 본다.

① 사업계획승인을 받아 건설한 공동주택의 소유자
② 복리시설을 함께 리모델링하는 경우에는 해당 복리시설의 소유자
③ 「건축법」에 따른 건축허가를 받아 분양을 목적으로 건설한 공동주택의 소유자(해당 건축물에 공동주택 외의 시설이 있는 경우에는 해당 시설의 소유자를 포함)

② **세대주 자격을 일시 상실한 경우**: 주택조합의 조합원이 근무·질병치료·유학·결혼 등 부득이한 사유로 세대주 자격을 일시적으로 상실한 경우로서 시장·군수·구청장이 인정하는 경우에는 조합원 자격이 있는 것으로 본다.

(3) 조합원의 모집방법 제28회, 제34회

원칙	지역주택조합 또는 직장주택조합의 설립인가를 받기 위하여 조합원을 모집하려는 자는 해당 주택건설대지의 50% 이상에 해당하는 토지의 사용권원을 확보하여 관할 시장·군수·구청장에게 신고하고, 공개모집의 방법으로 조합원을 모집하여야 한다. 조합설립인가를 받기 전에 신고한 내용을 변경하는 경우에도 또한 같다.
예외	공개모집 이후 조합원의 사망·자격상실·탈퇴 등으로 인한 결원을 충원하거나 미달된 조합원을 재모집하는 경우에는 신고하지 아니하고 선착순의 방법으로 조합원을 모집할 수 있다.
조합원 모집공고	모집주체가 주택조합의 조합원을 모집하기 위하여 광고를 하는 경우에는 다음의 내용이 포함되어야 한다. ① '지역주택조합 또는 직장주택조합의 조합원 모집을 위한 광고'라는 문구 ② 조합원의 자격기준에 관한 내용 ③ 주택건설대지의 사용권원 및 소유권을 확보하는 비율 ④ 조합의 명칭 및 사무소의 소재지 ⑤ 조합원 모집신고 수리일

(4) 조합원의 교체·신규가입 제19회, 제20회, 제24회, 제25회, 제27회, 제28회, 제31회

가입금지	지역주택조합 또는 직장주택조합은 설립인가를 받은 후에는 해당 조합원을 교체하거나 신규로 가입하게 할 수 없다. 다만, 다음의 어느 하나에 해당하는 사유로 결원이 발생한 범위에서 충원하는 경우에는 예외로 한다. ① 조합원 수가 주택건설 예정 세대수를 초과하지 아니하는 범위에서 시장·군수·구청장으로부터 국토교통부령으로 정하는 바에 따라 조합원 추가모집의 승인을 받은 경우 ② 다음의 어느 하나에 해당하는 사유로 결원이 발생한 범위에서 충원하는 경우 　㉠ 조합원의 사망 　㉡ 사업계획승인 이후에 입주자로 선정된 지위가 양도·증여 또는 판결 등으로 변경된 경우(단, 투기과열지구에서 건설·공급되는 주택의 입주자로 선정된 지위의 전매가 금지되는 경우는 제외) 　㉢ 조합원의 탈퇴 등으로 조합원 수가 주택건설 예정 세대수의 50% 미만이 되는 경우 　㉣ 조합원이 무자격자로 판명되어 자격을 상실하는 경우 　㉤ 사업계획승인 등의 과정에서 주택건설 예정 세대수가 변경되어 조합원 수가 변경된 세대수의 50% 미만이 되는 경우
추가모집 시 자격판단 기준	조합원으로 추가모집되거나 충원되는 자가 조합원 자격요건을 갖추었는지를 판단할 때에는 해당 조합설립인가 신청일을 기준으로 한다.
변경인가 신청	조합원 추가모집의 승인과 조합원 추가모집에 따른 주택조합의 변경인가 신청은 사업계획승인 신청일까지 하여야 한다.

(5) 사업계획승인 신청 제29회

① 주택조합은 설립인가를 받은 날부터 2년 이내에 사업계획승인(사업계획승인 대상이 아닌 리모델링인 경우에는 허가를 말함)을 신청하여야 한다.
② 주택조합은 등록사업자가 소유하는 공공택지를 주택건설대지로 사용해서는 아니 된다. 다만, 경매 또는 공매를 통하여 취득한 공공택지는 예외로 한다.

4 주택상환사채 제23회, 제27회, 제31회, 제32회, 제33회

(1) 주택상환사채의 발행

발행권자	① 한국토지주택공사와 등록사업자는 대통령령으로 정하는 바에 따라 주택으로 상환하는 주택상환사채를 발행할 수 있다. ② 등록사업자는 자본금·자산평가액 및 기술인력 등이 다음에서 정하는 기준에 맞고 금융기관 또는 주택도시보증공사의 보증을 받은 경우에만 주택상환사채를 발행할 수 있다. 　㉠ 법인으로서 자본금이 5억원 이상일 것 　㉡ 최근 3년간 연평균 주택건설실적이 300호 이상일 것

승인권자	주택상환사채를 발행하려는 자는 대통령령으로 정하는 바에 따라 주택상환사채발행계획을 수립하여 국토교통부장관의 승인을 받아야 한다.
발행방법	① 주택상환사채는 기명증권(記名證券)으로 하고, 사채권자의 명의변경은 취득자의 성명과 주소를 사채원부에 기록하는 방법으로 하며, 취득자의 성명을 채권에 기록하지 아니하면 사채발행자 및 제3자에게 대항할 수 없다. ② 주택상환사채는 액면 또는 할인의 방법으로 발행한다. ③ 주택상환사채권에는 기호와 번호를 붙이고 발행조건 등의 사항을 적어야 한다. ④ 주택상환사채의 발행자는 주택상환사채대장을 갖추어 두고 주택상환사채권의 발행 및 상환에 관한 사항을 적어야 한다.
상환기간	① 주택상환사채를 발행한 자는 발행조건에 따라 주택을 건설하여 사채권자에게 상환하여야 한다. ② 주택상환사채의 상환기간은 3년을 초과할 수 없다.
납입금의 사용용도	① 택지의 구입 및 조성 ② 주택건설자재의 구입 ③ 건설공사비에의 충당 ④ 그 밖에 주택상환을 위하여 필요한 비용으로서 국토교통부장관의 승인을 받은 비용에의 충당
효력	등록사업자의 등록이 말소된 경우에도 등록사업자가 발행한 주택상환사채의 효력에는 영향을 미치지 아니한다.
「상법」의 적용	주택상환사채의 발행에 관하여 이 법에서 규정한 것 외에는 「상법」 중 사채발행에 관한 규정을 적용한다. 다만, 한국토지주택공사가 발행하는 경우와 금융기관 등이 상환을 보증하여 등록사업자가 발행하는 경우에는 「상법」 제478조 제1항을 적용하지 아니한다.

(2) 주택상환사채의 양도 또는 중도해약

원칙	주택상환사채는 양도하거나 중도에 해약할 수 없다.
예외	다음의 경우에는 양도하거나 중도에 해약할 수 있다. ① 세대원(세대주가 포함된 세대의 구성원)의 근무 또는 생업상의 사정이나 질병치료, 취학 또는 결혼으로 세대원 전원이 다른 행정구역으로 이전하는 경우 ② 세대원 전원이 상속으로 취득한 주택으로 이전하는 경우 ③ 세대원 전원이 해외로 이주하거나 2년 이상 해외에 체류하려는 경우

기본문제와 완성문제로 단단기출

01 주택법령상 주택조합에 관한 설명으로 **틀린** 것은? 제25회

① 등록사업자와 공동으로 주택건설사업을 하는 주택조합은 등록하지 않고 20세대 이상의 공동주택의 건설사업을 시행할 수 있다.
② 리모델링의 허가를 신청하기 위한 동의율을 확보한 경우 리모델링 결의를 한 리모델링주택조합은 그 리모델링 결의에 찬성하지 아니하는 자의 주택 및 토지에 대하여 매도청구를 할 수 없다.
③ 국민주택을 공급받기 위하여 직장주택조합을 설립하려는 자는 관할 시장·군수·구청장에게 신고하여야 한다.
④ 직장주택조합은 설립인가를 받은 후에는 원칙적으로 해당 조합원을 교체하거나 신규로 가입하게 할 수 없다.
⑤ 시공자와의 공사계약 체결은 조합총회의 의결을 거쳐야 한다.

| 키워드 | 주택조합의 설립 |

| 난이도 | |

| 해설 | 리모델링의 허가를 신청하기 위한 동의율을 확보한 경우 리모델링 결의를 한 리모델링주택조합은 그 리모델링 결의에 찬성하지 아니하는 자의 주택 및 토지에 대하여 매도청구를 할 수 있다. |

02 주택법령상 지역주택조합의 조합원에 관한 설명으로 **틀린** 것은? 제28회

① 조합원의 사망으로 그 지위를 상속받는 자는 조합원이 될 수 있다.
② 조합원이 근무로 인하여 세대주 자격을 일시적으로 상실한 경우로서 시장·군수·구청장이 인정하는 경우에는 조합원 자격이 있는 것으로 본다.
③ 조합설립 인가 후에 조합원의 탈퇴로 조합원 수가 주택건설 예정 세대수의 50% 미만이 되는 경우에는 결원이 발생한 범위에서 조합원을 신규로 가입하게 할 수 있다.
④ 조합설립 인가 후 조합원으로 추가모집되는 자가 조합원 자격요건을 갖추었는지를 판단할 때에는 추가모집공고일을 기준으로 한다.
⑤ 조합원 추가모집에 따른 주택조합의 변경인가 신청은 사업계획승인 신청일까지 하여야 한다.

| 키워드 | 조합원 |

| 난이도 | |

| 해설 | 조합원으로 추가모집되거나 충원되는 자가 조합원 자격요건을 갖추었는지를 판단할 때에는 해당 조합설립인가 신청일을 기준으로 한다. |

정답 01 ② 02 ④

THEME 34 주택조합

03 기본기출

주택법령상 지역주택조합이 설립인가를 받은 후 조합원을 신규로 가입하게 할 수 있는 경우와 결원의 범위에서 충원할 수 있는 경우 중 어느 하나에도 해당하지 <u>않는</u> 것은? 제31회

① 조합원이 사망한 경우
② 조합원이 무자격자로 판명되어 자격을 상실하는 경우
③ 조합원을 수가 주택건설 예정 세대수를 초과하지 아니하는 범위에서 조합원 추가모집의 승인을 받은 경우
④ 조합원의 탈퇴 등으로 조합원 수가 주택건설 예정 세대 수의 60%가 된 경우
⑤ 사업계획승인의 과정에서 주택건설 예정 세대수가 변경되어 조합원 수가 변경된 세대수의 40%가 된 경우

키워드	조합원
난이도	
해설	조합원의 탈퇴 등으로 조합원 수가 주택건설 예정 세대수의 50% 미만이 되어야 충원이 가능하다. ④에서 60%는 50% 미만이 아니므로 충원이 불가능하다.

04 기본기출

주택법령상 주택상환사채에 관한 설명으로 옳은 것은? 제33회

① 법인으로서 자본금이 3억원인 등록사업자는 주택상환사채를 발행할 수 있다.
② 발행조건은 주택상환사채권에 적어야 하는 사항에 포함된다.
③ 주택상환사채를 발행하려는 자는 주택상환사채발행계획을 수립하여 시·도지사의 승인을 받아야 한다.
④ 주택상환사채는 액면으로 발행하고, 할인의 방법으로는 발행할 수 없다.
⑤ 주택상환사채는 무기명증권(無記名證券)으로 발행한다.

| 키워드 | 주택상환사채 |
| 난이도 | |
| 해설 | ① 등록사업자는 자본금·자산평가액 및 기술인력 등이 대통령령으로 정하는 기준에 맞고 금융기관 또는 주택도시보증공사의 보증을 받은 경우에만 주택상환사채를 발행할 수 있다. '대통령령으로 정하는 기준'이란 다음의 기준 모두를 말한다.

> 1. 법인으로서 자본금이 5억원 이상일 것
> 2. 「건설산업기본법」 제9조에 따라 건설업 등록을 한 자일 것
> 3. 최근 3년간 연평균 주택건설 실적이 300호 이상일 것

③ 주택상환사채를 발행하려는 자는 주택상환사채발행계획을 수립하여 국토교통부장관의 승인을 받아야 한다.
④ 주택상환사채는 액면 또는 할인의 방법으로 발행한다.
⑤ 주택상환사채는 기명증권(記名證券)으로 발행한다. |

정답 03 ④ 04 ②

05

주택법령상 지역주택조합의 설립인가 신청을 위하여 제출하여야 하는 서류에 해당하지 않는 것은?

제30회

① 조합장선출동의서
② 조합원의 동의를 받은 정산서
③ 조합원 전원이 자필로 연명한 조합규약
④ 조합원 자격이 있는 자임을 확인하는 서류
⑤ 해당 주택건설대지의 80% 이상에 해당하는 토지의 사용권원을 확보하였음을 증명하는 서류

키워드 주택조합의 설립

난이도

해설 지역주택조합의 설립·변경 또는 해산의 인가를 받으려는 자는 신청서에 다음의 구분에 따른 서류를 첨부하여 주택건설대지를 관할하는 특별자치시장, 특별자치도지사, 시장·군수 또는 구청장에게 제출하여야 한다. 조합원의 동의를 받은 정산서는 해산인가신청서에 포함된다.

> 1. 창립총회 회의록
> 2. 조합장선출동의서
> 3. 조합원 전원이 자필로 연명(連名)한 조합규약
> 4. 조합원 명부
> 5. 사업계획서
> 6. 해당 주택건설대지의 80% 이상에 해당하는 토지의 사용권원을 확보하였음을 증명하는 서류
> 7. 해당 주택건설대지의 15% 이상에 해당하는 토지의 소유권을 확보하였음을 증명하는 서류
> 8. 그 밖에 국토교통부령으로 정하는 서류(조합원 자격이 있는 자임을 확인하는 서류)

06

주택법령상 지역주택조합의 조합원을 모집하기 위하여 모집주체가 광고를 하는 경우 광고에 포함되어야 하는 내용에 해당하는 것을 모두 고른 것은?

제34회

> ㉠ 조합의 명칭 및 사무소의 소재지
> ㉡ 조합원의 자격기준에 관한 내용
> ㉢ 조합설립 인가일
> ㉣ 조합원 모집신고 수리일

① ㉠, ㉡, ㉢
② ㉠, ㉡, ㉣
③ ㉠, ㉢, ㉣
④ ㉡, ㉢, ㉣
⑤ ㉠, ㉡, ㉢, ㉣

키워드 조합원

난이도

해설 ㉠㉡㉣ 조합원 모집광고에 포함되어야 하는 내용이다.
㉢ 조합원 모집광고에 포함되어야 하는 내용이 아니다. 조합설립인가를 받기 전에 조합원을 모집하는 것이므로 조합원 모집광고에 조합설립 인가일이 포함될 수 없다.

정답 05 ② 06 ②

07 주택법령상 주택조합에 관한 설명으로 틀린 것은? (단, 리모델링주택조합은 제외함) 제28회

① 지역주택조합설립인가를 받으려는 자는 해당 주택건설대지의 80% 이상에 해당하는 토지의 사용권과 해당 주택건설대지의 15% 이상에 해당하는 토지의 소유권을 확보하여야 한다.
② 탈퇴한 조합원은 조합규약으로 정하는 바에 따라 부담한 비용의 환급을 청구할 수 있다.
③ 주택조합은 주택건설 예정 세대수의 50% 이상의 조합원으로 구성하되, 조합원은 10명 이상이어야 한다.
④ 지역주택조합은 그 구성원을 위하여 건설하는 주택을 그 조합원에게 우선 공급할 수 있다.
⑤ 조합원의 공개모집 이후 조합원의 사망·자격상실·탈퇴 등으로 인한 결원을 충원하거나 미달된 조합원을 재모집하는 경우에는 신고하지 아니하고 선착순의 방법으로 조합원을 모집할 수 있다.

키워드	조합원
난이도	
해설	주택조합(리모델링주택조합은 제외)은 주택건설 예정 세대수(설립인가 당시의 사업계획서상 주택건설 예정 세대수를 말하되, 법 제20조에 따라 임대주택으로 건설·공급하는 세대수는 제외)의 50% 이상의 조합원으로 구성하되, 조합원은 20명 이상이어야 한다.

08 주택법령상 주택상환사채의 납입금이 사용될 수 있는 용도로 명시된 것을 모두 고른 것은? 제32회

㉠ 주택건설자재의 구입
㉡ 택지의 구입 및 조성
㉢ 주택조합 운영비에의 충당
㉣ 주택조합 가입 청약철회자의 가입비 반환

① ㉠, ㉡
② ㉠, ㉣
③ ㉢, ㉣
④ ㉠, ㉡, ㉣
⑤ ㉡, ㉢, ㉣

키워드	주택상환사채
난이도	
해설	주택상환사채의 납입금이 사용될 수 있는 용도는 주택건설자재의 구입(㉠), 택지의 구입 및 조성(㉡), 건설공사비에의 충당, 그 밖에 주택상환을 위하여 필요한 비용으로서 국토교통부장관의 승인을 받은 비용에의 충당으로만 사용될 수 있다.

정답 07 ③ 08 ①

THEME 35 주택건설사업의 시행

| THEME 키워드 |
사업계획승인, 사업계획의 승인절차, 사업시행을 위한 보호 및 일반조치, 사업계획의 이행, 주택의 사용검사

> **기출분석**
> - **기출회차:** 제28회
> - **키워드:** 사업계획승인
> - **난이도:** ■■□

기본으로 알아야 하는 대표기출

주택법령상 주택건설사업계획의 승인 등에 관한 설명으로 틀린 것은? (단, 다른 법률에 따른 사업은 제외함)

① 주거전용 단독주택인 건축법령상 한옥인 경우 50호 이상의 건설사업을 시행하려는 자는 사업계획승인을 받아야 한다.
② 주택건설사업을 시행하려는 자는 전체 세대수가 600세대 이상의 주택단지를 공구별로 분할하여 주택을 건설·공급할 수 있다.
③ 사업주체는 공사의 착수기간이 연장되지 않는 한 주택건설사업계획의 승인을 받은 날부터 5년 이내에 공사를 시작하여야 한다.
④ 사업계획승인권자는 사업계획승인의 신청을 받았을 때에는 정당한 사유가 없으면 신청받은 날부터 60일 이내에 사업주체에게 승인 여부를 통보하여야 한다.
⑤ 사업계획승인의 조건으로 부과된 사항을 이행함에 따라 공사착수가 지연되는 경우, 사업계획승인권자는 그 사유가 없어진 날부터 3년 범위에서 공사의 착수기간을 연장할 수 있다.

> **함정을 피하는 TIP**
> - 주택건설사업계획의 승인에 대한 내용을 전반적으로 학습하면 정답을 찾을 수 있는 문제이다.

해 설
사업계획승인의 조건으로 부과된 사항을 이행함에 따라 공사착수가 지연되는 경우, 사업계획승인권자는 그 사유가 없어진 날부터 1년 범위에서 공사의 착수기간을 연장할 수 있다.

정답 ⑤

단단하게 정리하는 **핵심이론**

1 사업계획승인

(1) 사업계획승인의 대상 제26회, 제28회, 제30회, 제31회, 제32회

원칙	단독주택 30호(한옥은 50호), 공동주택 30세대 이상의 주택건설사업을 시행하려는 자 또는 면적 1만m² 이상의 대지조성사업을 시행하려는 자는 사업계획승인을 받아야 한다.
예외	주택 외의 시설과 주택을 동일 건축물로 건축하는 경우 등 대통령령으로 정하는 경우에는 사업계획승인 대상에서 제외한다.

(2) 사업계획승인권자 제26회

사업계획승인을 받으려는 자는 사업계획승인 신청서에 주택과 그 부대시설 및 복리시설의 배치도, 대지조성공사 설계도서 등 대통령령으로 정하는 서류를 첨부하여 다음의 사업계획승인권자에게 제출하고 사업계획승인을 받아야 한다.

	승인권자	사업의 조건
원칙	특별시장·광역시장·특별자치시장·도지사 또는 특별자치도지사(시·도지사) 또는 대도시의 시장	주택건설사업 또는 대지조성사업으로서 해당 대지면적이 10만m² 이상인 경우
	특별시장·광역시장·특별자치시장·특별자치도지사 또는 시장·군수	주택건설사업 또는 대지조성사업으로서 해당 대지면적이 10만m² 미만인 경우
예외	국토교통부장관	① 국가 및 한국토지주택공사가 시행하는 경우 ② 330만m² 이상의 규모로 「택지개발촉진법」에 따른 택지개발사업 또는 「도시개발법」에 따른 도시개발사업을 추진하는 지역 중 국토교통부장관이 지정·고시하는 지역에서 주택건설사업을 시행하는 경우 ③ 수도권 또는 광역시 지역의 긴급한 주택난 해소가 필요하거나 지역균형개발 또는 광역적 차원의 조정이 필요하여 국토교통부장관이 지정·고시하는 지역에서 주택건설사업을 시행하는 경우 ④ 국가·지방자치단체·한국토지주택공사·지방공사가 단독 또는 공동으로 총 지분의 50%를 초과하여 출자한 위탁관리 부동산투자회사(해당 부동산투자회사의 자산관리회사가 한국토지주택공사인 경우만 해당)가 공공주택건설사업을 시행하는 경우

(3) 주택단지 공구별 분할시행 제26회, 제28회, 제30회, 제32회

주택건설사업을 시행하려는 자는 전체 세대수가 600세대 이상의 주택단지를 공구별로 분할하여 주택을 건설·공급할 수 있다.

(4) 표본설계도서의 승인 제31회

한국토지주택공사, 지방공사 또는 등록사업자는 동일한 규모의 주택을 대량으로 건설하려는 경우에는 국토교통부령으로 정하는 바에 따라 국토교통부장관에게 주택의 형별(型別)로 표본설계도서를 작성·제출하여 승인을 받을 수 있다.

2 사업계획의 승인절차

(1) 주택건설대지의 소유권 확보 제29회

원칙	주택건설사업계획의 승인을 받으려는 자는 해당 주택건설대지의 소유권을 확보하여야 한다.
예외	사업주체가 주택건설대지의 소유권을 확보하지 못하였으나 그 대지를 사용할 수 있는 권원을 확보한 경우에는 그러하지 아니하다.

(2) 기반시설의 기부채납 제30회

사업계획승인권자는 사업계획을 승인할 때 사업주체가 제출하는 사업계획에 해당 주택건설사업 또는 대지조성사업과 직접적으로 관련이 없거나 과도한 기반시설의 기부채납(寄附採納)을 요구하여서는 아니 된다.

(3) 사업계획승인 여부의 통보 제28회, 제30회, 제32회

사업계획승인권자는 사업계획승인의 신청을 받았을 때에는 정당한 사유가 없으면 신청받은 날부터 60일 이내에 사업주체에게 승인 여부를 통보하여야 한다.

(4) 사업계획의 변경승인 제29회, 제31회

승인받은 사업계획을 변경하려면 사업계획승인권자로부터 변경승인을 받아야 한다. 다만, 국토교통부령으로 정하는 경미한 사항을 변경하는 경우에는 그러하지 아니하다.

> **보충**
>
> **국토교통부령으로 정하는 경미한 사항을 변경하는 경우**
> 다음의 어느 하나에 해당하는 경우를 말한다. 다만, 다음은 사업주체가 국가, 지방자치단체, 한국토지주택공사 또는 지방공사인 경우로 한정한다.
> 1. 총사업비의 20%의 범위에서의 사업비 증감(단, 국민주택을 건설하는 경우로서 지원받는 주택도시기금이 증가되는 경우는 제외)

2. 대지면적의 20%의 범위에서의 면적 증감(단, 지구경계의 변경을 수반하거나 토지 또는 토지에 정착된 물건 및 그 토지나 물건에 관한 소유권 외의 권리를 수용할 필요를 발생시키는 경우는 제외)
3. 건축물의 설계와 용도별 위치를 변경하지 아니하는 범위에서의 건축물의 배치조정 및 주택단지 안 도로의 선형변경

(5) 사업계획승인의 고시·송부

사업계획승인권자는 사업계획을 승인하였을 때에는 사업의 명칭, 사업주체의 성명·주소 등을 포함하여 고시하여야 한다.

3 사업시행을 위한 보호 및 일반조치

(1) 매도청구 제20회, 제21회, 제22회, 제25회, 제26회

① 사업주체의 매도청구
  ㉠ 매도청구의 요건: 사업계획승인을 받은 사업주체는 다음에 따라 해당 주택건설대지 중 사용할 수 있는 권원을 확보하지 못한 대지(건축물을 포함)의 소유자에게 그 대지를 시가(市價)로 매도할 것을 청구할 수 있다.

주택건설대지면적의 95% 이상의 사용권원을 확보한 경우	사용권원을 확보하지 못한 대지의 모든 소유자에게 매도청구 가능
주택건설대지면적의 80% 이상 95% 미만의 사용권원을 확보한 경우	사용권원을 확보하지 못한 대지의 소유자 중 지구단위계획구역 결정고시일 10년 이전에 해당 대지의 소유권을 취득하여 계속 보유하고 있는 자를 제외한 소유자에게 매도청구 가능

  ㉡ 협의기간: 매도청구 대상이 되는 대지의 소유자와 매도청구를 하기 전에 3개월 이상 협의를 하여야 한다.
② 리모델링주택조합의 매도청구: 리모델링의 허가를 신청하기 위한 동의율을 확보한 경우 리모델링 결의를 한 리모델링주택조합은 그 리모델링 결의에 찬성하지 아니하는 자의 주택 및 토지에 대하여 매도청구를 할 수 있다.

(2) 국공유지 등의 우선 매각 및 임대 제20회

우선매각 또는 임대 대상	국가 또는 지방자치단체는 그가 소유하는 토지를 매각하거나 임대하는 경우에는 국민주택규모의 주택을 50% 이상으로 건설하는 주택의 건설을 위해 그 토지의 매수 또는 임차를 원하는 자가 있으면 그에게 우선적으로 그 토지를 매각하거나 임대할 수 있다.

환매 또는 임대계약의 취소	국가 또는 지방자치단체는 국가 또는 지방자치단체로부터 토지를 매수하거나 임차한 자가 그 매수일 또는 임차일부터 2년 이내에 국민주택규모의 주택 또는 조합주택을 건설하지 아니하거나 그 주택을 건설하기 위한 대지조성사업을 시행하지 아니한 경우에는 환매(還買)하거나 임대계약을 취소할 수 있다.

(3) 환지방식에 의한 도시개발사업으로 조성된 대지의 활용 제20회

체비지의 우선매각	사업주체가 국민주택용지로 사용하기 위하여 도시개발사업시행자(「도시개발법」에 따른 환지방식에 의하여 사업을 시행하는 도시개발사업의 시행자)에게 체비지(替費地)의 매각을 요구한 경우 그 도시개발사업시행자는 경쟁입찰방법에 따라 체비지의 총면적의 50%의 범위에서 이를 우선적으로 사업주체에게 매각할 수 있다.
체비지 양도가격	체비지의 양도가격은 국토교통부령으로 정하는 바에 따라 「감정평가 및 감정평가사에 관한 법률」에 따른 감정평가법인등이 감정평가한 감정가격을 기준으로 한다. 다만, 임대주택을 건설하는 경우 등 국토교통부령으로 정하는 경우에는 국토교통부령으로 정하는 조성원가를 기준으로 할 수 있다.

4 사업계획의 이행 및 취소 등

(1) 공사착수 제26회, 제28회, 제29회, 제30회, 제32회

① 공사착수시기: 사업주체는 승인받은 사업계획대로 사업을 시행하여야 하고, 다음의 구분에 따라 공사를 시작하여야 한다.

사업계획승인을 받은 경우		승인받은 날부터 5년 이내
공구별 분할시행으로 사업계획승인을 받은 경우	최초로 공사를 진행하는 공구	승인받은 날부터 5년 이내
	최초로 공사를 진행하는 공구 외의 공구	해당 주택단지에 대한 최초 착공신고일부터 2년 이내

② 공사착수시기의 연장: 사업계획승인권자는 다음의 정당한 사유가 있다고 인정하는 경우에는 사업주체의 신청을 받아 그 사유가 없어진 날부터 1년의 범위에서 분할시행사업 시 최초로 공사를 진행하는 공구 외의 공구를 제외한 나머지 경우는 공사의 착수기간을 연장할 수 있다.

- ㉠ 「매장문화재 보호 및 조사에 관한 법률」에 따라 문화재청장의 매장문화재 발굴허가를 받은 경우
- ㉡ 해당 사업시행지에 대한 소유권 분쟁(소송절차가 진행 중인 경우만 해당)으로 인하여 공사착수가 지연되는 경우
- ㉢ 사업계획승인의 조건으로 부과된 사항을 이행함에 따라 공사착수가 지연되는 경우
- ㉣ 천재지변 또는 사업주체에게 책임이 없는 불가항력적인 사유로 인하여 공사착수가 지연되는 경우
- ㉤ 공공택지의 개발·조성을 위한 계획에 포함된 기반시설의 설치 지연으로 공사착수가 지연되는 경우

ⓑ 해당 지역의 미분양주택 증가 등으로 사업성이 악화될 우려가 있거나 주택건설경기가 침체되는 등 공사에 착수하지 못할 부득이한 사유가 있다고 사업계획승인권자가 인정하는 경우

③ 착공신고

㉠ 사업주체가 공사를 시작하려는 경우에는 국토교통부령으로 정하는 바에 따라 사업계획승인권자에게 신고하여야 한다.
㉡ 사업계획승인권자는 신고를 받은 날부터 20일 이내에 신고수리 여부를 신고인에게 통지하여야 한다.

(2) 사업계획승인의 취소사유 제26회, 제29회

사업계획승인권자는 다음의 어느 하나에 해당하는 경우 그 사업계획의 승인을 취소(② 또는 ③에 해당하는 경우 「주택도시기금법」에 따라 주택분양보증이 된 사업은 제외)할 수 있다.

① 사업주체가 사업계획승인을 받은 후 5년 이내에 공사를 시작하지 아니한 경우(단, 최초 공구 외의 공구의 경우는 최초 착공신고일부터 2년 이내에 공사를 시작하지 아니한 경우 취소할 수 없음)
② 사업주체가 경매·공매 등으로 인하여 대지소유권을 상실한 경우
③ 사업주체의 부도·파산 등으로 공사의 완료가 불가능한 경우

5 사용검사 제24회, 제34회

(1) 사용검사권자

원칙	사업주체는 사업계획승인을 받아 시행하는 주택건설사업 또는 대지조성사업을 완료한 경우에는 주택 또는 대지에 대하여 국토교통부령으로 정하는 바에 따라 시장·군수·구청장의 사용검사를 받아야 한다.
특칙	국가 또는 한국토지주택공사가 사업주체인 경우와 국토교통부장관으로부터 사업계획의 승인을 얻은 경우에는 국토교통부장관의 사용검사를 받아야 한다.

(2) 공구별 분할 및 동별 사용검사

① 공구별로 분할하여 사업계획을 승인받은 경우에는 완공된 주택에 대하여 공구별로 사용검사를 받을 수 있다.
② 사업계획승인의 조건으로 부과된 사항의 미이행 사유가 있는 경우, 하나의 주택단지의 입주자를 분할 모집하여 전체 단지의 사용검사를 마치기 전에 입주자가 필요한 경우에는 공사가 완료된 주택에 대하여 동별로 사용검사를 받을 수 있다.

(3) 시공보증자 등의 사용검사

① 사업주체가 파산 등으로 사용검사를 받을 수 없는 경우
  ㉠ 사업주체가 파산 등으로 주택건설사업을 계속할 수 없는 경우에는 해당 주택의 시공보증자가 잔여공사를 시공하고 사용검사를 받아야 한다.
  ㉡ 시공보증자가 없거나 파산 등으로 시공을 할 수 없는 경우에는 입주예정자대표회의가 시공자를 정하여 잔여공사를 시공하고 사용검사를 받아야 한다.

② 사업주체가 정당한 이유 없이 사용검사를 위한 절차를 이행하지 아니하는 경우
  ㉠ 사업주체가 정당한 이유 없이 사용검사를 위한 절차를 이행하지 아니하는 경우에는 해당 주택의 시공을 보증한 자, 해당 주택의 시공자 또는 입주예정자가 사용검사를 받아야 한다.
  ㉡ 이 경우 사용검사권자는 사업주체가 사용검사를 받지 아니하는 정당한 이유를 밝히지 못하면 사용검사를 거부하거나 지연할 수 없다.

(4) 사용검사시기

① 사용검사권자는 사용검사를 할 때 주택 또는 대지가 사업계획의 내용에 적합한지 여부와 사용검사를 받기 전까지 조치해야 하는 하자를 조치 완료했는지 여부를 확인해야 한다.
② 사용검사는 신청일부터 15일 이내에 하여야 한다.

(5) 임시 사용승인

① 사업주체 또는 입주예정자는 건축물의 동별로 공사가 완료된 경우로서 사용검사권자의 임시 사용승인을 받은 경우에는 사용검사를 받기 전에 주택을 사용하게 할 수 있다.
② 사용검사권자는 임시 사용승인 신청을 받은 때에는 임시 사용승인대상인 주택 또는 대지가 사업계획의 내용에 적합하고 사용에 지장이 없는 경우에만 임시 사용을 승인할 수 있다. 이 경우 임시 사용승인의 대상이 공동주택인 경우에는 세대별로 임시 사용승인을 할 수 있다.

기본문제와 완성문제로 단단기출

01 주택법령상 ( ) 안에 들어갈 내용으로 옳게 연결된 것은? (단, 주택 외의 시설과 주택이 동일 건축물로 건축되지 않음을 전제로 함) 제26회

> • 한국토지주택공사가 서울특별시 A구에서 대지면적 10만㎡에 50호의 한옥 건설사업을 시행하려는 경우 (㉠)으로부터 사업계획승인을 받아야 한다.
> • B광역시 C구에서 지역균형개발이 필요하여 국토교통부장관이 지정·고시하는 지역 안에 50호의 한옥 건설사업을 시행하는 경우 (㉡)으로부터 사업계획승인을 받아야 한다.

	㉠	㉡
①	국토교통부장관	국토교통부장관
②	서울특별시장	C구청장
③	서울특별시장	국토교통부장관
④	A구청장	C구청장
⑤	국토교통부장관	B광역시장

키워드 사업계획승인

난이도

해설 두 경우 모두 국토교통부장관에게 사업계획승인을 받아야 한다.

02 주택법령상 ( ) 안에 알맞은 것은? 제26회

> 도시지역에서 국민주택건설 사업계획승인을 신청하려는 경우 공구별로 분할하여 주택을 건설·공급하려면 주택단지의 전체 세대수는 ( )세대 이상이어야 한다.

① 200   ② 300   ③ 400
④ 500   ⑤ 600

키워드 사업계획승인

난이도

해설 주택건설사업을 시행하려는 자는 전체 세대수가 600세대 이상인 주택단지는 해당 주택단지를 공구별로 분할하여 주택을 건설·공급할 수 있다.

정답 01 ① 02 ⑤

03 주택법령상 사업계획승인 등에 관한 설명으로 틀린 것은? (단, 다른 법률에 따른 사업은 제외함)

제32회

① 주택건설사업을 시행하려는 자는 전체 세대수가 600세대 이상의 주택단지를 공구별로 분할하여 주택을 건설·공급할 수 있다.
② 사업계획승인권자는 착공신고를 받은 날부터 20일 이내에 신고수리 여부를 신고인에게 통지하여야 한다.
③ 사업계획승인권자는 사업계획승인의 신청을 받았을 때에는 정당한 사유가 없으면 신청받은 날부터 60일 이내에 사업주체에게 승인 여부를 통보하여야 한다.
④ 사업주체는 사업계획승인을 받은 날부터 1년 이내에 공사를 착수하여야 한다.
⑤ 사업계획에는 부대시설 및 복리시설의 설치에 관한 계획 등이 포함되어야 한다.

키워드 사업계획승인

난이도

해설 사업주체는 사업계획승인을 받은 날부터 5년 이내에 공사를 착수하여야 한다.

---

04 주택법령상 주택건설 사업계획승인에 관한 설명으로 틀린 것은?

제30회

① 사업계획에는 부대시설 및 복리시설의 설치에 관한 계획 등이 포함되어야 한다.
② 주택단지의 전체 세대수가 500세대인 주택건설사업을 시행하려는 자는 주택단지를 공구별로 분할하여 주택을 건설·공급할 수 있다.
③ 「한국토지주택공사법」에 따른 한국토지주택공사는 동일한 규모의 주택을 대량으로 건설하려는 경우에는 국토교통부장관에게 주택의 형별(型別)로 표본설계도서를 작성·제출하여 승인을 받을 수 있다.
④ 사업계획승인권자는 사업계획을 승인할 때 사업주체가 제출하는 사업계획에 해당 주택건설사업과 직접적으로 관련이 없거나 과도한 기반시설의 기부채납을 요구하여서는 아니 된다.
⑤ 사업계획승인권자는 사업계획승인의 신청을 받았을 때에는 정당한 사유가 없으면 신청받은 날부터 60일 이내에 사업주체에게 승인 여부를 통보하여야 한다.

키워드 사업계획승인

난이도

해설 주택건설사업을 시행하려는 자는 전체 세대수가 600세대 이상인 주택단지는 해당 주택단지를 공구별로 분할하여 주택을 건설·공급할 수 있다.

정답 03 ④ 04 ②

05 주택법령상 사업계획승인을 받은 사업주체에게 인정되는 매도청구권에 관한 설명으로 옳은 것은?

제26회

① 주택건설대지에 사용권원을 확보하지 못한 건축물이 있는 경우 그 건축물은 매도청구의 대상이 되지 않는다.
② 사업주체는 매도청구일 전 60일부터 매도청구 대상이 되는 대지의 소유자와 협의를 진행하여야 한다.
③ 사업주체가 주택건설대지면적 중 100분의 90에 대하여 사용권원을 확보한 경우, 사용권원을 확보하지 못한 대지의 모든 소유자에게 매도청구를 할 수 있다.
④ 사업주체가 주택건설대지면적 중 100분의 80에 대하여 사용권원을 확보한 경우, 사용권원을 확보하지 못한 대지의 소유자 중 지구단위계획구역 결정고시일 10년 이전에 해당 대지의 소유권을 취득하여 계속 보유하고 있는 자에 대하여는 매도청구를 할 수 없다.
⑤ 리모델링의 허가를 신청하기 위한 동의율을 확보한 경우 리모델링 결의를 한 리모델링주택조합은 그 리모델링 결의에 찬성하지 아니하는 자의 주택 및 토지에 대하여 매도청구를 할 수 없다.

키워드 사업시행을 위한 보호 및 일반조치
난이도
해설 ① 주택건설대지에 사용권원을 확보하지 못한 건축물이 있는 경우 그 건축물도 매도청구의 대상이 된다.
② 사업주체는 매도청구를 하기 위해서는 매도청구 대상 대지의 소유자와 3개월 이상 협의를 하여야 한다.
③ 사업주체가 주택건설대지면적 중 100분의 95 이상에 대하여 사용권원을 확보한 경우, 사용권원을 확보하지 못한 대지의 모든 소유자에게 매도청구를 할 수 있다.
⑤ 리모델링의 허가를 신청하기 위한 동의율을 확보한 경우 리모델링 결의를 한 리모델링주택조합은 그 리모델링 결의에 찬성하지 아니하는 자의 주택 및 토지에 대하여 매도청구를 할 수 있다.

06 주택법령상 주택의 사용검사 등에 관한 설명으로 틀린 것은?

제34회

① 하나의 주택단지의 입주자를 분할 모집하여 전체 단지의 사용검사를 마치기 전에 입주가 필요한 경우에는 공사가 완료된 주택에 대하여 동별로 사용검사를 받을 수 있다.
② 사용검사는 사용검사 신청일부터 15일 이내에 하여야 한다.
③ 사업주체는 건축물의 동별로 공사가 완료된 경우로서 사용검사권자의 임시 사용승인을 받은 경우에는 사용검사를 받기 전에 주택을 사용하게 할 수 있다.
④ 사업체가 파산 등으로 사용검사를 받을 수 없는 경우에는 해당 주택의 시공을 보증한 자, 해당 주택의 시공자 또는 입주예정자는 사용검사를 받을 수 있다.
⑤ 무단거주가 아닌 입주예정자가 사업주체의 파산 등으로 사용검사를 받을 때에는 입주예정자의 대표회의가 사용검사권자에게 사용검사를 신청할 때 하자보수보증금을 예치하여야 한다.

정답 05 ④ 06 ④

| 키워드 | 주택의 사용검사 |

| 난이도 | |

| 해설 | ④ 사업체가 파산 등으로 사용검사를 받을 수 없는 경우에는 해당 주택의 시공을 보증한 자 또는 입주예정자는 사용검사를 받을 수 있다. 사업체가 파산 등으로 사용검사를 받을 수 없는 경우에 해당 주택의 시공자는 사용검사를 받을 수 있는 자에 해당하지 않는다(법 제49조 제3항 제1호).
⚠ 비교: 사업주체가 정당한 이유 없이 사용검사를 위한 절차를 이행하지 아니하는 경우에는 해당 주택의 시공을 보증한 자, 해당 주택의 시공자 또는 입주예정자는 사용검사를 받을 수 있다(법 제49조 제3항 제2호).
⑤ 법 제50조 제1항 |

07 완성 기출

주택법령상 사업계획의 승인 등에 관한 설명으로 옳은 것을 모두 고른 것은? (단, 다른 법률에 따른 사업은 제외함) 제31회

> ㉠ 대지조성사업계획승인을 받으려는 자는 사업계획승인 신청서에 조성한 대지의 공급계획서를 첨부하여 사업계획승인권자에게 제출하여야 한다.
> ㉡ 등록사업자는 동일한 규모의 주택을 대량으로 건설하려는 경우에는 시·도지사에게 주택의 형별로 표본설계도서를 작성·제출하여 승인을 받을 수 있다.
> ㉢ 지방공사가 사업주체인 경우 건축물의 설계와 용도별 위치를 변경하지 아니하는 범위에서의 건축물의 배치조정은 사업계획 변경승인을 받지 않아도 된다.

① ㉠
② ㉠, ㉡
③ ㉠, ㉢
④ ㉡, ㉢
⑤ ㉠, ㉡, ㉢

| 키워드 | 사업계획승인 |

| 난이도 | |

| 해설 | ㉡ 등록사업자는 동일한 규모의 주택을 대량으로 건설하려는 경우에는 국토교통부장관에게 주택의 형별로 표본설계도서를 작성·제출하여 승인을 받을 수 있다. 즉, 시·도지사가 아니라 국토교통부장관이다. |

정답 07 ③

THEME 35 주택건설사업의 시행

08 주택법령상 주택건설사업에 대한 사업계획의 승인에 관한 설명으로 **틀린** 것은? 제29회

① 지역주택조합은 설립인가를 받은 날부터 2년 이내에 사업계획승인을 신청하여야 한다.
② 사업주체가 승인받은 사업계획에 따라 공사를 시작하려는 경우 사업계획승인권자에게 신고하여야 한다.
③ 사업계획승인권자는 사업주체가 경매로 인하여 대지소유권을 상실한 경우에는 그 사업계획의 승인을 취소하여야 한다.
④ 사업주체가 주택건설대지를 사용할 수 있는 권원을 확보한 경우에는 그 대지의 소유권을 확보하지 못한 경우에도 사업계획의 승인을 받을 수 있다.
⑤ 주택조합이 승인받은 총사업비의 10%를 감액하는 변경을 하려면 변경승인을 받아야 한다.

> 키워드) 사업계획의 승인절차
> 난이도)
> 해설) 사업계획승인권자는 사업주체가 경매로 인하여 대지소유권을 상실한 경우에는 그 사업계획의 승인을 취소할 수 있다.

09 주택법령상 사업계획승인권자가 사업주체의 신청을 받아 공사의 착수기간을 연장할 수 있는 경우가 **아닌** 것은? (단, 공사에 착수하지 못할 다른 부득이한 사유는 고려하지 않음) 제30회

① 사업계획승인의 조건으로 부과된 사항을 이행함에 따라 공사착수가 지연되는 경우
② 공공택지의 개발·조성을 위한 계획에 포함된 기반시설을 설치 지연으로 공사착수가 지연되는 경우
③ 「매장문화재 보호 및 조사에 관한 법률」에 따라 문화재청장의 매장문화재 발굴허가를 받은 경우
④ 해당 사업시행지에 대한 소유권 분쟁을 사업주체가 소송 외의 방법으로 해결하는 과정에서 공사착수가 지연되는 경우
⑤ 사업주체에게 책임이 없는 불가항력적인 사유로 인하여 공사착수가 지연되는 경우

> 키워드) 사업계획의 이행
> 난이도)
> 해설) 해당 사업시행지에 대한 소유권 분쟁(소송절차가 진행 중인 경우만 해당)으로 인하여 공사착수가 지연되는 경우에 사업주체의 신청을 받아 그 사유가 없어진 날부터 1년의 범위에서 공사의 착수기간을 연장할 수 있다.

정답 08 ③ 09 ④

THEME 36 주택의 공급

| THEME 키워드 |
주택의 공급기준, 주택의 분양가격 제한, 사용검사 후 매도청구

기출분석
- **기출회차:** 제26회
- **키워드:** 주택의 공급기준
- **난이도:**

함정을 피하는 TIP
- 주택의 공급에 대한 전반적인 내용을 학습하여야 한다.

기본으로 알아야 하는 대표기출

주택법령상 주택의 공급에 관한 설명으로 옳은 것은?

① 한국토지주택공사가 사업주체로서 복리시설의 입주자를 모집하려는 경우 시장·군수·구청장에게 신고하여야 한다.
② 지방공사가 사업주체로서 견본주택을 건설하는 경우에는 견본주택에 사용되는 마감자재 목록표와 견본주택의 각 실의 내부를 촬영한 영상물 등을 제작하여 시장·군수·구청장에게 제출하여야 한다.
③ 「관광진흥법」에 따라 지정된 관광특구에서 건설·공급하는 50층 이상의 공동주택은 분양가상한제의 적용을 받는다.
④ 공공택지 외의 택지로서 분양가상한제가 적용되는 지역에서 공급하는 도시형 생활주택은 분양가상한제의 적용을 받는다.
⑤ 시·도지사는 사업계획승인 신청이 있는 날부터 30일 이내에 분양가심사위원회를 설치·운영하여야 한다.

해설
① 한국토지주택공사가 사업주체로서 복리시설의 입주자를 모집하려는 경우 시장·군수·구청장에게 신고하지 않아도 된다.
③ 「관광진흥법」에 따라 지정된 관광특구에서 건설·공급하는 50층 이상의 공동주택은 분양가상한제의 적용을 받지 않는다.
④ 공공택지 외의 택지로서 분양가상한제가 적용되는 지역에서 공급하는 도시형 생활주택은 분양가상한제의 적용을 받지 않는다.
⑤ 시장·군수·구청장은 사업계획승인 신청이 있는 날부터 20일 이내에 분양가심사위원회를 설치·운영하여야 한다.

정답 ②

단단하게 정리하는 핵심이론

1 주택의 공급기준

(1) 주택을 공급하는 자의 의무 제22회, 제23회, 제26회, 제27회

사업주체는 다음에서 정하는 바에 따라 주택을 건설·공급하여야 한다.

사업주체가 입주자를 모집하려는 경우	① 국토교통부령으로 정하는 바에 따라 시장·군수·구청장의 승인을 받아야 한다 (단, 복리시설의 경우에는 신고). ② 공공주택사업자(국가·지방자치단체·한국토지주택공사·지방공사)는 승인을 받지 아니하며, 복리시설의 경우에는 신고하지 않아도 된다.
사업주체가 건설하는 주택을 공급하려는 경우	① 국토교통부령으로 정하는 입주자모집의 시기·조건·방법·절차, 입주금의 납부방법·시기·절차, 주택공급계약의 방법·절차 등에 적합할 것 ② 국토교통부령으로 정하는 바에 따라 벽지·바닥재·주방용구·조명기구 등을 제외한 부분의 가격을 따로 제시하고, 이를 입주자가 선택할 수 있도록 할 것

(2) 주택을 공급받는 자의 의무

주택을 공급받으려는 자는 국토교통부령으로 정하는 입주자자격, 재당첨 제한 및 공급 순위 등에 맞게 주택을 공급받아야 한다. 이 경우 투기과열지구 및 조정대상지역에서 건설·공급되는 주택을 공급받으려는 자의 입주자자격, 재당첨 제한 및 공급 순위 등은 주택의 수급 상황 및 투기 우려 등을 고려하여 국토교통부령으로 지역별로 달리 정할 수 있다.

(3) 마감자재 목록표 제26회, 제28회

제출	사업주체가 시장·군수·구청장의 승인을 받으려는 경우(사업주체가 국가·지방자치단체·한국토지주택공사 및 지방공사인 경우에는 견본주택을 건설하는 경우)에는 건설하는 견본주택에 사용되는 마감자재의 규격·성능 및 재질을 적은 마감자재 목록표와 견본주택의 각 실의 내부를 촬영한 영상물 등을 제작하여 승인권자에게 제출하여야 한다.
보관기간	시장·군수·구청장은 받은 마감자재 목록표와 영상물 등을 사용검사가 있은 날부터 2년 이상 보관하여야 하며, 입주자가 열람을 요구하는 경우에는 이를 공개하여야 한다.
설치기준	① 사업주체가 마감자재 생산업체의 부도 등으로 인한 제품의 품귀 등 부득이한 사유로 인하여 사업계획승인 또는 마감자재 목록표의 마감자재와 다르게 마감자재를 시공·설치하려는 경우에는 당초의 마감자재와 같은 질 이상으로 설치하여야 한다. ② 사업주체가 마감자재 목록표의 자재와 다른 마감자재를 시공·설치하려는 경우에는 그 사실을 입주예정자에게 알려야 한다.

2 주택의 분양가상한제 등

(1) 분양가상한제 적용주택 제21회, 제22회, 제23회, 제26회, 제27회, 제28회, 제33회

원칙	사업주체가 일반인에게 공급하는 공동주택 중 다음의 어느 하나에 해당하는 지역에서 공급하는 주택의 경우에는 이 규정에서 정하는 기준에 따라 산정되는 분양가격 이하로 공급(이에 따라 공급되는 주택을 '분양가상한제 적용주택')하여야 한다. ① 공공택지 ② 공공택지 외의 택지로서 다음의 어느 하나에 해당하는 지역 　㉠ 「공공주택 특별법」에 따른 도심 공공주택 복합지구 　㉡ 「도시재생 활성화 및 지원에 관한 특별법」에 따른 주거재생혁신지구 　㉢ 주택가격 상승 우려가 있어 국토교통부장관이 「주거기본법」에 따른 주거정책심의위원회(이하 '주거정책심의위원회')의 심의를 거쳐 지정하는 지역
예외	다음의 어느 하나에 해당하는 경우에는 분양가상한제를 적용하지 아니한다. ① 도시형 생활주택 ② 「경제자유구역의 지정 및 운영에 관한 특별법」에 따라 지정·고시된 경제자유구역에서 건설·공급하는 공동주택으로서 경제자유구역위원회에서 외자유치 촉진과 관련이 있다고 인정하여 분양가격 제한을 적용하지 아니하기로 심의·의결한 경우 ③ 「관광진흥법」에 따라 지정된 관광특구에서 건설·공급하는 공동주택으로서 해당 건축물의 층수가 50층 이상이거나 높이가 150m 이상인 경우 ④ 한국토지주택공사 또는 지방공사가 다음의 정비사업의 시행자(「도시 및 주거환경정비법」 및 「빈집 및 소규모주택 정비에 관한 특례법」에 따른 사업시행자)로 참여하는 등 대통령령으로 정하는 공공성 요건을 충족하는 경우로서 해당 사업에서 건설·공급하는 주택 　㉠ 「도시 및 주거환경정비법」에 따른 정비사업으로서 면적, 세대수 등이 대통령령으로 정하는 요건에 해당되는 사업 　㉡ 「빈집 및 소규모주택 정비에 관한 특례법」에 따른 소규모주택정비사업 ⑤ 「도시 및 주거환경정비법」에 따른 공공재개발사업에서 건설·공급하는 주택 ⑥ 「도시재생 활성화 및 지원에 관한 특별법」에 따른 주거재생혁신지구에서 시행하는 혁신지구재생사업 중 다음에서 정하는 면적 또는 세대수 이하의 사업에서 건설·공급하는 주택 　㉠ 사업시행면적이 1만m² 미만인 사업 　㉡ 건설·공급하는 주택의 전체 세대수가 300세대 미만인 사업

(2) 분양가격의 결정요소 제33회

분양가격은 택지비와 건축비로 구성(토지임대부 분양주택의 경우에는 건축비만 해당)되며, 구체적인 명세, 산정방식, 감정평가기관 선정방법 등은 국토교통부령으로 정한다.

택지비	① 공공택지에서 주택을 공급하는 경우에는 해당 택지의 공급가격에 국토교통부령으로 정하는 택지와 관련된 비용을 가산한 금액으로 한다. ② 공공택지 외의 택지에서 분양가상한제 적용주택을 공급하는 경우에는 「감정평가 및 감정평가사에 관한 법률」에 따라 감정평가한 가액에 국토교통부령으로 정하는 택지와 관련된 비용을 가산한 금액으로 한다.
건축비	① 국토교통부장관이 정하여 고시하는 건축비(이하 '기본형건축비')에 국토교통부령으로 정하는 금액을 더한 금액으로 한다. ② 기본형건축비는 시장·군수·구청장이 해당 지역의 특성을 고려하여 국토교통부령으로 정하는 범위에서 따로 정하여 고시할 수 있다.

(3) 분양가격의 공시의무 제21회, 제23회

공공택지	① 사업주체는 분양가상한제 적용주택으로서 공공택지에서 공급하는 주택에 대하여 입주자모집승인을 받았을 때에는 입주자 모집공고에 분양가격을 공시하여야 한다. ② 택지비, 공사비, 간접비, 국토교통부령이 정하는 비용
공공택지 외의 택지	① 시장·군수·구청장이 공공택지 외의 택지에서 공급되는 분양가상한제 적용주택 중 분양가 상승 우려가 큰 지역으로서 대통령령으로 정하는 기준에 해당되는 지역에서 공급되는 주택의 입주자모집승인을 하는 경우에는 분양가격을 공시하여야 한다. ② 택지비, 직접공사비, 간접공사비, 설계비, 감리비, 부대비, 국토교통부령이 정하는 비용

(4) 분양가상한제 적용지역의 지정 제27회, 제30회

국토교통부장관은 주택가격상승률이 물가상승률보다 현저히 높은 지역으로서 그 지역의 주택가격·주택거래 등과 지역 주택시장 여건 등을 고려하였을 때 주택가격이 급등하거나 급등할 우려가 있는 지역 중 대통령령으로 정하는 기준을 충족하는 지역은 주거정책심의위원회 심의를 거쳐 분양가상한제 적용지역으로 지정할 수 있다.

(5) 분양가심사위원회 제21회, 제26회

시장·군수·구청장은 분양가격의 제한과 분양가격의 공시에 관한 사항을 심의하기 위하여 사업계획승인 신청이 있는 날부터 20일 이내에 분양가심사위원회를 설치·운영하여야 한다.

3 주택건설사업 등에 의한 임대주택의 건설 및 공급 제29회, 제30회, 제33회

(1) 완화 적용대상

사업주체(리모델링을 시행하는 자는 제외)가 다음의 사항을 포함한 사업계획승인 신청서(「건축법」의 허가신청서를 포함)를 제출하는 경우 사업계획승인권자(건축허가권자를 포함)는 「국토의 계획 및 이용에 관한 법률」의 용도지역별 용적률 범위에서 특별시·광역시·특별자치시·특별자치도·시 또는 군의 조례로 정하는 기준에 따라 용적률을 완화하여 적용할 수 있다.

> ① 30호 이상의 주택과 주택 외의 시설을 동일 건축물로 건축하는 계획
> ② 임대주택의 건설·공급에 관한 사항

(2) 임대주택의 공급비율

용적률을 완화하여 적용하는 경우 사업주체는 완화된 용적률의 30% 이상 60% 이하의 범위에서 시·도(특별시·광역시·특별자치시·도 또는 특별자치도)의 조례로 정하는 비율 이상에 해당하는 면적을 임대주택으로 공급하여야 한다.

(3) 임대주택의 우선 인수 및 인수자 지정 요청

사업주체는 임대주택을 국토교통부장관, 시·도지사, 한국토지주택공사 또는 지방공사(이하 '인수자')에 공급하여야 하며 시·도지사가 우선 인수할 수 있다. 다만, 시·도지사가 임대주택을 인수하지 아니하는 경우 다음의 구분에 따라 국토교통부장관에게 인수자 지정을 요청하여야 한다.

특별시장, 광역시장 또는 도지사가 인수하지 아니하는 경우	관할 시장, 군수 또는 구청장이 사업계획승인 신청 사실을 특별시장, 광역시장 또는 도지사에게 통보한 후 국토교통부장관에게 인수자 지정을 요청하여야 한다.
특별자치시장 또는 특별자치도지사가 인수하지 아니하는 경우	특별자치시장 또는 특별자치도지사가 직접 국토교통부장관에게 인수자 지정을 요청하여야 한다.

(4) 임대주택의 공급가격

공급되는 임대주택의 공급가격은 「공공주택 특별법」에 따른 공공건설임대주택의 분양전환가격 산정기준에서 정하는 건축비로 하고, 그 부속토지는 인수자에게 기부채납한 것으로 본다.

(5) 임대주택의 선정

사업주체는 공급되는 주택의 전부(주택조합이 설립된 경우에는 조합원에게 공급하고 남은 주택)를 대상으로 공개추첨의 방법에 의하여 인수자에게 공급하는 임대주택을 선정하여야 하며, 그 선정 결과를 지체 없이 인수자에게 통보하여야 한다.

4 사용검사 후 매도청구 제27회, 제29회, 제30회

주택소유자의 매도청구	주택(복리시설을 포함)의 소유자들은 주택단지 전체 대지에 속하는 일부의 토지에 대한 소유권이전등기 말소소송 등에 따라 사용검사(동별 사용검사를 포함)를 받은 이후에 해당 토지의 소유권을 회복한 자(실소유자)에게 해당 토지를 시가로 매도할 것을 청구할 수 있다.
대표자 선정요건	주택의 소유자들은 대표자를 선정하여 매도청구에 관한 소송을 제기할 수 있다. 이 경우 대표자는 주택의 소유자 전체의 ==4분의 3 이상의 동의==를 받아 선정한다.
판결효력	매도청구에 관한 소송에 대한 판결은 주택의 소유자 전체에 대하여 효력이 있다.
매도청구 요건	매도청구를 하려는 경우에는 해당 토지의 면적이 주택단지 전체 대지 면적의 5% 미만이어야 한다.
송달기간	매도청구의 의사표시는 실소유자가 해당 토지 소유권을 회복한 날부터 2년 이내에 해당 실소유자에게 송달되어야 한다.
구상권 행사	주택의 소유자들은 매도청구로 인하여 발생한 비용의 전부를 사업주체에게 구상(求償)할 수 있다.

기본문제와 완성문제로 단단기출

01 주택법령상 주택의 공급에 관한 설명으로 **틀린** 것은? 제28회

기본 기출

① 군수는 입주자 모집승인 시 사업주체에게서 받은 마감자재 목록표의 열람을 입주자가 요구하는 경우 이를 공개하여야 한다.
② 사업주체가 부득이한 사유로 인하여 사업계획승인의 마감자재와 다르게 시공·설치하려는 경우에는 당초의 마감자재와 같은 질 이하의 자재로 설치할 수 있다.
③ 사업주체가 마감자재 목록표의 자재와 다른 마감자재를 시공·설치하려는 경우에는 그 사실을 입주예정자에게 알려야 한다.
④ 사업주체가 일반인에게 공급하는 공동주택 중 공공택지에서 공급하는 주택의 경우에는 분양가상한제가 적용된다.
⑤ 도시형 생활주택을 공급하는 경우에는 분양가상한제가 적용되지 않는다.

키워드 주택의 공급기준

난이도

해설 사업주체가 마감자재 생산업체의 부도 등으로 인한 제품의 품귀 등 부득이한 사유로 인하여 사업계획승인 또는 마감자재 목록표의 마감자재와 다르게 마감자재를 시공·설치하려는 경우에는 당초의 마감자재와 같은 질 이상으로 설치하여야 한다.

정답 01 ②

THEME 36 주택의 공급 **375**

02 주택법령상 주택의 공급 및 분양가격 등에 관한 설명으로 옳은 것은? 제23회

① 분양가상한제 적용주택의 분양가격은 택지비와 건축비로 구성된다.
② 한국토지주택공사가 사업주체로서 입주자를 모집하려는 경우에는 시장·군수·구청장의 승인을 받아야 한다.
③ 사업주체가 복리시설의 입주자를 모집하려는 경우 시장·군수·구청장의 승인을 받아야 한다.
④ 사업주체가 공공택지에서 공급하는 분양가상한제 적용주택에 대하여 입주자모집승인을 받았을 때에는 분양가격을 공시할 필요가 없다.
⑤ 「관광진흥법」에 따라 지정된 관광특구에서 건설·공급하는 높이 150m 이상의 공동주택은 분양가상한제의 적용을 받는다.

키워드 주택의 분양가격 제한

난이도

해설 ② 한국토지주택공사가 사업주체로서 입주자를 모집하려는 경우에는 시장·군수·구청장의 승인을 받지 않는다.
③ 사업주체가 복리시설의 입주자를 모집하려는 경우 시장·군수·구청장에게 신고하여야 한다.
④ 사업주체가 공공택지에서 공급하는 분양가상한제 적용주택에 대하여 입주자모집승인을 받았을 때에는 분양가격을 공시하여야 한다.
⑤ 「관광진흥법」에 따라 지정된 관광특구에서 건설·공급하는 높이 150m 이상의 공동주택은 분양가상한제의 적용을 받지 않는다.

03 주택법령상 주택의 공급에 관한 설명으로 옳은 것은? 제27회

① 한국토지주택공사가 총지분의 100분의 70을 출자한 부동산투자회사가 사업주체로서 입주자를 모집하려는 경우에는 시장·군수·구청장의 승인을 받아야 한다.
② 「관광진흥법」에 따라 지정된 관광특구에서 건설·공급하는 층수가 51층이고 높이가 140m인 아파트는 분양가상한제의 적용대상이다.
③ 시·도지사는 주택가격상승률이 물가상승률보다 현저히 높은 지역으로서 주택가격의 급등이 우려되는 지역에 대해서 분양가상한제 적용지역으로 지정할 수 있다.
④ 주택의 사용검사 후 주택단지 내 일부의 토지의 소유권을 회복한 자에게 주택소유자들이 매도청구를 하려면 해당 토지의 면적이 주택단지 전체 대지면적의 5% 미만이어야 한다.
⑤ 사업주체가 투기과열지구에서 건설·공급하는 주택의 입주자로 선정된 지위는 매매하거나 상속할 수 없다.

정답 02 ① 03 ④

| 키워드 | 사용검사 후 매도청구
| 난이도 |
| 해설 | ① 한국토지주택공사가 총지분의 100분의 70을 출자한 부동산투자회사가 사업주체로서 입주자를 모집하려는 경우에는 시장·군수·구청장의 승인을 받지 않아도 된다.
② 「관광진흥법」에 따라 지정된 관광특구에서 건설·공급하는 층수가 51층이고 높이가 140m인 아파트는 분양가상한제를 적용하지 아니한다.
③ 국토교통부장관은 주택가격상승률이 물가상승률보다 현저히 높은 지역으로서 주택가격의 급등이 우려되는 지역에 대해서 분양가상한제 적용지역으로 지정할 수 있다.
⑤ 사업주체가 투기과열지구에서 건설·공급하는 주택의 입주자로 선정된 지위는 매매할 수는 없지만, 상속할 수는 있다.

04 주택법령상 분양가상한제 적용주택에 관한 설명으로 옳은 것을 모두 고른 것은? 제33회

【완성 기출】

㉠ 도시형 생활주택은 분양가상한제 적용주택에 해당하지 않는다.
㉡ 토지임대부 분양주택의 분양가격은 택지비와 건축비로 구성된다.
㉢ 사업주체는 분양가상한제 적용주택으로서 공공택지에서 공급하는 주택에 대하여 입주자 모집공고에 분양가격을 공시해야 하는데, 간접비는 공시해야 하는 분양가격에 포함되지 않는다.

① ㉠
② ㉠, ㉡
③ ㉠, ㉢
④ ㉡, ㉢
⑤ ㉠, ㉡, ㉢

| 키워드 | 주택의 분양가격 제한
| 난이도 |
| 해설 | ㉡ 분양가격은 택지비와 건축비로 구성되는데, 토지임대부 분양주택의 경우에는 건축비만 해당된다.
⚠ '토지임대부 분양주택'이란 토지의 소유권은 사업계획의 승인을 받아 토지임대부 분양주택 건설사업을 시행하는 자가 가지고, 건축물 및 복리시설(福利施設) 등에 대한 소유권은 주택을 분양받은 자가 가지는 주택을 말한다.
㉢ 사업주체는 분양가상한제 적용주택으로서 공공택지에서 공급하는 주택에 대하여 입주자 모집승인을 받았을 때에는 입주자 모집공고에 택지비, 공사비, 간접비 그 밖에 국토교통부령으로 정하는 비용에 대하여 분양가격을 공시하여야 한다. 즉, 간접비도 공시해야 하는 분양가격에 포함된다.

정답 04 ①

THEME 37 투기과열지구 및 전매제한

| THEME 키워드 |
공급질서 교란행위, 투기과열지구, 조정대상지역, 주택의 전매행위 제한

기출분석
- **기출회차:** 제18회, 제23회
- **키워드:** 공급질서 교란행위
- **난이도:**

기본으로 알아야 하는 대표기출

주택법령상 주택의 공급질서 교란행위에 해당하지 않는 것은?

① 주택상환사채의 증여
② 입주자저축 증서의 매매 알선
③ 도시개발채권의 양도
④ 시장이 발행한 무허가건물 확인서를 매매할 목적으로 하는 광고
⑤ 공공사업의 시행으로 인한 이주대책에 의하여 주택을 공급받을 수 있는 지위의 매매

함정을 피하는 TIP
- 주택의 공급질서 교란행위에 대한 내용을 학습하면 정답을 찾을 수 있는 문제이다.

해설
도시개발채권은 주택을 공급받는 지위에 해당하지 않기 때문에 그 채권의 양도는 주택의 공급질서 교란행위에 해당하지 않는다.

정답 ③

단단하게 정리하는 **핵심이론**

1 공급질서 교란행위 제18회, 제23회, 제24회, 제25회, 제32회

누구든지 이 법에 따라 건설·공급되는 주택을 공급받거나 공급받게 하기 위하여 다음의 어느 하나에 해당하는 증서 또는 지위를 양도·양수(매매·증여나 그 밖에 권리 변동을 수반하는 모든 행위를 포함하되, 상속·저당의 경우는 제외) 또는 이를 알선하거나 양도·양수 또는 이를 알선할 목적으로 하는 광고(각종 간행물·인쇄물·전화·인터넷 그 밖의 매체를 통한 행위를 포함)를 하여서는 아니 되며, 누구든지 거짓이나 그 밖의 부정한 방법으로 이 법에 따라 건설·공급되는 증서나 지위 또는 주택을 공급받거나 공급받게 하여서는 아니 된다.

> **보충**
> **주택을 공급받을 수 있는 증서·지위**
> 1. 주택을 공급받을 수 있는 지위
> 2. 입주자저축 증서
> 3. 주택상환사채
> 4. 시장·군수·구청장이 발행한 무허가건물 확인서, 건물철거예정 증명서 또는 건물철거 확인서
> 5. 공공사업의 시행으로 인한 이주대책에 따라 주택을 공급받을 수 있는 지위 또는 이주대책대상자 확인서

2 투기과열지구

(1) 지정권자 제25회, 제30회

① **국토교통부장관 또는 시·도지사**는 주택가격의 안정을 위하여 필요한 경우에는 주거정책심의위원회(시·도지사의 경우에는 「주거기본법」에 따른 시·도 주거정책심의위원회)의 심의를 거쳐 일정한 지역을 투기과열지구로 지정하거나 이를 해제할 수 있다.
② 투기과열지구는 그 지정 목적을 달성할 수 있는 최소한의 범위에서 시·군·구 또는 읍·면·동의 지역 단위로 지정하되, 택지개발지구 등 해당 지역 여건을 고려하여 지정 단위를 조정할 수 있다.

(2) 지정대상지역 제25회, 제28회, 제32회

투기과열지구는 해당 지역의 주택가격상승률이 물가상승률보다 현저히 높은 지역으로서 그 지역의 청약경쟁률·주택가격·주택보급률 및 주택공급계획 등과 지역 주택시장 여건 등을 고려하였을 때 주택에 대한 투기가 성행하고 있거나 성행할 우려가 있는 지역 중 대통령령으로 정하는 기준을 충족하는 곳이어야 한다.

> **보충**
>
> **대통령령으로 정하는 기준을 충족하는 곳**
> 1. 투기과열지구지정 직전월(투기과열지구로 지정하는 날이 속하는 달의 바로 전 달)부터 소급하여 주택공급이 있었던 2개월 동안 해당 지역에서 공급되는 주택의 월별 평균 청약경쟁률이 모두 5대 1을 초과했거나 국민주택규모 주택의 월별 평균 청약경쟁률이 모두 10대 1을 초과한 곳
> 2. 다음에 해당하는 곳으로서 주택공급이 위축될 우려가 있는 곳
>   ① 투기과열지구지정 직전월의 주택분양실적이 전달보다 30% 이상 감소한 곳
>   ② 주택건설사업계획승인 건수나 「건축법」에 따른 건축허가 건수(투기과열지구지정 직전월부터 소급하여 6개월간의 건수)가 직전 연도보다 급격하게 감소한 곳
> 3. 신도시 개발이나 주택 전매행위의 성행 등으로 투기 및 주거불안의 우려가 있는 곳으로서 다음에 해당하는 곳
>   ① 해당 지역이 속하는 시·도의 주택보급률이 전국 평균 이하인 곳
>   ② 해당 지역이 속하는 시·도의 자가주택비율이 전국 평균 이하인 곳
>   ③ 해당 지역의 분양주택(투기과열지구로 지정하는 날이 속하는 연도의 직전 연도에 분양된 주택)의 수가 입주자저축에 가입한 사람으로서 국토교통부령으로 정하는 사람의 수보다 현저히 적은 곳

(3) 의견청취 또는 협의 제21회, 제25회

국토교통부장관이 투기과열지구를 지정하거나 해제할 경우에는 미리 시·도지사의 의견을 듣고 그 의견에 대한 검토의견을 회신하여야 하며, 시·도지사가 투기과열지구를 지정하거나 해제할 경우에는 국토교통부장관과 협의하여야 한다.

(4) 지정의 재검토 제21회

① **지정의 유지 여부 재검토**: 국토교통부장관은 반기마다 주거정책심의위원회의 회의를 소집하여 투기과열지구로 지정된 지역별로 해당 지역의 주택가격 안정 여건의 변화 등을 고려하여 투기과열지구 지정의 유지 여부를 재검토하여야 한다.

② **해제 시 공고**: 재검토 결과 투기과열지구 지정의 해제가 필요하다고 인정되는 경우에는 지체 없이 투기과열지구 지정을 해제하고 이를 공고하여야 한다.

(5) 해제요청 제21회

① 투기과열지구로 지정된 지역의 시·도지사, 시장, 군수 또는 구청장은 투기과열지구 지정 후 해당 지역의 주택가격이 안정되는 등 지정 사유가 없어졌다고 인정되는 경우에는 국토교통부장관 또는 시·도지사에게 투기과열지구 지정의 해제를 요청할 수 있다.

② 투기과열지구 지정의 해제를 요청받은 국토교통부장관 또는 시·도지사는 요청받은 날부터 40일 이내에 주거정책심의위원회의 심의를 거쳐 투기과열지구 지정의 해제 여부를 결정하여 그 투기과열지구를 관할하는 지방자치단체의 장에게 심의결과를 통보하여야 한다.

3 조정대상지역 제21회, 제29회, 제34회

(1) 지정권자 및 지정대상지역

국토교통부장관은 다음의 어느 하나에 해당하는 지역으로서 대통령으로 정하는 기준을 충족하는 지역을 주거정책심의위원회의 심의를 거쳐 조정대상지역으로 지정할 수 있다.

> **보충**
>
> **대통령령으로 정하는 기준을 충족하는 지역**
>
> 1. **과열지역**(주택가격, 청약경쟁률, 분양권 전매량 및 주택보급률 등을 고려하였을 때 주택 분양 등이 과열되어 있거나 과열될 우려가 있는 지역)의 경우: 조정대상지역 지정 직전월(조정대상지역으로 지정하는 날이 속하는 달의 바로 전 달)부터 소급하여 3개월간의 해당 지역 주택가격상승률이 그 지역이 속하는 시·도 소비자물가상승률의 1.3배를 초과한 지역으로서 다음에 해당하는 지역
>   ① 조정대상지역 지정 직전월부터 소급하여 주택공급이 있었던 2개월 동안 해당 지역에서 공급되는 주택의 월별 평균 청약경쟁률이 모두 5대 1을 초과했거나 국민주택규모 주택의 월별 평균 청약경쟁률이 모두 10대 1을 초과한 지역
>   ② 조정대상지역 지정 직전월부터 소급하여 3개월간의 분양권(주택의 입주자로 선정된 지위) 전매거래량이 직전 연도의 같은 기간보다 30% 이상 증가한 지역
>   ③ 해당 지역이 속하는 시·도의 주택보급률 또는 자가주택비율이 전국 평균 이하인 지역
>
> 2. **위축지역**(주택가격, 주택거래량, 미분양주택의 수 및 주택보급률 등을 고려하여 주택의 분양·매매 등 거래가 위축되어 있거나 위축될 우려가 있는 지역)의 경우: 조정대상지역 지정 직전월부터 소급하여 6개월간의 평균 주택가격상승률이 마이너스 1% 이하인 지역으로서 다음에 해당하는 지역
>   ① 조정대상지역 지정 직전월부터 소급하여 3개월 연속 주택매매거래량이 직전 연도의 같은 기간보다 20% 이상 감소한 지역
>   ② 조정대상지역 지정 직전월부터 소급하여 3개월간의 평균 미분양주택(사업계획승인을 받아 입주자를 모집했으나 입주자가 선정되지 않은 주택)의 수가 직전 연도의 같은 기간보다 2배 이상인 지역
>   ③ 해당 지역이 속하는 시·도의 주택보급률 또는 자가주택비율이 전국 평균을 초과하는 지역

(2) 해제요청 제21회

조정대상지역으로 지정된 지역의 시·도지사 또는 시장·군수·구청장은 조정대상지역 지정 후 해당 지역의 주택가격이 안정되는 등 조정대상지역으로 유지할 필요가 없다고 판단되는 경우에는 국토교통부장관에게 그 지정의 해제를 요청할 수 있다.

4 주택의 전매행위 제한

(1) 전매제한 대상 제21회, 제25회, 제27회, 제29회

사업주체가 건설·공급하는 주택(해당 주택의 입주자로 선정된 지위를 포함)으로서 다음의 어느 하나에 해당하는 경우에는 10년 이내의 범위에서 대통령령으로 정하는 기간이 지나기 전에는 그 주택을 전매(매매·증여나 그 밖에 권리의 변동을 수반하는 모든 행위를 포함하되, 상속의 경우는 제외)하거나 이의 전매를 알선할 수 없다. 이 경우 전매제한기간은 주택의 수급 상황 및 투기 우려 등을 고려하여 대통령령으로 지역별로 달리 정할 수 있다.

> ① 투기과열지구에서 건설·공급되는 주택
> ② 조정대상지역에서 건설·공급되는 주택
> ③ 분양가상한제 적용주택(단, 수도권 외의 지역 중 주택의 수급 상황 및 투기 우려 등을 고려하여 대통령령으로 정하는 지역으로서 투기과열지구가 지정되지 아니하거나 지정 해제된 지역 중 공공택지 외의 택지에서 건설·공급되는 분양가상한제 적용주택은 제외)
> ④ 공공택지 외의 택지에서 건설·공급되는 주택
> ⑤ 「도시 및 주거환경정비법」에 따른 공공재개발사업에서 건설·공급하는 주택

(2) 전매행위 제한기간 제25회

① 기산점: 전매행위 제한기간은 해당 주택의 입주자로 선정된 날부터 기산한다.
② 주택에 대한 ③부터 ⑥까지의 규정에 따른 전매행위 제한기간 이내에 해당 주택에 대한 소유권이전등기를 완료한 경우 소유권이전등기를 완료한 때에 전매행위 제한기간이 지난 것으로 본다.
③ 투기과열지구에서 건설·공급되는 주택의 경우: 수도권 3년, 수도권 외의 지역 1년
④ 조정대상지역에서 건설·공급되는 주택의 경우

과열지역	수도권 3년, 수도권 외의 지역 1년
위축지역	㉠ 공공택지에서 건설·공급되는 주택: 6개월 ㉡ 공공택지 외의 택지에서 건설·공급되는 주택: 규정 없음

⑤ 분양가상한제 적용 주택

공공택지에서 건설·공급되는 주택	수도권 3년, 수도권 외의 지역 1년
공공택지 외의 택지에서 건설·공급되는 주택	㉠ 투기과열지구: 수도권 3년, 수도권 외의 지역 1년 ㉡ 투기과열지구가 아닌 지역: 아래 ⑥의 구분에 따른 기간

⑥ 공공택지 외의 택지에서 건설·공급되는 주택

수도권	㉠ 과밀억제권역: 1년 ㉡ 성장관리권역 및 자연보전권역: 6개월
수도권 외의 지역	㉠ 광역시 중 도시지역: 6개월 ㉡ 그 밖의 지역: 규정 없음

(3) 전매제한의 특례 제21회, 제22회, 제23회, 제24회, 제25회, 제27회

전매제한 대상인 곳에서 건설·공급되는 주택을 공급받은 자의 생업상의 사정 등으로 전매가 불가피하다고 인정되는 경우로서 다음의 어느 하나에 해당하여 한국토지주택공사(공공주택사업자)의 동의를 받은 경우에는 전매제한을 적용하지 아니한다. 다만, 분양가상한제 적용주택을 공급받은 자가 전매하는 경우에는 한국토지주택공사가 그 주택을 우선 매입할 수 있다.

① 세대원(전매제한대상 주택을 공급받은 사람이 포함된 세대의 구성원)이 근무 또는 생업상의 사정이나 질병치료·취학·결혼으로 인하여 세대원 전원이 다른 광역시, 특별자치시, 특별자치도, 시 또는 군(광역시의 관할 구역에 있는 군은 제외)으로 이전하는 경우(단, 수도권 안에서 이전하는 경우는 제외)
② 상속에 따라 취득한 주택으로 세대원 전원이 이전하는 경우
③ 세대원 전원이 해외로 이주하거나 2년 이상의 기간 동안 해외에 체류하려는 경우
④ 이혼으로 인하여 입주자로 선정된 지위 또는 주택을 배우자에게 이전하는 경우
⑤ 「공익사업을 위한 토지 등의 취득 및 보상에 관한 법률」에 따라 공익사업의 시행으로 주거용 건축물을 제공한 자가 사업시행자로부터 이주대책용 주택을 공급받은 경우(사업시행자의 알선으로 공급받은 경우를 포함)로서 시장·군수·구청장이 확인하는 경우
⑥ 분양가상한제 적용주택, 공공택지 외의 택지 및 「도시 및 주거환경정비법」에 따른 공공재개발사업에서 건설·공급하는 주택의 소유자가 국가·지방자치단체 및 금융기관에 대한 채무를 이행하지 못하여 경매 또는 공매가 시행되는 경우
⑦ 입주자로 선정된 지위 또는 주택의 일부를 배우자에게 증여하는 경우
⑧ 실직·파산 또는 신용불량으로 경제적 어려움이 발생한 경우

(4) 부기등기 제25회, 제27회

사업주체가 분양가상한제 적용주택 또는 공공택지 외의 택지에서 건설·공급되는 주택을 공급하는 경우에는 그 주택의 소유권을 제3자에게 이전할 수 없음을 소유권에 관한 등기에 부기등기하여야 한다.

(5) 전매제한 위반의 효력 제25회

전매제한을 위반하여 주택의 입주자로 선정된 지위의 전매가 이루어진 경우, 사업주체가 매입비용을 그 매수인에게 지급한 경우에는 그 지급한 날에 사업주체가 해당 입주자로 선정된 지위를 취득한 것으로 본다.

기본문제와 완성문제로 단단기출

01 주택법령상 주택공급과 관련하여 금지되는 공급질서 교란행위에 해당하는 것을 모두 고른 것은?

기본 기출   제32회

> ㉠ 주택을 공급받을 수 있는 조합원 지위의 상속
> ㉡ 입주자저축 증서의 저당
> ㉢ 공공사업의 시행으로 인한 이주대책에 따라 주택을 공급받을 수 있는 지위의 매매
> ㉣ 주택을 공급받을 수 있는 증서로서 시장·군수·구청장이 발행한 무허가건물 확인서의 증여

① ㉠, ㉡
② ㉠, ㉣
③ ㉢, ㉣
④ ㉠, ㉡, ㉣
⑤ ㉡, ㉢, ㉣

키워드 공급질서 교란행위

난이도

해설 ㉠ 주택을 공급받을 수 있는 조합원 지위의 상속은 공급받거나 공급받게 할 수 있다.
㉡ 입주자저축 증서의 저당은 공급받거나 공급받게 할 수 있다.

---

02 주택법령상 투기과열지구에 관한 설명으로 옳은 것은?

기본 기출   제25회

① 일정한 지역의 주택가격상승률이 물가상승률보다 현저히 높은 경우 관할 시장·군수·구청장은 해당 지역을 투기과열지구로 지정할 수 있다.
② 시·도지사가 투기과열지구를 지정하는 경우 당해 지역의 시장·군수·구청장과 협의하여야 한다.
③ 투기과열지구로 지정되면 투기과열지구 내의 기존 주택에 대해서 주택의 전매제한이 적용된다.
④ 주택분양실적이 전달보다 30% 이상 증가한 곳은 투기과열지구로 지정하여야 한다.
⑤ 투기과열지구에서 건설·공급되는 주택의 입주자로 선정된 지위를 세대원 전원이 해외로 이주하게 되어 한국토지주택공사의 동의를 받아 전매하는 경우에는 전매제한이 적용되지 않는다.

정답 01 ③ 02 ⑤

키워드	투기과열지구
난이도	
해설	① 국토교통부장관 또는 시·도지사는 주택가격의 안정을 위하여 필요한 경우에는 주거정책심의위원회(시·도지사의 경우에는 시·도 주거정책심의위원회를 말함)의 심의를 거쳐 일정한 지역을 투기과열지구로 지정하거나 이를 해제할 수 있다. ② 시·도지사가 투기과열지구를 지정하는 경우에는 국토교통부장관과 협의하여야 한다. ③ 기존 주택에 대하여는 전매제한이 적용되지 아니한다. ④ 주택분양실적이 전달보다 30% 이상 감소한 곳이라야 한다.

03 **기본 기출** 주택법령상 주택의 전매행위 제한을 받는 경우에도 불구하고 전매가 허용되는 경우에 해당하는 것은? (단, 전매를 위해 필요한 다른 요건은 충족한 것으로 함) 제24회

① 세대주의 근무상 사정으로 인하여 세대원 일부가 수도권 안에서 이전하는 경우
② 세대원 전원이 1년간 해외에 체류하고자 하는 경우
③ 이혼으로 인하여 주택을 그 배우자에게 이전하는 경우
④ 세대원 일부가 해외로 이주하는 경우
⑤ 상속에 의하여 취득한 주택으로 세대원 일부가 이전하는 경우

키워드	주택의 전매행위 제한
난이도	
해설	① 세대주의 근무상 사정으로 인하여 세대원 전부가 다른 광역시, 특별자치시, 특별자치도, 시 또는 군으로 이전하는 경우. 다만, 수도권 안에서 이전하는 경우는 제외한다. ② 세대원 전원이 2년 이상 해외에 체류하고자 하는 경우 ④ 세대원 전원이 해외로 이주하는 경우 ⑤ 상속에 의하여 취득한 주택으로 세대원 전원이 이전하는 경우

정답 03 ③

04 주택법령상 투기과열지구의 지정기준에 관한 설명이다. (   )에 들어갈 숫자와 내용을 바르게 나열한 것은?

제32회

> • 투기과열지구로 지정하는 날이 속하는 달의 바로 전 달(이하 '투기과열지구지정 직전월')부터 소급하여 주택공급이 있었던 (㉠)개월 동안 해당 지역에서 공급되는 주택의 월평균 청약경쟁률이 모두 5대 1을 초과하였거나 국민주택규모 주택의 월평균 청약경쟁률이 모두 (㉡)대 1을 초과한 곳
> • 투기과열지구지정 직전월의 (㉢)이 전달보다 30% 이상 감소하여 주택공급이 위축될 우려가 있는 곳

	㉠	㉡	㉢
①	2	10	분양실적
②	2	10	건축허가실적
③	2	20	건축허가실적
④	3	10	분양실적
⑤	3	20	건축허가실적

키워드 투기과열지구

난이도

해설
• 투기과열지구로 지정하는 날이 속하는 달의 바로 전 달(이하 '투기과열지구지정 직전월')부터 소급하여 주택공급이 있었던 (㉠ 2)개월 동안 해당 지역에서 공급되는 주택의 월평균 청약경쟁률이 모두 5대 1을 초과하였거나 국민주택규모 주택의 월평균 청약경쟁률이 모두 (㉡ 10)대 1을 초과한 곳
• 투기과열지구지정 직전월의 (㉢ 분양실적)이 전달보다 30% 이상 감소하여 주택공급이 위축될 우려가 있는 곳

정답 04 ①

05 주택법령상 조정대상지역의 지정기준의 일부이다. (   )에 들어갈 숫자로 옳은 것은? 제34회

완성 기출

> 조정대상지역지정직전월부터 소급하여 6개월간의 평균 주택가격상승률이 마이너스 (㉠)% 이하인 지역으로서 다음에 해당하는 지역
> - 조정대상지역지정직전월부터 소급하여 (㉡)개월 연속 주택매매거래량이 직전 연도의 같은 기간보다 (㉢)% 이상 감소한 지역
> - 조정대상지역지정직전월부터 소급하여 (㉡)개월간의 평균 미분양주택(「주택법」 제15조 제1항에 따른 사업계획승인을 받아 입주자를 모집했으나 입주자가 선정되지 않은 주택을 말한다)의 수가 직전 연도의 같은 기간보다 2배 이상인 지역

	㉠	㉡	㉢
①	1	3	20
②	1	3	30
③	1	6	30
④	3	3	20
⑤	3	6	20

키워드 ▶ 조정대상지역

난이도 ▶ ■■■□□

해설 ▶ 조정대상지역지정직전월부터 소급하여 6개월간의 평균 주택가격상승률이 마이너스 (㉠ 1)% 이하인 지역으로서 다음에 해당하는 지역
- 조정대상지역지정직전월부터 소급하여 (㉡ 3)개월 연속 주택매매거래량이 직전 연도의 같은 기간보다 (㉢ 20)% 이상 감소한 지역
- 조정대상지역지정직전월부터 소급하여 (㉡ 3)개월간의 평균 미분양주택(「주택법」 제15조 제1항에 따른 사업계획승인을 받아 입주자를 모집했으나 입주자가 선정되지 않은 주택을 말한다)의 수가 직전 연도의 같은 기간보다 2배 이상인 지역

정답 05 ①

06 주택법령상 투기과열지구 및 조정대상지역에 관한 설명으로 옳은 것은?

제29회

① 국토교통부장관은 시·도의 주택보급률 또는 자가주택비율이 전국 평균을 초과하는 지역을 투기과열지구로 지정할 수 있다.
② 시·도지사는 주택의 분양·매매 등 거래가 위축될 우려가 있는 지역을 시·도 주거정책심의위원회의 심의를 거쳐 조정대상지역으로 지정할 수 있다.
③ 투기과열지구의 지정기간은 3년으로 하되, 당해 지역 시장·군수·구청장의 의견을 들어 연장할 수 있다.
④ 투기과열지구로 지정되면 지구 내 주택은 전매행위가 제한된다.
⑤ 조정대상지역으로 지정된 지역의 시장·군수·구청장은 조정대상지역으로 유지할 필요가 없다고 판단되는 경우 국토교통부장관에게 그 지정의 해제를 요청할 수 있다.

키워드 조정대상지역

난이도 ■■■■■

해설 ① 국토교통부장관은 시·도의 주택보급률 또는 자가주택비율이 전국 평균 이하인 지역을 투기과열지구로 지정할 수 있다.
② 국토교통부장관은 주택가격, 주택거래량, 미분양주택의 수 및 주택보급률 등을 고려하여 주택의 분양·매매 등 거래가 위축되어 있거나 위축될 우려가 있는 지역을 주거정책심의위원회의 심의를 거쳐 조정대상지역으로 지정할 수 있다.
③ 투기과열지구 지정의 효력기간은 규정된 바 없다.
④ 투기과열지구라도 기존 주택은 전매행위가 제한되지 않는다.

정답 06 ⑤

THEME 38 리모델링 허가

| THEME 키워드 |
리모델링, 리모델링의 허가기준, 리모델링 기본계획의 수립

□ 1회독 □ 2회독

> **기출분석**
> - **기출회차:** 제28회
> - **키워드:** 리모델링의 허가기준
> - **난이도:**

기본으로 알아야 하는 대표기출

주택법령상 공동주택의 리모델링에 관한 설명으로 틀린 것은? (단, 조례는 고려하지 않음)

① 입주자·사용자 또는 관리주체가 리모델링하려고 하는 경우에는 공사기간, 공사방법 등이 적혀 있는 동의서에 입주자 전체의 동의를 받아야 한다.

② 리모델링에 동의한 소유자는 입주자대표회의가 시장·군수·구청장에게 허가신청서를 제출한 이후에도 서면으로 동의를 철회할 수 있다.

③ 수직증축형 리모델링의 대상이 되는 기존 건축물의 층수가 15층 이상인 경우에는 3개층까지 증축할 수 있다.

④ 주택단지 전체를 리모델링하고자 하는 경우에는 주택단지 전체의 구분소유자와 의결권의 각 3분의 2 이상의 결의 및 각 동의 구분소유자와 의결권의 각 과반수의 결의를 얻어야 한다.

⑤ 증축형 리모델링을 하려는 자는 시장·군수·구청장에게 안전진단을 요청하여야 한다.

> **함정을 피하는 TIP**
> - 리모델링의 허가기준에 대하여 전반적으로 학습하여야 한다.

|해설|

리모델링에 동의한 소유자는 리모델링주택조합 또는 입주자대표회의가 시장·군수·구청장에게 허가신청서를 제출하기 전까지 서면으로 동의를 철회할 수 있다.

정답 ②

단단하게 정리하는 **핵심이론**

1 리모델링의 허가기준 제25회, 제28회, 제31회, 제33회, 제34회

(1) 허가대상

입주자, 사용자, 관리주체	공동주택(부대시설과 복리시설을 포함)의 입주자·사용자 또는 관리주체가 공동주택을 리모델링하려고 하는 경우에는 허가와 관련된 면적, 세대수 또는 입주자 등의 동의 비율에 관하여 대통령령으로 정하는 기준 및 절차 등에 따라 시장·군수·구청장의 허가를 받아야 한다.
리모델링주택조합 또는 입주자대표회의	대통령령으로 정하는 기준 및 절차 등에 따라 리모델링 결의를 한 리모델링주택조합이나 소유자 전원의 동의를 받은 입주자대표회의가 시장·군수·구청장의 허가를 받아 리모델링을 할 수 있다.

(2) 동의 비율

입주자, 사용자, 관리주체	공사기간, 공사방법 등이 적혀 있는 동의서에 입주자 전체의 동의를 받아야 한다.
리모델링주택조합	다음의 사항이 적혀 있는 결의서에 주택단지 전체를 리모델링하는 경우에는 주택단지 전체 구분소유자 및 의결권의 각 75% 이상의 동의와 각 동별 구분소유자 및 의결권의 각 50% 이상의 동의를 받아야 하며, 동을 리모델링하는 경우에는 그 동의 구분소유자 및 의결권의 각 75% 이상의 동의를 받아야 한다. ① 리모델링 설계의 개요 ② 공사비 ③ 조합원의 비용분담 명세
입주자대표회의	다음의 사항이 적혀 있는 결의서에 주택단지의 소유자 전원의 동의를 받아야 한다. ① 리모델링 설계의 개요 ② 공사비 ③ 소유자의 비용분담 명세

(3) 시공자 선정

시공자를 선정하는 경우에는 국토교통부장관이 정하는 경쟁입찰의 방법으로 하여야 한다.

(4) 허가신청

허가신청서의 제출	리모델링 허가를 받으려는 자는 허가신청서에 국토교통부령으로 정하는 서류를 첨부하여 시장·군수·구청장에게 제출하여야 한다.
동의의 철회	리모델링에 동의한 소유자는 리모델링주택조합 또는 입주자대표회의가 시장·군수·구청장에게 허가신청서를 제출하기 전까지 서면으로 동의를 철회할 수 있다.

(5) 권리변동계획의 수립

세대수가 증가되는 리모델링을 하는 경우에는 기존 주택의 권리변동, 비용분담 등 다음에서 정하는 사항에 대한 권리변동계획을 수립하여 사업계획승인 또는 행위허가를 받아야 한다.

① 리모델링 전후의 대지 및 건축물의 권리변동 명세
② 조합원의 비용분담
③ 사업비
④ 조합원 외의 자에 대한 분양계획
⑤ 그 밖에 리모델링과 관련된 권리 등에 대하여 해당 시·도 또는 시·군의 조례로 정하는 사항

(6) 증축형 리모델링의 안전진단

① **안전진단의 실시**: 증축형 리모델링을 하려는 자는 시장·군수·구청장에게 안전진단을 요청하여야 하며, 안전진단을 요청받은 시장·군수·구청장은 해당 건축물의 증축 가능 여부의 확인 등을 위하여 안전진단을 실시하여야 한다.

② **안전진단기관**: 시장·군수·구청장은 안전진단을 실시하는 경우에는 다음의 기관에 안전진단을 의뢰하여야 하며, 안전진단을 의뢰받은 기관은 리모델링을 하려는 자가 추천한 건축구조기술사(구조설계를 담당할 자)와 함께 안전진단을 실시하여야 한다.

㉠ 안전진단전문기관
㉡ 국토안전관리원
㉢ 한국건설기술연구원

2 리모델링 기본계획의 수립 제27회, 제34회

(1) 수립권자 및 대상지역

① **특별시장·광역시장 및 대도시의 시장**: 특별시장·광역시장 및 대도시의 시장은 관할 구역에 대하여 다음의 사항을 포함한 리모델링 기본계획을 10년 단위로 수립하여야 한다. 다만, 세대수 증가형 리모델링에 따른 도시과밀의 우려가 적은 경우 등 대통령령으로 정하는 경우에는 리모델링 기본계획을 수립하지 아니할 수 있다.

> ㉠ 계획의 목표 및 기본방향
> ㉡ 도시기본계획 등 관련 계획 검토
> ㉢ 리모델링 대상 공동주택 현황 및 세대수 증가형 리모델링 수요 예측
> ㉣ 세대수 증가에 따른 기반시설의 영향 검토
> ㉤ 일시집중 방지 등을 위한 단계별 리모델링 시행방안
> ㉥ 그 밖에 대통령령으로 정하는 사항

② **대도시가 아닌 시의 시장:** 대도시가 아닌 시의 시장은 세대수 증가형 리모델링에 따른 도시과밀이나 일시집중 등이 우려되어 도지사가 리모델링 기본계획의 수립이 필요하다고 인정한 경우 리모델링 기본계획을 수립하여야 한다.

(2) 수립절차

공람 및 의견청취	특별시장·광역시장 및 대도시의 시장(대도시가 아닌 시의 시장을 포함)은 리모델링 기본계획을 수립하거나 변경하려면 14일 이상 주민에게 공람하고, 지방의회의 의견을 들어야 한다. 이 경우 지방의회는 의견제시를 요청받은 날부터 30일 이내에 의견을 제시하여야 하며, 30일 이내에 의견을 제시하지 아니하는 경우에는 이의가 없는 것으로 본다. 다만, 대통령령으로 정하는 경미한 변경인 경우에는 주민 공람 및 지방의회 의견청취 절차를 거치지 아니할 수 있다.
협의 및 심의	특별시장·광역시장 및 대도시의 시장은 리모델링 기본계획을 수립하거나 변경하려면 관계 행정기관의 장과 협의한 후 「국토의 계획 및 이용에 관한 법률」에 따라 설치된 시·도도시계획위원회 또는 시·군·구도시계획위원회의 심의를 거쳐야 한다.
의견제시	협의를 요청받은 관계 행정기관의 장은 특별한 사유가 없으면 그 요청을 받은 날부터 30일 이내에 의견을 제시하여야 한다.
도지사 승인	대도시의 시장은 리모델링 기본계획을 수립하거나 변경하려면 도지사의 승인을 받아야 하며, 도지사는 리모델링 기본계획을 승인하려면 시·도도시계획위원회의 심의를 거쳐야 한다.
고시	특별시장·광역시장 및 대도시 시장은 리모델링 기본계획을 수립하거나 변경한 때에는 이를 지체 없이 해당 지방자치단체의 공보에 고시하여야 한다.

기본문제와 완성문제로 **단단기출**

01 주택법령상 공동주택의 리모델링에 관한 설명으로 **틀린** 것은? (단, 조례는 고려하지 않음)   제31회

기본 기출

① 입주자대표회의가 리모델링하려는 경우에는 리모델링 설계개요, 공사비, 소유자의 비용분담 명세가 적혀 있는 결의서에 주택단지 소유자 전원의 동의를 받아야 한다.
② 공동주택의 입주자가 공동주택을 리모델링하려고 하는 경우에는 시장·군수·구청장의 허가를 받아야 한다.
③ 사업비에 관한 사항은 세대수가 증가되는 리모델링을 하는 경우 수립하여야 하는 권리변동계획에 포함되지 않는다.
④ 증축형 리모델링을 하려는 자는 시장·군수·구청장에게 안전진단을 요청하여야 한다.
⑤ 수직증축형 리모델링의 대상이 되는 기존 건축물의 층수가 12층인 경우에는 2개층까지 증축할 수 있다.

키워드 리모델링의 허가기준

난이도

해설 사업비에 관한 사항은 세대수가 증가되는 리모델링을 하는 경우 수립하여야 하는 권리변동계획에 포함되어야 한다.

02 주택법령상 리모델링 기본계획 수립절차에 관한 조문의 일부이다. (   )에 들어갈 숫자를 옳게 연결한 것은?   제27회

기본 기출

> 리모델링 기본계획을 수립하거나 변경하려면 (㉠)일 이상 주민에게 공람하고, 지방의회의 의견을 들어야 한다. 이 경우 지방의회는 의견제시를 요청받은 날부터 (㉡)일 이내에 의견을 제시하여야 한다.

	㉠	㉡		㉠	㉡
①	7	14	②	10	15
③	14	15	④	14	30
⑤	15	30			

키워드 리모델링 기본계획의 수립

난이도

해설 리모델링 기본계획을 수립하거나 변경하려면 (㉠ 14)일 이상 주민에게 공람하고, 지방의회의 의견을 들어야 한다. 이 경우 지방의회는 의견제시를 요청받은 날부터 (㉡ 30)일 이내에 의견을 제시하여야 한다.

정답 01 ③ 02 ④

THEME 38 리모델링 허가

03 주택법령상 리모델링에 관한 설명으로 옳은 것은? (단, 조례는 고려하지 않음)   제25회

① 기존 14층 건축물에 수직증축형 리모델링이 허용되는 경우 2개층까지 증축할 수 있다.
② 리모델링주택조합의 설립인가를 받으려는 자는 인가신청서에 해당 주택소재지의 100분의 80 이상의 토지에 대한 토지사용승낙서를 첨부하여 관할 시장·군수 또는 구청장에게 제출하여야 한다.
③ 소유자 전원의 동의를 받은 입주자대표회의는 시장·군수·구청장에게 신고하고 리모델링을 할 수 있다.
④ 수직증축형 리모델링의 경우 리모델링주택조합의 설립인가 신청서에 당해 주택이 사용검사를 받은 후 10년 이상의 기간이 경과하였음을 증명하는 서류를 첨부하여야 한다.
⑤ 리모델링주택조합이 시공자를 선정하는 경우 수의계약의 방법으로 하여야 한다.

키워드 리모델링의 허가기준

해설 ② 리모델링주택조합의 경우에는 토지의 사용승낙서가 필요하지 않다.
③ 시장·군수·구청장에게 리모델링허가를 받아야 한다.
④ 증축을 위한 리모델링인 경우 당해 주택이 사용검사를 받은 후 15년(15년 이상 20년 미만의 연수 중 시·도 조례가 정하는 경우 그 연수) 이상의 기간이 경과하였음을 증명하는 서류를 제출하여야 한다.
⑤ 경쟁입찰의 방법으로 시공자를 선정하여야 한다.

04 주택법령상 리모델링에 관한 설명으로 옳은 것은? (단, 조례는 고려하지 않음)   제33회

① 대수선은 리모델링에 포함되지 않는다.
② 공동주택의 리모델링은 동별로 할 수 있다.
③ 주택단지 전체를 리모델링하고자 주택조합을 설립하기 위해서는 주택단지 전체의 구분소유자와 의결권의 각 과반수의 결의가 필요하다.
④ 공동주택 리모델링의 허가는 시·도지사가 한다.
⑤ 리모델링주택조합 설립에 동의한 자로부터 건축물을 취득하였더라도 리모델링주택조합 설립에 동의한 것으로 보지 않는다.

키워드 리모델링의 허가기준

해설 ① '리모델링'이란 건축물의 노후화 억제 또는 기능 향상 등을 위한 대수선, 일부 증축의 어느 하나에 해당하는 행위를 말한다.
③ 주택단지 전체를 리모델링하고자 하는 경우에는 주택단지 전체의 구분소유자와 의결권의 각 3분의 2 이상의 결의 및 각 동의 구분소유자와 의결권의 각 과반수의 결의가 필요하다.
④ 공동주택(부대시설과 복리시설을 포함)의 입주자·사용자 또는 관리주체가 공동주택을 리모델링하려고 하는 경우에는 시장·군수·구청장의 허가를 받아야 한다.
⑤ 리모델링주택조합 설립에 동의한 자로부터 건축물을 취득한 자는 리모델링주택조합 설립에 동의한 것으로 본다.

정답 03 ① 04 ②

05 주택법령상 리모델링에 관한 설명으로 틀린 것은? (단, 조례는 고려하지 않음) 제34회

① 세대수 증가형 리모델링으로 인한 도시과밀, 이주수요 집중 등을 체계적으로 관리하기 위하여 수립하는 계획을 리모델링 기본계획이라 한다.
② 리모델링에 동의한 소유자는 리모델링 결의를 한 리모델링주택조합이나 소유자 전원의 동의를 받은 입주자대표회의가 시장·군수·구청장에게 리모델링 허가신청서를 제출하기 전까지 서면으로 동의를 철회할 수 있다.
③ 특별시장·광역시장 및 대도시의 시장은 리모델링 기본계획을 수립하거나 변경한 때에는 이를 지체 없이 해당 지방자치단체의 공보에 고시하여야 한다.
④ 수직증축형 리모델링의 설계자는 국토교통부장관이 정하여 고시하는 구조기준에 맞게 구조설계도서를 작성하여야 한다.
⑤ 대수선인 리모델링을 하려는 자는 시장·군수·구청장에게 안전진단을 요청하여야 한다.

키워드 리모델링

난이도

해설 ⑤ 증축하는 리모델링을 하려는 자는 시장·군수·구청장에게 안전진단을 요청하여야 한다(법 제68조 제1항).
④ 법 제70조

정답 05 ⑤

PART 06 농지법

최근 5개년 출제비중 및 학습전략

PART 06 **5%**

「농지법」은 2문제 정도 출제되기 때문에 광범위하고 깊이 있게 공부하기보다는 시험에 출제된 기출문제 위주로 간단한 학습이 필요합니다. 특히 농지의 소유와 농지의 이용은 출제비율이 높기 때문에 다른 내용보다 비중을 높여서 학습할 필요가 있습니다.

PART 부동산공법

THEME 39　용어정의 및 농지의 소유
THEME 40　농지의 이용 및 보전

THEME 39 용어정의 및 농지의 소유

| THEME 키워드 |
용어정의, 농지의 소유원칙, 농지취득자격증명, 농업경영, 농지의 위탁경영

> **기출분석**
> - 기출회차: 제30회
> - 키워드: 용어정의
> - 난이도:

기본으로 알아야 하는 대표기출

농지법령상 농지에 해당하는 것을 모두 고른 것은?

㉠ 대통령령으로 정하는 다년생식물 재배지로 실제로 이용되는 토지(「초지법」에 따라 조성된 초지 등 대통령령으로 정하는 토지는 제외)
㉡ 관상용 수목의 묘목을 조경 목적으로 식재한 재배지로 실제로 이용되는 토지
㉢ 「공간정보의 구축 및 관리 등에 관한 법률」에 따른 지목이 답(畓)이고 농작물 경작지로 실제로 이용되는 토지의 개량시설에 해당하는 양·배수시설의 부지

① ㉠
② ㉠, ㉡
③ ㉠, ㉢
④ ㉡, ㉢
⑤ ㉠, ㉡, ㉢

해설
㉡ 조경 또는 관상용 수목과 그 묘목 등에 해당하는 다년생식물 재배지로 이용되는 토지는 농지에 해당한다. 다만, 조경 목적으로 식재한 것은 제외된다.

정답 ③

> **함정을 피하는 TIP**
> - 용어에 대한 정의를 학습하면 바로 정답을 찾을 수 있는 문제이다.

단단하게 정리하는 **핵심이론**

01 용어정의

1 농지 제15회, 제27회, 제30회

(1) 농지에 포함되는 토지(원칙)

'농지'란 다음의 어느 하나에 해당하는 토지를 말한다.

① 전·답, 과수원 그 밖에 법적 지목(地目)을 불문하고 실제로 농작물 경작지 또는 다음의 다년생식물 재배지로 이용되는 토지

> ⊙ 목초·종묘·인삼·약초·잔디 및 조림용 묘목
> ⓒ 과수·뽕나무·유실수 그 밖의 생육기간이 2년 이상인 식물
> ⓒ 조경 또는 관상용 수목과 그 묘목(조경 목적으로 식재한 것을 제외)

② 농작물의 경작지 또는 다년생식물 재배지로 이용하고 있는 토지의 개량시설

> ⊙ 유지(溜池; 웅덩이), 양·배수시설, 수로, 농로, 제방
> ⓒ 그 밖에 농지의 보전이나 이용에 필요한 시설로서 농림축산식품부령으로 정하는 시설

③ 농작물의 경작지 또는 다년생식물 재배지에 설치하는 농축산물 생산시설의 부지

> ⊙ 고정식온실·버섯재배사 및 비닐하우스와 농림축산식품부령으로 정하는 그 부속시설
> ⓒ 축사·곤충사육사와 농림축산식품부령으로 정하는 그 부속시설
> ⓒ 간이퇴비장
> ⓔ 농막·간이저온저장고 및 간이액비저장조 중 농림축산식품부령으로 정하는 시설

(2) 농지에서 제외되는 토지

다음의 각 토지는 농지에서 제외된다.

> ① 「공간정보의 구축 및 관리 등에 관한 법률」에 따른 지목이 전·답, 과수원이 아닌 토지(지목이 임야인 토지는 제외)로서 농작물 경작지 또는 다년생식물 재배지로 계속하여 이용되는 기간이 3년 미만인 토지
> ② 「공간정보의 구축 및 관리 등에 관한 법률」에 따른 지목이 임야인 토지로서 「산지관리법」에 따른 산지전용허가(다른 법률에 따라 산지전용허가가 의제되는 인가·허가·승인 등을 포함)를 거치지 아니하고 농작물의 경작 또는 다년생식물의 재배에 이용되는 토지
> ③ 「초지법」에 따라 조성된 초지(草地)

2 농업인 제20회, 제27회,제28회

'농업인'이란 농업에 종사하는 개인으로서 다음에 해당하는 자를 말한다.

① 1천m² 이상의 농지에서 농작물 또는 다년생식물을 경작 또는 재배하거나 1년 중 90일 이상 농업에 종사하는 자
② 농지에 330m² 이상의 고정식온실·버섯재배사·비닐하우스 그 밖의 농림축산식품부령으로 정하는 농업 생산에 필요한 시설을 설치하여 농작물 또는 다년생식물을 경작 또는 재배하는 자
③ 대가축 2두, 중가축 10두, 소가축 100두, 가금(家禽; 집에서 기르는 날짐승) 1천수 또는 꿀벌 10군 이상을 사육하거나 1년 중 120일 이상 축산업에 종사하는 자
④ 농업경영을 통한 농산물의 연간 판매액이 120만원 이상인 자

3 그 외 용어정의 제23회, 제27회

농업법인	「농어업경영체 육성 및 지원에 관한 법률」에 따라 설립된 영농조합법인과 같은 법에 따라 설립되고 업무집행권을 가진 자 중 3분의 1 이상이 농업인인 농업회사법인을 말한다.
농업경영	농업인이나 농업법인이 자기의 계산과 책임으로 농업을 영위하는 것을 말한다.
자경	농업인이 그 소유 농지에서 농작물 경작 또는 다년생식물 재배에 상시 종사하거나 농작업(農作業)의 2분의 1 이상을 자기의 노동력으로 경작 또는 재배하는 것과 농업법인이 그 소유 농지에서 농작물을 경작하거나 다년생식물을 재배하는 것을 말한다.
위탁경영	농지 소유자가 타인에게 일정한 보수를 지급하기로 약정하고 농작업의 전부 또는 일부를 위탁하여 행하는 농업경영을 말한다.

02 농지의 소유원칙

1 농지의 소유제한 제19회, 제21회, 제26회, 제33회

(1) 농업경영자소유의 원칙(경자유전 원칙)

① 농지는 자기의 농업경영에 이용하거나 이용할 자가 아니면 소유하지 못한다.
② 「농지법」에서 허용된 경우 외에는 농지 소유에 관한 특례를 정할 수 없다.

(2) 농업경영자소유의 예외

다음의 어느 하나에 해당하는 경우에는 농지를 소유할 수 있다. 다만, 소유 농지는 농업경영에 이용되도록 하여야 한다(② 및 ③은 제외).

① 국가나 지방자치단체가 농지를 소유하는 경우
② 「초·중등교육법」 및 「고등교육법」에 따른 학교, 농림축산식품부령으로 정하는 공공단체·농업연구기관·농업생산자단체 또는 종묘나 그 밖의 농업 기자재 생산자가 그 목적사업을 수행하기 위하여 필요한 시험지·연구지·실습지·종묘생산지 또는 과수 인공수분용 꽃가루 생산지로 쓰기 위하여 농림축산식품부령으로 정하는 바에 따라 농지를 취득하여 소유하는 경우
③ 주말·체험영농을 하려고 농업진흥지역 외의 농지를 소유하는 경우
④ 상속[상속인에게 한 유증(遺贈)을 포함]으로 농지를 취득하여 소유하는 경우
⑤ 8년 이상 농업경영을 하던 사람이 이농(離農)한 후에도 이농 당시 소유하고 있던 농지를 계속 소유하는 경우
⑥ 담보농지를 취득하여 소유하는 경우(「자산유동화에 관한 법률」에 따른 유동화전문회사등이 제13조 제1항 제1호부터 제4호까지에 규정된 지당권자로부터 농지를 취득하는 경우를 포함)
⑦ 농지전용허가[다른 법률에 따라 농지전용허가가 의제(擬制)되는 인가·허가·승인 등을 포함]를 받거나 농지전용신고를 한 자가 그 농지를 소유하는 경우
⑧ 농지전용협의를 마친 농지를 소유하는 경우
⑨ 「한국농어촌공사 및 농지관리기금법」에 따른 농지의 개발사업지구에 있는 농지로서 대통령령으로 정하는 1,500m² 미만의 농지나 「농어촌정비법」에 따른 농지를 취득하여 소유하는 경우
⑩ 농업진흥지역 밖의 농지 중 최상단부부터 최하단부까지의 평균경사율이 15% 이상인 농지로서 대통령령으로 정하는 농지를 소유하는 경우
⑪ 다음의 어느 하나에 해당하는 경우
  ㉠ 「한국농어촌공사 및 농지관리기금법」에 따라 한국농어촌공사가 농지를 취득하여 소유하는 경우
  ㉡ 「농어촌정비법」에 따라 농지를 취득하여 소유하는 경우
  ㉢ 「공유수면 관리 및 매립에 관한 법률」에 따라 매립농지를 취득하여 소유하는 경우
  ㉣ 토지수용으로 농지를 취득하여 소유하는 경우
  ㉤ 농림축산식품부장관과 협의를 마치고 「공익사업을 위한 토지 등의 취득 및 보상에 관한 법률」에 따라 농지를 취득하여 소유하는 경우
  ㉥ 「공공토지의 비축에 관한 법률」에 해당하는 토지 중 같은 법에 따른 공공토지비축심의위원회가 비축이 필요하다고 인정하는 토지로서 「국토의 계획 및 이용에 관한 법률」에 따른 계획관리지역과 자연녹지지역 안의 농지를 한국토지주택공사가 취득하여 소유하는 경우. 이 경우 그 취득한 농지를 전용하기 전까지는 한국농어촌공사에 지체 없이 위탁하여 임대하거나 무상사용하게 하여야 한다.

2 농지의 소유상한 제19회, 제21회, 제26회

원칙	① 상속으로 농지를 취득한 사람으로서 농업경영을 하지 아니하는 사람: 그 상속 농지 중에서 총 1만m²까지만 소유할 수 있다. ② 8년 이상 농업경영을 한 후 이농한 사람: 이농 당시 소유 농지 중에서 총 1만m²까지만 소유할 수 있다. ③ 주말·체험영농을 하려는 사람: 총 1천m² 미만의 농지를 소유할 수 있다. 이 경우 면적 계산은 그 세대원 전부가 소유하는 총 면적으로 한다.

| 예외 | 상속, 이농 농지를 한국농어촌공사나 그 밖에 대통령령으로 정하는 자에게 위탁하여 임대하거나 무상사용하게 하는 경우에는 앞의 ①, ②에도 불구하고 임대하거나 무상사용하게 하는 기간 동안 소유상한을 초과하는 농지를 계속 소유할 수 있다. |

3 농지취득자격증명

(1) 발급대상 제16회, 제19회, 제26회, 제32회

① 원칙: 농지를 취득하려는 자는 농지 소재지를 관할하는 시장, 구청장, 읍장 또는 면장에게서 농지취득자격증명을 발급받아야 한다.

② 예외: 다음의 어느 하나에 해당하면 농지취득자격증명을 발급받지 아니하고 농지를 취득할 수 있다.

> ㉠ 국가나 지방자치단체가 농지를 소유하는 경우
> ㉡ 상속(상속인에게 한 유증을 포함)으로 농지를 취득하여 소유하는 경우
> ㉢ 담보농지를 취득하여 소유하는 경우
> ㉣ 농지전용협의를 마친 농지를 소유하는 경우
> ㉤ 다음의 규정에 따라 농지를 취득하여 소유하는 경우
>   ⓐ 한국농어촌공사가 농지를 취득하여 소유하는 경우
>   ⓑ 「농어촌정비법」에 따라 농지를 취득하여 소유하는 경우
>   ⓒ 「공유수면 관리 및 매립에 관한 법률」에 따라 매립농지를 취득하여 소유하는 경우
>   ⓓ 토지수용으로 농지를 취득하여 소유하는 경우
>   ⓔ 농림축산식품부장관과 협의를 마치고 「공익사업을 위한 토지 등의 취득 및 보상에 관한 법률」에 따라 농지를 취득하여 소유하는 경우
> ㉥ 농업법인의 합병으로 농지를 취득하는 경우
> ㉦ 공유농지의 분할로 농지를 취득하는 경우
> ㉧ 시효의 완성으로 농지를 취득하는 경우
> ㉨ 농지이용증진사업 시행계획에 따라 농지를 취득하는 경우

(2) 농업경영계획서의 작성

| 원칙 | 농지취득자격증명을 발급받으려는 자는 다음의 사항이 모두 포함된 농업경영계획서 또는 주말·체험영농계획서를 작성하고 농림축산식품부령으로 정하는 서류를 첨부하여 농지 소재지를 관할하는 시·구·읍·면의 장에게 발급신청을 하여야 한다.
① 취득 대상 농지의 면적(공유로 취득하려는 경우 공유 지분의 비율 및 각자가 취득하려는 농지의 위치도 함께 표시)
② 취득 대상 농지에서 농업경영을 하는 데에 필요한 노동력 및 농업 기계·장비·시설의 확보방안
③ 소유 농지의 이용 실태(농지 소유자에게만 해당)
④ 농지취득자격증명을 발급받으려는 자의 직업·영농경력·영농거리 |

예외	다음에 따라 농지를 취득하는 자는 농업경영계획서 또는 주말·체험영농계획서를 작성하지 아니하고 농림축산식품부령으로 정하는 서류를 첨부하지 아니하여도 발급신청을 할 수 있다. ① 「초·중등교육법」 및 「고등교육법」에 따른 학교, 농림축산식품부령으로 정하는 공공단체·농업연구기관·농업생산자단체 또는 종묘나 그 밖의 농업 기자재 생산자가 그 목적사업을 수행하기 위하여 필요한 시험지·연구지·실습지·종묘생산지 또는 과수 인공수분용 꽃가루 생산지로 쓰기 위하여 농림축산식품부령으로 정하는 바에 따라 농지를 취득하여 소유하는 경우 ② 농지전용허가를 받거나 농지전용신고를 한 자가 그 농지를 소유하는 경우 ③ 「한국농어촌공사 및 농지관리기금법」에 따른 농지의 개발사업지구에 있는 농지로서 대통령령으로 정하는 1,500m² 미만의 농지나 「농어촌정비법」에 따른 농지를 취득하여 소유하는 경우 ④ 농업진흥지역 밖의 농지 중 최상단부부터 최하단부까지의 평균경사율이 15% 이상인 농지로서 대통령령으로 정하는 농지를 소유하는 경우 ⑤ 「공공토지의 비축에 관한 법률」에 해당하는 토지 중 공공토지비축심의위원회가 비축이 필요하다고 인정하는 토지로서 「국토의 계획 및 이용에 관한 법률」에 따른 계획관리지역과 자연녹지지역 안의 농지를 한국토지주택공사가 취득하여 소유하는 경우. 이 경우 그 취득한 농지를 전용하기 전까지는 한국농어촌공사에 지체 없이 위탁하여 임대하거나 무상사용하게 하여야 한다.

4 농업경영 제25회, 제26회, 제28회, 제29회, 제30회, 제34회

(1) 농지의 위탁경영

① 원칙: 농지 소유자는 원칙적으로 소유 농지를 위탁경영할 수 없다.

② 예외: 농지 소유자는 다음의 어느 하나에 해당하는 경우에는 소유 농지를 위탁경영할 수 있다.

> ㉠ 「병역법」에 따라 징집 또는 소집된 경우
> ㉡ 3개월 이상 국외 여행 중인 경우
> ㉢ 농업법인이 청산 중인 경우
> ㉣ 질병, 취학, 선거에 따른 공직 취임 그 밖에 다음의 사유로 자경할 수 없는 경우
> 　ⓐ 부상으로 3월 이상의 치료가 필요한 경우
> 　ⓑ 교도소·구치소 또는 보호감호시설에 수용 중인 경우
> 　ⓒ 임신 중이거나 분만 후 6개월 미만인 경우
> ㉤ 농지이용증진사업 시행계획에 따라 위탁경영하는 경우
> ㉥ 다음의 어느 하나와 같이 농업인이 자기 노동력이 부족하여 농작업의 일부를 위탁하는 경우
> 　ⓐ 다음에 해당하는 재배작물의 종류별 주요 농작업의 3분의 1 이상을 자기 또는 세대원의 노동력에 의하는 경우
> 　　• 벼: 이식 또는 파종, 재배관리 및 수확
> 　　• 과수: 가지치기 또는 열매솎기, 재배관리 및 수확
> 　　• 이외의 농작물 또는 다년생식물: 파종 또는 육묘, 이식, 재배관리 및 수확
> 　ⓑ 자기의 농업경영에 관련된 ⓐ의 재배작물 농작업에 1년 중 30일 이상 직접 종사하는 경우

(2) 농업경영 위반에 따른 조치

① 농지의 처분의무

㉠ 농지처분사유: 농지 소유자는 다음의 어느 하나에 해당하게 되면 그 사유가 발생한 날부터 <mark>1년 이내</mark>에 해당 농지를 사유가 발생한 날 당시 세대를 같이하는 세대원이 아닌 자, 그 밖에 농림축산식품부령으로 정하는 자에게 처분하여야 한다.

> ⓐ 소유 농지를 자연재해·농지개량·질병 등 다음의 정당한 사유 없이 자기의 농업경영에 이용하지 아니하거나 이용하지 아니하게 되었다고 시장(구를 두지 아니한 시의 시장)·군수 또는 구청장이 인정한 경우
> - 소유농지를 임대 또는 무상사용하게 하는 경우
> - 임대인의 지위를 승계한 양수인이 그 임대차 잔여기간 동안 계속하여 임대하는 경우
> - 다음의 어느 하나에 해당하는 경우
>   - 「병역법」에 따라 징집 또는 소집되어 휴경하는 경우
>   - 질병 또는 취학으로 인하여 휴경하는 경우
>   - 선거에 따른 공직 취임으로 휴경하는 경우
>   - 농지의 임대차 또는 사용대차를 할 수 있는 부득이한 사유로 휴경하는 경우
>
> ⓑ 농지를 소유하고 있는 농업회사법인이 설립요건에 맞지 아니하게 된 후 3개월이 지난 경우
>
> ⓒ 학교, 공공단체 등으로서 농지를 취득한 자가 그 농지를 해당 목적사업에 이용하지 아니하게 되었다고 시장·군수 또는 구청장이 인정한 경우
>
> ⓓ 주말·체험영농을 하려고 농지를 취득한 자가 자연재해·농지개량·질병 등 대통령령으로 정하는 정당한 사유 없이 그 농지를 주말·체험영농에 이용하지 아니하게 되었다고 시장·군수 또는 구청장이 인정한 경우
>
> ⓔ 농지전용허가를 받거나 신고를 하여 농지를 취득한 자가 취득한 날부터 2년 이내에 그 목적사업에 착수하지 아니한 경우
>
> ⓕ 농지 소유상한을 초과하여 농지를 소유한 것이 판명된 경우(농지 소유상한을 초과하는 면적에 해당하는 농지를 말함)

㉡ 농지의 처분명령: 시장·군수 또는 구청장은 처분의무기간에 처분대상 농지를 처분하지 아니한 경우에 해당하는 농지 소유자에게 6개월 이내에 그 농지를 처분할 것을 명할 수 있다.

㉢ 농지의 매수청구: 농지 소유자는 처분명령을 받으면 「한국농어촌공사 및 농지관리기금법」에 따른 한국농어촌공사에 그 농지의 매수를 청구할 수 있다.

② 이행강제금: 시장·군수 또는 구청장은 다음의 어느 하나에 해당하는 자에게 해당 농지의 「감정평가 및 감정평가사에 관한 법률」에 따른 감정평가법인등이 감정평가한 감정가격 또는 「부동산 가격공시에 관한 법률」에 따른 개별공시지가 중 더 높은 가액의 <mark>100분의 25</mark>에 해당하는 이행강제금을 부과한다.

> ㉠ 처분명령을 받은 후 대통령령으로 정하는 정당한 사유(한국농어촌공사에 매수를 청구하여 협의 중인 경우 또는 법률 또는 법원의 판결 등에 따라 처분이 제한되는 경우) 없이 지정기간까지 그 처분명령을 이행하지 아니한 자
>
> ㉡ 원상회복명령을 받은 후 그 기간 내에 원상회복명령을 이행하지 아니하여 시장·군수·구청장이 그 원상회복명령의 이행에 필요한 상당한 기간을 정하였음에도 그 기한까지 원상회복을 아니한 자

기본문제와 완성문제로 **단단기출**

01 농지법령상 농업에 종사하는 개인으로서 농업인에 해당하는 자는? 제28회

기본 기출

① 꿀벌 10군을 사육하는 자
② 가금(家禽; 집에서 기르는 날짐승) 500수를 사육하는 자
③ 1년 중 100일을 축산업에 종사하는 자
④ 농산물의 연간 판매액이 100만원인 자
⑤ 농지에 300m²의 비닐하우스를 설치하여 다년생식물을 재배하는 자

> 키워드 용어정의
>
> 난이도
>
> 해설 ② 가금(家禽; 집에서 기르는 날짐승) 1천수 이상을 사육하는 자가 농업인에 해당한다.
> ③ 1년 중 120일 이상을 축산업에 종사하는 자가 농업인에 해당한다.
> ④ 농산물의 연간 판매액이 120만원 이상인 자가 농업인에 해당한다.
> ⑤ 농지에 330m² 이상의 비닐하우스를 설치하여 다년생식물을 재배하는 자가 농업인에 해당한다.

02 농지법령상 농지는 자기의 농업경영에 이용하거나 이용할 자가 아니면 소유하지 못함이 원칙이다. 그 예외에 해당하지 <u>않는</u> 것은? 제23회

기본 기출

① 8년 이상 농업경영을 하던 사람이 이농한 후에도 이농 당시 소유 농지 중 1만m²를 계속 소유하면서 농업경영에 이용되도록 하는 경우
② 농림축산식품부장관과 협의를 마치고 「공익사업을 위한 토지 등의 취득 및 보상에 관한 법률」에 따라 농지를 취득하여 소유하면서 농업경영에 이용되도록 하는 경우
③ 「공유수면 관리 및 매립에 관한 법률」에 따라 매립농지를 취득하여 소유하면서 농업경영에 이용되도록 하는 경우
④ 주말·체험영농을 하려고 농업진흥지역 내의 농지를 소유하는 경우
⑤ 「초·중등교육법」 및 「고등교육법」에 따른 학교가 그 목적사업을 수행하기 위하여 필요한 연구지·실습지로 쓰기 위하여 농림축산식품부령으로 정하는 바에 따라 농지를 취득하여 소유하는 경우

> 키워드 농지의 소유원칙
>
> 난이도
>
> 해설 주말·체험영농을 하려고 농업진흥지역 '외'의 농지를 소유하는 경우에 농업경영자가 아니더라도 농지를 소유할 수 있다.

정답 01 ① 02 ④

03 농지법령상 농지취득자격증명을 발급받지 아니하고 농지를 취득할 수 있는 경우가 <u>아닌</u> 것은? 제32회

① 시효의 완성으로 농지를 취득하는 경우
② 공유농지의 분할로 농지를 취득하는 경우
③ 농업법인의 합병으로 농지를 취득하는 경우
④ 국가나 지방자치단체가 농지를 소유하는 경우
⑤ 주말·체험영농을 하려고 농업진흥지역 외의 농지를 소유하는 경우

키워드	농지취득자격증명
난이도	
해설	국가나 지방자치단체가 농지를 소유하는 경우, 상속으로 농지를 취득하여 소유하는 경우, 한국농어촌공사가 농지를 취득하여 소유하는 경우, 농업법인의 합병으로 농지를 취득하는 경우, 공유농지의 분할로 농지를 취득하는 경우, 시효의 완성으로 농지를 취득하는 경우에 해당하면 농지취득자격증명을 발급받지 아니하고 농지를 취득할 수 있다.

04 농지법령상 농지 소유자가 소유 농지를 위탁경영할 수 <u>없는</u> 경우는? 제29회

①「병역법」에 따라 현역으로 징집된 경우
② 6개월간 미국을 여행 중인 경우
③ 선거에 따른 지방의회의원 취임으로 자경할 수 없는 경우
④ 농업법인이 청산 중인 경우
⑤ 교통사고로 2개월간 치료가 필요한 경우

키워드	농업경영
난이도	
해설	교통사고로 2개월간 치료가 필요한 경우에는 위탁경영할 수 없지만, 교통사고로 3월 이상의 치료가 필요한 경우에는 소유 농지를 위탁경영할 수 있다.

정답 03 ⑤ 04 ⑤

05 농지법령상 농지 소유자가 소유 농지를 위탁경영할 수 있는 경우가 <u>아닌</u> 것은?

제34회

기본 기출

① 선거에 따른 공직취임으로 자경할 수 없는 경우
②「병역법」에 따라 징집 또는 소집된 경우
③ 농업법인이 청산 중인 경우
④ 농지이용증진사업 시행계획에 따라 위탁경영하는 경우
⑤ 농업인이 자기 노동력이 부족하여 농작업의 전부를 위탁하는 경우

키워드 농지의 위탁경영

난이도

해설 농업인이 자기 노동력이 부족하여 농작업의 일부를 위탁하는 경우에 위탁경영할 수 있다.

06 농지법령상 용어에 관한 설명으로 <u>틀린</u> 것은?

제27회

완성 기출

① 실제로 농작물 경작지로 이용되는 토지이더라도 법적 지목이 과수원인 경우는 '농지'에 해당하지 않는다.
② 소가축 80두를 사육하면서 1년 중 150일을 축산업에 종사하는 개인은 '농업인'에 해당한다.
③ 3천m²의 농지에서 농작물을 경작하면서 1년 중 80일을 농업에 종사하는 개인은 '농업인'에 해당한다.
④ 인삼의 재배지로 계속하여 이용되는 기간이 4년인 지목이 전(田)인 토지는 '농지'에 해당한다.
⑤ 농지 소유자가 타인에게 일정한 보수를 지급하기로 약정하고 농작업의 일부만을 위탁하여 행하는 농업경영도 '위탁경영'에 해당한다.

키워드 용어정의

난이도

해설 '농지'란 전·답, 과수원 그 밖에 법적 지목(地目)을 불문하고 실제로 농작물 경작지 또는 다음에 해당하는 다년생식물 재배지로 이용되는 토지를 말한다.

- 목초·종묘·인삼·약초·잔디 및 조림용 묘목
- 과수·뽕나무·유실수 그 밖의 생육기간이 2년 이상인 식물
- 조경 또는 관상용 수목과 그 묘목(조경 목적으로 식재한 것을 제외)

정답 05 ⑤ 06 ①

07 농지법령상 주말·체험영농을 하려고 농지를 소유하는 경우에 관한 설명으로 틀린 것은? 제26회

① 농업인이 아닌 개인도 농지를 소유할 수 있다.
② 세대원 전부가 소유한 면적을 합하여 총 1천m^2 미만의 농지를 소유할 수 있다.
③ 농지를 취득하려면 농지취득자격증명을 발급받아야 한다.
④ 소유 농지를 농수산물 유통·가공시설의 부지로 전용하려면 농지전용신고를 하여야 한다.
⑤ 농지를 취득한 자가 징집으로 인하여 그 농지를 주말·체험영농에 이용하지 못하게 되면 1년 이내에 그 농지를 처분하여야 한다.

키워드 〉 농업경영

난이도 〉

해설 〉 농지를 취득한 자가 「병역법」에 따라 징집 또는 소집되어 그 농지를 주말·체험영농에 이용하지 못하게 되는 경우에는 처분의무사유에 해당하지 않는다.

정답 07 ⑤

THEME 40 농지의 이용 및 보전

| THEME 키워드 |
대리경작제도, 농지의 임대차, 농지의 임대 및 무상사용, 농업진흥지역, 농지의 전용, 농지법령 종합

기본으로 알아야 하는 대표기출

> **기출분석**
> - 기출회차: 제21회
> - 키워드: 농지의 임대차
> - 난이도: ■■■□□

농지법령상 농지의 대리경작 및 임대차에 관한 설명으로 틀린 것은?

① 유휴농지의 대리경작기간은 따로 정하지 아니하면 3년으로 한다.
② 농업경영을 하려는 자에게 농지를 임대하는 경우 서면계약을 원칙으로 한다.
③ 임대 농지의 양수인은 「농지법」에 따른 임대인의 지위를 승계한 것으로 본다.
④ 지력의 증진을 위하여 필요한 기간 동안 휴경하는 농지에 대하여는 대리경작자를 지정할 수 없다.
⑤ 자기의 농업경영을 위해 농지를 소유하는 자는 주말·체험농영을 하려는 자에게 임대하는 것을 업(業)으로 하는 자에게 자신의 농지를 임대할 수 없다.

> **해설**
> 자기의 농업경영을 위해 소유하는 농지 중 3년 이상 소유한 농지를 소유하는 자는 주말·체험농영을 하려는 자에게 임대하는 것을 업(業)으로 하는 자에게 자신의 농지를 임대할 수 있다.
>
> 정답 ⑤

> **함정을 피하는 TIP**
> - 대리경작 및 농지의 임대차에 관한 내용을 학습하여야 한다.

단단하게 정리하는 **핵심이론**

1 대리경작제도

(1) 대리경작자의 지정 제21회, 제32회

시장·군수 또는 구청장은 유휴농지에 대하여 대통령령으로 정하는 바에 따라 그 농지의 소유권자나 임차권자를 대신하여 농작물을 경작할 자(이하 '대리경작자')를 직권으로 지정하거나 농림축산식품부령으로 정하는 바에 따라 유휴농지를 경작하려는 자의 신청을 받아 대리경작자를 지정할 수 있다.

> **보충**
>
> **유휴(遊休)농지**
> 농작물 경작이나 다년생식물 재배에 이용되지 아니하는 농지로서 다음의 어느 하나에 해당하지 아니하는 농지를 말한다.
> 1. 지력의 증진이나 토양의 개량·보전을 위하여 필요한 기간 동안 휴경하는 농지
> 2. 연작으로 인하여 피해가 예상되는 재배작물의 경작 또는 재배 전후에 지력의 증진 또는 회복을 위하여 필요한 기간 동안 휴경하는 농지
> 3. 농지전용허가를 받거나 농지전용협의(다른 법률에 따라 농지전용허가가 의제되는 협의를 포함)를 거친 농지
> 4. 농지전용신고를 한 농지
> 5. 농지의 타용도 일시 사용허가를 받거나 협의를 거친 농지
> 6. 농지의 타용도 일시 사용신고를 하거나 협의를 거친 농지

(2) 대리경작의 방법 제21회, 제23회, 제28회, 제32회

대리경작기간	대리경작기간은 따로 정하지 아니하면 <mark>3년</mark>으로 한다.
대리경작자의 의무	대리경작자는 수확량의 <mark>100분의 10</mark>을 수확일부터 2월 이내에 그 농지의 소유권자나 임차권자에게 토지사용료로 지급하여야 한다. 이 경우 수령을 거부하거나 지급이 곤란한 경우에는 토지사용료를 공탁할 수 있다.
대리경작자의 지정중지	대리경작 농지의 소유권자 또는 임차권자가 그 농지를 스스로 경작하려면 대리경작기간이 끝나기 3개월 전까지, 그 대리경작기간이 끝난 후에는 대리경작자 지정을 중지할 것을 농림축산식품부령으로 정하는 바에 따라 시장·군수 또는 구청장에게 신청하여야 하며, 신청을 받은 시장·군수 또는 구청장은 신청을 받은 날부터 1개월 이내에 대리경작자 지정중지를 그 대리경작자와 그 농지의 소유권자 또는 임차권자에게 알려야 한다.
대리경작자의 지정해지	시장·군수 또는 구청장은 다음의 어느 하나에 해당하면 대리경작기간이 끝나기 전이라도 대리경작자 지정을 해지할 수 있다. ① 대리경작 농지의 소유권자나 임차권자가 정당한 사유를 밝히고 지정해지 신청을 하는 경우 ② 대리경작자가 경작을 게을리하는 경우 ③ 대리경작자로 지정된 자가 토지사용료를 지급 또는 공탁하지 아니하는 경우 ④ 대리경작자로 지정된 자가 대리경작자의 지정해지를 신청하는 경우

2 농지의 임대차 등 제21회, 제24회, 제27회, 제31회, 제34회

(1) 농지의 임대차 또는 사용대차 허용 농지

다음의 어느 하나에 해당하는 경우에는 농지를 임대(임대차)하거나 무상사용(사용대차)하게 할 수 있다.

> ① 농지 소유제한 규정에 해당하는 농지를 임대하거나 무상사용하게 하는 경우
>   ㉠ 국가 또는 지방자치단체가 농지를 소유하는 경우
>   ㉡ 상속(상속인에게 한 유증 포함)에 의하여 농지를 취득하여 소유하는 경우
>   ㉢ 8년 이상 농업경영을 하던 자가 이농하는 경우 이농 당시 소유하고 있던 농지를 계속 소유하는 경우. 단, 학교 등 실습지, 주말·체험영농 제외
> ② 농지이용증진사업 시행계획에 따라 농지를 임대하거나 무상사용하게 하는 경우
> ③ 부득이한 사유: 질병, 징집, 취학, 선거에 따른 공직 취임, 부상으로 3월 이상의 치료가 필요한 경우, 교도소·구치소 또는 보호감호시설에 수용 중인 경우, 3월 이상 국외여행을 하는 경우, 농업법인이 청산 중인 경우, 임신 중이거나 분만 후 6개월 미만인 경우로 인하여 일시적으로 농업경영에 종사하지 아니하게 된 자가 소유하고 있는 농지를 임대하거나 무상사용하게 하는 경우
> ④ 고령의 장기 영농자의 임대: 60세 이상인 사람으로서 농업경영에 더 이상 종사하지 않게 된 사람, 농업인에 해당하는 사람이 거주하는 시·군 또는 이에 연접한 시·군에 있는 소유 농지 중에서 자기의 농업경영에 이용한 기간이 5년이 넘은 농지를 임대하거나 무상사용하게 하는 경우
> ⑤ 주말·체험영농 목적의 임대
>   ㉠ 개인이 소유하고 있는 농지 중 3년 이상 소유한 농지를 주말·체험영농을 하려는 자에게 임대하거나 무상사용하게 하는 경우, 또는 주말·체험영농을 하려는 자에게 임대하는 것을 업(業)으로 하는 자에게 임대하거나 무상사용하게 하는 경우
>   ㉡ 농업법인이 소유하고 있는 농지를 주말·체험영농을 하려는 자에게 임대하거나 무상사용하게 하는 경우

(2) 임대차 또는 사용대차의 종료

농지를 임차하거나 사용대차한 임차인 또는 사용대차인이 그 농지를 정당한 사유 없이 농업경영에 사용하지 아니할 때에는 시장·군수·구청장이 농림축산식품부령으로 정하는 바에 따라 임대차 또는 사용대차의 종료를 명할 수 있다.

(3) 임대차·사용대차 계약방법

서면계약의 원칙	임대차계약(농업경영을 하려는 자에게 임대하는 경우만 해당)과 사용대차계약(농업경영을 하려는 자에게 무상사용하게 하는 경우만 해당)은 서면계약을 원칙으로 한다.
계약의 효력	임대차계약은 그 등기가 없는 경우에도 임차인이 농지소재지를 관할하는 시·구·읍·면의 장의 확인을 받고, 해당 농지를 인도(引渡)받은 경우에는 그 다음 날부터 제3자에 대하여 효력이 생긴다.

(4) 임대차계약기간

① 임대차기간: 임대차기간은 **3년 이상**(자경 농지를 농림축산식품부장관이 정하는 이모작을 위하여 8개월 이내로 임대하거나 무상사용하게 하는 경우는 제외)으로 하여야 한다. 다만, 다년생식물 재배지 등 다음에 해당하는 농지의 경우에는 **5년 이상**으로 하여야 한다.

> ㉠ 농지의 임차인이 다년생식물의 재배지로 이용하는 농지
> ㉡ 농지의 임차인이 농작물의 재배시설로서 고정식온실 또는 비닐하우스를 설치한 농지

② 임대차기간을 정하지 아니하거나 **3년**(다년생식물 재배지 등의 경우: **5년**) 미만으로 정한 경우에는 **3년**(다년생식물 재배지 등의 경우: **5년**)으로 약정된 것으로 본다. 다만, 임차인은 **3년**(다년생식물 재배지 등의 경우: **5년**) 미만으로 정한 임대차기간이 유효함을 주장할 수 있다.

③ 불가피한 사유가 있는 경우: 임대인은 질병, 징집 등 다음에서 정하는 불가피한 사유가 있는 경우에는 임대차기간을 **3년**(다년생식물 재배지 등의 경우: **5년**) 미만으로 정할 수 있다.

> ㉠ 질병, 징집, 취학의 경우
> ㉡ 선거에 의한 공직(公職)에 취임하는 경우
> ㉢ 부상으로 3개월 이상의 치료가 필요한 경우
> ㉣ 교도소·구치소 또는 보호감호시설에 수용 중인 경우
> ㉤ 농업법인이 청산 중인 경우
> ㉥ 농지전용허가를 받았거나 농지전용신고를 하였으나 농지전용목적사업에 착수하지 않은 경우

④ 임대차기간은 임대차계약을 연장 또는 갱신하거나 재계약을 체결하는 경우에도 동일하게 적용한다.

(5) 임대차계약에 관한 조정

조정 신청	임대차계약의 당사자는 임대차기간, 임차료 등 임대차계약에 관하여 서로 협의가 이루어지지 아니한 경우에는 농지소재지를 관할하는 시장·군수 또는 자치구구청장에게 조정을 신청할 수 있다.
조정개시	시장·군수 또는 자치구구청장은 조정의 신청이 있으면 지체 없이 농지임대차조정위원회를 구성하여 조정절차를 개시하여야 한다.
조정효력	농지임대차조정위원회에서 작성한 조정안을 임대차계약 당사자가 수락한 때에는 이를 해당 임대차의 당사자 간에 체결된 계약의 내용으로 본다.

(6) 임대인의 지위승계

① 임대 농지의 양수인(讓受人)은 이 법에 따른 임대인의 지위를 승계한 것으로 본다.
②「농지법」에 위반된 약정으로서 임차인에게 불리한 것은 그 효력이 없다.

(7) 국·공유농지의 임대차 특례 제27회

「국유재산법」과 「공유재산 및 물품 관리법」에 따른 국유재산과 공유재산인 농지에 대하여는 제24조(임대차·사용대차 계약방법과 확인), 제24조의2(임대차기간), 제24조의3(임대차계약에 관한 조정 등), 제25조(묵시의 갱신), 제26조(임대인의 지위승계) 및 제26조의2(강행규정)를 적용하지 아니한다.

3 농업진흥지역

(1) 농업진흥지역의 지정대상 제18회, 제22회, 제31회

지정권자	시·도지사는 농지를 효율적으로 이용하고 보전하기 위하여 농림축산식품부장관의 승인을 받아 농업진흥지역을 지정한다.
지정대상 지역	① 농업진흥지역 지정은 「국토의 계획 및 이용에 관한 법률」에 따른 녹지지역·관리지역·농림지역 및 자연환경보전지역을 대상으로 한다. 다만, 특별시의 녹지지역은 제외한다. ② 농림축산식품부장관은 녹지지역이나 계획관리지역의 농업진흥지역에 포함되면 농업진흥지역 지정을 승인하기 전에 국토교통부장관과 협의하여야 한다.
농업진흥지역	농업진흥구역과 농업보호구역으로 구분하여 지정할 수 있다. ① **농업진흥구역**: 농업의 진흥을 도모하여야 하는 지역으로서 농림축산식품부장관이 정하는 규모로 농지가 집단화되어 농업 목적으로 이용할 필요가 있는 지역 ② **농업보호구역**: 농업진흥구역의 용수원 확보, 수질 보전 등 농업 환경을 보호하기 위하여 필요한 지역

(2) 농업진흥지역에서의 행위제한 제17회, 제22회

① 농업진흥구역에서의 행위제한

원칙적 허용행위	농업진흥구역에서는 농업 생산 또는 농지개량과 직접적으로 관련된 행위로서 대통령령으로 정하는 행위 외의 토지이용행위를 할 수 없다.
예외적 허용행위	다음의 토지이용행위의 경우에는 농업 생산 또는 농지개량과 직접적으로 관련되지 아니하는 행위라도 이를 할 수 있다. ㉠ **대통령령으로 정하는 농수산물**(농산물·임산물·축산물·수산물)의 **가공·처리시설의 설치 및 농수산업**(농업·임업·축산업·수산업) **관련 시험·연구시설의 설치** ⓐ 농업진흥구역 안의 부지 면적이 1만 5천m² 미만인 시설일 것 ⓑ 양곡가공업자가 농림축산식품부장관 또는 지방자치단체의 장과 계약을 체결해 정부관리양곡을 가공·처리하는 시설로서 그 부지 면적이 1만 5천m² 미만인 시설 ⓒ 육종연구를 위한 농수산업에 관한 시험·연구 시설로서 그 부지의 총면적이 3천m² 미만인 시설

ⓒ 어린이놀이터, 마을회관 그 밖에 대통령령으로 정하는 농업인의 공동생활에 필요한 편의시설 및 이용시설의 설치

ⓒ 대통령령으로 정하는 농업인 주택, 어업인 주택, 농업용 시설, 축산업용 시설 또는 어업용 시설의 설치

ⓔ 국방·군사시설의 설치

ⓜ 하천, 제방 그 밖에 이에 준하는 국토보존시설의 설치

ⓑ 「국가유산기본법」에 따른 국가유산의 보수·복원·이전, 매장 문화재의 발굴, 비석이나 기념탑 그 밖에 이와 비슷한 공작물의 설치

② **농업보호구역에서의 행위제한**: 농업보호구역에서는 다음 외의 토지이용행위를 할 수 없다. 즉, 다음의 토지이용행위는 할 수 있다.

㉠ 농업진흥구역에서 허용되는 토지이용행위

㉡ 농업인 소득 증대에 필요한 시설로서 대통령령으로 정하는 다음의 건축물·공작물 그 밖의 시설의 설치

> ⓐ 「농어촌정비법」에 따른 관광농원사업으로 설치하는 시설로서 농업보호구역 안의 부지 면적이 2만㎡ 미만인 것
> ⓑ 「농어촌정비법」에 따른 주말농원사업으로 설치하는 시설로서 농업보호구역 안의 부지 면적이 3천㎡ 미만인 것
> ⓒ 태양에너지 발전설비로서 농업보호구역 안의 부지 면적이 1만㎡ 미만인 것
> ⓓ 그 밖에 농촌지역 경제활성화를 통하여 농업인 소득증대에 기여하는 농수산업 관련 시설로서 농림축산식품부령으로 정하는 시설

㉢ 농업인의 생활 여건을 개선하기 위하여 필요한 시설로서 대통령령으로 정하는 다음의 건축물·공작물 그 밖의 시설의 설치

> ⓐ 다음에 해당하는 시설로서 농업보호구역 안의 부지 면적이 1천㎡ 미만인 것
> • 단독주택
> • 제1종 근린생활시설 중 「건축법 시행령」 별표 1 제3호 가목, 라목부터 바목까지 및 사목(공중화장실 및 대피소는 제외)에 해당하는 시설
> • 제2종 근린생활시설 중 「건축법 시행령」 별표 1 제4호 가목, 나목, 라목부터 사목까지, 차목부터 타목까지, 파목(골프연습장은 제외) 및 하목에 해당하는 시설
> ⓑ 제1종 근린생활시설 중 양수장·정수장·대피소·공중화장실 그 밖에 이와 비슷한 시설(변전소 및 도시가스배관시설은 제외)로서 농업보호구역 안의 부지 면적이 3천㎡ 미만인 것

4 농지의 전용(轉用)

(1) 정의 제29회

농지를 농작물의 경작이나 다년생식물의 재배 등 농업 생산 또는 대통령령으로 정하는 농지개량 외의 용도로 사용하는 것을 말한다. 다만, 토지의 개량시설, 농축산물 생산시설의 용도로 사용하는 경우에는 전용(轉用)으로 보지 아니한다.

(2) **농지전용허가의 대상** 제16회, 제23회, 제29회

① 허가를 받아야 하는 경우: 농지를 전용하려는 자는 대통령령으로 정하는 바에 따라 농림축산식품부장관의 허가를 받아야 한다. 허가받은 농지의 면적 또는 경계 등 다음의 중요 사항을 변경하려는 경우에도 또한 같다.

> ⊙ 전용허가를 받은 농지의 면적 또는 경계
> ⓒ 전용허가를 받은 농지의 위치(동일 필지 안에서 위치를 변경하는 경우에 한함)
> ⓒ 전용허가를 받은 자의 명의
> ② 설치하려는 시설의 용도 또는 전용목적사업(제59조 제3항 제1호부터 제3호까지의 규정에 해당하는 경우에 한함)

② 허가를 받지 않아도 되는 경우: 농지를 전용하려는 자는 다음의 어느 하나에 해당하는 경우에는 허가를 받을 필요가 없다.

> ⊙ 다른 법률에 따라 농지전용허가가 의제되는 협의를 거쳐 농지를 전용하는 경우
> ⓒ 「국토의 계획 및 이용에 관한 법률」에 따른 도시지역 또는 계획관리지역에 있는 농지로서 농지전용의 협의를 거친 농지나 협의 대상에서 제외되는 농지를 전용하는 경우
> ⓒ 농지전용신고를 하고 농지를 전용하는 경우
> ② 산지전용허가를 받지 아니하거나 같은 산지전용신고를 하지 아니하고 불법으로 개간한 농지를 산림으로 복구하는 경우
> ⓜ 「하천법」에 따라 하천관리청의 허가를 받고 농지의 형질을 변경하거나 공작물을 설치하기 위하여 농지를 전용하는 경우

(3) 농지전용협의

주무부장관이나 지방자치단체의 장은 다음의 어느 하나에 해당하면 대통령령으로 정하는 바에 따라 농림축산식품부장관과 미리 농지전용에 관한 협의를 하여야 한다.

> ① 「국토의 계획 및 이용에 관한 법률」에 따른 도시지역에 주거지역·상업지역 또는 공업지역을 지정하거나 도시·군계획시설을 결정할 때에 해당 지역 예정지 또는 시설 예정지에 농지가 포함되어 있는 경우. 다만, 이미 지정된 주거지역·상업지역·공업지역을 다른 지역으로 변경하거나 이미 지정된 주거지역·상업지역·공업지역에 도시·군계획시설을 결정하는 경우는 제외한다.
> ② 「국토의 계획 및 이용에 관한 법률」에 따른 계획관리지역에 지구단위계획구역을 지정할 때에 해당 구역 예정지에 농지가 포함되어 있는 경우

(4) 농지전용신고 제16회, 제24회, 제26회, 제29회

① 신고대상: 농지를 다음의 어느 하나에 해당하는 시설의 부지로 전용하려는 자는 대통령령으로 정하는 바에 따라 시장·군수 또는 자치구구청장에게 신고하여야 한다. 신고한 사항을 변경하려는 경우에도 또한 같다.

> ㉠ 농업인 주택, 어업인 주택, 농축산업용 시설(개량시설과 농축산물 생산시설 제외), 농수산물 유통·가공 시설
> ㉡ 어린이놀이터·마을회관 등 농업인의 공동생활 편의시설
> ㉢ 농수산 관련 연구시설과 양어장·양식장 등 어업용 시설

② 신고의 수리: 시장·군수 또는 자치구구청장은 신고를 받은 경우 그 내용을 검토하여 이 법에 적합하면 신고를 수리하여야 한다.

(5) 타용도 일시 사용허가·협의 제16회, 제23회, 제24회

농지를 다음의 어느 하나에 해당하는 용도로 일시 사용하려는 자는 대통령령으로 정하는 바에 따라 일정 기간 사용한 후 농지로 복구한다는 조건으로 시장·군수 또는 자치구구청장의 허가를 받아야 한다. 허가받은 사항을 변경하려는 경우에도 또한 같다. 다만, 국가나 지방자치단체의 경우에는 시장·군수 또는 자치구구청장과 협의하여야 한다.

> ① 「건축법」에 따른 건축허가 또는 건축신고 대상시설이 아닌 간이 농수축산업용 시설(개량시설과 농축산물 생산시설은 제외)과 농수산물의 간이 처리시설을 설치하는 경우
> ② 주(主)목적사업(해당 농지에서 허용되는 사업만 해당)을 위하여 현장 사무소나 부대시설 그 밖에 이에 준하는 시설을 설치하거나 물건을 적치(積置)하거나 매설(埋設)하는 경우
> ③ 대통령령으로 정하는 다음의 토석과 광물을 채굴하는 경우
>   ㉠ 「골재채취법」에 따른 골재
>   ㉡ 「광업법」에 따른 광물
>   ㉢ 적조방제·농지개량 또는 토목공사용으로 사용하거나 공업용 원료로 사용하기 위한 토석 ⇨ 일시사용기간: 5년 이내
> ④ 태양에너지발전설비

(6) 농지전용허가 등의 취소 제23회, 제24회, 제28회

① 취소사유: 농림축산식품부장관, 시장·군수 또는 자치구구청장은 농지전용허가 또는 농지의 타용도 일시 사용허가를 받았거나 농지전용신고 또는 농지의 타용도 일시 사용신고를 한 자가 다음의 어느 하나에 해당하면 농림축산식품부령으로 정하는 바에 따라 허가를 취소하거나 관계 공사의 중지, 조업의 정지, 사업규모의 축소 또는 사업계획의 변경 그 밖에 필요한 조치를 명할 수 있다. 다만, 다음의 ㉠에 해당하면 그 허가를 취소하여야 한다.

> ㉠ 거짓이나 그 밖의 부정한 방법으로 허가를 받거나 신고한 것이 판명된 경우
> ㉡ 허가 목적이나 허가 조건을 위반하는 경우
> ㉢ 허가를 받지 아니하거나 신고하지 아니하고 사업계획 또는 사업 규모를 변경하는 경우
> ㉣ 허가를 받거나 신고를 한 후 농지전용 목적사업과 관련된 사업계획의 변경 등 대통령령으로 정하는 정당한 사유 없이 2년 이상 대지의 조성, 시설물의 설치 등 농지전용 목적사업에 착수하지 아니하거나 농지전용 목적사업에 착수한 후 1년 이상 공사를 중단한 경우

> ⑩ 농지보전부담금을 내지 아니한 경우
> ⑪ 허가를 받은 자나 신고를 한 자가 허가취소를 신청하거나 신고를 철회하는 경우
> ⑫ 허가를 받은 자가 관계 공사의 중지 등 법 제39조 제1항 본문에 따른 조치명령을 위반한 경우

② **농지전용허가 위반자에 대한 처벌**: 농업진흥지역 밖의 농지를 농지전용허가를 받지 아니하고 전용하거나 거짓이나 그 밖의 부정한 방법으로 농지전용허가를 받은 자는 3년 이하의 징역 또는 해당 토지가액의 100분의 50에 해당하는 금액 이하의 벌금에 처한다.

(7) 지목변경의 제한 제29회

다음의 어느 하나에 해당하는 경우 외에는 농지를 전·답·과수원 외의 지목으로 변경하지 못한다.

> ① 농지전용허가를 받거나 협의에 의한 농지를 전용한 경우
> ② 아래의 규정된 목적으로 농지를 전용한 경우
>   ㉠ 「산지관리법」에 따른 산지전용허가를 받지 아니하거나 산지전용신고를 하지 아니하고 불법으로 개간한 농지를 산림으로 복구하는 경우
>   ㉡ 「하천법」에 따라 하천관리청의 허가를 받고 농지의 형질을 변경하거나 공작물을 설치하기 위하여 농지를 전용하는 경우
> ③ 농지의 전용신고 또는 농지전용허가의 특례의 규정에 의하여 농지전용신고를 하고 농지를 전용한 경우
> ④ 「농어촌정비법」에 따른 농어촌용수의 개발사업이나 농업 생산기반 개량사업의 시행으로 토지의 개량시설의 부지로 변경되는 경우
> ⑤ 시장·군수 또는 자치구구청장이 천재지변이나 그 밖의 불가항력(不可抗力)의 사유로 그 농지의 형질이 현저히 달라져 원상회복이 거의 불가능하다고 인정하는 경우

5 농지보전부담금

(1) 농지보전부담금의 납입의무자 제23회, 제24회

다음의 어느 하나에 해당하는 자는 농지의 보전·관리 및 조성을 위한 부담금(이하 '농지보전부담금')을 농지관리기금을 운용·관리하는 자에게 내야 한다.

> ① 농지전용허가를 받는 자
> ② 농지전용협의를 거친 지역 예정지 또는 시설 예정지에 있는 농지(협의대상에서 제외되는 농지를 포함)를 전용하려는 자
> ③ 농지전용에 관한 협의를 거친 구역 예정지에 있는 농지를 전용하려는 자
> ④ 농지전용협의를 거친 농지를 전용하려는 자
> ⑤ 농지전용신고를 하고 농지를 전용하려는 자

(2) 농지보전부담금의 납부 제24회

농지를 전용하려는 자는 농지보전부담금의 전부 또는 일부를 농지전용허가·농지전용신고(다른 법률에 따라 농지전용허가 또는 농지전용신고가 의제되는 인가·허가·승인 등을 포함) 전까지 납부하여야 한다.

기본문제와 완성문제로 단단기출

01 농지법령상 유휴농지에 대한 대리경작자의 지정에 관한 설명으로 옳은 것은? 제32회

기본 기출

① 지력의 증진이나 토양의 개량·보전을 위하여 필요한 기간 동안 휴경하는 농지에 대하여도 대리경작자를 지정할 수 있다.
② 대리경작자 지정은 유휴농지를 경작하려는 농업인 또는 농업법인의 신청이 있을 때에만 할 수 있고, 직권으로는 할 수 없다.
③ 대리경작자가 경작을 게을리하는 경우에는 대리경작기간이 끝나기 전이라도 대리경작자 지정을 해지할 수 있다.
④ 대리경작기간은 3년이고, 이와 다른 기간을 따로 정할 수 없다.
⑤ 농지 소유권자를 대신할 대리경작자만 지정할 수 있고, 농지 임차권자를 대신할 대리경작자를 지정할 수는 없다.

키워드 대리경작제도
난이도

해설 ① 지력의 증진이나 토양의 개량·보전을 위하여 필요한 기간 동안 휴경하는 농지에 대하여는 대리경작자를 지정할 수 없다.
② 대리경작자 지정은 유휴농지를 경작하려는 농업인 또는 농업법인의 신청이 있을 때 지정할 수 있고, 직권으로도 지정할 수 있다.
④ 대리경작기간은 따로 정하지 아니하면 3년으로 한다.
⑤ 농지 소유권자나 임차권자를 대신할 대리경작자를 지정할 수 있다.

정답 01 ③

02 농지법령상 농지의 임대차에 관한 설명으로 틀린 것은? (단, 농업경영을 하려는 자에게 임대하는 경우를 전제로 함)

기본 기출   제31회

① 60세 이상 농업인의 자신이 거주하는 시·군에 있는 소유 농지 중에서 자기의 농업경영에 이용한 기간이 5년이 넘은 농지를 임대할 수 있다.
② 농지를 임차한 임차인이 그 농지를 정당한 사유 없이 농업경영에 사용하지 아니할 때에는 시장·군수·구청장은 임대차의 종료를 명할 수 있다.
③ 임대차계약은 그 등기가 없는 경우에도 임차인이 농지소재지를 관할하는 시·구·읍·면의 장의 확인을 받고, 해당 농지를 인도받은 경우에는 그 다음 날부터 제3자에 대하여 효력이 생긴다.
④ 농지의 임차인이 농작물의 재배시설로서 비닐하우스를 설치한 농지의 임대차기간은 10년 이상으로 하여야 한다.
⑤ 농지임대차조정위원회에서 작성한 조정안을 임대차계약 당사자가 수락한 때에는 이를 당사자 간에 체결된 계약의 내용으로 본다.

키워드 농지의 임대차

난이도

해설 임대차기간은 3년 이상으로 하여야 하지만, 농지의 임차인이 농작물의 재배시설로서 비닐하우스를 설치한 농지의 임대차기간은 5년 이상으로 하여야 한다.

03 농지법령상 농지를 임대하거나 무상사용하게 할 수 있는 요건 중 일부이다. (   )에 들어갈 숫자로 옳은 것은?

기본 기출   제34회

- (㉠)세 이상인 농업인이 거주하는 시·군에 있는 소유 농지 중에서 자기의 농업경영에 이용한 기간이 (㉡)년이 넘은 농지
- (㉢)월 이상의 국외여행으로 인하여 일시적으로 농업경영에 종사하지 아니하게 된 자가 소유하고 있는 농지

	㉠	㉡	㉢		㉠	㉡	㉢
①	55	3	3	②	60	3	5
③	60	5	3	④	65	4	5
⑤	65	5	1				

키워드 농지의 임대 및 무상사용

난이도

해설
- (㉠ 60)세 이상인 농업인이 거주하는 시·군에 있는 소유 농지 중에서 자기의 농업경영에 이용한 기간이 (㉡ 5)년이 넘은 농지
- (㉢ 3)월 이상의 국외여행으로 인하여 일시적으로 농업경영에 종사하지 아니하게 된 자가 소유하고 있는 농지

정답 02 ④ 03 ③

04 농지법령상 농업진흥지역을 지정할 수 없는 지역은? 제31회

① 특별시의 녹지지역
② 특별시의 관리지역
③ 광역시의 관리지역
④ 광역시의 농림지역
⑤ 군의 자연환경보전지역

키워드 〉 농업진흥지역

난이도 〉

해설 〉 농업진흥지역의 지정은 「국토의 계획 및 이용에 관한 법률」에 따른 녹지지역·관리지역·농림지역 및 자연환경보전지역을 대상으로 한다. 다만, 특별시의 녹지지역을 제외한다.

05 농지법령상 농지의 전용에 관한 설명으로 옳은 것은? 제24회

① 농업진흥지역 밖의 농지를 마을회관 부지로 전용하려는 자는 농지전용허가를 받아야 한다.
② 농지전용허가를 받은 자가 조업의 중지명령을 위반한 경우에는 그 허가를 취소하여야 한다.
③ 농지의 타용도 일시 사용허가를 받는 자는 농지보전부담금을 납부하여야 한다.
④ 농지를 전용하려는 자는 농지보전부담금의 전부 또는 일부를 농지전용허가·농지전용신고 전까지 납부하지 않아도 된다.
⑤ 해당 농지에서 허용되는 주목적사업을 위하여 현장 사무소를 설치하는 용도로 농지를 일시 사용하려는 자는 시장·군수 또는 자치구구청장에게 신고하여야 한다.

키워드 〉 농지의 전용

난이도 〉

해설 〉 ① 농업진흥지역 밖의 농지를 마을회관 부지로 전용하려는 자는 농지전용신고를 하여야 한다.
③ 농지의 타용도 일시 사용허가를 받는 자는 농지보전부담금을 납부하지 않는다.
④ 농지를 전용하려는 자는 농지보전부담금의 전부 또는 일부를 농지전용허가·농지전용신고 전까지 납부하여야 한다.
⑤ 해당 농지에서 허용되는 주목적사업을 위하여 현장 사무소를 설치하는 용도로 농지를 일시 사용하려는 자는 시장·군수 또는 자치구구청장의 일시 사용의 허가를 받아야 한다.

정답 04 ① 05 ②

06 농지법령상 국·공유재산이 아닌 A농지와 국유재산인 B농지를 농업경영을 하려는 자에게 임대차하는 경우에 관한 설명으로 옳은 것은? 제27회

① A농지의 임대차계약은 등기가 있어야만 제3자에게 효력이 생긴다.
② 임대인이 취학을 이유로 A농지를 임대하는 경우 임대차기간은 3년 이상으로 하여야 한다.
③ 임대인이 질병을 이유로 A농지를 임대하였다가 같은 이유로 임대차계약을 갱신하는 경우 임대차기간은 3년 이상으로 하여야 한다.
④ A농지의 임차인이 그 농지를 정당한 사유 없이 농업경영에 사용하지 아니할 경우 농지소재지 읍·면장은 임대차의 종료를 명할 수 있다.
⑤ B농지의 임대차기간은 3년 미만으로 할 수 있다.

| 키워드 | 농지의 임대차 |
| 난이도 |  |
| 해설 | ① 농지의 임대차계약은 그 등기가 없는 경우에도 임차인이 농지소재지를 관할하는 시·구·읍·면의 장의 확인을 받고, 해당 농지를 인도받은 경우에는 그 다음 날부터 제3자에 대하여 효력이 생긴다.
② 임대인의 취학 등의 사유로 임대차기간을 3년 미만으로 정할 수 있다.
③ 임대인의 질병치료 등의 사유로 임대차기간을 3년 미만으로 정할 수 있으며, 임대차계약을 연장 또는 갱신하거나 재계약을 체결하는 경우에도 동일하게 적용한다.
④ 농지를 임차하거나 사용대차한 임차인 또는 사용대차인이 그 농지를 정당한 사유 없이 농업경영에 사용하지 아니할 때에는 시장·군수·구청장이 농림축산식품부령으로 정하는 바에 따라 임대차 또는 사용대차의 종료를 명할 수 있다.

정답 06 ⑤

07 농지법령상 농지의 전용에 관한 설명으로 옳은 것은?   제29회

① 과수원인 토지를 재해로 인한 농작물의 피해를 방지하기 위한 방풍림 부지로 사용하는 것은 농지의 전용에 해당하지 않는다.
② 전용허가를 받은 농지의 위치를 동일 필지 안에서 변경하는 경우에는 농지전용신고를 하여야 한다.
③ 산지전용허가를 받지 아니하고 불법으로 개간한 농지라도 이를 다시 산림으로 복구하려면 농지전용허가를 받아야 한다.
④ 농지를 농업인 주택의 부지로 전용하려는 경우에는 농림축산식품부장관에게 농지전용신고를 하여야 한다.
⑤ 농지전용신고를 하고 농지를 전용하는 경우에는 농지를 전·답·과수원 외의 지목으로 변경하지 못한다.

키워드 농지의 전용
난이도
해설 ② 전용허가를 받은 농지의 위치를 동일 필지 안에서 변경하는 경우에는 농지전용허가를 받아야 한다.
③ 산지전용허가를 받지 아니하고 불법으로 개간한 농지를 다시 산림으로 복구하는 경우에는 농지전용허가를 받지 아니한다.
④ 농지를 농업인 주택의 부지로 전용하려는 경우에는 시장·군수 또는 자치구구청장에게 신고하여야 한다.
⑤ 농지전용신고를 하고 농지를 전용하는 경우에는 농지를 전·답·과수원 외의 지목으로 변경할 수 있다.

정답 07 ①

08 농지법령상 조문의 일부이다. 다음 ( )에 들어갈 숫자를 옳게 연결한 것은?

제28회

- 유휴농지의 대리경작자는 수확량의 100분의 (㉠)을 농림축산식품부령으로 정하는 바에 따라 그 농지의 소유권자나 임차권자에게 토지사용료를 지급하여야 한다.
- 농업진흥지역 밖의 농지를 농지전용허가를 받지 아니하고 전용한 자는 3년 이하의 징역 또는 해당 토지가액의 100분의 (㉡)에 해당하는 금액 이하의 벌금에 처한다.
- 군수는 처분명령을 받은 후 정당한 사유 없이 지정기간까지 그 처분명령을 이행하지 아니한 자에게 해당 농지를 감정평가한 감정가격 또는 개별공시지가 중 더 높은 가액의 100분의 (㉢)에 해당하는 이행강제금을 부과한다.

	㉠	㉡	㉢
①	10	25	50
②	10	50	25
③	25	10	50
④	25	50	10
⑤	50	10	25

키워드 농지법령 종합

난이도

해설
- 유휴농지의 대리경작자는 수확량의 100분의 (㉠ 10)을 농림축산식품부령으로 정하는 바에 따라 그 농지의 소유권자나 임차권자에게 토지사용료를 지급하여야 한다.
- 농업진흥지역 밖의 농지를 농지전용허가를 받지 아니하고 전용한 자는 3년 이하의 징역 또는 해당 토지가액의 100분의 (㉡ 50)에 해당하는 금액 이하의 벌금에 처한다.
- 시장·군수 또는 구청장은 처분명령을 받은 후 정당한 사유 없이 지정기간까지 그 처분명령을 이행하지 아니한 자에게 해당 농지를 감정평가한 감정가격 또는 개별공시지가 중 더 높은 가액의 100분의 (㉢ 25)에 해당하는 이행강제금을 부과한다.

정답 08 ②

한눈에 보는
부동산공법
체계도

PART 01 국토의 계획 및 이용에 관한 법률 체계도

국토계획

국가계획: 국토교통부장관(국장)

광역도시계획

도시·군계획
- 도시·군기본계획
- 도시·군관리계획
  - 용 도지역·용도지구의 지정 또는 변경에 관한 계획
  - 용 도구역[개발·도·수·시·입의 지정 또는 변경에 관한 계획
  - 지 구단위계획구역의 지정 또는 변경에 관한 계획과 지구단위계획
  - 기 반시설의 설치·정비 또는 개량에 관한 계획
  - 도 시개발사업이나 정비사업에 관한 계획

이용(개발)

공작개발 — 인가 → 도시·군계획사업
- 도시·군계획시설사업 : 국토계획
- 도시개발사업 : 도시개발법
- 정비사업 : 도시정비법

사적개발 — 허가 → 개발행위 등
- 개발밀도관리구역
- 기반시설부담구역

용도지역
- 도 시지역
  - 주 거지역
  - 상 업지역
  - 공 업지역
  - 녹 지지역
    - 보 전녹지
    - 생 산녹지
    - 자 연녹지
- 관 리지역
  - 보 전관리
  - 생 산관리
  - 계 획관리
- 농 림지역
- 자 연환경보전지역

용도지구
- 경 관지구
- 취 락지구
- 개 발진흥지구
- 보 호지구
- 경 관지구
- 특 정용도제한지구
- 고 도지구
- 방 화지구
- 복 합용도지구

용도구역
- 개 발제한구역
  ※ 결정권자: [국장]
- 도 시자연공원구역 : [시·도지사, 대도시 시장]
- 수 산자원보호구역 : [해양수산부장관]
- 시 가화조정구역 : [시·도지사, 국장]
- 입 지규제최소구역 : [국장, 시·도지사, 대도시 시장]

PART 02 도시개발법 체계도

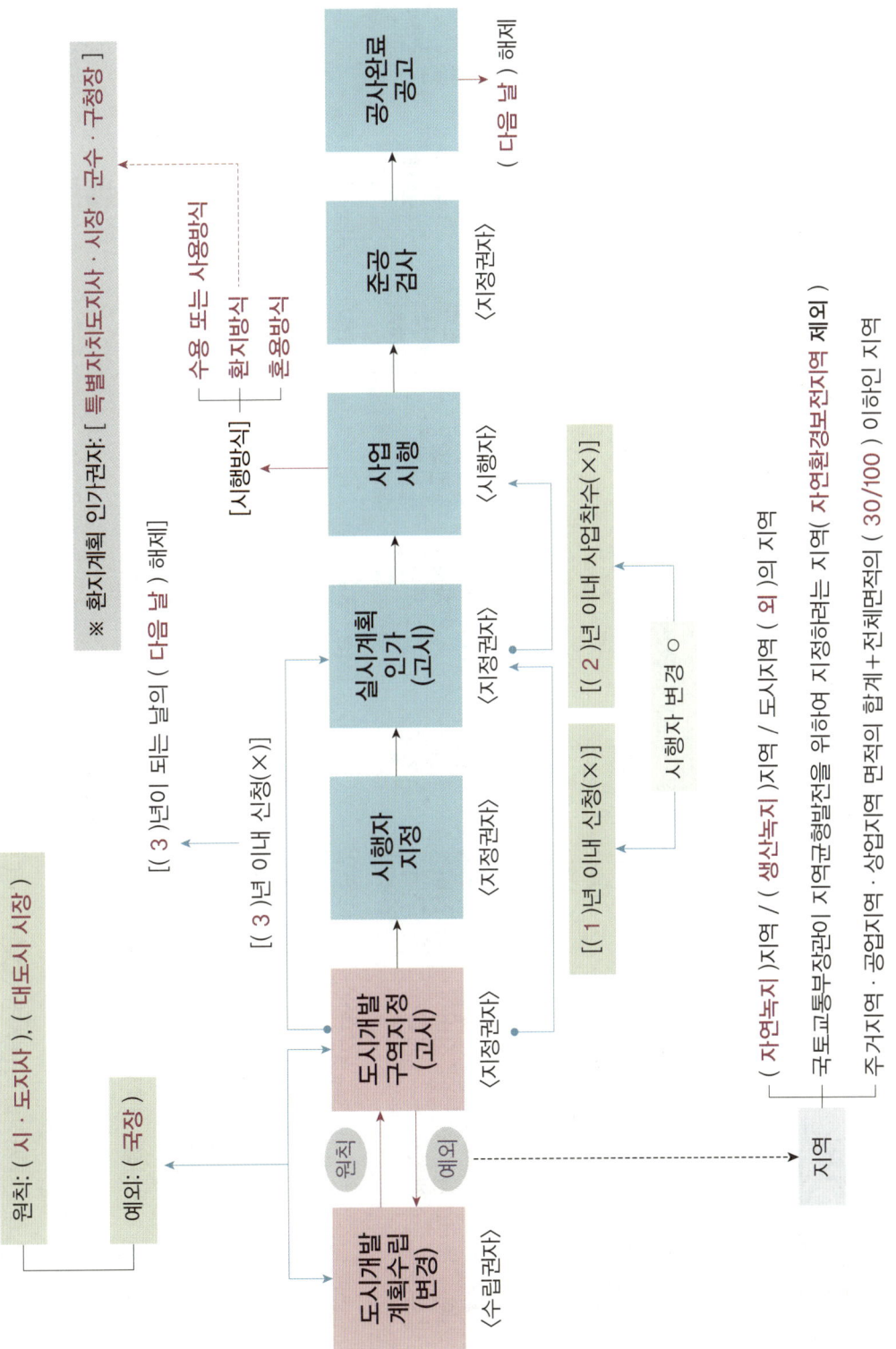

PART 03 도시 및 주거환경정비법 체계도

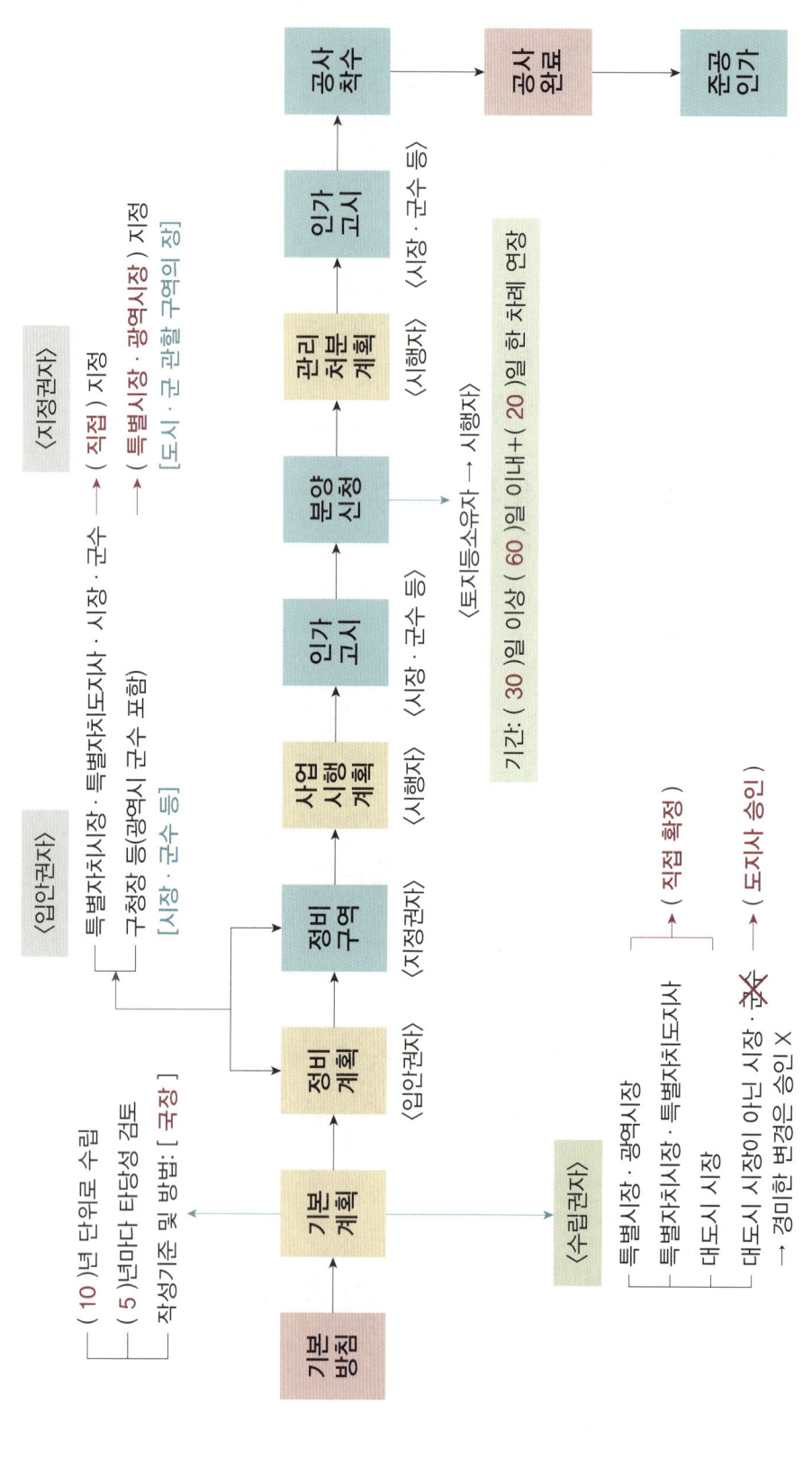

PART 04 건축법 체계도

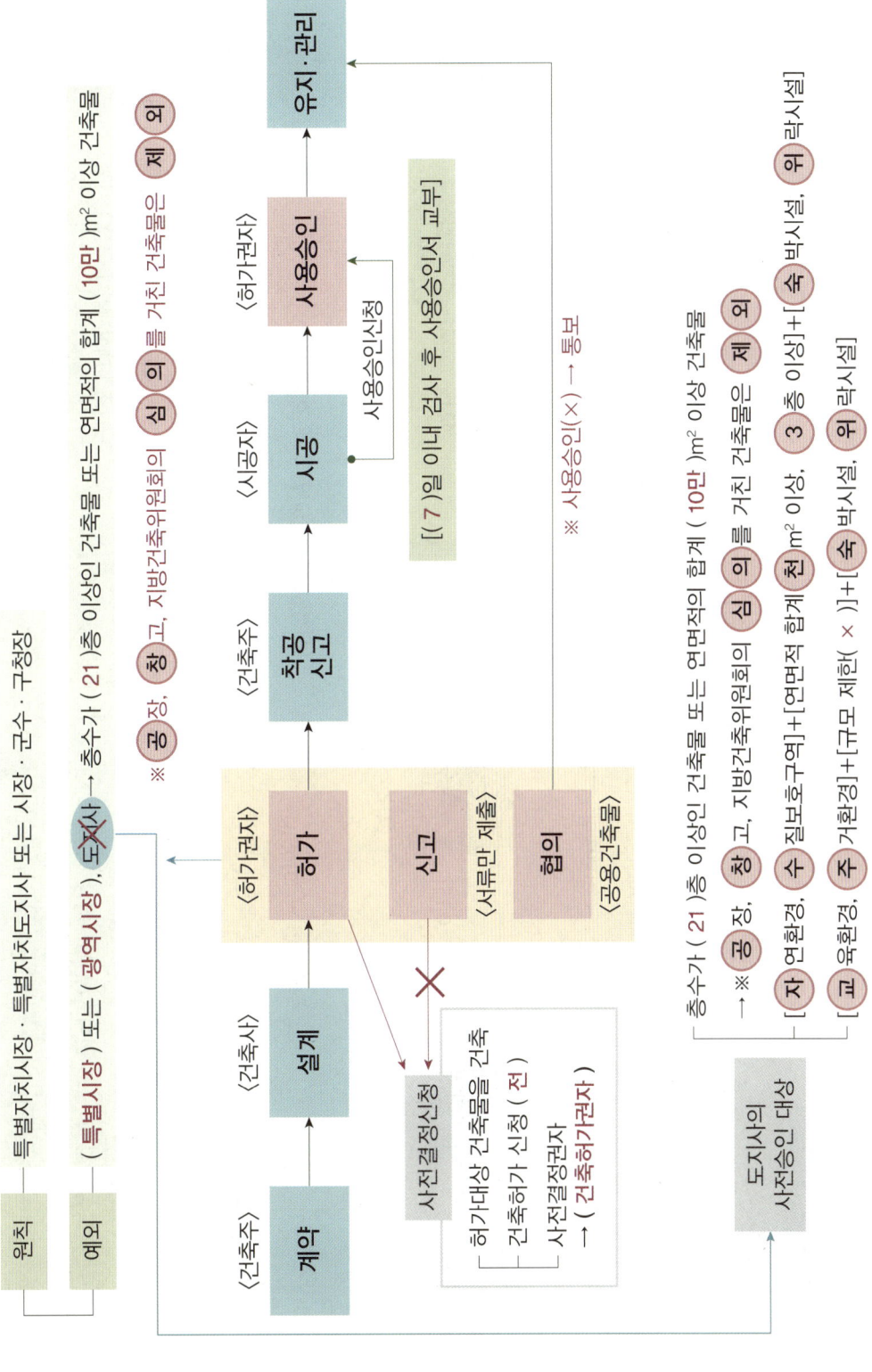

PART 05

주택법 체계도

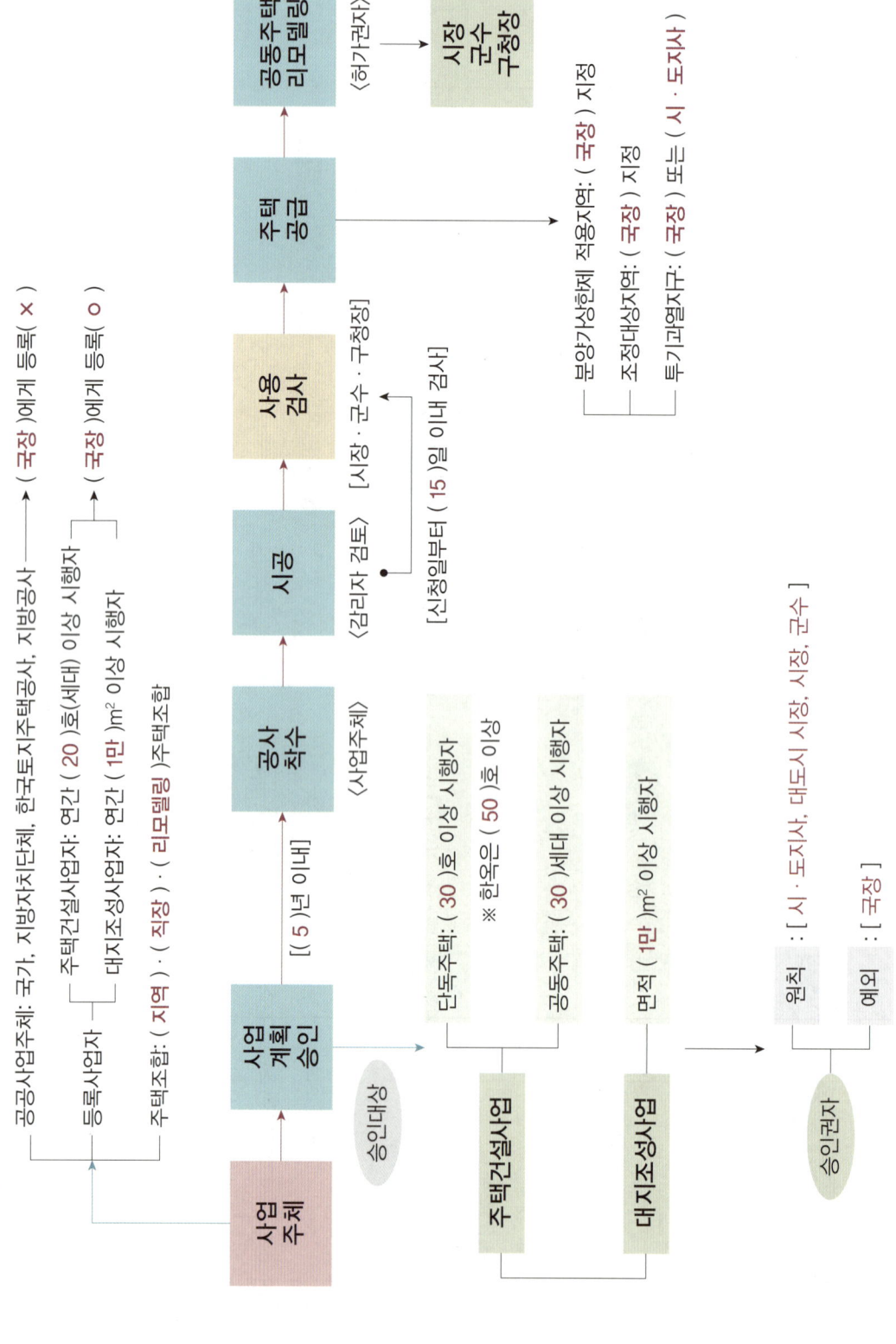

PART 06 농지법 체계도

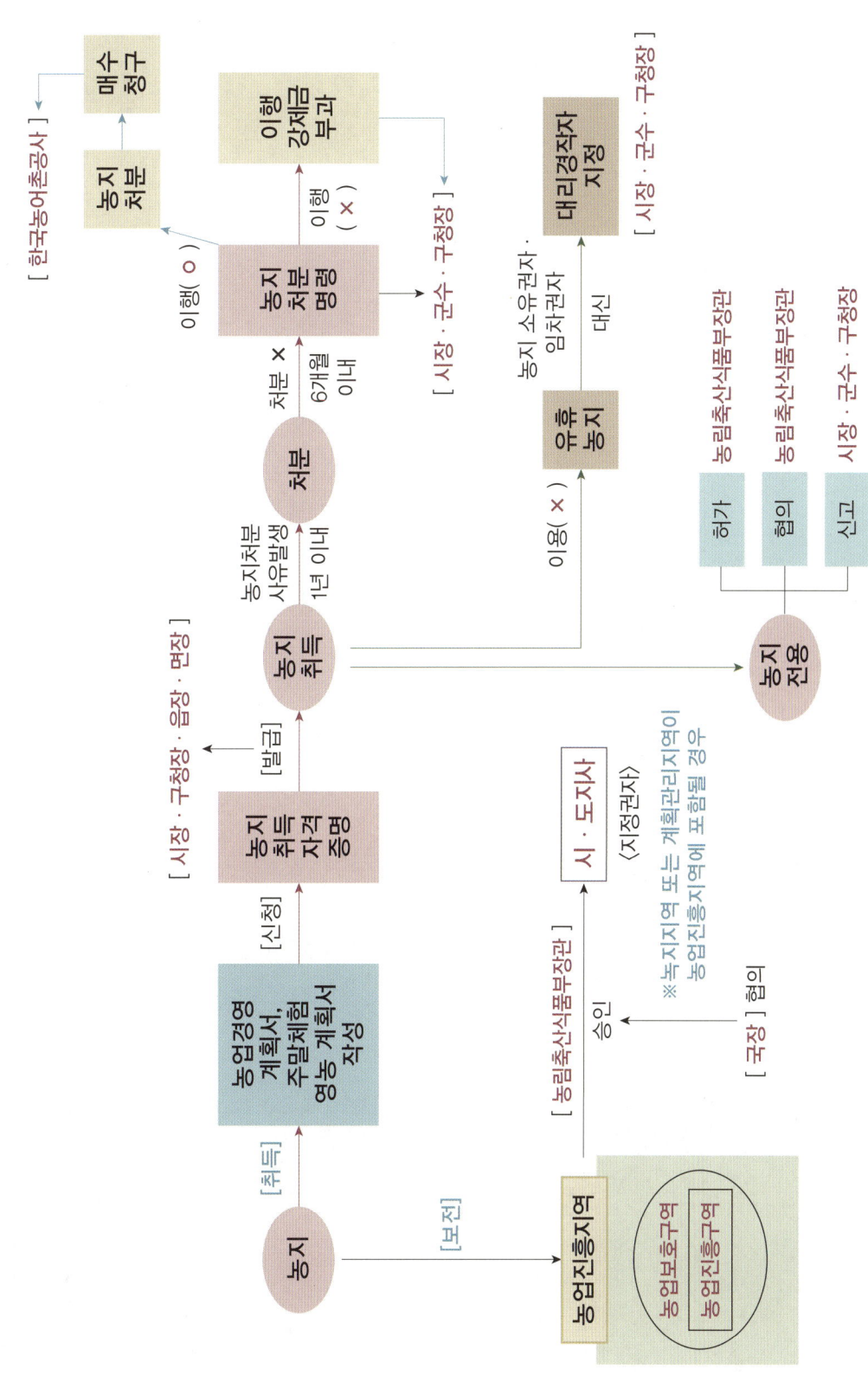

2023년 제34회
최신 기출문제

제34회 시험분석

제34회 부동산공법 시험은 난이도로 분류해보면 상(上)은 12문제, 중(中)은 16문제, 하(下)는 12문제가 출제되었습니다. 상(上) 난이도로 분류되는 문제를 풀 수 없었더라도 50~60점 정도는 맞힐 수 있었던 시험이었다고 생각됩니다.

문제 유형으로 보면, 옳은 것을 고르는 문제는 10문제, 틀린 것을 고르는 문제는 15문제, 박스형 및 빈칸넣기 문제는 13문제 출제되었으며 계산문제가 매년 1문제가 출제되는데 올해는 계산문제가 2문제 출제되었습니다.

제33회 시험에 비해서도 조금은 쉽게 출제되었다고 볼 수 있습니다만, 국토의 계획 및 이용에 관한 법률 PART가 다소 어렵게 출제되어 시험장에서 시험지를 보자마자는 당황스러웠을 것으로 생각됩니다.

2023년 제34회 최신 기출문제

01 국토의 계획 및 이용에 관한 법령상 개발행위허가에 관한 설명으로 틀린 것은?

① 농림지역에 물건을 1개월 이상 쌓아놓는 행위는 개발행위허가의 대상이 아니다.
② 「사방사업법」에 따른 사방사업을 위한 개발행위에 대하여 허가를 하는 경우 중앙도시계획위원회와 지방도시계획위원회의 심의를 거치지 아니한다.
③ 일정 기간 동안 개발행위허가를 제한할 수 있는 대상지역에 지구단위계획구역은 포함되지 않는다.
④ 기반시설부담구역으로 지정된 지역에 대해서는 중앙도시계획위원회나 지방도시계획위원회의 심의를 거치지 아니하고 개발행위허가의 제한을 연장할 수 있다.
⑤ 개발행위허가의 제한을 연장하는 경우 그 연장 기간은 2년을 넘을 수 없다.

키워드 개발행위의 허가

난이도 ■■■□□

해설 ③ 일정 기간 동안 개발행위허가를 제한할 수 있는 대상지역에 지구단위계획구역은 포함된다.
① 녹지지역·관리지역 또는 자연환경보전지역 안에서 「건축법」에 따라 사용승인을 받은 건축물의 울타리 안(적법한 절차에 의하여 조성된 대지에 한한다)에 위치하지 아니한 토지에 물건을 1개월 이상 쌓아놓는 행위가 개발행위허가의 대상이다. 따라서 농림지역에 물건을 1개월 이상 쌓아놓는 행위는 개발행위허가의 대상이 아니다.
② 법 제59조 제2항 제7호

02 국토의 계획 및 이용에 관한 법령상 개발행위허가 시 개발행위 규모의 제한을 받지 않는 경우에 해당하지 않는 것은?

① 지구단위계획으로 정한 가구 및 획지의 범위 안에서 이루어지는 토지의 형질변경으로서 당해 형질변경과 그와 관련된 기반시설의 설치가 동시에 이루어지는 경우
② 해당 개발행위가 「농어촌정비법」에 가른 농어촌정비사업으로 이루어지는 경우
③ 건축물의 건축, 공작물의 설치 또는 지목의 변경을 수반하지 아니하고 시행하는 토지복원사업
④ 「환경친화적 자동차의 개발 및 보급 촉진에 관한 법률」에 따른 수소연료공급시설의 설치를 수반하는 경우
⑤ 해당 개발행위가 「국방·군사시설 사업에 관한 법률」에 따른 국방·군사시설사업으로 이루어지는 경우

정답 01 ③ 02 ④

키워드	개발행위 규모의 제한
난이도	
해설	「환경친화적 자동차의 개발 및 보급 촉진에 관한 법률」에 따른 수소연료공급시설의 설치를 수반하는 경우는 일정한 요건을 충족한 경우 건폐율을 완화하는 대상에는 포함되지만 개발행위 규모의 제한을 받지 않는 대상에는 해당하지 않는다(영 제84조 제6항 제8호 나목).
보충	개발행위허가의 기준 및 규모

> 법 제58조(개발행위허가의 기준) ① 특별시장·광역시장·특별자치시장·특별자치도지사·시장 또는 군수는 개발행위허가의 신청 내용이 다음 각 호의 기준에 맞는 경우에만 개발행위허가 또는 변경허가를 하여야 한다.
> 1. 용도지역별 특성을 고려하여 대통령령으로 정하는 개발행위의 규모에 적합할 것. 다만, 개발행위가 「농어촌정비법」 제2조 제4호에 따른 농어촌정비사업으로 이루어지는 경우 등 대통령령으로 정하는 경우에는 개발행위 규모의 제한을 받지 아니한다.
>
> 영 제55조(개발행위허가의 규모) ③ 법 제58조 제1항 제1호 단서에서 '개발행위가 「농어촌정비법」 제2조 제4호에 따른 농어촌정비사업으로 이루어지는 경우 등 대통령령으로 정하는 경우'란 다음 각 호의 어느 하나에 해당하는 경우를 말한다.
> 1. 지구단위계획으로 정한 가구 및 획지의 범위 안에서 이루어지는 토지의 형질변경으로서 당해 형질변경과 관련된 기반시설이 이미 설치되었거나 형질변경과 기반시설의 설치가 동시에 이루어지는 경우(지문 ①)
> 2. 해당 개발행위가 「농어촌정비법」 제2조 제4호에 따른 농어촌정비사업으로 이루어지는 경우(지문 ②)
> 2의2. 해당 개발행위가 「국방·군사시설 사업에 관한 법률」 제2조 제2호에 따른 국방·군사시설사업으로 이루어지는 경우(지문 ⑤)
> 3. 초지조성, 농지조성, 영림 또는 토석채취를 위한 경우
> 3의2. 해당 개발행위가 다음 각 목의 어느 하나에 해당하는 경우. 이 경우 특별시장·광역시장·특별자치시장·특별자치도지사·시장 또는 군수는 그 개발행위에 대한 허가를 하려면 시·도도시계획위원회 또는 법 제113조 제2항에 따른 시·군·구도시계획위원회(이하 '시·군·구도시계획위원회'라 한다) 중 대도시에 두는 도시계획위원회의 심의를 거쳐야 하고, 시장(대도시 시장은 제외한다) 또는 군수(특별시장·광역시장의 개발행위허가 권한이 법 제139조제2항에 따라 조례로 군수 또는 자치구의 구청장에게 위임된 경우에는 그 군수 또는 자치구의 구청장을 포함한다)는 시·도도시계획위원회에 심의를 요청하기 전에 해당 지방자치단체에 설치된 지방도시계획위원회에 자문할 수 있다.
>   가. 하나의 필지(법 제62조에 따른 준공검사를 신청할 때 둘 이상의 필지를 하나의 필지로 합칠 것을 조건으로 하여 허가하는 경우를 포함하되, 개발행위허가를 받은 후에 매각을 목적으로 하나의 필지를 둘 이상의 필지로 분할하는 경우는 제외한다)에 건축물을 건축하거나 공작물을 설치하기 위한 토지의 형질변경
>   나. 하나 이상의 필지에 하나의 용도에 사용되는 건축물을 건축하거나 공작물을 설치하기 위한 토지의 형질변경
> 4. 건축물의 건축, 공작물의 설치 또는 지목의 변경을 수반하지 아니하고 시행하는 토지복원사업(지문 ③)
> 5. 그 밖에 국토교통부령이 정하는 경우

03 국토의 계획 및 이용에 관한 법령상 시·도지사가 복합용도지구를 지정할 수 있는 용도지역에 해당하는 것을 모두 고른 것은?

㉠ 준주거지역	㉡ 근린상업지역
㉢ 일반공업지역	㉣ 계획관리지역
㉤ 일반상업지역	

① ㉠, ㉡
② ㉢, ㉣
③ ㉠, ㉡, ㉢
④ ㉢, ㉣, ㉤
⑤ ㉠, ㉡, ㉣, ㉤

키워드 복합용도지구

해설 시·도지사 또는 대도시 시장은 일반주거지역·일반공업지역(㉢)·계획관리지역(㉣)에 복합용도지구를 지정할 수 있다(법 제37조 제5항, 영 제31조 제6항).

04 국토의 계획 및 이용에 관한 법령상 지구단위계획구역의 지정에 관한 설명으로 옳은 것은? (단, 조례는 고려하지 않음)

① 「산업입지 및 개발에 관한 법률」에 따른 준산업단지에 대하여는 지구단위계획구역을 지정할 수 없다.
② 도시지역 내 복합적인 토지 이용을 증진시킬 필요가 있는 지역으로서 지구단위계획구역을 지정할 수 있는 지역에 일반공업지역은 해당하지 않는다.
③ 「택지개발촉진법」에 따라 지정된 택지개발지구에서 시행되는 사업이 끝난 후 5년이 지나면 해당 지역은 지구단위계획구역으로 지정하여야 한다.
④ 도시지역 외의 지역을 지구단위계획구역으로 지정하려면 지정하려는 구역 면적의 3분의 2 이상이 계획관리지역이어야 한다.
⑤ 농림지역에 위치한 산업·유통개발진흥지구는 지구단위계획구역으로 지정할 수 있는 대상지역에 포함되지 않는다.

정답 03 ② 04 ②

키워드 지구단위계획구역의 지정

난이도

해설 ② 도시지역 내 복합적인 토지 이용을 증진시킬 필요가 있는 지역으로서 지구단위계획구역을 지정할 수 있는 지역은 일반주거지역, 준주거지역, 준공업지역, 상업지역으로서 일정한 요건을 갖춘 지역이다. 따라서 일반공업지역은 해당하지 않으므로 맞는 지문이다.
① 「산업입지 및 개발에 관한 법률」에 따른 준산업단지에 대하여는 지구단위계획구역을 지정할 수 있다.
③ 「택지개발촉진법」에 따라 지정된 택지개발지구에서 시행되는 사업이 끝난 후 10년이 지나면 해당 지역은 지구단위계획구역으로 지정하여야 한다.
④ 도시지역 외의 지역에서 지구단위계획구역을 지정하려는 경우 구역 면적의 100분의 50 이상이 계획관리지역으로서 일정한 요건을 갖춘 지역에 지구단위계획구역을 지정할 수 있다.
⑤ 농림지역에 위치한 산업·유통개발진흥지구는 지구단위계획구역으로 지정할 수 있는 대상지역에 포함된다. 따라서 계획관리지역, 생산관리지역, 농림지역에 위치한 산업·유통개발진흥지구는 지구단위계획구역으로 지정할 수 있다.

05 국토의 계획 및 이용에 관한 법령상 주민이 도시·군관리계획의 입안권자에게 그 입안을 제안할 수 있는 사항이 아닌 것은?

① 입지규제최소구역의 지정 및 변경과 입지규제최소구역계획의 수립 및 변경에 관한 사항
② 지구단위계획구역의 지정 및 변경과 지구단위계획의 수립 및 변경에 관한 사항
③ 기반시설의 설치·정비 또는 개량에 관한 사항
④ 산업·유통개발진흥지구의 변경에 관한 사항
⑤ 시가화조정구역의 지정 및 변경에 관한 사항

키워드 도시·군관리계획의 입안

난이도

해설 시가화조정구역(용도구역)의 지정 및 변경에 관한 사항은 주민이 도시·군관리계획의 입안권자에게 그 입안을 제안할 수 있는 사항에 해당하지 않는다.

정답 05 ⑤

06 국토의 계획 및 이용에 관한 법령상 도시·군관리계획결정의 실효에 관한 설명이다. (　)에 들어갈 공통된 숫자로 옳은 것은?

> 지구단위계획(주민이 입안을 제안한 것에 한정한다)에 관한 도시·군관리계획결정의 고시일부터 (　)년 이내에 「국토의 계획 및 이용에 관한 법률」 또는 다른 법률에 따라 허가·인가·승인 등을 받아 사업이나 공사에 착수하지 아니하면 그 (　)년이 된 날의 다음 날에 그 지구단위계획에 관한 도시·군관리계획결정은 효력을 잃는다.

① 2　　② 3　　③ 5
④ 10　　⑤ 20

키워드 도시·군관리계획결정의 실효

난이도

해설 지구단위계획(주민이 입안을 제안한 것에 한정한다)에 관한 도시·군관리계획결정의 고시일부터 (5)년 이내에 「국토의 계획 및 이용에 관한 법률」 또는 다른 법률에 따라 허가·인가·승인 등을 받아 사업이나 공사에 착수하지 아니하면 그 (5)년이 된 날의 다음 날에 그 지구단위계획에 관한 도시·군관리계획결정은 효력을 잃는다.

07 국토의 계획 및 이용에 관한 법령상 용도지구에 관한 설명이다. (　)에 들어갈 내용으로 옳은 것은?

> • 집단취락지구: (㉠) 안의 취락을 정비하기 위하여 필요한 지구
> • 복합개발진흥지구: 주거기능, (㉡)기능, 유통·물류기능 및 관광·휴양기능 중 2 이상의 기능을 중심으로 개발·정비할 필요가 있는 지구

	㉠	㉡
①	개발제한구역	공업
②	자연취락지구	상업
③	개발제한구역	상업
④	관리지역	공업
⑤	관리지역	교통

키워드 용도지구의 분류

난이도

해설
• 집단취락지구: (㉠ 개발제한구역) 안의 취락을 정비하기 위하여 필요한 지구
• 복합개발진흥지구: 주거기능, (㉡ 공업)기능, 유통·물류기능 및 관광·휴양기능 중 2 이상의 기능을 중심으로 개발·정비할 필요가 있는 지구

정답 06 ③　07 ①

08 국토의 계획 및 이용에 관한 법령상 입지규제최소구역의 지정대상으로 명시되지 않은 것은?

① 「산업입지 및 개발에 관한 법률」에 따른 도시첨단산업단지
② 「도시재정비 촉진을 위한 특별법」에 따른 고밀복합형 재정비촉진지구로 지정된 지역
③ 「빈집 및 소규모주택 정비에 관한 특례법」에 따른 소규모주택정비사업의 시행구역
④ 「도시재생 활성화 및 지원에 관한 특별법」에 따른 근린재생형 활성화계획을 수립하는 지역
⑤ 「도시 및 주거환경정비법」에 따른 노후·불량건축물이 밀집한 주거지역 또는 공업지역으로 정비가 시급한 지역

키워드 입지규제최소구역의 지정대상

난이도

해설 ①③④⑤는 입지규제최소구역을 지정할 수 있는 대상 지역에 해당한다.

> 법 제40조의2(입지규제최소구역의 지정 등) ① 제29조에 따른 도시·군관리계획의 결정권자(이하 '도시·군관리계획 결정권자'라 한다)는 도시지역에서 복합적인 토지이용을 증진시켜 도시 정비를 촉진하고 지역 거점을 육성할 필요가 있다고 인정되면 다음 각 호의 어느 하나에 해당하는 지역과 그 주변지역의 전부 또는 일부를 입지규제최소구역으로 지정할 수 있다.
> 1. 도시·군기본계획에 따른 도심·부도심 또는 생활권의 중심지역
> 2. 철도역사, 터미널, 항만, 공공청사, 문화시설 등의 기반시설 중 지역의 거점 역할을 수행하는 시설을 중심으로 주변지역을 집중적으로 정비할 필요가 있는 지역
> 3. 세 개 이상의 노선이 교차하는 대중교통 결절지로부터 1킬로미터 이내에 위치한 지역
> 4. 「도시 및 주거환경정비법」 제2조 제3호에 따른 노후·불량건축물이 밀집한 주거지역 또는 공업지역으로 정비가 시급한 지역
> 5. 「도시재생 활성화 및 지원에 관한 특별법」 제2조 제1항 제5호에 따른 도시재생활성화지역 중 같은 법 제2조 제1항 제6호에 따른 도시경제기반형 활성화계획을 수립하는 지역
> 6. 그 밖에 창의적인 지역개발이 필요한 지역으로 대통령령으로 정하는 지역
>
> 영 제32조의2(입지규제최소구역의 지정 대상) 법 제40조의2 제1항 제6호에서 '대통령령으로 정하는 지역'이란 다음 각 호의 지역을 말한다.
> 1. 「산업입지 및 개발에 관한 법률」 제2조 제8호 다목에 따른 도시첨단산업단지
> 2. 「빈집 및 소규모주택 정비에 관한 특례법」 제2조 제3호에 따른 소규모주택정비사업의 시행구역
> 3. 「도시재생 활성화 및 지원에 관한 특별법」 제2조 제1항 제6호 나목에 따른 근린재생형 활성화계획을 수립하는 지역

정답 08 ②

09 국토의 계획 및 이용에 관한 법령상 개발밀도관리구역에 관한 설명으로 틀린 것은?

① 도시·군계획시설사업의 시행자인 시장 또는 군수는 개발밀도관리구역에 관한 기초조사를 하기 위하여 필요하면 타인의 토지에 출입할 수 있다.
② 개발밀도관리구역의 지정기준, 개발밀도관리구역의 관리 등에 관하여 필요한 사항은 대통령령으로 정하는 바에 따라 국토교통부장관이 정한다.
③ 개발밀도관리구역에서는 해당 용도지역에 적용되는 용적률의 최대한도의 50% 범위에서 용적률을 강화하여 적용한다.
④ 시장 또는 군수는 개발밀도관리구역을 지정하거나 변경하려면 해당 지방자치단체에 설치된 지방도시계획위원회의 심의를 거쳐야 한다.
⑤ 기반시설을 설치하거나 그에 필요한 용지를 확보하게 하기 위하여 개발밀도관리구역에 기반시설부담구역을 지정할 수 있다.

키워드 개발밀도관리구역

난이도

해설 기반시설을 설치하거나 그에 필요한 용지를 확보하게 하기 위하여 기반시설부담구역을 지정할 수 있다. 개발밀도관리구역이란 개발로 인하여 기반시설이 부족할 것으로 예상되나 기반시설을 설치하기 곤란한 지역을 대상으로 건폐율이나 용적률을 강화하여 적용하기 위하여 지정하는 구역을 말한다. 동일한 지역에 대해 기반시설부담구역과 개발밀도관리구역을 중복하여 지정할 수 없다.

10 국토의 계획 및 이용에 관한 법령상 시·군·구도시계획위원회의 업무를 모두 고른 것은?

> ㉠ 도시·군관리계획과 관련하여 시장·군수 또는 구청장이 자문하는 사항에 대한 조언
> ㉡ 시범도시사업계획의 수립에 관하여 시장·군수·구청장이 자문하는 사항에 대한 조언
> ㉢ 시장 또는 군수가 결정하는 도시·군관리계획의 심의

① ㉠
② ㉢
③ ㉠, ㉡
④ ㉡, ㉢
⑤ ㉠, ㉡, ㉢

키워드 도시계획위원회의 업무

난이도

해설 ㉠㉡㉢ 모두 시·군·구도시계획위원회의 업무에 해당한다(법 제113조 제2항, 영 제110조 제2항 제4호).

정답 09 ⑤ 10 ⑤

11 국토의 계획 및 이용에 관한 법령상 도시·군계획시설사업 시행을 위한 타인의 토지에의 출입 등에 관한 설명으로 옳은 것은?

① 타인의 토지에 출입하려는 행정청인 사업시행자는 출입하려는 날의 7일 전까지 그 토지의 소유자·점유자 또는 관리인에게 그 일시와 장소를 알려야 한다.
② 토지의 소유자·점유자 또는 관리인의 동의 없이 타인의 토지를 재료 적치장 또는 임시통로로 일시 사용한 사업시행자는 사용한 날부터 14일 이내에 시장 또는 군수의 허가를 받아야 한다.
③ 토지 점유자가 승낙하지 않는 경우에도 사업시행자는 시장 또는 군수의 허가를 받아 일몰 후에 울타리로 둘러싸인 타인의 토지에 출입할 수 있다.
④ 토지에의 출입에 따라 손실을 입은 자가 보상에 관하여 국토교통부장관에게 조정을 신청하지 아니하는 경우에는 관할 토지수용위원회에 재결을 신청할 수 없다.
⑤ 사업시행자가 행정청인 경우라도 허가를 받지 아니하면 타인의 토지에 출입할 수 없다.

> 키워드 타인의 토지에의 출입
> 난이도
> 해설 ② 토지의 소유자·점유자 또는 관리인의 동의 없이 타인의 토지를 재료 적치장 또는 임시통로로 일시 사용하려는 행정청이 아닌 사업시행자는 미리 관할 시장 또는 군수의 허가를 받아야 한다.
> ③ 토지 점유자가 승낙하지 않는 경우에 사업시행자는 시장 또는 군수의 허가를 받더라도 일몰 후에 울타리로 둘러싸인 타인의 토지에 출입할 수 없다.
> ④ 토지에의 출입에 따라 손실을 입은 자가 보상에 관하여 협의가 성립되지 아니한 경우에는 관할 토지수용위원회에 재결을 신청할 수 있다.
> ⑤ 사업시행자가 행정청인 경우에는 허가를 받지 아니하고 타인의 토지에 출입할 수 있다.

정답 11 ①

12

국토의 계획 및 이용에 관한 법령상 도시·군계획시설사업의 시행에 관한 설명으로 옳은 것은?

① 「도시 및 주거환경정비법」에 따라 도시·군관리계획의 결정이 의제되는 경우에는 해당 도시·군계획시설결정의 고시일부터 3개월 이내에 도시·군계획시설에 대하여 단계별 집행계획을 수립하여야 한다.
② 5년 이내에 시행하는 도시·군계획시설사업은 단계별 집행계획 중 제1단계 집행계획에 포함되어야 한다.
③ 한국토지주택공사가 도시·군계획시설사업의 시행자로 지정을 받으려면 토지 소유자 총수의 3분의 2 이상에 해당하는 자의 동의를 얻어야 한다.
④ 국토교통부장관은 국가계획과 관련되거나 그 밖에 특히 필요하다고 인정되는 경우에는 관계 특별시장·광역시장·특별자치시장·특별자치도지사·시장 또는 군수의 의견을 들어 직접 도시·군계획시설사업을 시행할 수 있다.
⑤ 사업시행자는 도시·군계획시설사업 대상시설을 둘 이상으로 분할하여 도시·군계획시설사업을 시행하여서는 아니 된다.

키워드 도시·군계획시설사업의 시행

난이도

해설 ① 「도시 및 주거환경정비법」에 따라 도시·군관리계획의 결정이 의제되는 경우에는 해당 도시·군계획시설결정의 고시일부터 2년 이내에 도시·군계획시설에 대하여 단계별 집행계획을 수립할 수 있다(예외). 도시·군계획시설결정의 고시일부터 3개월 이내에 대통령령으로 정하는 바에 따라 재원조달계획, 보상계획 등을 포함하는 단계별 집행계획을 수립하여야 한다(원칙).
② 3년 이내에 시행하는 도시·군계획시설사업은 단계별 집행계획 중 제1단계 집행계획에 포함되어야 한다. 3년 후에 시행하는 도시·군계획시설사업은 제2단계 집행계획에 포함되도록 하여야 한다.
③ 한국토지주택공사가 도시·군계획시설사업의 시행자로 지정을 받으려는 경우 토지 소유자 총수의 3분의 2 이상에 해당하는 자의 동의를 받지 않아도 된다.
⑤ 사업시행자는 도시·군계획시설사업 대상시설을 둘 이상으로 분할하여 도시·군계획시설사업을 시행할 수 있다.

13

도시개발법령상 환지설계를 평가식으로 하는 경우 다음 조건에서 환지계획에 포함되어야 하는 비례율은? (단, 제시된 조건 이외의 다른 조건은 고려하지 않음)

- 총 사업비: 250억원
- 환지 전 토지·건축물의 평가액 합계: 500억원
- 도시개발사업으로 조성되는 토지·건축물의 평가액의 합계: 1,000억원

① 100%   ② 125%   ③ 150%
④ 200%   ⑤ 250%

정답 12 ④ 13 ③

키워드 환지계획

난이도

해설
$$비례율 = \frac{도시개발사업으로 조성된 토지·건축물의 평가액 합계 - 총 사업비}{환지 전 토지·건축물의 평가액 합계} \times 100$$

$$비례율 = \frac{1,000억 - 250억}{500억} \times 100 = \frac{750억}{500억} \times 100 = 150\%$$

14 도시개발법령상 원형지의 공급과 개발에 관한 설명으로 옳은 것은?

① 원형지를 공장 부지로 직접 사용하는 원형지개발자의 선정은 경쟁입찰의 방식으로 하며, 경쟁입찰이 2회 이상 유찰된 경우에는 수의계약의 방법으로 할 수 있다.
② 지정권자는 원형지의 공급을 승인할 때 용적률 등 개발밀도에 관한 이행조건을 붙일 수 없다.
③ 원형지 공급가격은 원형지의 감정가격과 원형지에 설치한 기반시설 공사비의 합산 금액을 기준으로 시·도의 조례로 정한다.
④ 원형지개발자인 지방자치단체는 10년의 범위에서 대통령령으로 정하는 기간 안에는 원형지를 매각할 수 없다.
⑤ 원형지개발자가 공급받은 토지의 전부를 시행자의 동의 없이 제3자에게 매각하는 경우 시행자는 원형지개발자에 대한 시정요구 없이 원형지 공급계약을 해제할 수 있다.

키워드 원형지의 공급과 개발

난이도

해설
② 지정권자는 원형지의 공급을 승인할 때 용적률 등 개발밀도에 관한 이행조건을 붙일 수 있다.
③ 원형지 공급가격은 원형지의 감정가격과 원형지에 설치한 기반시설 공사비의 합산 금액을 기준으로 시행자와 원형지개발자가 협의하여 결정한다.
④ 원형지개발자는 10년의 범위에서 대통령령으로 정하는 기간 안에는 원형지를 매각할 수 없다. 다만, 원형지개발자가 국가 및 지방자치단체인 경우에는 10년의 범위에서 대통령령으로 정하는 기간 안이라도 원형지를 매각할 수 있다.
⑤ 원형지개발자가 공급받은 토지의 전부를 시행자의 동의 없이 제3자에게 매각하는 경우 시행자는 2회 이상 시정을 요구하여야 하고, 원형지개발자가 시정하지 아니한 경우에는 원형지 공급계약을 해제할 수 있다(법 제25조의2 제8항, 영 제55조의2 제5항).

정답 14 ①

15 도시개발법령상 도시개발사업조합에 관한 설명으로 옳은 것을 모두 고른 것은?

> ㉠ 금고 이상의 형을 선고받고 그 형의 집행유예 기간 중에 있는 자는 조합의 임원이 될 수 없다.
> ㉡ 조합이 조합 설립의 인가를 받은 사항 중 공고방법을 변경하려는 경우 지정권자로부터 변경인가를 받아야 한다.
> ㉢ 조합장 또는 이사의 자기를 위한 조합과의 계약이나 소송에 관하여는 대의원회가 조합을 대표한다.
> ㉣ 의결권을 가진 조합원의 수가 50인 이상인 조합은 총회의 권한을 대행하게 하기 위하여 대의원회를 둘 수 있으며, 대의원회에 두는 대의원의 수는 의결권을 가진 조합원 총수의 100분의 10 이상으로 한다.

① ㉠, ㉢
② ㉠, ㉣
③ ㉡, ㉢
④ ㉠, ㉡, ㉣
⑤ ㉡, ㉢, ㉣

키워드 도시개발조합

난이도

해설 ㉡ 조합이 인가를 받은 사항을 변경하려면 지정권자로부터 변경인가를 받아야 한다. 다만, 공고방법을 변경하려는 경우 등 경미한 사항을 변경하려는 경우에는 신고하여야 한다.
㉢ 조합장 또는 이사의 자기를 위한 조합과의 계약이나 소송에 관하여는 감사가 조합을 대표한다.

16 도시개발법령상 도시개발사업의 시행자인 지방자치단체가 「주택법」 제4조에 따른 주택건설사업자 등으로 하여금 대행하게 할 수 있는 도시개발사업의 범위에 해당하지 않는 것은?

① 실시설계
② 부지조성공사
③ 기반시설공사
④ 조성된 토지의 분양
⑤ 토지상환채권의 발행

키워드 대행가능한 도시개발사업의 범위

난이도

해설 ⑤ 토지상환채권의 발행은 지방자치단체(공공사업시행자)가 「주택법」 제4조에 따른 주택건설사업자 등으로 하여금 대행하게 할 수 있는 사항에 해당하지 않는다.
①②③④ 지방자치단체(공공사업시행자)가 도시개발사업을 효율적으로 시행하기 위하여 필요한 경우에 「주택법」 제4조에 따른 주택건설사업자 등으로 하여금 대행하게 할 수 있는 사항에 해당한다.

정답 15 ② 16 ⑤

17 도시개발법령상 개발계획에 따라 도시개발구역을 지정한 후에 개발계획에 포함시킬 수 있는 사항은?

① 환경보전계획
② 보건의료계획 및 복지시설의 설치계획
③ 원형지로 공급될 대상 토지 및 개발 방향
④ 임대주택건설계획 등 세입자 등의 주거 및 생활 안정 대책
⑤ 도시개발구역을 둘 이상의 사업시행지구로 분할하여 도시개발사업을 시행하는 경우 그 분할에 관한 사항

키워드 개발계획에 포함시킬 수 있는 사항

해설 개발계획의 내용 중 '임대주택건설계획 등 세입자 등의 주거 및 생활 안정 대책'은 도시개발구역을 지정한 후에 개발계획에 포함시킬 수 있는 사항에 해당한다.

18 도시개발법령상 환지방식에 의한 사업시행에서의 청산금에 관한 설명으로 틀린 것은?

① 시행자는 토지 소유자의 동의에 따라 환지를 정하지 아니하는 토지에 대하여는 환지처분 전이라도 청산금을 교부할 수 있다.
② 토지 소유자의 신청에 따라 환지대상에서 제외한 토지에 대하여는 청산금을 교부하는 때에 청산금을 결정할 수 없다.
③ 청산금을 받을 권리나 징수할 권리를 5년간 행사하지 아니하면 시효로 소멸한다.
④ 청산금은 대통령령으로 정하는 바에 따라 이자를 붙여 분할징수하거나 분할교부할 수 있다.
⑤ 행정청이 아닌 시행자가 군수에게 청산금의 징수를 위탁한 경우 그 시행자는 군수가 징수한 금액의 100분의 4에 해당하는 금액을 해당 군에 지급하여야 한다.

키워드 청산금

해설 토지 소유자의 신청에 따라 환지대상에서 제외한 토지에 대하여는 청산금을 교부하는 때에 청산금을 결정할 수 있다.

정답 17 ④ 18 ②

19 도시 및 주거환경정비법령상 정비기반시설에 해당하지 않는 것은? (단, 주거환경개선사업을 위하여 지정·고시된 정비구역이 아님)

① 녹지
② 공공공지
③ 공용주차장
④ 소방용수시설
⑤ 공동으로 사용하는 구판장

키워드 정비기반시설
난이도
해설 공동으로 사용하는 구판장은 공동이용시설에 해당한다.

20 도시 및 주거환경정비법령상 토지등소유자에 대한 분양신청의 통지 및 분양공고 양자에 공통으로 포함되어야 할 사항을 모두 고른 것은? (단, 토지등소유자 1인이 시행하는 재개발사업은 제외하고, 조례는 고려하지 않음)

| ㉠ 분양을 신청하지 아니한 자에 대한 조치 | ㉡ 토지등소유자 외의 권리자의 권리신고방법 |
| ㉢ 분양신청서 | ㉣ 분양대상자별 분담금의 추산액 |

① ㉠
② ㉠, ㉡
③ ㉡, ㉢
④ ㉢, ㉣
⑤ ㉠, ㉡, ㉣

키워드 분양신청의 통지 및 분양공고
난이도
해설 ㉠ 분양신청의 통지와 분양공고에 공통으로 포함 사항
㉡ 분양공고에만 포함 사항
㉢ 분양신청의 통지에만 포함 사항
㉣ 분양신청의 통지에만 포함 사항

보충 분양신청

> 법 제72조(분양공고 및 분양신청) ① 사업시행자는 제50조 제9항에 따른 사업시행계획인가의 고시가 있은 날(사업시행계획인가 이후 시공자를 선정한 경우에는 시공자와 계약을 체결한 날)부터 120일 이내에 다음 각 호의 사항을 토지등소유자에게 통지하고, 분양의 대상이 되는 대지 또는 건축물의 내역 등 대통령령으로 정하는 사항을 해당 지역에서 발간되는 일간신문에 공고하여야 한다. 다만, 토지등소유자 1인이 시행하는 재개발사업의 경우에는 그러하지 아니하다.

정답 19 ⑤ 20 ①

          1. 분양대상자별 종전의 토지 또는 건축물의 명세 및 사업시행계획인가의 고시가 있은 날을 기준으로 한 가격(사업시행계획인가 전에 제81조 제3항에 따라 철거된 건축물은 시장·군수등에게 허가를 받은 날을 기준으로 한 가격)
          2. 분양대상자별 분담금의 추산액
          3. 분양신청기간
          4. 그 밖에 대통령령으로 정하는 사항
   영 제59조(분양신청의 절차 등) ① 법 제72조 제1항 각 호 외의 부분 본문에서 '분양의 대상이 되는 대지 또는 건축물의 내역 등 대통령령으로 정하는 사항'이란 다음 각 호의 사항을 말한다.
          1. 사업시행인가의 내용
          2. 정비사업의 종류·명칭 및 정비구역의 위치·면적
          3. 분양신청기간 및 장소
          4. 분양대상 대지 또는 건축물의 내역
          5. 분양신청자격
          6. 분양신청방법
          7. 토지등소유자외의 권리자의 권리신고방법
          8. 분양을 신청하지 아니한 자에 대한 조치
          9. 그 밖에 시·도조례로 정하는 사항
   ② 법 제72조 제1항 제4호에서 '대통령령으로 정하는 사항'이란 다음 각 호의 사항을 말한다.
          1. 제1항 제1호부터 제6호까지 및 제8호의 사항
          2. 분양신청서
          3. 그 밖에 시·도조례로 정하는 사항

21 도시 및 주거환경정비법령상 조합의 정관을 변경하기 위하여 총회에서 조합원 3분의 2 이상의 찬성을 요하는 사항이 아닌 것은?

① 정비구역의 위치 및 면적
② 조합의 비용부담 및 조합의 회계
③ 정비사업비의 부담 시기 및 절차
④ 청산금의 징수·지급의 방법 및 절차
⑤ 시공자·설계자의 선정 및 계약서에 포함될 내용

키워드 조합의 정관 변경

난이도

해설 조합의 정관을 변경하기 위하여 총회에서 조합원 3분의 2 이상의 찬성을 요하는 사항에 해당하지 않는다. 정관의 기재사항 중 청산금의 징수·지급의 방법 및 절차에 관한 사항을 변경하려는 경우에는 총회를 개최하여 조합원 과반수의 찬성으로 시장·군수등의 인가를 받아야 한다.

정답 21 ④

22 도시 및 주거환경정비법령상 공동구의 설치 및 관리비용에 관한 설명으로 옳은 것은?

① 공동구점용예정자가 부담할 공동구의 설치에 드는 비용의 부담비율은 공동구의 권리지분비율을 고려하여 시장·군수등이 정한다.
② 공동구의 설치로 인한 보상비용은 공동구의 설치비용에 포함되지 않는다.
③ 사업시행자로부터 공동구의 설치비용 부담금의 납부통지를 받은 공동구점용예정자는 공동구의 설치공사가 착수되기 전에 부담금액의 3분의 1 이상을 납부하여야 한다.
④ 공동구 관리비용은 반기별로 산출하여 부과한다.
⑤ 시장·군수등은 필요한 경우 공동구 관리비용을 분할하여 분기별로 납부하게 할 수 있다.

키워드 공동구의 설치 및 관리비용

난이도

해설 ③ 규칙 제16조 제4항
① 공동구점용예정자가 부담할 공동구의 설치에 드는 비용의 부담비율은 공동구의 점용예정면적비율에 따른다(규칙 제16조 제2항).
② 공동구의 설치로 인한 보상비용은 공동구의 설치비용에 포함된다(규칙 제16조 제1항 제4호).
④ 공동구 관리비용은 연도별로 산출하여 부과한다(규칙 제17조 제3항).
⑤ 시장·군수등은 필요한 경우 공동구 관리비용을 2회로 분할하여 납부하게 할 수 있다. 이 경우 분할금의 납입기한은 3월 31일과 9월 30일로 한다(규칙 제17조 제4항).

23 도시 및 주거환경정비법령상 조합의 임원에 관한 설명으로 틀린 것은?

① 조합임원의 임기만료 후 6개월 이상 조합임원이 선임되지 아니한 경우에는 시장·군수등이 조합임원 선출을 위한 총회를 소집할 수 있다.
② 조합임원이 결격사유에 해당하게 되어 당연 퇴임한 경우 그가 퇴임 전에 관여한 행위는 그 효력을 잃는다.
③ 총회에서 요청하여 시장·군수등이 전문조합관리인을 선정한 경우 전문조합관리인이 업무를 대행할 임원은 당연 퇴임한다.
④ 조합장이 아닌 조합임원은 대의원이 될 수 없다.
⑤ 대의원회는 임기 중 궐위된 조합장을 보궐 선임할 수 없다.

키워드 조합의 임원

난이도

해설 ② 조합임원이 결격사유에 해당하게 되어 당연 퇴임한 경우 그가 퇴임 전에 관여한 행위는 그 효력을 잃지 않는다.
① 법 제44조 제3항

정답 22 ③ 23 ②

24 도시 및 주거환경정비법령상 소규모 토지 등의 소유자에 대한 토지임대부 분양주택 공급에 관한 내용이다. ( )에 들어갈 숫자로 옳은 것은? (단, 조례는 고려하지 않음)

> 국토교통부장관, 시·도지사, 시장, 군수, 구청장 또는 토지주택공사등은 정비구역에 세입자와 다음의 어느 하나에 해당하는 자의 요청이 있는 경우에는 인수한 재개발임대주택의 일부를 「주택법」에 따른 토지임대부 분양주택으로 전환하여 공급하여야 한다.
> 1. 면적이 (㉠)m² 미만의 토지를 소유한 자로서 건축물을 소유하지 아니한 자
> 2. 바닥면적이 (㉡)m² 미만의 사실상 주거를 위하여 사용하는 건축물을 소유한 자로서 토지를 소유하지 아니한 자

	㉠	㉡
①	90	40
②	90	50
③	90	60
④	100	40
⑤	100	50

키워드 토지임대부 분양주택

난이도

해설 국토교통부장관, 시·도지사, 시장, 군수, 구청장 또는 토지주택공사등은 정비구역에 세입자와 다음의 어느 하나에 해당하는 자의 요청이 있는 경우에는 인수한 재개발임대주택의 일부를 「주택법」에 따른 토지임대부 분양주택으로 전환하여 공급하여야 한다.
1. 면적이 (㉠ 90)m² 미만의 토지를 소유한 자로서 건축물을 소유하지 아니한 자
2. 바닥면적이 (㉡ 40)m² 미만의 사실상 주거를 위하여 사용하는 건축물을 소유한 자로서 토지를 소유하지 아니한 자

정답 24 ①

25 주택법령상 조정대상지역의 지정기준의 일부이다. ( )에 들어갈 숫자로 옳은 것은?

> 조정대상지역지정직전월부터 소급하여 6개월간의 평균 주택가격상승률이 마이너스 (㉠)% 이하인 지역으로서 다음에 해당하는 지역
> - 조정대상지역지정직전월부터 소급하여 (㉡)개월 연속 주택매매거래량이 직전 연도의 같은 기간보다 (㉢)% 이상 감소한 지역
> - 조정대상지역지정직전월부터 소급하여 (㉡)개월간의 평균 미분양주택(「주택법」 제15조 제1항에 따른 사업계획승인을 받아 입주자를 모집했으나 입주자가 선정되지 않은 주택을 말한다)의 수가 직전 연도의 같은 기간보다 2배 이상인 지역

	㉠	㉡	㉢
①	1	3	20
②	1	3	30
③	1	6	30
④	3	3	20
⑤	3	6	20

키워드 조정대상지역

해설 조정대상지역지정직전월부터 소급하여 6개월간의 평균 주택가격상승률이 마이너스 (㉠ 1)% 이하인 지역으로서 다음에 해당하는 지역
- 조정대상지역지정직전월부터 소급하여 (㉡ 3)개월 연속 주택매매거래량이 직전 연도의 같은 기간보다 (㉢ 20)% 이상 감소한 지역
- 조정대상지역지정직전월부터 소급하여 (㉡ 3)개월간의 평균 미분양주택(「주택법」 제15조 제1항에 따른 사업계획승인을 받아 입주자를 모집했으나 입주자가 선정되지 않은 주택을 말한다)의 수가 직전 연도의 같은 기간보다 2배 이상인 지역

정답 25 ①

26 주택법령상 주택의 사용검사 등에 관한 설명으로 틀린 것은?

① 하나의 주택단지의 입주자를 분할 모집하여 전체 단지의 사용검사를 마치기 전에 입주가 필요한 경우에는 공사가 완료된 주택에 대하여 동별로 사용검사를 받을 수 있다.
② 사용검사는 사용검사 신청일부터 15일 이내에 하여야 한다.
③ 사업주체는 건축물의 동별로 공사가 완료된 경우로서 사용검사권자의 임시 사용승인을 받은 경우에는 사용검사를 받기 전에 주택을 사용하게 할 수 있다.
④ 사업체가 파산 등으로 사용검사를 받을 수 없는 경우에는 해당 주택의 시공을 보증한 자, 해당 주택의 시공자 또는 입주예정자는 사용검사를 받을 수 있다.
⑤ 무단거주가 아닌 입주예정자가 사업주체의 파산 등으로 사용검사를 받을 때에는 입주예정자의 대표회의가 사용검사권자에게 사용검사를 신청할 때 하자보수보증금을 예치하여야 한다.

키워드 주택의 사용검사

난이도

해설 ④ 사업체가 파산 등으로 사용검사를 받을 수 없는 경우에는 해당 주택의 시공을 보증한 자 또는 입주예정자는 사용검사를 받을 수 있다. 사업체가 파산 등으로 사용검사를 받을 수 없는 경우에 해당 주택의 시공자는 사용검사를 받을 수 있는 자에 해당하지 않는다(법 제49조 제3항 제1호).
⚠ 비교: 사업주체가 정당한 이유 없이 사용검사를 위한 절차를 이행하지 아니하는 경우에는 해당 주택의 시공을 보증한 자, 해당 주택의 시공자 또는 입주예정자는 사용검사를 받을 수 있다(법 제49조 제3항 제2호).
⑤ 법 제50조 제1항

27 주택법령상 지역주택조합의 조합원을 모집하기 위하여 모집주체가 광고를 하는 경우 광고에 포함되어야 하는 내용에 해당하는 것을 모두 고른 것은?

| ㉠ 조합의 명칭 및 사무소의 소재지 | ㉡ 조합원의 자격기준에 관한 내용 |
| ㉢ 조합설립 인가일 | ㉣ 조합원 모집신고 수리일 |

① ㉠, ㉡, ㉢   ② ㉠, ㉡, ㉣   ③ ㉠, ㉢, ㉣
④ ㉡, ㉢, ㉣   ⑤ ㉠, ㉡, ㉢, ㉣

키워드 조합원

난이도

해설 ㉠㉡㉣ 조합원 모집광고에 포함되어야 하는 내용이다.
㉢ 조합원 모집광고에 포함되어야 하는 내용이 아니다. 조합설립인가를 받기 전에 조합원을 모집하는 것이므로 조합원 모집광고에 조합설립 인가일이 포함될 수 없다.

정답 26 ④ 27 ②

28 주택법령상 「공동주택관리법」에 따른 행위의 허가를 받거나 신고를 하고 설치하는 세대구분형 공동주택이 충족하여야 하는 요건에 해당하는 것을 모두 고른 것은? (단, 조례는 고려하지 않음)

> ㉠ 하나의 세대가 통합하여 사용할 수 있도록 세대 간에 연결문 또는 경량구조의 경계벽 등을 설치할 것
> ㉡ 구분된 공간의 세대수는 기존 세대를 포함하여 2세대 이하일 것
> ㉢ 세대별로 구분된 각각의 공간마다 별도의 욕실, 부엌과 구분 출입문을 설치할 것
> ㉣ 구조, 화재, 소방 및 피난안전 등 관계 법령에서 정하는 안전 기준을 충족할 것

① ㉠, ㉡, ㉢
② ㉠, ㉡, ㉣
③ ㉠, ㉢, ㉣
④ ㉡, ㉢, ㉣
⑤ ㉠, ㉡, ㉢, ㉣

키워드 세대구분형 공동주택

난이도

해설 ㉡㉢㉣ 「공동주택관리법」에 따른 행위의 허가를 받거나 신고를 하고 설치하는 세대구분형 공동주택이 충족하여야 하는 요건에 해당한다.
㉠ 「공동주택관리법」에 따른 행위의 허가를 받거나 신고를 하고 설치하는 세대구분형 공동주택이 충족하여야 하는 요건에는 해당하지 않는다.

29 주택법령상 주택건설사업자 등에 관한 설명으로 옳은 것은?

① 「공익법인의 설립·운영에 관한 법률」에 따라 주택건설사업을 목적으로 설립된 공익법인이 연간 20호 이상의 단독주택 건설사업을 시행하려는 경우 국토교통부장관에게 등록하여야 한다.
② 세대수를 증가하는 리모델링주택조합이 그 구성원의 주택을 건설하는 경우에는 국가와 공동으로 사업을 시행할 수 있다.
③ 고용자가 그 근로자의 주택을 건설하는 경우에는 대통령령으로 정하는 바에 따라 등록사업자와 공동으로 사업을 시행하여야 한다.
④ 국토교통부장관은 등록사업자가 타인에게 등록증을 대여한 경우에는 1년 이내의 기간을 정하여 영업의 정지를 명할 수 있다.
⑤ 영업정지 처분을 받은 등록사업자는 그 처분 전에 사업계획승인을 받은 사업을 계속 수행할 수 없다.

정답 28 ④ 29 ③

키워드 ▶ 주택건설사업자

해설 ① 「공익법인의 설립·운영에 관한 법률」에 따라 주택건설사업을 목적으로 설립된 공익법인이 연간 20호 이상의 단독주택 건설사업을 시행하려는 경우 국토교통부장관에게 등록하지 않아도 된다(법 제4조 제1항 단서, 제4호).
② 세대수를 증가하는 리모델링주택조합이 그 구성원의 주택을 건설하는 경우에는 등록사업자(지방자치단체·한국토지주택공사 및 지방공사를 포함)와 공동으로 사업을 시행할 수 있다. 이 경우 국가는 공동사업주체의 대상이 아니다(법 제5조 제2항).
④ 국토교통부장관은 등록사업자가 타인에게 등록증을 대여한 경우에는 등록을 말소하여야 한다(법 제8조 제1항 단서, 제5호).
⑤ 영업정지 처분을 받은 등록사업자는 그 처분 전에 사업계획승인을 받은 사업을 계속 수행할 수 있다(법 제9조).

30 주택법령상 용어에 관한 설명으로 틀린 것은?

① 「건축법 시행령」에 따른 다세대주택은 공동주택에 해당한다.
② 「건축법 시행령」에 따른 오피스텔은 준주택에 해당한다.
③ 주택단지에 해당하는 토지가 폭 8m 이상인 도시계획예정도로로 분리된 경우, 분리된 토지를 각각 별개의 주택단지로 본다.
④ 주택에 딸린 자전거보관소는 복리시설에 해당한다.
⑤ 도로·상하수도·전기시설·가스시설·통신시설·지역난방시설은 기간시설(基幹施設)에 해당한다.

키워드 ▶ 용어정의 종합

해설 ▶ 주택에 딸린 자전거보관소는 부대시설에 해당한다(영 제6조 제1호).

정답 30 ④

31 주택법령상 리모델링에 관한 설명으로 틀린 것은? (단, 조례는 고려하지 않음)

① 세대수 증가형 리모델링으로 인한 도시과밀, 이주수요 집중 등을 체계적으로 관리하기 위하여 수립하는 계획을 리모델링 기본계획이라 한다.
② 리모델링에 동의한 소유자는 리모델링 결의를 한 리모델링주택조합이나 소유자 전원의 동의를 받은 입주자대표회의가 시장·군수·구청장에게 리모델링 허가신청서를 제출하기 전까지 서면으로 동의를 철회할 수 있다.
③ 특별시장·광역시장 및 대도시의 시장은 리모델링 기본계획을 수립하거나 변경한 때에는 이를 지체 없이 해당 지방자치단체의 공보에 고시하여야 한다.
④ 수직증축형 리모델링의 설계자는 국토교통부장관이 정하여 고시하는 구조기준에 맞게 구조설계도서를 작성하여야 한다.
⑤ 대수선인 리모델링을 하려는 자는 시장·군수·구청장에게 안전진단을 요청하여야 한다.

키워드 리모델링

난이도

해설 ⑤ 증축하는 리모델링을 하려는 자는 시장·군수·구청장에게 안전진단을 요청하여야 한다(법 제68조 제1항).
④ 법 제70조

정답 31 ⑤

32 건축법령상 건축선과 대지의 면적에 관한 설명이다. ( )에 들어갈 내용으로 옳은 것은? (단, 허가권자의 건축선의 별도지정, 「건축법」 제3조에 따른 적용제외, 건축법령상 특례 및 조례는 고려하지 않음)

> 「건축법」 제2조 제1항 제11호에 따른 소요너비에 못 미치는 너비의 도로인 경우에는 그 중심선으로부터 그 (㉠)을 건축선으로 하되, 그 도로의 반대쪽에 하천이 있는 경우에는 그 하천이 있는 쪽의 도로경계선에서 (㉡)을 건축선으로 하며, 그 건축선과 도로 사이의 대지면적은 건축물의 대지면적 산정 시 (㉢)한다.

	㉠	㉡	㉢
①	소요너비에 해당하는 수평거리만큼 물러난 선	소요너비에 해당하는 수평거리의 선	제외
②	소요너비의 2분의 1의 수평거리만큼 물러난 선	소요너비의 2분의 1의 수평거리의 선	제외
③	소요너비의 2분의 1의 수평거리만큼 물러난 선	소요너비에 해당하는 수평거리의 선	제외
④	소요너비의 2분의 1의 수평거리만큼 물러난 선	소요너비에 해당하는 수평거리의 선	포함
⑤	소요너비에 해당하는 수평거리만큼 물러난 선	소요너비의 2분의 1의 수평거리의 선	포함

키워드 건축선과 대지

난이도

해설 「건축법」 제2조 제1항 제11호에 따른 소요너비에 못 미치는 너비의 도로인 경우에는 그 중심선으로부터 그 (㉠ 소요너비의 2분의 1의 수평거리만큼 물러난 선)을 건축선으로 하되, 그 도로의 반대쪽에 하천이 있는 경우에는 그 하천이 있는 쪽의 도로경계선에서 (㉡ 소요너비에 해당하는 수평거리의 선)을 건축선으로 하며, 그 건축선과 도로 사이의 대지면적은 건축물의 대지면적 산정 시 (㉢ 제외)한다.

정답 32 ③

33 건축법령상 건축협정구역에서 건축하는 건축물에 대하여 완화하여 적용할 수 있는 건축기준 중 건축위원회의 심의와 「국토의 계획 및 이용에 관한 법률」에 따른 지방도시계획위원회의 심의를 통합하여 거쳐야 하는 것은?

① 건축물의 용적률
② 건축물의 건폐율
③ 건축물의 높이제한
④ 대지의 조경면적
⑤ 일조 등의 확보를 위한 건축물의 높이제한

> **키워드** 건축협정구역
> **난이도**
> **해설** 건축협정구역에 건축하는 건축물에 대하여는 제42조(대지의 조경), 제55조(건폐율), 제56조(용적률), 제58조(대지 안의 공지), 제60조(건축물의 높이제한) 및 제61조(일조 등의 확보를 위한 건축물의 높이 제한)와 「주택법」 제35조(주택건설기준)를 대통령령으로 정하는 바에 따라 완화하여 적용할 수 있다. 다만, 제56조(용적률)를 완화하여 적용하는 경우에는 건축위원회의 심의와 「국토의 계획 및 이용에 관한 법률」에 따른 지방도시계획위원회의 심의를 통합하여 거쳐야 한다(법 제77조의13 제6항).

34 甲은 A도 B시에 소재하는 자동차영업소로만 쓰는 건축물(사용승인을 받은 건축물로서 같은 건축물에 해당 용도로 쓰는 바닥면적의 합계가 500m²임)의 용도를 전부 노래연습장으로 용도변경하려고 한다. 건축법령상 이에 관한 설명으로 옳은 것은? (단, 제시된 조건 이외이 다른 조건이나 제한, 건축법령상 특례 및 조례는 고려하지 않음)

① 甲은 건축물의 용도변경에 관하여 B시장의 허가를 받아야 한다.
② 甲은 B시장에게 건축물 용도변경에 관하여 신고를 하여야 한다.
③ 甲은 용도변경한 건축물을 사용하려면 B시장의 사용승인을 받아야 한다.
④ 甲은 B시장에게 건축물대장 기재내용의 변경을 신청하여야 한다.
⑤ 甲의 건축물에 대한 용도변경을 위한 설계는 건축사가 아니면 할 수 없다.

정답 33 ① 34 ④

키워드 용도변경

해설 ④ 같은 시설군 중 같은 용도에 속하는 건축물 상호간의 용도변경의 경우는 건축물대장 기재내용의 변경을 신청하지 않아도 되지만, 이 경우에도 노래연습장으로 변경하는 경우에는 건축물대장 기재내용의 변경을 신청하여야 한다(법 제19조 제3항 단서, 영 제14조 제4항 단서, 별표1 제4호 러목).
①② 해당 용도로 쓰는 바닥면적의 합계가 500㎡인 자동차영업소(1,000㎡ 미만)는 제2종 근린생활시설에 해당하고 노래연습장도 제2종 근린생활시설에 해당한다. 500㎡인 자동차영업소를 노래연습장으로 변경하는 경우는 제2종 근린생활시설을 제2종 근린생활시설로 변경하는 경우이므로 이는 같은 시설군 중 같은 용도에 속하는 건축물 상호간의 용도변경에 해당한다. 따라서 허가대상도 아니고 신고대상도 아니다.
③ 甲은 용도변경한 건축물을 사용하려면 B시장의 사용승인을 받지 않아도 된다. 허가나 신고대상인 경우로서 용도변경하려는 부분의 바닥면적의 합계가 100㎡ 이상인 경우의 사용승인에 관하여는 제22조(건축물의 사용승인)를 준용한다. 사례의 경우는 허가대상도 아니고 신고대상도 아니므로 사용승인을 받지 않아도 된다.
⑤ 甲의 건축물에 대한 용도변경을 위한 설계는 건축사가 아니어도 할 수 있다. 허가 대상인 경우로서 용도변경하려는 부분의 바닥면적의 합계가 500㎡ 이상인 용도변경의 설계에 관하여는 제23조(건축사의 설계)를 준용한다. 사례의 경우는 허가대상이 아니므로 용도변경을 위한 설계를 건축사가 아니어도 할 수 있다.

35 건축법령상 건축허가를 받은 건축물의 착공신고 시 허가권자에 대하여 구조안전 확인 서류의 제출이 필요한 대상 건축물의 기준으로 옳은 것은? (단, 표준설계도서에 따라 건축하는 건축물이 아니며, 건축법령상 특례는 고려하지 않음)

㉠ 건축물의 높이: 13m 이상
㉡ 건축물의 처마높이: 7m 이상
㉢ 건축물의 기둥과 기둥 사이의 거리: 10m 이상

① ㉠ ② ㉡
③ ㉠, ㉢ ④ ㉡, ㉢
⑤ ㉠, ㉡, ㉢

키워드 구조안전 확인 서류의 제출이 필요한 건축물

해설 ㉡ 건축물의 처마높이: 9m 이상

정답 35 ③

36 건축법령상 건축물로부터 바깥쪽으로 나가는 출구를 설치하여야 하는 건축물이 <u>아닌</u> 것은?

① 전시장
② 무도학원
③ 동물전용의 장례식장
④ 인터넷컴퓨터게임시설 제공업소
⑤ 업무시설 중 국가 또는 지방자치단체의 청사

키워드 건축물 바깥쪽으로의 출구 설치
난이도
해설
> 영 제39조(건축물 바깥쪽으로의 출구 설치) ① 법 제49조 제1항에 따라 다음 각 호의 어느 하나에 해당하는 건축물에는 국토교통부령으로 정하는 기준에 따라 그 건축물로부터 바깥쪽으로 나가는 출구를 설치하여야 한다.
> 1. 제2종 근린생활시설 중 공연장·종교집회장·인터넷컴퓨터게임시설 제공업소(해당 용도로 쓰는 바닥면적의 합계가 각각 300제곱미터 이상인 경우만 해당한다)(지문 ④)
> 2. 문화 및 집회시설(전시장 및 동·식물원은 제외한다)(지문 ①)
> 3. 종교시설
> 4. 판매시설
> 5. 업무시설 중 국가 또는 지방자치단체의 청사(지문 ⑤)
> 6. 위락시설(지문 ②)
> 7. 연면적이 5천 제곱미터 이상인 창고시설
> 8. 교육연구시설 중 학교
> 9. 장례시설(지문 ③)
> 10. 승강기를 설치하여야 하는 건축물

37 건축법령상 지상 11층, 지하 3층인 하나의 건축물이 다음 조건을 갖추고 있는 경우 건축물의 용적률은? (단, 제시된 조건 이외의 다른 조건이나 제한 및 건축법령상 특례는 고려하지 않음)

> • 대지면적은 1,500m²임
> • 각 층의 바닥면적은 1,000m²로 동일함
> • 지상 1층 중 500m²는 건축물의 부속용도인 주차장으로, 나머지 500m²는 제2종 근린생활시설로 사용함
> • 지상 2층에서 11층까지는 업무시설로 사용함
> • 지하 1층은 제1종 근린생활시설로, 지하 2층과 지하 3층은 주차장으로 사용함

① 660% ② 700% ③ 800%
④ 900% ⑤ 1,100%

정답 36 ① 37 ②

키워드 건축물의 용적률

해설
- 용적률 산정시의 연면적에는 지하층의 면적과 지상층의 주차용으로 쓰는 면적은 제외한다. 따라서 사례의 경우 지상 1층 중 건축물의 부속용도인 주차장 면적 500m²와 지하 3개 층(지하 1층, 2층, 3층)의 면적은 연면적에서 제외되고, 지상 1층 중 제2종 근린생활시설로 사용하는 500m²와 업무시설로 사용하는 지상 10개 층만 연면적에 산입된다.
- 사례의 경우 연면적 = (제2종 근린생활시설 500m²) + (업무시설 10개 층 × 각 층의 바닥면적 1,000m²) = 10,500m²
- 용적률 = (연면적/대지면적) × 100 = (10,500m²/1,500m²) × 100 = 700%

38

건축법령상 대지에 공개공지 또는 공개공간을 설치하여야 하는 건축물은? (단, 건축물의 용도로 쓰는 바닥면적의 합계는 5천m² 이상이며, 건축법령상 특례 및 조례는 고려하지 않음)

① 일반주거지역에 있는 초등학교
② 준주거지역에 있는 「농수산물 유통 및 가격안정에 관한 법률」에 따른 농수산물유통시설
③ 일반상업지역에 있는 관망탑
④ 자연녹지지역에 있는 「청소년활동진흥법」에 따른 유스호스텔
⑤ 준공업지역에 있는 여객용 운수시설

키워드 공개공지 또는 공개공간

해설
① 초등학교는 교육연구시설에 해당하고, 교육연구시설은 공개공지등을 설치하여야 하는 건축물에 해당하지 않는다.
② 판매시설은 공개공지등을 설치하여야 하는 건축물에 해당하지만, 판매시설 중 「농수산물 유통 및 가격안정에 관한 법률」에 따른 농수산물유통시설은 공개공지등을 설치하여야 하는 건축물에 해당하지 않는다.
③ 관망탑은 관광휴게시설에 해당하고, 관광휴게시설은 공개공지등을 설치하여야 하는 건축물에 해당하지 않는다.
④ 「청소년활동진흥법」에 따른 유스호스텔은 수련시설에 해당하고, 수련시설은 공개공지등을 설치하여야 하는 건축물에 해당하지 않는다.

보충 공개공지등의 확보
일반주거지역, 준주거지역, 상업지역, 준공업지역의 환경을 쾌적하게 조성하기 위하여 문화 및 집회시설, 종교시설, 판매시설(「농수산물 유통 및 가격안정에 관한 법률」에 따른 농수산물유통시설은 제외), 운수시설(여객용 시설만 해당), 업무시설 및 숙박시설로서 해당 용도로 쓰는 바닥면적의 합계가 5천m² 이상인 건축물은 일반이 사용할 수 있도록 소규모 휴식시설 등의 공개 공지(空地: 공터) 또는 공개 공간(공개공지등)을 설치하여야 한다.

정답 38 ⑤

39 농지법령상 농지를 임대하거나 무상사용하게 할 수 있는 요건 중 일부이다. (   )에 들어갈 숫자로 옳은 것은?

> - (㉠)세 이상인 농업인이 거주하는 시·군에 있는 소유 농지 중에서 자기의 농업경영에 이용한 기간이 (㉡)년이 넘은 농지
> - (㉢)월 이상의 국외여행으로 인하여 일시적으로 농업경영에 종사하지 아니하게 된 자가 소유하고 있는 농지

	㉠	㉡	㉢
①	55	3	3
②	60	3	5
③	60	5	3
④	65	4	5
⑤	65	5	1

키워드 농지의 임대 및 무상사용

난이도

해설
- (㉠ 60)세 이상인 농업인이 거주하는 시·군에 있는 소유 농지 중에서 자기의 농업경영에 이용한 기간이 (㉡ 5)년이 넘은 농지
- (㉢ 3)월 이상의 국외여행으로 인하여 일시적으로 농업경영에 종사하지 아니하게 된 자가 소유하고 있는 농지

40 농지법령상 농지 소유자가 소유 농지를 위탁경영할 수 있는 경우가 아닌 것은?

① 선거에 따른 공직취임으로 자경할 수 없는 경우
② 「병역법」에 따라 징집 또는 소집된 경우
③ 농업법인이 청산 중인 경우
④ 농지이용증진사업 시행계획에 따라 위탁경영하는 경우
⑤ 농업인이 자기 노동력이 부족하여 농작업의 전부를 위탁하는 경우

키워드 농지의 위탁경영

난이도

해설 농업인이 자기 노동력이 부족하여 농작업의 일부를 위탁하는 경우에 위탁경영할 수 있다.

정답 39 ③ 40 ⑤

**에듀윌이
너를
지지할게**
ENERGY

내가 꿈을 이루면
나는 누군가의 꿈이 된다.

– 이도준

MEMO

2024 에듀윌 공인중개사 단단 2차 부동산공법

발 행 일	2024년 1월 7일 초판
편 저 자	오시훈
펴 낸 이	양형남
펴 낸 곳	(주)에듀윌
등록번호	제25100-2002-000052호
주　　소	08378 서울특별시 구로구 디지털로34길 55 코오롱싸이언스밸리 2차 3층

* 이 책의 무단 인용·전재·복제를 금합니다.

www.eduwill.net
대표전화 1600-6700

여러분의 작은 소리
에듀윌은 크게 듣겠습니다.

본 교재에 대한 여러분의 목소리를 들려주세요.
공부하시면서 어려웠던 점, 궁금한 점,
칭찬하고 싶은 점, 개선할 점, 어떤 것이라도 좋습니다.

에듀윌은 여러분께서 나누어 주신 의견을
통해 끊임없이 발전하고 있습니다.

에듀윌 도서몰 book.eduwill.net
- 부가학습자료 및 정오표: 에듀윌 도서몰 → 도서자료실
- 교재 문의: 에듀윌 도서몰 → 문의하기 → 교재(내용, 출간) / 주문 및 배송

에듀윌 **직영학원**에서 합격을 수강하세요

언제나 전문 학습 매니저와 상담이 가능한 안내데스크

고품질 영상 및 음향 장비를 갖춘 최고의 강의실

재충전을 위한 카페 분위기의 아늑한 휴게실

에듀윌의 상징 노란색의 환한 학원 입구

에듀윌 직영학원 대표전화

공인중개사 학원 02)815-0600	공무원 학원 02)6328-0600	편입 학원 02)6419-0600
주택관리사 학원 02)815-3388	경찰 학원 02)6332-0600	세무사·회계사 학원 02)6010-0600
전기기사 학원 02)6268-1400	소방 학원 02)6337-0600	취업아카데미 02)6486-0600
부동산아카데미 02)6736-0600		

공인중개사학원 바로가기

합격하고 꼭 해야 할 것 1

에듀윌 공인중개사
동문회 9가지 특권

1. 에듀윌 공인중개사 합격자 모임

2. 동문회 인맥북
믿고 의지할 수 있는 동문들을 한 손에!

3. 동문 중개업소 홍보물 지원

4. 동문회와 함께하는 사회공헌활동

5. 동문회 사이트
전국구 동문 인맥 네트워크!
dongmun.eduwill.net

6. 동문회 소식지 무료 구독

7. 최대 규모의 동문회 커뮤니티

8. 창업 사무소 지원 센터
상위1% 고소득을 위한
동문회 전임
자문교수

김진희 교수

우수 동문 선정
부동산 사무소
언론홍보 지원

업계 최고
전문가 초청
성공특강

9. 취업/창업 코칭 센터
합격 후 취업 성공
부동산 중개법인
취업연계

전국 인맥 네트워크
동문선배 사무소
취업연계

선배 동문
성공 노하우
실무포럼

※ 본 특권은 회원별로 상이하며, 예고 없이 변경될 수 있습니다.

에듀윌 공인중개사 동문회 | dongmun.eduwill.net
문의 | 1600-6700

합격하고 꼭 해야 할 것 2

에듀윌 부동산 아카데미 강의 듣기

성공 창업의 필수 코스
부동산 창업 CEO 과정

1 튼튼 창업 기초
- 창업 입지 컨설팅
- 중개사무 문서작성
- 성공 개업 실무TIP

2 중개업 필수 실무
- 온라인 마케팅
- 세금 실무
- 토지/상가 실무
- 재개발/재건축

3 실전 Level-Up
- 계약서작성 실습
- 중개영업 실무
- 사고방지 민법실무
- 빌딩 중개 실무

4 부동산 투자
- 시장 분석
- 투자 정책

부동산으로 성공하는
컨설팅 전문가 3대 특별 과정

마케팅 마스터
- 데이터 분석
- 블로그 마케팅
- 유튜브 마케팅
- 실습 샘플 파일 제공

디벨로퍼 마스터
- 부동산 개발 사업
- 유형별 절차와 특징
- 토지 확보 및 환경 분석
- 사업성 검토

빅데이터 마스터
- QGIS 프로그램 이해
- 공공데이터 분석 및 활용
- 컨설팅 리포트 작성
- 토지 상권 분석

경매의 神과 함께 '중개'에서 '경매'로 수수료 업그레이드

- 공인중개사를 위한 경매 실무
- 투자 및 중개업 분야 확장
- 고수들만 아는 돈 되는 특수 물권
- 이론(기본) - 이론(심화) - 임장 3단계 과정
- 경매 정보 사이트 무료 이용

실전 경매의 神
안성선
이주왕
장석태

에듀윌 부동산 아카데미 | uland.eduwill.net
문의 | 온라인 강의 1600-6700, 학원 강의 02)6736-0600

꿈을 현실로 만드는
에듀윌

DREAM

공무원 교육
- 선호도 1위, 신뢰도 1위! 브랜드만족도 1위!
- 합격자 수 2,100% 폭등시킨 독한 커리큘럼

자격증 교육
- 8년간 아무도 깨지 못한 기록 합격자 수 1위
- 가장 많은 합격자를 배출한 최고의 합격 시스템

직영학원
- 직영학원 수 1위, 수강생 규모 1위!
- 표준화된 커리큘럼과 호텔급 시설 자랑하는 전국 27개 학원

종합출판
- 온라인서점 베스트셀러 1위!
- 출제위원급 전문 교수진이 직접 집필한 합격 교재

어학 교육
- 토익 베스트셀러 1위
- 토익 동영상 강의 무료 제공
- 업계 최초 '토익 공식' 추천 AI 앱 서비스

콘텐츠 제휴·B2B 교육
- 고객 맞춤형 위탁 교육 서비스 제공
- 기업, 기관, 대학 등 각 단체에 최적화된 고객 맞춤형 교육 및 제휴 서비스

부동산 아카데미
- 부동산 실무 교육 1위!
- 상위 1% 고소득 창업/취업 비법
- 부동산 실전 재테크 성공 비법

공기업·대기업 취업 교육
- 취업 교육 1위!
- 공기업 NCS, 대기업 직무적성, 자소서, 면접

학점은행제
- 99%의 과목이수율
- 15년 연속 교육부 평가 인정 기관 선정

대학 편입
- 편입 교육 1위!
- 업계 유일 500% 환급 상품 서비스

국비무료 교육
- '5년우수훈련기관' 선정
- K-디지털, 4차 산업 등 특화 훈련과정

에듀윌 교육서비스 **공무원 교육** 9급공무원/7급공무원/경찰공무원/소방공무원/계리직공무원/기술직공무원/군무원 **자격증 교육** 공인중개사/주택관리사/감정평가사/노무사/전기기사/경비지도사/검정고시/소방설비기사/소방시설관리사/사회복지사1급/건축기사/토목기사/직업상담사/전기기능사/산업안전기사/위험물산업기사/위험물기능사/도로교통사고감정사/유통관리사/물류관리사/행정사/한국사능력검정/한경TESAT/매경TEST/KBS한국어능력시험/실용글쓰기/IT자격증/국제무역사/무역영어 **어학 교육** 토익 교재/토익 동영상 강의/인공지능 토익 앱 **세무/회계** 회계사/세무사/전산세무회계/ERP정보관리사/재경관리사 **대학 편입** 편입 교재/편입 영어·수학/경찰대/의치대/편입 컨설팅·면접 **공기업·대기업 취업 교육** 공기업 NCS·전공·상식/대기업 직무적성/자소서·면접 **직영학원** 공무원학원/경찰학원/소방학원/공인중개사 학원/주택관리사 학원/전기기사학원/세무사·회계사 학원/편입학원/취업아카데미 **종합출판** 공무원·자격증 수험교재 및 단행본 **학점은행제** 교육부 평가인정기관 원격평생교육원(사회복지사2급/경영학/CPA)/교육부 평가인정기관 원격 사회교육원(사회복지사2급/심리학) **콘텐츠 제휴·B2B 교육** 교육 콘텐츠 제휴/기업 맞춤 자격증 교육/대학 취업역량 강화 교육 **부동산 아카데미** 부동산 창업CEO과정/실전 경매 과정/디벨로퍼과정 **국비무료 교육 (국비교육원)** 전기기능사/전기(산업)기사/소방설비(산업)기사/IT(빅데이터/자바프로그램/파이썬)/게임그래픽/3D프린터/실내건축디자인/웹퍼블리셔/그래픽디자인/영상편집(유튜브)디자인/온라인 쇼핑몰광고 및 제작(쿠팡, 스마트스토어)/전산세무회계/컴퓨터활용능력/ITQ/GTQ/직업상담사

교육문의 1600-6700 www.eduwill.net

• 2022 소비자가 선택한 최고의 브랜드 공무원·자격증 교육 1위 (조선일보) • 2023 대한민국 브랜드만족도 공무원·자격증·취업·학원·편입·부동산 실무 교육 1위 (한경비즈니스) • 2017/2022 에듀윌 공무원 과정 최종 환급자 수 기준 • 2022년 공인중개사 직영학원 기준 • YES24 공인중개사 부문, 2023 공인중개사 심정욱 필살키 최종이론&마무리100선 민법 및 민사특별법 (2023년 10월 월별 베스트) 그 외 다수 교보문고 취업/수험서 부문, 2020 에듀윌 농협은행 6급 NCS 직무능력평가+실전모의고사 4회 (2020년 1월 27일~2월 5일, 인터넷 주간 베스트) 그 외 다수 YES24 컴퓨터활용능력 부문, 2024 컴퓨터활용능력 1급 필기 초단기끝장(2023년 10월 3~4주 주별 베스트) 그 외 다수 인터파크 자격서/수험서 부문, 에듀윌 한국사능력검정시험 2주끝장 심화 (1, 2, 3급) (2020년 6~8월 월간 베스트) 그 외 다수 • YES24 국어 외국어사전 영어 토익/TOEIC 기출문제/모의고사 분야 베스트셀러 1위 (에듀윌 토익 READING RC 4주끝장 리딩 종합서, 2022년 9월 4주 주별 베스트) • 에듀윌 토익 교재 입문~실전 인강 무료 제공 (2022년 최신 강좌 기준) • 2022년 종강반 중 모든 평가항목 정상 참여자 기준, 99% (평생교육원, 사회교육원 기준) • 2008년~2022년까지 약 206만 누적수강학점으로 과목 운영 (평생교육원 기준) • A사, B사 최대 200% 환급 서비스 (2022년 6월 기준) • 에듀윌 국비교육원 구로센터 고용노동부 지정 '5년우수훈련기관' 선정 (2023~2027) • KRI 한국기록원 2016, 2017, 2019년 공인중개사 최다 합격자 배출 공식 인증 (2024년 현재까지 업계 최고 기록)